KB135739

서비스 운영이 쉬워지는 AWS 인프라 구축 가이드

서버 구축부터 배포, 모니터링,
관리 자동화, 데브옵스까지

서비스 운영이 쉬워지는 AWS 인프라 구축 가이드
서버 구축부터 배포, 모니터링, 관리 자동화, 데브옵스까지

지은이 김담형
펴낸이 박찬규 엮은이 이대엽 디자인 북누리 표지디자인 Arowa & Arowana

펴낸곳 위키북스 전화 031-955-3658, 3659 팩스 031-955-3660
주소 경기도 파주시 문발로 115, 311호 (파주출판도시, 세종출판벤처타운)

가격 27,000 페이지 356 책규격 188 x 240mm

1쇄 발행 2019년 01월 24일
2쇄 발행 2019년 12월 20일
3쇄 발행 2021년 01월 20일
4쇄 발행 2022년 03월 30일
5쇄 발행 2023년 06월 30일
6쇄 발행 2024년 12월 30일
ISBN 979-11-5839-131-7 (93000)

등록번호 제406-2006-000036호 등록일자 2006년 05월 19일
홈페이지 wikibook.co.kr 전자우편 wikibook@wikibook.co.kr

이 도서의 국립중앙도서관 출판시도서목록(CIP)은
서지정보유통지원시스템 홈페이지(http://seoji.nl.go.kr)와
국가자료공동목록시스템(http://www.nl.go.kr/kolisnet)에서 이용하실 수 있습니다.
CIP제어번호 CIP2019000517

서비스 운영이 쉬워지는

AWS 인프라 구축 가이드

서버 구축부터 배포, 모니터링, 관리 자동화, 데브옵스까지

김담형 지음

위키북스

클라우드 기술이 개발 패러다임을 완전히 바꾸고 있습니다. 아예 데이터센터를 경험하지 않고 클라우드 환경에서 개발을 시작하는 사람이 늘고 있습니다. 스타트업부터 대기업까지 다양한 클라우드 서비스를 활용해 빠르게 서비스를 만들고 운영하는 것이 필수로 자리 잡았습니다. 이 책은 클라우드에 입문하는 개발자나 시스템 엔지니어들에게 익숙했던 개념을 클라우드에서 어떻게 구현할지 알려주는 사례 위주의 레시피 책입니다. 업무에서 직접 사용 가능한 30여 가지의 실습이 포함돼 있어 다양한 수준의 독자가 손으로 직접 체험해보면서 AWS 클라우드를 익힐 수 있습니다. 이론이나 개념이 아니라 AWS를 바로 현업에서 사용하려는 분들에게 추천합니다.

윤석찬, AWS 테크니컬 에반젤리스트

AWS를 실무에 처음 사용하게 된 것은 4년 전 지금 재직 중인 회사인 드라마앤컴퍼니에 입사하면서부터였습니다. AWS는 회원 수가 1만 명도 채 되지 않는 규모의 초기 스타트업 회사였을 때부터 회원 수가 수백만 명이 된 현재의 규모에도 똑같이 큰 도움이 되고 있습니다. 세계에 내로라하는 대기업들도 AWS를 사용하는 것을 보면 아마 앞으로도 꽤 오랜 시간 동안은 큰 도움이 될 것입니다. 과거에 늘 부족하던 인원으로도 더 높은 생산성을 내기 위해서는 사람의 손이 가는 일을 자동화해서 사람이 해야 하는 일의 양을 줄이는 수밖에 없었는데, AWS는 이런 상황에 매우 큰 도움이 됐습니다.

AWS는 아마존이라는 초대형 인터넷 쇼핑몰을 안정적이고 편리하게 운영하기 위해 쌓은 기술의 집약체입니다. 이런 기술을 활용할 수 있는 하드웨어를 구매하는 것부터 기술을 구현하고 관리할 수 있는 사람을 직접 회사에 고용하지 않고도 누구나 서비스를 사용한 시간만큼만 비용을 지급하면 손쉽게 사용할 수 있기 때문에 기존 방식과는 생산성 측면에서 어마어마한 차이가 날 수밖에 없습니다. AWS가 아니었더라면 단 한 명의 인프라 관리자도 없이 24시간 동안 자동으로 관리되는 서버 구성, CI 구축, 급격하게 증가하는 트래픽과 데이터 대응 등 많은 일을 해내기는 힘들었을 것입니다. 또한 새로운 서버 구성을 하거나 반복적인 작업이 발생할 때마다 이를 자동화할 수 있는 AWS 기능들을 적극적으로 도입해서 시간을 벌 수 있었습니다.

AWS를 공부하고 실무에 도입하면서 습득한 지식을 틈틈이 회사 개발 블로그에 글로 정리했었는데, 이게 기회가 되어 실무자 교육 학원인 패스트캠퍼스에서 강의를 진행할 수 있게 됐습니다. 여러 기수 동안 강의를 진행하면서 수강생분들에게 최대한 쉽게 설명하려고 노력했고, 정말 감사하게도 매번 좋은 평가를 해주셨습니다. 강의를 진행하면서 주니어부터 시니어까지, 다양한 회사에서 일하고 있는 수강생분들의 피드백을 반영해서 수업 때마다 강의 자료를 개선했습니다. 수강생분들이 배움의 기쁨을 느끼실 때마다 뿌듯하다는 기분을 넘어 정말 가슴이 뛰는 경험을 할 수 있었습니다. 개인적인 이유로 더 이상 강의를 진행하지는 않기로 했지만 공들이고 여러 사람의 피드백이 반영된 강의자료를 그냥 두기에는 아쉬워서 더 완성도 있게 다듬어 책으로 써내기로 했습니다. 책을 쓰는 첫 페이지부터 새로운 기수를 대상으로 강의를 진행한다는 마음으로 수강생들과 대화하며 그들의 눈빛에 반응하는 마음으로 써 내려갔습니다.

이 책의 주 독자는 AWS나 클라우드 환경에 익숙하지 않지만 실전에서 바로 AWS를 활용해야 하는 분들입니다. 1부에서는 운영 서버 관리의 3단계인 서버 환경 구성, 배포, 모니터링을 다루고 2부에서는 CI/CD 등 고도화된 운영 서버 관리에 필요한 내용을 다뤄 운영 서버를 관리하는 데 필요한 모든 영역을 다룹니다. 모든 영역을 얕게만 다루는 것이 아니라 AWS와 서버 운영을 이해하는 데 가장 중요한 부분은 깊이 있게 다루고 각자의 상황에 따라 선택할 수 있는 부분들은 얕고 넓게 다룹니다. 이론에만 치중하는 책의 경우 초보자는 실전과의 괴리감에 탁상공론이 아닌가 싶은 기분이 들기도 합니다. 이 책은 바로 실전에 적용하는 데 도움이 되기 위해 모든 주요 내용에 실습이 포함돼 있습니다. 프로그래밍 언어를 다루는 책은 이론만 이해해도 실습을 진행하는 데 별 무리가 없지만 서버 운영은 환경 구성, 다양한 AWS 서비스 등 매우 다양한 영역을 다루기 때문에 초보자들은 에러와 같은 예외 상황에 대응하는 데 애를 먹곤 합니다. 이 책에서는 예외 상황에 시간과 체력을 소모하지 않고 실습을 따라 할 수 있도록 모든 실습이 상세하게 단계별로 스크린샷과 설명으로 구성돼 있습니다.

많은 분이 이 책을 통해 두려움 없이 AWS와 서버 운영에 첫걸음을 내디딜 수 있으면 좋겠습니다.

책을 써내기 위해 정말 많은 힘이 됐던 응원과 격려의 말씀을 해주신 주위의 많은 분들께 진심으로 감사드립니다. 책을 낼 수 있도록 도와주신 위키북스 박찬규 대표님과 직원 여러분들, 책을 써낼 수 있는 훌륭한 경험을 쌓게 해주신 드라마앤컴퍼니 동료 여러분들, 패스트캠퍼스 강의를 준비할 때부터 많은 도움을 주셨던 오일승 님께도 감사의 말씀을 전합니다.

마지막으로 늘 믿고 응원해주는 아버지, 어머니, 동생 그리고 모아와 새하에게 고맙고 사랑한다는 말을 전합니다.

PART 01 AWS를 이용한 운영 서버 환경 구축

01 운영 서버와 AWS 소개

02 운영 서버 환경의 구성

06 배포 자동화

07 비밀 값 관리

08 모니터링 시스템 구축 및 활용

09 로그 분석

PART 02 고도화된 운영 서버 관리

10 자동화된 서버 관리

11 데브옵스

12

AWS를 더 잘 사용하기 위한 서비스

PART1

AWS를 이용한 운영 서버 환경 구축

01

운영 서버와 AWS 소개

1.1 운영 서버

운영 서버는 개발이나 테스트 목적이 아닌 실제 사용자들을 대상으로 서비스하는 서버를 말한다. 테스트 목적의 서버라면 많은 요청이 발생할 일도 없고 장애가 발생하더라도 큰 문제가 생기지 않지만 운영 서버는 그와 다르게 트래픽 대응도 해야 하고 빠른 응답 속도와 높은 가용성을 보장해야 한다. 그러기 위해 운영 서버는 테스트 서버와 다르게 다양한 구성 요소들을 포함해야 한다. 서비스의 특성에 따라 알맞은 서버 구성이 다르겠지만 이 책에서는 대부분의 서비스에 적용할 수 있는 범용적인 서버 구성 및 관리 방법을 다룰 것이다.

1.2 운영 서버 관리의 세 단계

운영 서버 관리는 크게 '환경 구성', '코드 배포', '모니터링'이라는 세 단계로 나뉜다. 첫 번째 '환경 구성'은 서비스할 코드를 구동시킬 수 있는 서버 인프라를 구축하는 것이다. 두 번째 '코드 배포'는 이렇게 구성한 환경에 최신 버전의 코드를 빠르고 안전하게 배포하는 것이다. 마지막 단계인 '모니터링'은 안정적인 서비스 운영을 위해 서버와 코드에 어떤 이상이 없는지 바로 파악하고 대응할 수 있게 도와주는 것이다.

이 책에서는 운영 서버 환경을 구성하기 위해 AWS라는 클라우드 서비스를 이용할 것이다. 책의 1부에서는 AWS를 이용해 세 단계를 구성하는 방법을 다룰 것이며 2부에서는 더욱 고도화된 서버 운영 방법, 데브옵스 같은 개발 방법론, 그리고 AWS를 더 잘 활용하는 데 도움이 될 만한 서비스들을 다룰 것이다.

1.3 AWS

1.3.1 AWS의 탄생 배경

그림 1.1 AWS 로고

AWS(Amazon Web Services)는 미국 기업인 아마존에서 만든 클라우드 서비스 플랫폼이다. 인터넷 쇼핑몰인 아마존에서 처음부터 클라우드 서비스 플랫폼을 만들 생각을 하고 있던 것은 아니었다. 2000년도 쯤 인터넷 쇼핑몰을 운영하던 아마존은 늘어난 트래픽과 주문량을 감당하다 보니 자연스럽게 굉장히 뛰어난 수준의 내부 인프라 시스템을 구축하게 됐다. 컴퓨팅, 스토리지, 데이터베이스 등 운영 서버에 필요한 인프라를 누구보다 안정적이고, 규모를 키울 수 있으며, 저렴하게 운영할 수 있는 능력을 아마존 쇼핑몰 하나에만 제공하기보다 전 세계 모든 회사를 대상으로 제공하자는 생각을 하게 됐고 결국 2006년부터 이 인프라를 누구나 쉽게 사용할 수 있게 만들어 다른 회사에 돈을 받고 서비스하게 되면서 AWS가 탄생했다[1].

1 출처: https://techcrunch.com/2016/07/02/andy-jassys-brief-history-of-the-genesis-of-aws/

1.3.2 운영 서버에 필요한 서비스들을 제공하는 AWS

AWS에서는 단순히 컴퓨팅 서버만을 제공하는 것이 아니라 운영 서버에서 자주 사용되는 온갖 서비스들을 함께 제공한다. 데이터베이스, 배포 자동화, 모니터링, 이메일, 보안, 테스트, 도메인 등 100가지가 훨씬 넘는 서비스들을 제공하고 있다. 이러한 서비스 대부분은 모두 아마존 내부에서 더 편하게 운영 서버를 관리하기 위해 만들어서 사용하다 어느 정도 완성도가 높아지면 다른 회사들도 사용할 수 있는 서비스로 공개한 것들이다.

AWS 같은 클라우드 서비스를 이용하지 않는다면 직접 서버를 구매해서 MySQL과 같은 RDB를 설치 및 관리해야 하지만 AWS의 DB 서비스인 RDS를 이용하면 몇 번의 클릭만으로 RDB를 생성하고 안정적으로 운영할 수 있다.

1.3.3 클라우드 플랫폼 서비스로서의 AWS

아마존뿐만 아니라 구글(Google Cloud), 마이크로소프트(Azure), IBM(IBM Cloud), 네이버(네이버 클라우드 플랫폼) 같은 인터넷 대기업들도 클라우드 서비스를 제공하고 있다. 하지만 2018년 현재 AWS는 전 세계 클라우드 시장의 33% 정도를 차지하고 있고 이는 2~4위 업체들의 총합보다 많다.[2]

1.3.4 클라우드 서비스 플랫폼을 써야 하는 이유

꼭 AWS를 쓰지 않더라도 클라우드 서비스 플랫폼은 기존의 운영 서버 관리 방식보다 훨씬 많은 이점을 가져온다. 예전에는 서버를 직접 구매한 후 회사나 IDC에 설치해서 관리해야 했고, 이 서버들이 문제없이 돌아가게 하기 위한 전문 인력들도 필요했다. 서버뿐만 아니라 서버에 설치되는 수많은 인프라(데이터베이스, 캐시, 보안 등)에 대해서도 전문 인력들이 필요했다. 또한 필요에 따라 유연하게 서버를 늘리거나 줄이기 힘들기 때문에 서버를 넉넉하게 구매해놓고 사용하지 않는 비효율적인 자원 낭비도 많았다.

하지만 클라우드 서비스를 이용할 경우 필요한 사양의 서버를 몇 번의 클릭만으로 추가하거나 제거할 수 있고 사용한 시간만큼만 금액을 지불하면 된다. 또한 클라우드 서비스 제공 업체에 최고의 전문 인력들이 있으니 개개인이 안정성이나 성능 등에 대해서도 고민을 훨씬 덜 해도 된다. 결국 훨씬 적은 비용, 시간, 인력으로도 큰 규모의 서비스를 운영할 수 있는 것이다.

---

2 출처: https://www.cnbc.com/2018/04/27/microsoft-gains-cloud-market-share-in-q1-but-aws-still-dominates.html

1.3.5 전 세계에서 사용할 수 있는 AWS

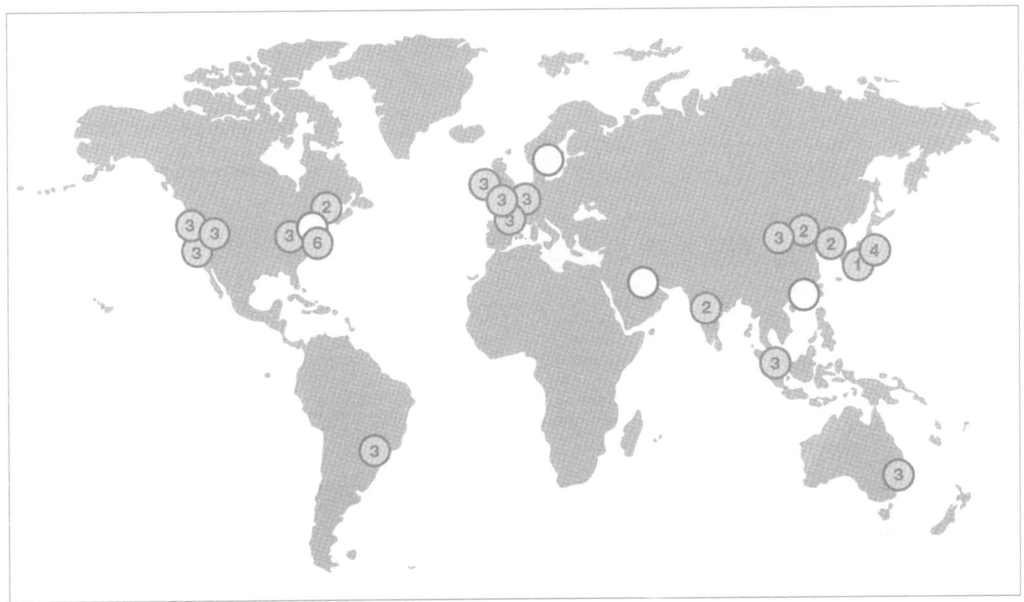

그림 1.2 AWS 리전 및 가용 영역 수(숫자가 있는 원은 현재 존재하는 리전, 그 안의 숫자는 리전의 가용 영역의 수를 나타낸다. 숫자가 없는 원은 추가 예정인 리전이다)

AWS는 전 세계에 19개 지역에 인프라를 구축해서 호스팅하고 있는 글로벌 서비스다. 지리 영역을 리전(region)이라고 부르는데, 사용자가 가장 많은 곳부터 리전을 만들고 있으며, 그 수도 계속 늘려가고 있다. 서비스하려는 지역에 가장 가까운 리전을 선택해야 네트워크 지연 시간을 최소화할 수 있다. 한국에는 서울 리전이 있으며 일본에는 도쿄와 오사카 리전이 있다.

대부분의 서비스는 모든 리전에 제공되지만 새로 생성된 서비스는 리전에 따라 늦게 오픈되는 경우도 있다. 리전별로 몇 개월 정도 차이가 있으며 서울 리전은 다른 리전에 비해 조금 늦게 오픈되는 편이다. 리전별로 제공하는 기능은 AWS 리전 표[3]에서 확인할 수 있다.

AWS는 하나의 리전 안에서도 여러 격리된 위치에 데이터 센터들을 운영하고 있다. 이를 가용 영역이라고 한다. 가용 영역은 장애에 대응하는 것이 가장 큰 목적인데, 예를 들어 서울 리전 안에 있는 A 가용 영역 데이터 센터에 지진이 발생해서 서버에 문제가 생기더라도 B 가용 영역에 있는 데이터 센터에서 정상적으로 서비스를 제공할 수 있다.

3 https://aws.amazon.com/ko/about-aws/global-infrastructure/regional-product-services/

1.3.6 회원 가입

AWS를 사용하려면 먼저 AWS 홈페이지[4]에서 가입을 통해 AWS 계정을 생성해야 한다. 이때 계정 유형은 '개인'을 선택하면 된다. 가입 과정에서 신용카드 정보를 입력해야 하는데, 이는 체험용 무료 사용량을 초과하는 금액을 청구하기 위해서다. 이 책에서 다루는 실습을 진행하는 데는 무료 사용량만으로도 충분하므로 실습이 끝난 뒤 잊지 않고 리소스를 삭제해두면 과금에 대해서는 걱정하지 않아도 된다.

1.3.7 무료로 AWS 서비스를 사용할 수 있는 방법

AWS에서는 자체적으로 제공하는 대부분 서비스에 대하여 무료 체험의 기회를 준다. AWS 프리 티어 세부 정보 페이지[5]로 들어가면 그림 1.3과 같이 각 서비스에 대해 얼마만큼의 무료 사용량을 제공하는지 나와 있다.

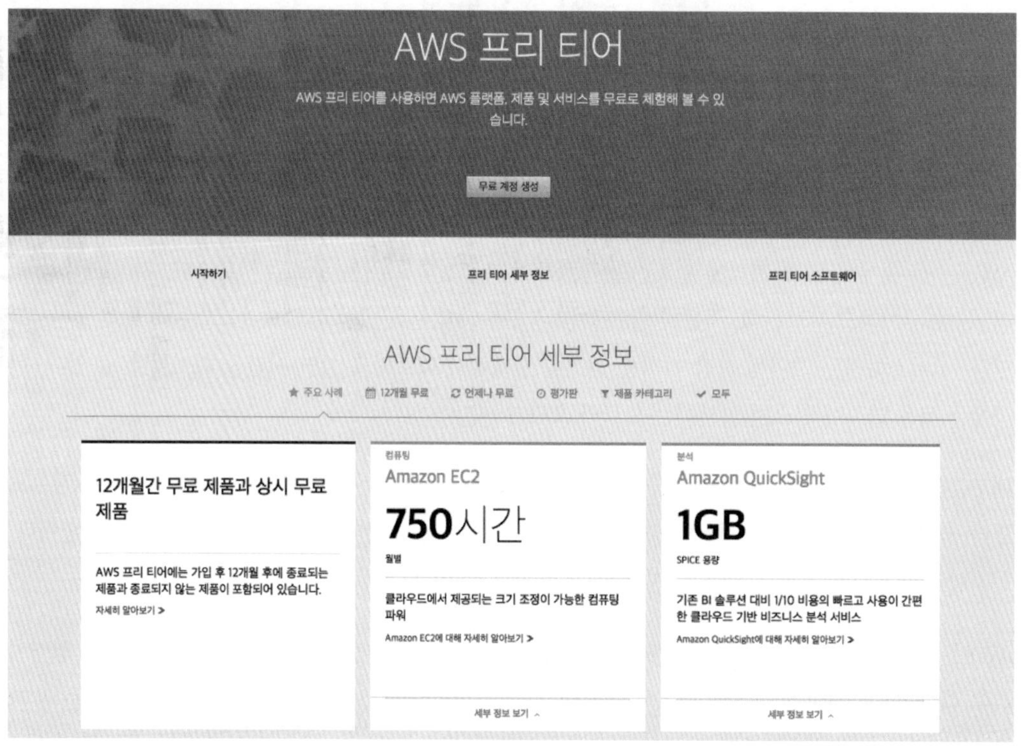

그림 1.3 AWS 프리 티어 홈페이지

4 https://aws.amazon.com
5 https://aws.amazon.com/ko/free/

첫 가입 후 12개월 동안만 무료로 제공하는 서비스도 있지만 12개월이 지나도 프리 티어를 계속 제공하는 서비스도 있다. AWS를 사용할 때 가장 기본이 되는 컴퓨팅 서버를 사용할 수 있는 EC2 서비스는 월 750시간의 사용량을 무료로 제공한다. 프리 티어에서 제공되는 무료 사용량을 뛰어넘은 경우 초과 사용량에 대해서만 비용이 청구된다.

하지만 앞서 언급했듯이 이 책에서 다루는 실습을 진행하는 경우 대부분 무료 사용량을 초과하지 않는다. 다만 사용하지 않는 자원은 중지하거나 삭제해서 불필요한 과금이 발생하지 않도록 주의할 필요가 있다. 로그인한 뒤 사용량별로 모든 프리 티어 서비스[6]에 들어가 보면 현재 이 계정에서 무료 제공량을 얼마나 소진했는지 확인할 수 있다.

---

6 https://console.aws.amazon.com/billing/home#/freetier

02

운영 서버 환경의 구성

2장에서는 운영 서버 관리의 세 단계 중 첫 번째인 '환경 구성'에 대해 배우겠다. 먼저 운영 서버에서 자주 사용되는 아키텍처부터 알아보면서 어떤 구성 요소들이 운영 서버 아키텍처를 이루는지 알아보겠다. 그런 다음, 작성한 소스코드를 실행할 수 있는 서버 인스턴스를 생성하는 것부터 서버 내부 환경을 구성하는 방법도 배우겠다.

다음은 리눅스에서 서버 환경을 구성할 때 많은 초보자가 저지르는 실수를 정리한 것이다.

- 검색해서 찾은 정보를 따라 하다 에러가 난다.
- 에러 메시지를 구글링한다.
- 성공할 때까지 나온 답변들을 하나씩 복사해서 붙여넣어 보며 시도해본다.
- 문제가 해결되지 않으면 sudo로 root 권한을 줘서 재시도한다.
- 될 때까지 위 과정을 반복한다.
- 동작하면 다음 작업을 진행한다.

이런 식으로 원리를 이해하지 않고 동작에만 초점을 맞춰 작업을 진행하면 환경 구성이 할 때마다 어려운 작업이 된다. 물론 처음 환경을 구성할 때 어느 정도의 시행착오는 피할 수 없지만 원리를 이해하면서 작업을 진행하면 훨씬 더 쉽고 안전하게 새로운 환경을 구성할 수 있다. 이 책의 실습에서는 각 명령어가 어떤 작동을 하는지, 특정 상황에서는 왜 sudo를 이용해 root 권한을 사용하는 것인지 설명한다. 실습에 나온 명령어를 무작정 복사하지 말고 하나하나 왜 하는 것인지 이해하면서 따라 해보자.

2.1 운영 서버 아키텍처의 이해

운영 서버를 실제로 어떻게 구성하고 관리하는지 배우기 이전에 자주 이용되는 운영 서버 아키텍처들을 알아보면서 운영 서버가 어떻게 구성돼 있는지 알아보자.

2.1.1 단일 서버

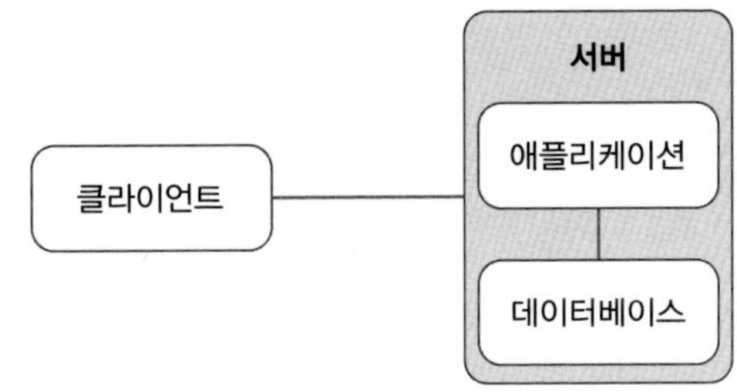

그림 2.1 단일 서버 구성

가장 기본적인 구성이다. 요청을 보내는 클라이언트와 요청을 처리하는 서버가 한 대 있다. 여기서 얘기하는 클라이언트는 우리가 흔히 사용하는 휴대폰 앱이나 크롬과 같은 웹 브라우저 등을 의미한다. 서버 내에는 애플리케이션 코드와 데이터베이스가 실행된다. 매우 단순한 구성인 만큼 환경을 구축하기 쉽기 때문에 테스트 서버나 간단한 애플리케이션을 서비스할 때 많이 사용된다. 그리고 데이터베이스와 애플리케이션이 같은 서버에서 실행되고 있기 때문에 별도의 네트워크 설정을 할 필요 없이 로컬 호스트를 대상으로 하면 된다. 하지만 다음과 같은 단점이 있다.

첫 번째, 전체 서비스에 장애가 생길 확률이 높다. 애플리케이션과 데이터베이스가 같은 자원을 공유하기 때문에 둘 중 하나라도 자원을 모두 사용해버리거나 서버 하드웨어에 장애가 발생하면 해당 부분만 장애가 생기는 것이 아니라 전체 서비스가 완전히 죽어버린다.

두 번째, 서버 자원을 효율적으로 사용하기 어렵다. 애플리케이션과 데이터베이스는 각 속성에 따라 더 중요한 자원의 종류(CPU, 메모리, 디스크)나 최적화를 위해 필요한 OS 설정(I/O 컨트롤러, 디스크 설정)이 다를 수 있다. 둘 다 만족시키기 위해서는 필요 이상으로 고사양 서버를 사용해야 할 수도 있다.

세 번째, 보안성이 떨어진다. 데이터베이스는 보안상 포트나 IP 등 접속 지점을 최소한으로 하는 것이 좋다. 하지만 웹 애플리케이션 특성상 다양한 IP 주소와 포트 번호에 대해 요청을 받을 수 있어야 하고 서버 내 여러 파일들도 업로드될 수 있으므로 데이터베이스가 공격당할 가능성이 높아진다.

마지막으로, 서버의 수를 여러 대로 늘려서 자원을 확장하는 스케일 아웃(scale out)이 힘들다. 서버 자원의 확장을 위해 서버를 여러 대로 늘려야 하는 경우 클라이언트에서는 추가된 서버들의 주소를 새로 알아야 하며 데이터도 똑같은 복제본이 여러 개 생기므로 관리하기가 매우 힘들어진다.

2.1.2 애플리케이션/데이터베이스 서버 분리

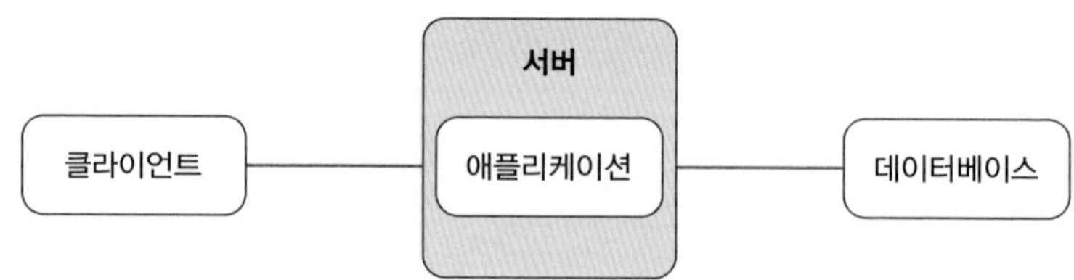

그림 2.2 애플리케이션/데이터베이스 서버의 분리 구성

단일 서버 구성에서 데이터베이스를 별도의 서버로 분리한 구성이다. 애플리케이션과 데이터베이스가 다른 자원을 사용하기 때문에 단일 서버에서 나온 전체 서비스 장애 확률, 효율적인 자원 사용, 떨어지는 보안성과 같은 단점들이 해결된다. 다만 두 대의 서버를 관리하기 때문에 구성이 조금 더 복잡해지고 서버 사이의 지연 시간과 네트워크 보안을 고려하기 시작해야 한다. 그리고 클라이언트에서는 하나의 서버를 바라보고 있기 때문에 서버 자원 확장을 위해 서버의 수를 늘리는 스케일 아웃은 여전히 힘들다.

2.1.3 서버 단위의 로드 밸런서

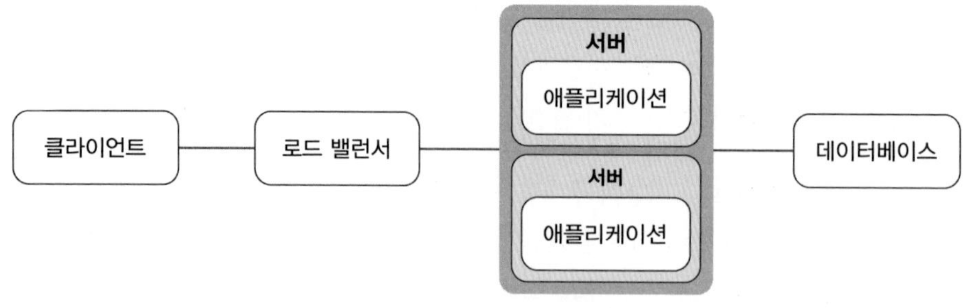

그림 2.3 서버 단위의 로드 밸런서 구성

클라이언트가 애플리케이션을 실행하는 서버와 직접 통신하는 대신 로드 밸런서라는 서버와 통신하고 그 뒤에 여러 대의 애플리케이션 서버를 두는 방식이다. 클라이언트는 로드 밸런서하고만 통신하고 로드 밸런서가 클라이언트에게서 받은 요청을 뒤에 있는 서버들에게 나눠준다. 뒤에 있는 서버들이 요청을 처리하면 응답은 로드 밸런서를 통해 클라이언트에 전달된다.

이 구성의 가장 큰 장점은 스케일 아웃이 가능해진다는 것이다. 그리고 애플리케이션 서버 중 일부 서버에 장애가 발생해도 로드 밸런서에서 정상 서버에만 요청을 주면 되기 때문에 서비스 장애를 최소화할 수 있다. 다만 모든 요청이 로드 밸런서를 통해 지나가기 때문에 로드 밸런서에 장애가 생기면 나머지 서버들이 정상이어도 전체 서비스 장애로 이어지기 때문에 주의해야 한다. 또한 구성이 매우 복잡해진다는 단점이 있다. 흔히 OSI 7 레이어의 L4 스위치라고 얘기하는 것이 이 로드 밸런서의 역할을 하는 장비다.

2.1.4 서버 내 앱 단위의 로드 밸런서

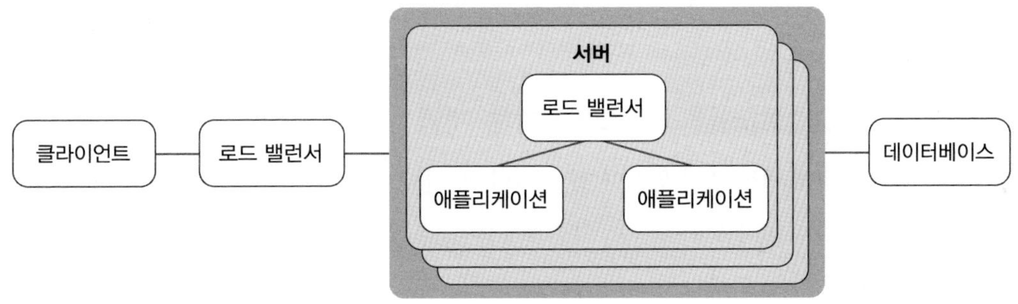

그림 2.4 서버 내 앱 단위의 로드 밸런서 구성

여러 서버에게 요청을 분산하는 서버 단위의 로드 밸런서 외에도 여러 애플리케이션 프로세스들에 요청을 분산시키는 앱 단위의 로드 밸런서가 추가됐다. 애플리케이션 서버 안에서 똑같은 애플리케이션을 여러 프로세스로 만들어 실행해 놓고 외부에서 들어온 요청을 프로세스 중 하나로 보내주는 역할을 하는 방식이다. 이처럼 구성하면 하나의 서버에 여러 개의 프로세스를 실행해 하나의 서버에서 여러 개의 요청을 동시에 처리할 수 있으며 서버 자원을 최대한으로 사용할 수 있는 만큼의 프로세스를 실행해 서버 자원도 더욱 효율적으로 사용할 수 있다.

2.2 AWS EC2를 이용한 서버 인스턴스 생성과 관리

2.2.1 EC2

EC2(Elastic Compute Cloud)는 우리가 쉽게 사양을 고르고 원하는 시간만큼 사용할 수 있는 '가상 서버'라고 이해하면 된다. CentOS, Ubuntu, Windows 등 운영 서버에 필요한 대부분의 OS를 지원한다. 또한 사용 목적에 맞는 수십 가지 사양들을 제공한다. 예를 들어, 간단한 개인 블로그를 위한 1 core CPU와 512MB의 RAM을 탑재한 서버부터 2TB의 RAM를 탑재한 서버도 제공하며 GPU에 특화된 서버도 제공한다.

EC2는 필요할 때마다 켜고 끌 수 있으며 사용한 시간에 대해서만 비용을 지급하면 된다. 비싼 돈을 주고 초기에 직접 서버를 구매해서 관리를 위한 공간과 인터넷 망을 구축하고 전기요금, 네트워크 비용 등 관리비를 지급하는 것에 비하면 정말 간편하고 저렴하게 서버를 이용할 수 있다.

Tip 모든 EC2 인스턴스 사양별 요금은 EC2 인스턴스 요금 페이지[7]에서 확인할 수 있다.

2.2.2 EC2를 생성하려면 꼭 알아야 하는 개념

EC2를 생성하기 위해 가장 먼저 알아야 할 개념이 세 가지 있다. 바로 AMI(Amazon Machine Image), 보안 그룹(Security Group), 키 페어(Key pair)다.

AMI

AMI는 우리가 생성할 EC2 인스턴스의 기반이 되는 이미지다. 운영체제가 없는 PC에 윈도우를 설치할 때 윈도우 시디나 ISO 파일을 이용해 윈도우 10 홈 에디션과 같은 특정 버전의 윈도우를 설치하는데, 이때 사용하는 윈도우 CD나 ISO 파일을 만드는 것과 같은 원리라고 생각하면 된다. EC2 인스턴스에 우리가 원하는 운영체제, 그리고 원하는 환경이 구성된 서버를 설치할 수 있다. 아마존에서 기본적으로 유명한 서버 OS들도 많이 제공하고 개개인이 직접 생성해서 다른 사람들과 공유할 수도 있다. 같은 OS여도 해당 OS에 특정 버전의 자바처럼 내가 원하는 환경을 구성한 뒤 이미지로 만들어서 재사용할 수도 있다.

---

7 https://aws.amazon.com/ko/ec2/pricing/on-demand/

보안 그룹

보안을 위해 IP와 포트 번호를 이용해 정의해두는 서버 접속 규칙이다. 특정 IP와 포트에 대해서만 서버에 접속을 허용하거나 반대로 특정 IP만 금지할 수도 있다. 정의된 규칙들은 여러 서버에 적용할 수 있다.

키 페어

서버에 접속하기 위한 열쇠라고 이해하면 된다. 공개 키 암호화 기법으로 서버에는 공개키(public key)를 두고 사용자는 개인키(private key)를 들고 접속하게 된다. 개인키는 유출될 경우 허가받지 않은 사람도 서버에 접속할 수 있으니 안전하게 보관해야 한다.

2.2.3 [실습] AWS EC2 인스턴스 생성

EC2가 무엇이고 EC2를 구성하기 위해서는 어떤 개념들이 필요한지 배웠으니 이번에는 직접 EC2 인스턴스를 만들어볼 차례다. 서울 리전에 아마존이 제공하는 Amazon Linux OS[8]로 EC2 인스턴스를 새롭게 만들어보겠다. 이 책에서 다루는 모든 실습은 이 인스턴스를 기반으로 진행될 것이다.

EC2 인스턴스 생성

01 _ AWS에 로그인한 뒤 AWS 콘솔[9]에 접속한다.

02 _ 화면의 오른쪽 위에서 어떤 리전에 EC2 서버를 생성할지 지정할 수 있다. 여기서는 한국에 있는 서울 리전에서 모든 실습을 진행할 것이기 때문에 서울 리전을 선택한다.

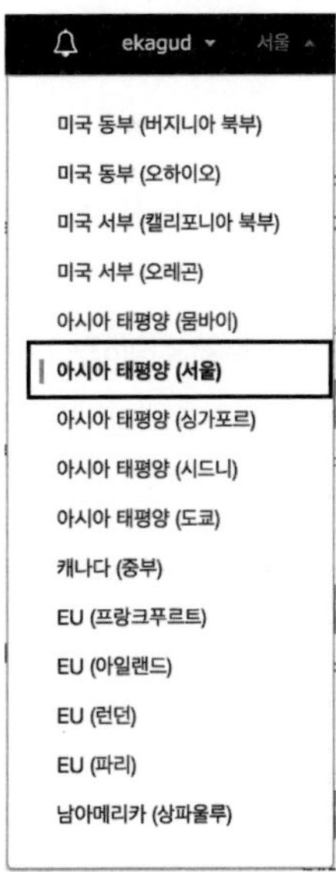

그림 2.5 리전 선택

8 https://docs.aws.amazon.com/ko_kr/AWSEC2/latest/UserGuide/amazon-linux-ami-basics.html

9 https://console.aws.amazon.com/

03 _ 화면 왼쪽 위의 [서비스] 메뉴를 클릭해 AWS 서비스 중 [EC2]를 검색한 뒤 선택한다.

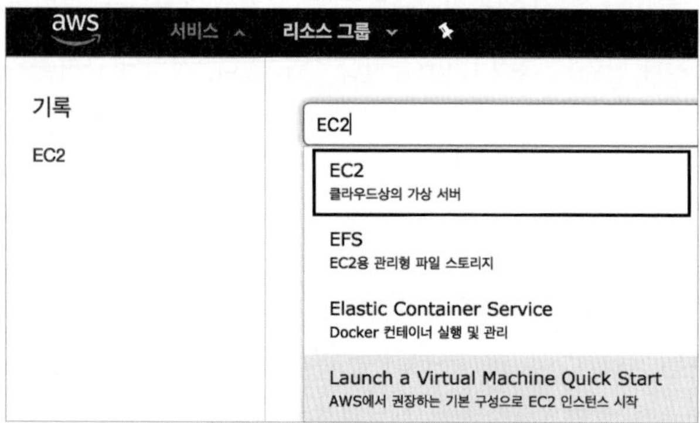

그림 2.6 서비스 검색

04 _ 왼쪽 [인스턴스] 메뉴에서 [인스턴스]를 선택하고 오른쪽 영역에서 [인스턴스 시작] 버튼을 클릭한다.

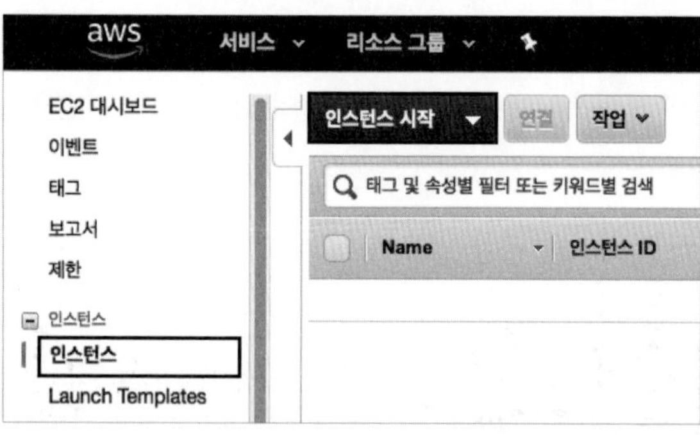

그림 2.7 인스턴스 메뉴의 인스턴스 시작 버튼

05 _ AMI를 선택하는 메뉴에서 우리가 설치할 서버 OS와 환경이 설치된 이미지를 정해야 한다. CentOS, Ubuntu 등 많이 사용되는 서버 OS가 있으나 여기서는 AWS에서 CentOS를 기반으로 AWS에 더 맞게 튜닝한 Amazon Linux를 사용하겠다.

[Amazon Linux 2 AMI (HVM) – Kernel 5.10, SSD Volume Type]의 [선택] 버튼을 클릭한다.

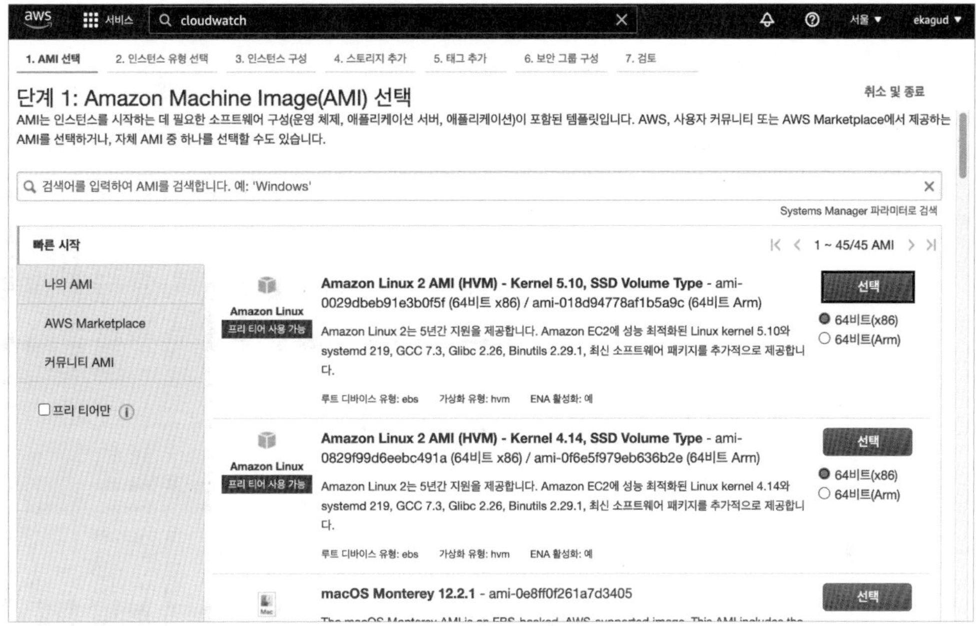

그림 2.8 AMI 선택

06 _ EC2 인스턴스의 유형을 고르는 화면이다. 이 화면에서 저성능부터 고성능까지 다양한 서버 사양을 선택할 수 있다. 여기서는 프리 티어(free tier)로 사용할 수 있고 실습에 무리가 없는 사양의 서버를 선택하겠다. [t2.micro]를 선택하고 [다음: 인스턴스 세부 정보 구성] 버튼을 클릭한다.

그림 2.9 인스턴스 유형 선택

07 _ 인스턴스 세부 정보를 구성하는 화면이다. 현재는 특별한 설정을 하지 않을 것이므로 기본값을 사용하고 [다음: 스토리지 추가] 버튼을 클릭한다.

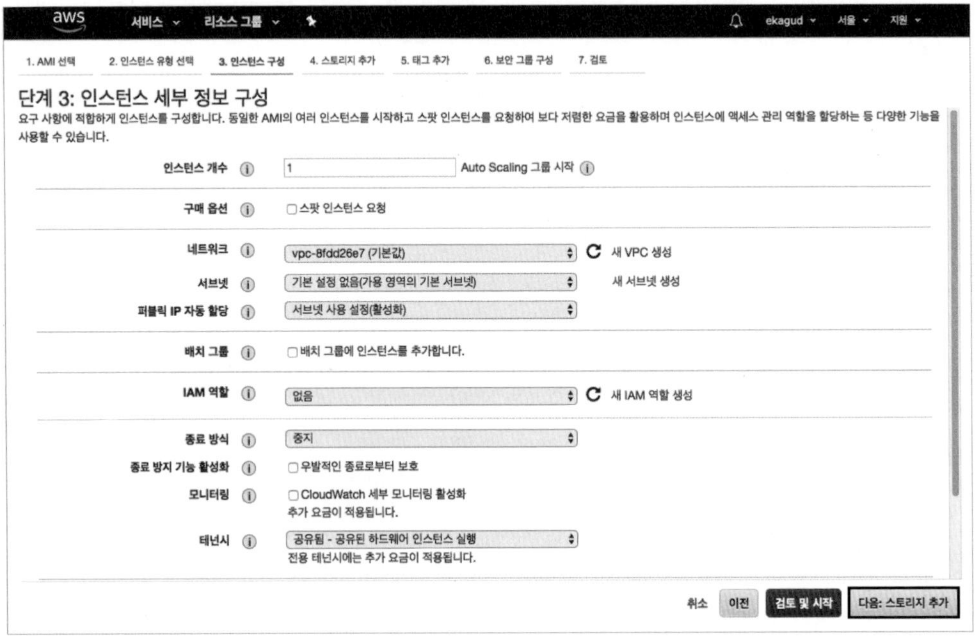

그림 2.10 인스턴스 구성

08 _ EC2 인스턴스에서 사용할 저장 장치를 선택하는 화면이다. 현재는 별도의 설정을 하지 않을 것이기 때문에 기본값을 사용하고 [다음: 태그 추가] 버튼을 클릭한다.

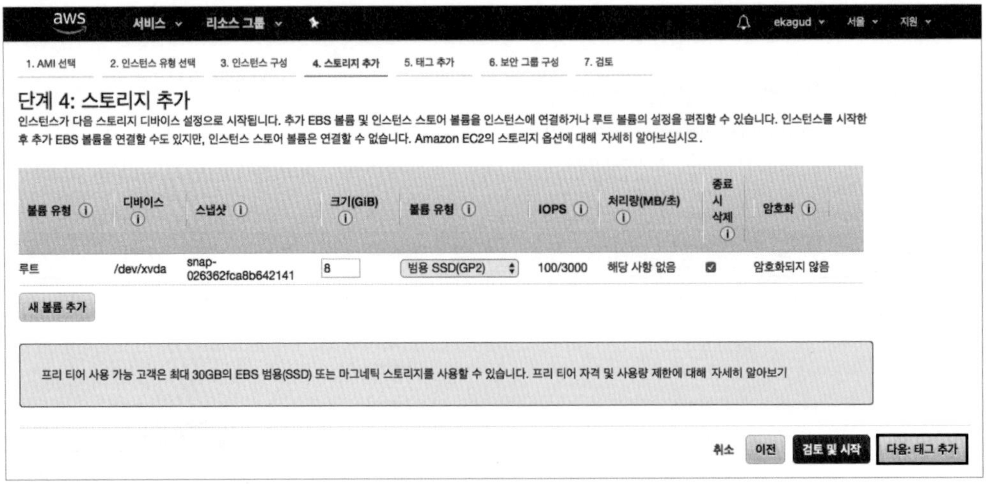

그림 2.11 스토리지 추가

09 _ 생성할 EC2 인스턴스에 태그를 지정하는 화면이다. 운영 환경에서 인스턴스를 사용하는 경우 수백 개의 인스턴스가 실행될 수 있다. 성격에 맞게 인스턴스를 분류할 때 유용하게 사용할 수 있다. 인스턴스의 이름을 지정하기 위해 Name이라는 키를 갖는 태그를 추가하고 값은 다음과 같이 [exercise-instance]로 입력한다. 그다음 [다음: 보안 그룹 구성] 버튼을 클릭한다.

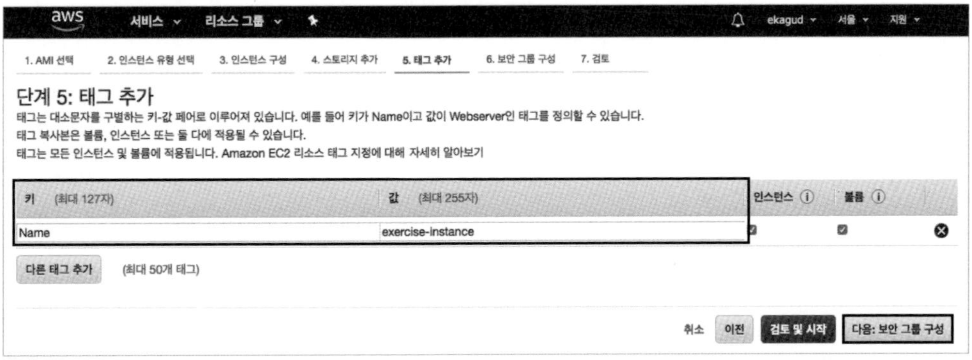

그림 2.12 태그 추가

10 _ 인스턴스에 대한 접근을 제어하기 위한 보안 그룹 구성 화면이다. 아직 생성해놓은 보안 그룹이 없기 때문에 [새 보안 그룹 생성]에서 다음과 같은 값으로 SSH로 접근 가능한 새로운 보안 그룹을 생성한다.

보통은 회사 IP만 지정하는 것이 좋고 정말 필요한 IP 주소와 포트 번호에 대해서만 접속을 허용하는 것이 중요하다. 현재 내가 사용하고 있는 IP 주소를 입력하고 싶은 경우에는 소스의 드롭다운 메뉴에서 [내 IP]를 선택하면 자동으로 현재 IP 주소를 입력해준다. 모든 값을 입력했다면 [검토 및 시작] 버튼을 클릭한다.

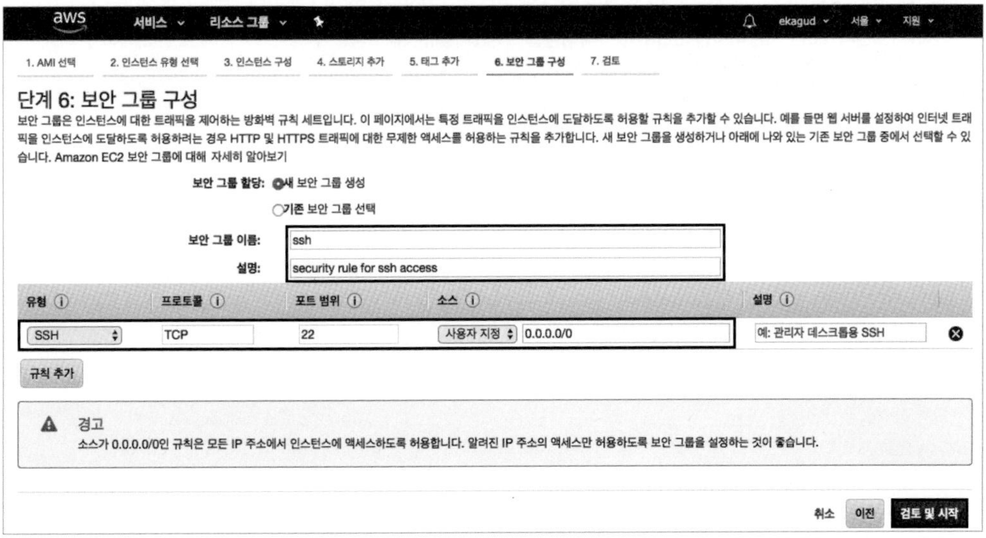

그림 2.13 보안 그룹 구성

11 _ EC2 인스턴스를 생성하기 전에 지금까지 설정한 값들을 검토할 수 있는 화면이다. 값들을 제대로 입력했는지 한 번 더 확인하고 [시작] 버튼을 클릭한다.

그림 2.14 인스턴스 시작 검토

12 _ 키 페어를 선택하는 창에서 [새 키 페어 생성]을 선택하고 생성할 키 페어의 이름을 넣는다. [키 페어 다운로드] 버튼을 클릭해 키 페어를 저장해둔다. 키 페어는 서버에 접속할 수 있는 열쇠이기 때문에 절대 분실해서도 안 되며 유출돼서도 안 된다. 또한 지금이 아니면 다시는 내려받을 수 없기 때문에 저장한 뒤 안전한 곳에 보관해둬야 한다.

[인스턴스 시작] 버튼을 클릭한다.

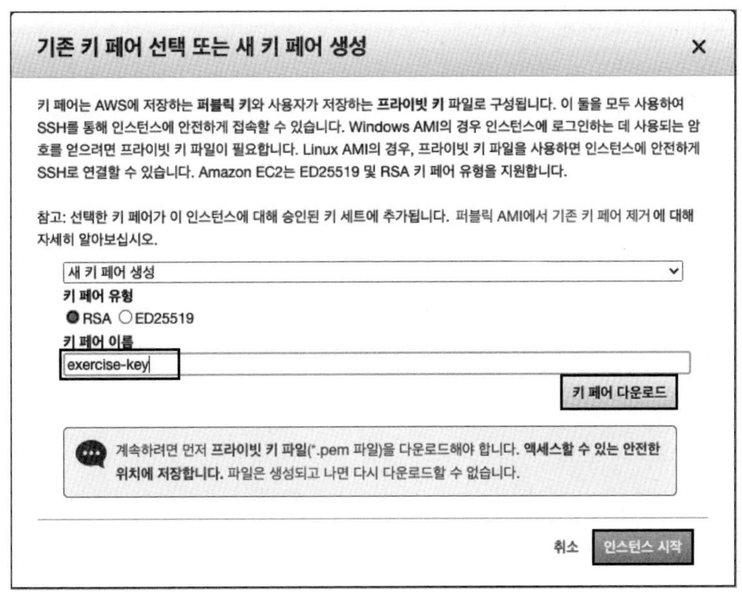

그림 2.15 키 페어 선택 및 생성

13 _ 인스턴스가 생성되기까지 보통 몇 분 정도 걸린다. [인스턴스 보기] 버튼을 클릭해 생성 중인 인스턴스를 확인한다.

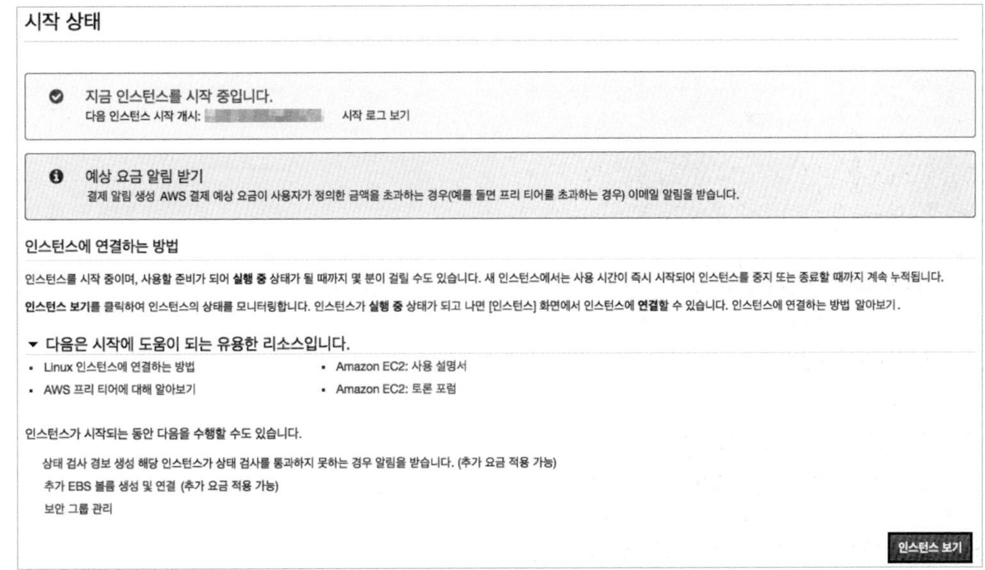

그림 2.16 인스턴스 생성 요청

14 _ 생성 중인 인스턴스의 [인스턴스 상태]가 노란색의 'pending' 상태에서 다음 그림과 같이 초록색 'running' 상태가 될 때까지 기다린다. 'pending'은 아직 생성하는 중이고 'running'은 인스턴스가 올바르게 실행 중이라는 것을 뜻한다. 'stopped'는 인스턴스가 잠시 중지된 상태이고 'terminated'는 인스턴스가 완전히 삭제(종료)된 상태를 뜻한다.

그림 2.17 인스턴스 생성 완료

15 _ 하단의 [설명] 탭을 확인하면 해당 인스턴스의 상세한 내용을 확인할 수 있다. 그중 DNS, IP와 관련된 항목을 확인하면 인스턴스에 퍼블릭(public), 프라이빗(private) 도메인과 IP 주소가 각각 할당됐음을 알 수 있다. 해당 도메인과 IP를 이용해 이 인스턴스에 접근할 수 있다.

퍼블릭 도메인과 IP는 별도의 설정을 하지 않는 이상 인스턴스가 꺼질 때 사라지고 다시 켜질 때마다 새로 할당받는다.

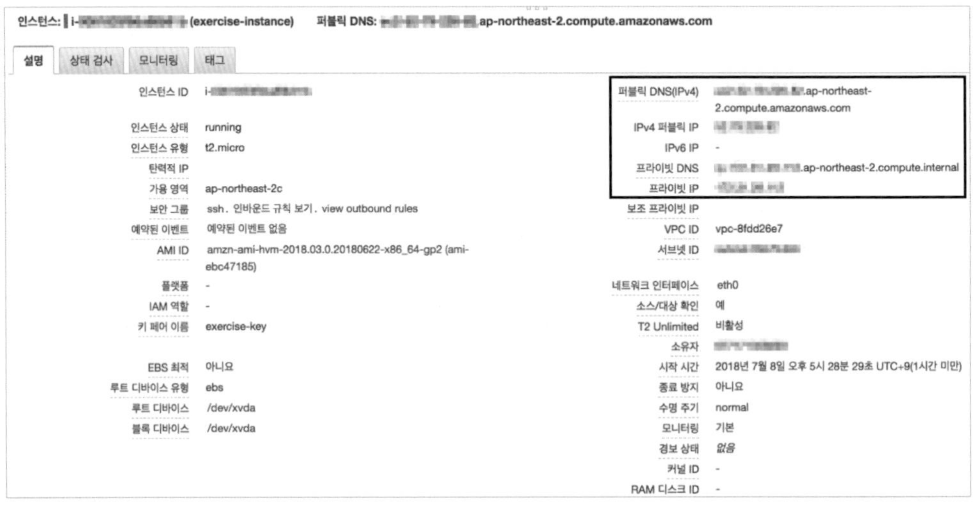

그림 2.18 인스턴스 설명 탭

앞에서 설명한 것과 같이 AWS는 사용량만큼 비용을 내야 하므로 EC2 인스턴스가 켜져 있는 시간에 대해 요금을 내야 한다. 따라서 EC2 인스턴스를 사용하지 않는 경우 잠시 꺼두는 것이 좋다. 인스턴스를 꺼두기 위해서는 인스턴스 목록에서 인스턴스를 대상으로 마우스 오른쪽 버튼을 클릭한 뒤 [인스턴스 상태] → [중지]를 차례로 선택하면 된다. 이때 중지와 종료의 번역이 어색하게 돼 있어 많이들 헷갈리는데 [중지]는 'stop'으로서 잠시 꺼두는 것이고 [종료]는 'terminate'로서 인스턴스를 완전히 삭제하는 것이다. 종료 시 복구할 방법이 없으니 더는 사용하지 않는 인스턴스인 경우에만 [종료]하자.

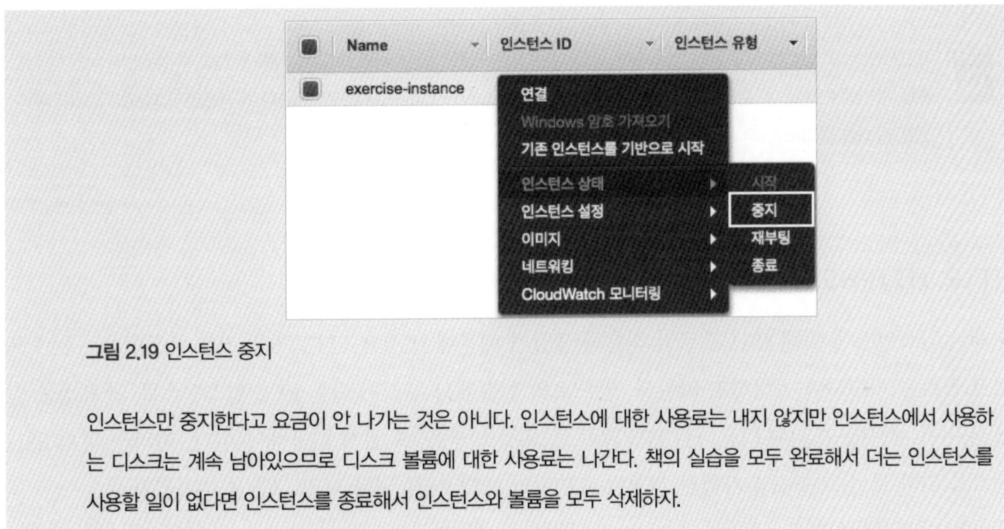

그림 2.19 인스턴스 중지

인스턴스만 중지한다고 요금이 안 나가는 것은 아니다. 인스턴스에 대한 사용료는 내지 않지만 인스턴스에서 사용하는 디스크는 계속 남아있으므로 디스크 볼륨에 대한 사용료는 나간다. 책의 실습을 모두 완료해서 더는 인스턴스를 사용할 일이 없다면 인스턴스를 종료해서 인스턴스와 볼륨을 모두 삭제하자.

EC2 인스턴스 접속

생성된 인스턴스에는 SSH 프로토콜을 이용해 접속할 수 있다. 이때 앞서 인스턴스를 생성할 때 내려받은 키 페어가 사용된다.

01 _ EC2 인스턴스에 할당된 퍼블릭 도메인이나 퍼블릭 IP를 이용해 SSH로 접속한다. 특별히 선호하는 SSH 클라이언트가 없다면 윈도우에서는 PuTTY 클라이언트를 이용해 접속하고 macOS나 리눅스에서는 ssh 명령어를 이용해 접속한다. 접속 방법은 부록 A, B를 참고하자.

02 _ 접속을 시도하면 다음과 같은 메시지가 출력된다. 처음 접속하는 서버의 IP를 안전한 서버인지 기록할 것이냐고 묻는 메시지로서 'yes'를 입력하면 된다.

```
The authenticity of host '52.xxx.xx.xx (13.xxx.xx.xx)' can't be established.
ED25519 key fingerprint is SHA256:Xs......
This key is not known by any other names
Are you sure you want to continue connecting (yes/no/[fingerprint])?
```

03 _ 서버 접속에 성공하면 다음과 같은 메시지가 나타난다.

```
       __|  __|_  )
       _|  (     /   Amazon Linux 2 AMI
      ___|\___|___|

https://aws.amazon.com/amazon-linux-2/
[ec2-user@ip-13-xxx-xx-xxx ~]$
```

여기서는 EC2 인스턴스에 접속하기 위해 ec2-user라는 사용자를 사용했고 실제 서버에 접속 후 bash의 사용자 이름을 확인해보면 ec2-user로 나온다. ec2-user는 Amazon Linux의 시스템 사용자 계정으로서 앞으로 root 권한이 아닌 대부분의 작업은 ec2-user로 진행하게 된다.

HTTP, HTTPS도 접근 가능하도록 보안 그룹 추가하기

현재는 인스턴스에 대해 SSH 포트만 허용해 놓았기 때문에 HTTP, HTTPS의 기본 포트인 80, 443 포트로 접속을 시도하면 동작하지 않는다. 앞으로의 실습에서 우리가 만든 EC2 인스턴스로 웹 요청을 받을 것이기 때문에 기본 HTTP, HTTPS 포트로 요청을 받을 수 있게 허용해야 한다. 따라서 앞서 SSH 접속을 위한 보안 그룹을 추가했던 것처럼 HTTP와 HTTPS를 위한 보안 그룹을 추가하자.

왼쪽 EC2 메뉴에서 [네트워크 및 보안] → [보안 그룹] 메뉴를 차례로 선택한 뒤 [보안 그룹 생성] 버튼을 클릭한다.

그림 2.20 보안 그룹

HTTP, HTTPS에 대해 허용 규칙을 추가한 뒤 [생성] 버튼을 클릭한다.

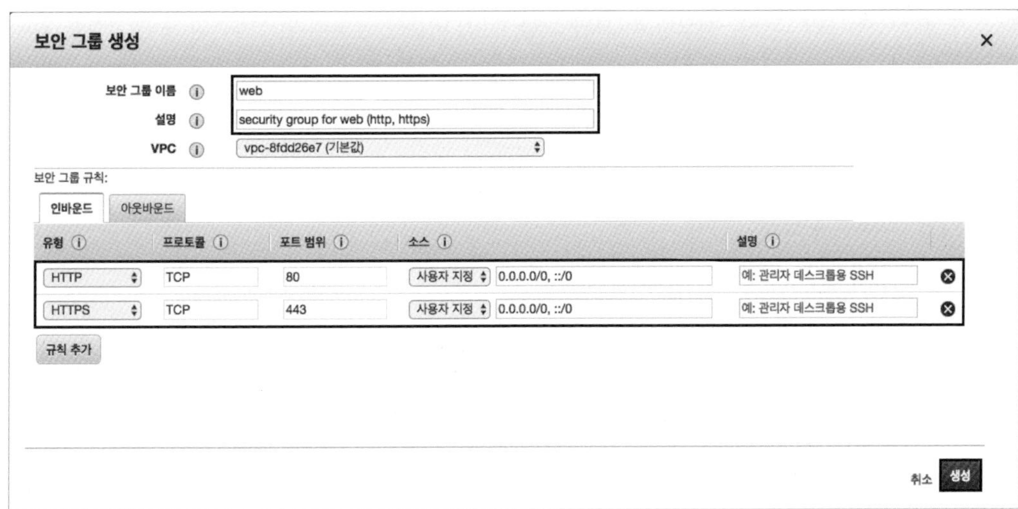

그림 2.21 보안 그룹 생성

이제 생성한 보안 그룹을 기존 인스턴스에 적용해야 한다. 왼쪽의 [인스턴스] → [인스턴스] 메뉴를 선택한 뒤 보안 그룹을 적용할 인스턴스를 대상으로 마우스 오른쪽 버튼을 클릭한 후 [네트워킹] → [보안 그룹 변경] 메뉴를 선택한다.

그림 2.22 EC2 인스턴스의 보안 그룹 변경

방금 생성한 web 보안그룹을 체크하고 [보안 그룹 할당] 버튼을 클릭해 인스턴스의 보안 그룹을 업데이트한다.

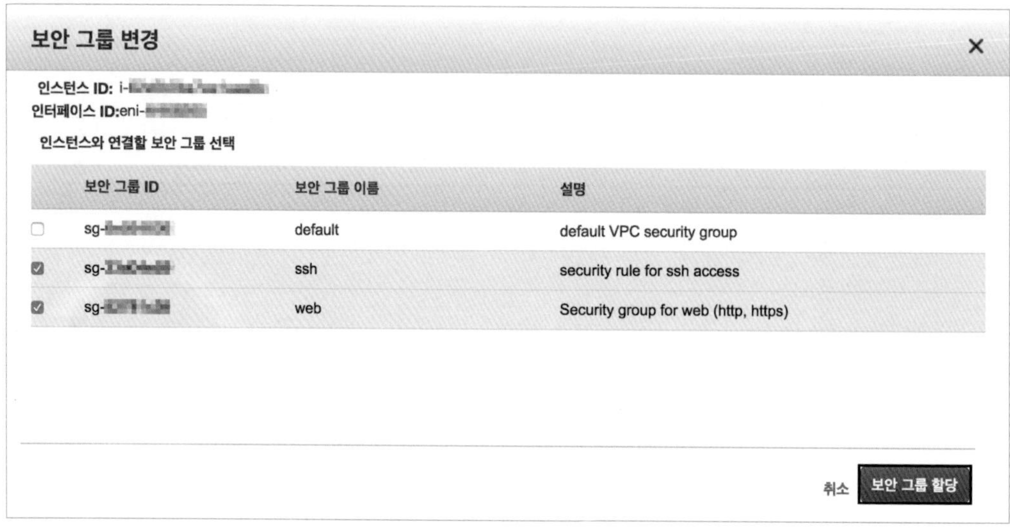

그림 2.23 보안 그룹 할당

2.2.4 [실습] 샘플 프로젝트를 실행하기 위한 서버 환경 구성

다음으로 생성한 EC2 인스턴스에서 간단한 샘플 웹 애플리케이션을 서비스하겠다. 서비스할 애플리케이션은 Node.js로 만들어졌기 때문에 서버에 Node.js를 설치해야 한다. Node.js와 추후 실습에 사용될 다른 언어를 쉽게 설치하기 위해 asdf[10]라는 버전 관리 툴을 사용한다.

접속한 인스턴스에서 다음 명령어를 실행해 Node.js를 설치한다.

```
# asdf를 설치하기 위해 yum 패키지 매니저를 이용하여 Git을 설치한다.
$ sudo yum install git -y

# asdf를 GitHub에서 다운받고 설치한다.
$ git clone https://github.com/asdf-vm/asdf.git ~/.asdf --branch v0.9.0
$ echo . $HOME/.asdf/asdf.sh >> ~/.bashrc
```

10 https://asdf-vm.com/

```
# 업데이트 된 bash shell의 설정 파일을 현재 터미널 세션에서 바로 사용할 수 있도록 한다.
$ source ~/.bashrc

# asdf에 Node.js 플러그인을 추가한다.
$ asdf plugin add nodejs https://github.com/asdf-vm/asdf-nodejs.git

# asdf를 이용해 Node.js 16.14.0 버전을 설치하고 기본 버전으로 지정한다.
$ asdf install nodejs 16.14.0
$ asdf global nodejs 16.14.0

# 설치한 Node.js 버전이 올바르게 설치되었는지 출력하여 확인한다.
$ node -e "console.log('Running Node.js ' + process.version)"
Running Node.js v16.14.0
```

2.3 소스코드 배포

2.3.1 Git을 이용한 소스코드 배포

코드를 실행할 수 있는 서버와 환경이 준비됐으니 그다음으로 할 작업은 실행할 코드를 서버에 배포하는 것이다. 코드를 배포하는 방법으로 여러 가지가 있지만 이번에는 가장 간단한 방법인 "Git[11]을 이용한 배포"를 진행하겠다. 서버에 접속한 뒤 Git 저장소에 있는 소스코드를 그대로 EC2 인스턴스로 내려받고 코드 실행에 필요한 의존성 패키지를 설치할 것이다.

2.3.2 [실습] Git으로 EC2 인스턴스에 코드 배포하기

01 _ 소스코드를 배포할 디렉터리를 생성한다.

```
$ cd /var

# mkdir 명령어를 이용해 소스코드를 배포할 디렉터리를 생성한다.
# 이때 sudo를 이용해 root 권한으로 명령어를 실행하게 되는데, 이는 /var 디렉터리의 소유 권한이
```

11 Git은 소스코드 관리 시스템이다. 비슷한 제품으로 SVN, Mercurial 등이 있다.

```
# root로 돼 있기 때문에 해당 디렉터리에 파일이나 디렉터리를 추가하기 위해서는 root 권한이
# 필요하기 때문이다.

$ sudo mkdir www

# 코드 관리는 일반 유저인 ec2-user로 처리할 것이므로 /var/www 경로를 ec2-user의 소유로
# 변경한다.

$ sudo chown ec2-user www
```

02 _ 이제 Git을 이용해 Git 저장소에 있는 소스코드를 내려받는다. 샘플 프로젝트는 Git 저장소인 깃허브(GitHub)에 공개 돼 있으므로 해당 프로젝트를 그대로 내려받는다.

```
$ cd /var/www

# 깃허브에서 샘플 프로젝트를 내려받는다.
# /var/www/aws-exercise-a 경로에 소스코드를 내려받게 된다.
$ git clone https://github.com/deopard/aws-exercise-a.git
$ cd aws-exercise-a
```

03 _ 애플리케이션을 실행하기 위해 프로젝트의 의존성 패키지를 설치한다.

```
# npm은 node package manager로서 Node.js에서 사용하는 의존성 패키지를 쉽게 관리할 수 있게
# 도와주는 프로그램이다.
# 샘플 애플리케이션을 실행하기 위해 package.json 파일에 명시돼 있는 필요한 외부
# 라이브러리들을 설치한다.
$ npm install
```

2.4 웹 서버와 웹 애플리케이션 서버

서버 인스턴스에는 클라이언트의 요청을 받아 적절한 정적 파일을 응답하거나 애플리케이션 코드로 그 요청을 처리할 수 있게 도와주는 서버 소프트웨어가 필요하다. 서버 소프트웨어는 크게 웹 서버와 웹 애플리케이션 서버로 구분된다.

2.4.1 웹 서버

웹 서버는 클라이언트에서 HTTP 프로토콜로 요청을 받고 정적인 파일들을 응답으로 전달한다. 여기서 정적인 파일밖에 제공하지 못 한다는 것은 HTML, 이미지, CSS, JS 파일과 같은 정적인 파일의 내용을 그대로 응답으로 줄 수는 있지만 애플리케이션 코드를 실행해 그 결과를 줄 수는 없다는 뜻이다. 즉, 회사 소개 페이지와 같이 단순하고 정적인 웹 사이트는 웹 서버로 실행할 수 있지만 로그인, 데이터베이스 접속 등 서버에서 코드를 실행할 필요가 있는 애플리케이션은 웹 서버만으로는 실행할 수 없다. 대표적인 웹 서버 제품으로 nginx, Apache, IIS 등이 있다.

2.4.2 웹 애플리케이션 서버

웹 애플리케이션 서버는 영어권에서는 애플리케이션 서버로 얘기하지만 한국에서는 주로 웹 애플리케이션 서버(Web Application Server, 줄여서 WAS)라고 많이 얘기한다. 웹 서버와 다르게 클라이언트의 요청에 대해 코드 실행을 통해 동적인 응답을 만들어주는 역할을 한다. 또한 배포한 코드를 프로세스로 실행시키고, 해당 프로세스에 클라이언트의 요청을 넘겨주는 역할을 하기도 한다. 단순히 프로세스의 실행뿐만 아니라 서버 자원을 최적으로 사용하기 위해 프로세스의 수나 프로세스의 메모리를 조절하기도 한다.

소스코드를 실행하고 관리하는 소프트웨어다 보니 제품마다 지원하는 언어가 다르다. 따라서 애플리케이션의 언어에 맞는 웹 애플리케이션 서버를 선택해야 한다. 대표적인 웹 애플리케이션 서버로는 Phusion Passenger, Apache Tomcat, JBoss 등이 있다.

2.4.3 웹 서버와 웹 애플리케이션 서버의 사용

웹 서버와 웹 애플리케이션 서버는 보통 함께 사용된다. 한 서버에서 여러 종류의 애플리케이션을 서비스하는 경우 웹 서버가 정적 파일을 처리하는 역할이나 여러 웹 애플리케이션 서버로 라우팅하는 역할을 할 수 있다.

예를 들면, 한 서버 내에서 https://a-site.com 사이트와 https://b-site.com 사이트를 모두 서비스하고 있다면 웹 서버에서는 클라이언트에서 요청한 도메인 주소를 분석해서 적절한 애플리케이션 서버로 전달해줄 수 있다. 또한 이미지나 CSS 같은 정적인 데이터는 굳이 애플리케이션을 실행해서 로드할 필요 없이 웹 서버에서 바로 응답으로 주면 된다.

두 서버 사이에 명확한 구분선이 그어져 있는 것도 아니고 두 서버의 기능을 모두 제공하는 제품도 많기 때문에 반드시 둘 다 사용해야 하는 것은 아니다. 언어 등 필요한 기능과 상황에 맞게 웹 서버와 웹 애플리케이션 서버 제품을 선택하고 사용하면 된다.

2.4.4 클라이언트의 요청 이동 경로

다음은 웹 서버와 웹 애플리케이션 서버의 역할을 확실하게 이해하기 위해 클라이언트의 요청이 어떤 과정을 거쳐서 애플리케이션으로 전달되는지 나타낸 그림이다.

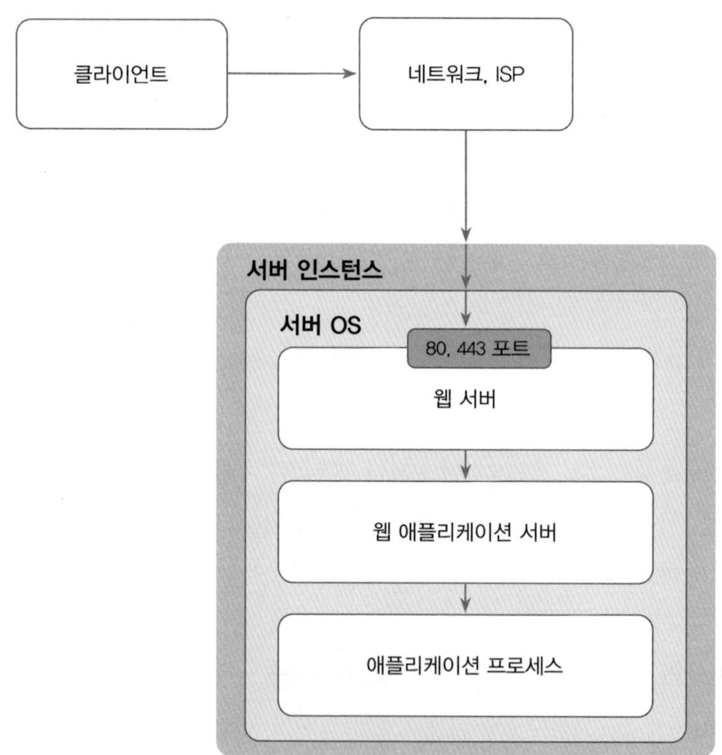

그림 2.24 클라이언트의 요청 전달 과정

01 _ 클라이언트에서는 네트워크와 ISP(인터넷 서비스 프로바이더) 등을 거쳐 서버 인스턴스로 네트워크 패킷을 보낸다.

02 _ 하드웨어인 서버 인스턴스에서는 해당 패킷을 읽어와 인스턴스에 설치된 서버 OS에 패킷을 넘긴다.

03 _ 서버 OS는 해당 패킷을 읽고 패킷에 적힌 포트를 리스닝하고 있는 웹 서버 프로세스에 요청 내용을 전달한다.

04 _ 웹 서버에서는 해당 HTTP 요청을 분석해서 적절한 웹 애플리케이션 서버에 전달한다.

05 _ 웹 애플리케이션 서버에서는 애플리케이션 코드를 실행하고 있는 애플리케이션 프로세스에 HTTP 요청의 내용을 파라미터를 전달해서 실행한 뒤 그 코드의 결괏값을 다시 웹 서버에 전달한다.

06 _ 그 뒤로는 앞서 진행했던 단계의 반대 방향으로 클라이언트에게 응답이 전달된다.

2.4.5 nginx, Phusion Passenger

그림 2.25 nginx 로고

nginx는 전 세계에서 약 38%[12]의 점유율을 차지하고 있는 대표적인 웹 서버 제품 중 하나다. nginx는 꼭 필요한 웹 서버의 기능들을 모두 제공한다. 더 자세한 설명은 nginx 공식 홈페이지[13]에서 확인할 수 있다.

그림 2.26 Phusion Passenger 로고

12 출처: https://w3techs.com/technologies/overview/web_server/all

13 https://nginx.org

웹 애플리케이션 서버는 언어마다 해당 언어를 지원하는 서버가 여러 개 있기 때문에 그 수가 매우 많다. 이 책에서는 Phusion Passenger 애플리케이션 서버를 다루겠다. Phusion Passenger는 여러 언어로 된(Node.js, Python, Ruby, Meteor) 애플리케이션들을 지원하고 문서화가 굉장히 잘 돼 있다는 장점이 있다.

Phusion Passenger는 별도의 웹 서버 없이 단독으로 동작하는 독립형 모드(Standalone mode), 아파치 웹 서버와 연동되어 실행되는 아파치 통합 모드(Apache integration mode), nginx 웹 서버와 연동되어 실행되는 nginx 통합 모드(nginx integration mode)를 지원한다. 더 자세한 설명은 Phusion Passenger 공식 홈페이지[14]에서 확인할 수 있다.

앞으로 이 두 서버 소프트웨어를 이용해 실습을 진행할 것이다. 현재 다른 서버를 사용하고 있더라도 대부분 서버가 하는 역할과 동작 방식은 매우 비슷하기 때문에 이 둘을 이해하면 다른 서버들도 쉽게 사용할 수 있을 것이다.

2.4.6 [실습] nginx, Phusion Passenger 설치 및 서비스

이제 웹 서버인 nginx와 웹 애플리케이션 서버인 Phusion Passenger를 설치해 보겠다. 둘 다 설치할 것이기 때문에 Phusion Passenger를 nginx 통합 모드로 설치하고 실행하겠다.

nginx 모드로 Phusion Passenger를 실행하게 되면 Phusion Passenger가 nginx의 모듈처럼 동작하게 된다. 따라서 Phusion Passenger의 설정들을 nginx 설정 파일에서 다루게 되고 nginx만 재시작해도 Phusion Passenger까지 재시작하게 된다.

01 _ SSH를 이용해 EC2 인스턴스에 접속한다.

02 _ Phusion Passenger의 설치 파일을 내려받는다.

```
# Phusion Passenger 설치 파일을 내려받기 위해 /var/www 경로로 이동한다
$ cd /var/www

# wget 명령어를 이용해 웹에 있는 파일을 로컬로 내려받는다.
# 이때 재미있는 것은 파일 주소를 보면 Phusion Passenger도 파일을 호스팅하는 데 AWS를 사용하고
# 있음을 알 수 있다.
```

14 https://www.phusionpassenger.com

```
$ wget http://s3.amazonaws.com/phusion-passenger/releases/passenger-6.0.12.tar.gz

# sudo 명령어를 통해 root 권한으로 /var/passenger 디렉터리를 생성한다.
# root 권한이 필요한 이유는 /var 디렉터리가 root 계정의 소유로 돼 있기 때문이다.
$ sudo mkdir /var/passenger

# passenger 파일은 ec2-user로 처리할 것이므로 chown 명령어를 통해
# /var/passenger 디렉터리의 소유자를 ec2-user로 변경한다.
# 현재 디렉터리의 소유자는 root이기 때문에 root 권한을 이용해 작업을 수행한다.
$ sudo chown ec2-user /var/passenger

# 내려받은 passenger 설치 파일을 /var/passenger 경로에 압축 해제한다.
$ tar -xzvf passenger-6.0.12.tar.gz -C /var/passenger
```

03 _ 앞서 설치한 asdf를 이용하여 루비(Ruby) 언어를 설치한다. 갑자기 루비를 설치하는 이유는 Phusion Passenger가 C++와 루비 언어로 만들어졌기 때문이다.

```
# 앞서 Node.js를 설치하는 데 사용한 asdf를 이용하여 asdf에 Ruby 플러그인을 추가한다.
$ asdf plugin add ruby

# 루비를 설치하는 데 필요한 패키지를 설치한다.
$ sudo yum install gcc gcc-c++ glibc glibc-common gd gd-devel openssl-devel libcurl-devel -y

# 루비 3.1.1 버전을 설치하고 기본 버전으로 지정한다.
$ asdf install ruby 3.1.1
$ asdf global ruby 3.1.1
```

04 _ Passenger 명령어를 쉽게 실행하기 위해 변수를 설정하는 작업을 한다.

```
# 설치된 passenger의 경로를 $PATH 변수에 등록한다. $PATH 변수에 등록하면 모든 디렉터리에서
# passenger 명령어를 실행할 때 /var/passenger/passenger-6.0.12/bin/passenger와 같이
# 전체 경로를 입력할 필요 없이 passenger 명령어만 입력하면 된다.
$ echo export PATH=/var/passenger/passenger-6.0.12/bin:$PATH >> ~/.bash_profile

# 업데이트된 bash shell의 설정 파일을 현재 터미널 세션에서 바로 사용할 수 있게 한다.
$ source ~/.bash_profile
```

05 _ Phusion Passenger를 이용해 Passenger nginx module을 설치한다.

```
# Phusion Passenger, nginx module을 설치한다.
# Phusion Passenger의 가장 큰 장점은 설치를 위한 가이드가 굉장히 친절하게 작성돼 있다는
# 것이다. 이와 같은 설치 파일도 installer를 제공한다.
$ passenger-install-nginx-module

# 설치 내용에 대한 간략한 설명.
..

<Enter>

# 실행할 애플리케이션의 언어를 물어본다. 샘플 프로젝트는 Node.js로 이뤄져 있기 때문에
# Node.js만 체크하고 나머지는 해제한다.
# 만약 체크박스가 제대로 보이지 않는다면 설명에 적혀 있는 것처럼 "!"를 입력한다.
Which languages are you interested in?
Use <space> to select.
If the menu doesn't display correctly, press '!'
      Ruby
      Python
      Node.js
      Meteor

<Enter>


..

# 경고 메시지가 나타난다. 하나하나 읽어보면 중요한 정보들을 제공하고 있음을 알 수 있다.
# 시스템에 가상 메모리가 부족해서 설치 시 문제가 발생할 수 있기 때문에
# 가상 메모리를 늘린 뒤 installer를 실행하는 것을 권장하는 메시지다.
Your system does not have a lot of virtual memory
Compiling Phusion Passenger works best when you have at least 1024 MB of virtual
memory. However your system only has 965MB of total virtual memory (965MB RAM, 0 MB swap).
It is recommended that you temporarily add more swap space
before proceeding. You can do it as follows:


..
```

```
# installer는 Ctrl-C를 눌러서 설치 과정을 중지하는 것을 추천한다.
Press Ctrl-C to abort this installer (recommended).
Press Enter if you want to continue with installation anyway.

# 설치를 더 이상 진행하지 않고 가상 메모리를 늘리기 위해 Ctrl-C를 입력한다.
<Ctrl-C>
```

06 _ Installer에서 추천하는 명령어를 통해 가상 메모리의 크기를 늘린다.

```
$ sudo dd if=/dev/zero of=/swap bs=1M count=1024
$ sudo mkswap /swap
$ sudo swapon /swap
```

07 _ 다시 Passenger nginx module 설치를 시도한다.

```
$ passenger-install-nginx-module

# nginx까지 자동으로 설치할지 묻는다.
--------------------------------------------
Automatically download and install Nginx?
Nginx doesn't support loadable modules such as some other web servers do,
so in order to install Nginx with Passenger support, it must be recompiled.
Do you want this installer to download, compile and install Nginx for you?
 1. Yes: download, compile and install Nginx for me. (recommended)
    The easiest way to get started. A stock Nginx 1.20.1 with Passenger support,
    but with no other additional third party modules, will be
    installed for you to a directory of your choice.
 2. No: I want to customize my Nginx installation. (for advanced users)
    Choose this if you want to compile Nginx with more third party modules
    besides Passenger, or if you need to pass additional options to Nginx's
    'configure' script. This installer will  1) ask you for the location of
    the Nginx source code,  2) run the 'configure' script according to your
    instructions, and  3) run 'make install'.
Whichever you choose, if you already have an existing Nginx configuration file,
then it will be preserved.
Enter your choice (1 or 2) or press Ctrl-C to abort: 1
```

```
# 1. Yes: download, compile and install Nginx for me. (recommended)를 선택
1<엔터>

..

# nginx의 설치 위치를 묻는다.
--------------------------------------------
Where do you want to install Nginx to?
Please specify a prefix directory [/opt/nginx]:

<엔터>


Permission problems

This installer must be able to write to the following directory:

  /opt/nginx

But it can't do that, because you're running the installer as ec2-user.
Please give this installer root privileges, by re-running it with sudo:

  export ORIG_PATH="$PATH"
  sudo -s -E
  export PATH="$ORIG_PATH"
   /home/ec2-user/.asdf/installs/ruby/3.1.1/bin/ruby /var/passenger/passenger-6.0.12/bin/
passenger-install-nginx-module

# 위와 같은 경고 메시지가 나타난다. ec2-user로 로그인한 상태에서 root 권한이 필요한
# /opt/nginx 경로에 설치하려다 보니 권한 실패 에러가 발생하는 것이다.
# ec2-user가 아닌 root 계정으로 실행하기 위해 현재 asdf의 환경변수를 보존하면서
# root 계정을 실행한다.
# asdf 플러그인이 설치된 경로를 asdf 환경 변수에 명시적으로 지정한다.
$ export ASDF_DATA_DIR=/home/ec2-user/.asdf

# sudo 명령어에 별다른 옵션을 지정하지 않는 경우 ec2-user의 환경변수가 보존되지 않는
# 새로운 세션을 생성한다. 이 문제를 해결하기 위해 현재 PATH 환경변수를 임시로 저장한 뒤
# sudo 명령어의 s(--shell)와 E(--preserve-env) 옵션을 주어 ec2-user의
# PATH 환경변수 값을 유지한다.
```

```
$ export ORIG_PATH="$PATH"
$ sudo -sE
# export PATH="$ORIG_PATH"
# asdf global ruby 3.1.1


# root 계정으로 다시 nginx-module 설치를 시도한다.
# passenger-install-nginx-module


..
Automatically download and install Nginx? <엔터>


..
Enter your choice (1 or 2) or press Ctrl-C to abort: 1<엔터>


..
Please specify a prefix directory [/opt/nginx]: <엔터>


..
# 정상적으로 설치됐다는 메시지를 보여준다.
Nginx with Passenger support was successfully installed.

# 그리고 Nginx 설정 파일의 경로를 알려주며 Phusion Passenger와의 연동을 위한 설정 값도
# installer에서 자동으로 추가했음을 알려준다.
The Nginx configuration file (/opt/nginx/conf/nginx.conf)
must contain the correct configuration options in order for Phusion Passenger
to function correctly.

This installer has already modified the configuration file for you! The
following configuration snippet was inserted:

  http {
      ...
      passenger_root /var/passenger/passenger-6.0.12;
      passenger_ruby /home/ec2-user/.asdf/installs/ruby/3.1.1/bin/ruby;
      ...
  }
```

```
<엔터>

# root 권한을 종료한다.
# exit
$
```

08 _ 텍스트 편집기로 nginx의 설정을 변경하기 위해 파일을 연다. 이 책에서는 다음과 같이 vi를 이용하지만 각자 익숙한 편집기를 사용하면 된다.

```
$ sudo vi /opt/nginx/conf/nginx.conf
```

09 _ http 요소의 첫 줄에 server_names_hash_bucket_size 설정을 추가한다.

```
http {
  # 긴 이름의 서버 이름을 허용하기 위한 설정
  server_names_hash_bucket_size 128;
  passenger_root /var/passenger/passenger-6.0.12;
  passenger_ruby /home/ec2-user/.asdf/installs/ruby/3.1.1/bin/ruby;

  ..
}
```

10 _ server 요소의 설정도 다음과 같이 수정한다.

```
# 서버 등록
server {
  listen 80;

  # 서버의 이름을 나타낸다. 클라이언트에서 어떤 주소로 요청을 보냈을 때 nginx는
  # 그 주소와 정의돼 있는 server_name들을 보고 어떤 server에게 요청을 보내줄지 결정한다.
  # IP 주소나 도메인 주소도 사용 가능하며 정규 표현식도 사용할 수 있다.
  server_name <EC2 인스턴스의 IPv4 퍼블릭 주소>;

  root /var/www/aws-exercise-a/public;

  # Passenger 앱 명시.
  passenger_enabled on;
```

```
  # Passenger에게 Node.js 앱임을 알려준다.
  passenger_app_type node;

  # Passenger 시작 파일
  passenger_startup_file /var/www/aws-exercise-a/app.js;

  # 기본 설정은 삭제한다.
  # location / {
  #     root   html;
  #     index  index.html index.htm;
  # }
}
```

11 _ 모든 설정이 완료된 파일은 다음과 같다. 불필요한 주석은 삭제했다.

```
worker_processes  1;

events {
    worker_connections  1024;
}

http {
    server_names_hash_bucket_size 128;
    passenger_root /var/passenger/passenger-6.0.12;
    passenger_ruby /home/ec2-user/.asdf/installs/ruby/3.1.1/bin/ruby;

    include       mime.types;
    default_type  application/octet-stream;
    sendfile        on;
    keepalive_timeout  65;

    server {
        listen       80;

        server_name  <EC2 인스턴스의 IPv4 퍼블릭 주소>;

        root /var/www/aws-exercise-a/public;
```

```
            passenger_enabled on;
            passenger_app_type node;
            passenger_startup_file /var/www/aws-exercise-a/app.js;

            error_page   500 502 503 504  /50x.html;
            location = /50x.html {
                root   html;
            }
        }
}
```

12 _ 편집된 파일을 저장한 뒤 nginx 서비스를 시작한다.

```
# root 권한으로 nginx를 실행한다.
$ sudo /opt/nginx/sbin/nginx
```

13 _ 브라우저에서 http 프로토콜을 이용하여 EC2 인스턴스의 주소로 접속하면 샘플 프로젝트의 응답이 올바르게 나타나는 것을 확인할 수 있다.

그림 2.27 샘플 프로젝트 서버에 IPv4 주소로 접속한 결과

2.4.7 [실습] nginx, Phusion Passenger 서비스 명령어 추가

nginx와 Phusion Passenger 설치가 성공적으로 완료됐지만 서버를 재시작하거나 끄기 위해서 사용하는 명령어가 간단하지 않다. 서비스 관리를 조금 더 쉽게 하기 위해 명령어를 추가하자.

01 _ /etc/init.d 경로에 스크립트를 추가한다. init.d는 서비스 스크립트들이 존재하는 경로다.

```
$ cd /etc/init.d

# 텍스트 에디터를 이용해 nginx 파일을 생성, 수정한다.
$ sudo vi nginx
```

02 _ nginx 시작 스크립트[15]의 내용을 복사 및 붙여넣기해서 저장한다.

03 _ 실행 가능한 서비스로 만들기 위해 파일 권한을 변경한다.

```
$ sudo chmod 755 nginx
```

04 _ 이제 다음과 같이 손쉽게 nginx 서비스를 조작할 수 있다.

```
# nginx 종료
$ sudo service nginx stop
Stopping nginx: [ OK ]

# nginx 시작
$ sudo service nginx start
Starting nginx: [ OK ]

# nginx 재시작
$ sudo service nginx restart
Restarting nginx (via systemctl): [  OK  ]

# nginx 프로세스 상태 확인
$ sudo service nginx status
• nginx.service - SYSV: Nginx is an HTTP(S) server, HTTP(S) reverse proxy and IMAP/POP3 proxy server
   Loaded: loaded (/etc/rc.d/init.d/nginx; bad; vendor preset: disabled)
   Active: active (running) since Tue 20xx-xx-xx 06:50:02 UTC; 2s ago
     Docs: man:systemd-sysv-generator(8)
  Process: 23634 ExecStop=/etc/rc.d/init.d/nginx stop (code=exited, status=0/SUCCESS)
  Process: 23647 ExecStart=/etc/rc.d/init.d/nginx start (code=exited, status=0/SUCCESS)
 Main PID: 23678 (nginx)
   CGroup: /system.slice/nginx.service
           ├─23665 Passenger watchdog
           ├─23668 Passenger core
           ├─23678 nginx: master process /opt/nginx/sbin/nginx -c /opt/nginx/conf/nginx.conf
           └─23684 nginx: worker process
```

15 https://git.io/JeMFD

2.4.8 [실습] 시스템 시작 시 자동 시작 서비스에 등록

서버 인스턴스가 켜져도 샘플 애플리케이션을 실행하기 위한 nginx, Phusion passenger가 실행되지 않으면 서버가 켜질 때마다 접속해서 서비스를 실행해야 한다. 서버가 한 대라면 조금 귀찮은 정도겠지만 나중에 여러 대의 서버를 운영하고 트래픽에 따라 서버가 자동으로 켜지고 꺼진다면 큰 문제가 된다. 따라서 서버 인스턴스가 켜지면 자동으로 실행하기 위해 시작 서비스에 등록해야 한다.

01 _ 서버가 켜지면 자동으로 nginx 서비스가 실행되도록 시작 서비스에 등록한다.

```
# 시작 서비스 관리를 위한 툴인 ckconfig를 이용해 nginx 스크립트를 chkconfig에서 관리하는 서비스로
# 등록한다.
$ sudo chkconfig --add nginx

# 시작 서비스에 쉽게 등록하기 위해 runlevel을 GUI로 관리할 수 있게 해주는 ntsysv 명령어를 실행한다.
$ sudo ntsysv
```

02 _ 화면에서 [nginx]를 체크한 후 [확인]을 선택한다. 체크는 〈Space〉, 버튼 이동은 〈Tab〉 키를 사용하면 된다.

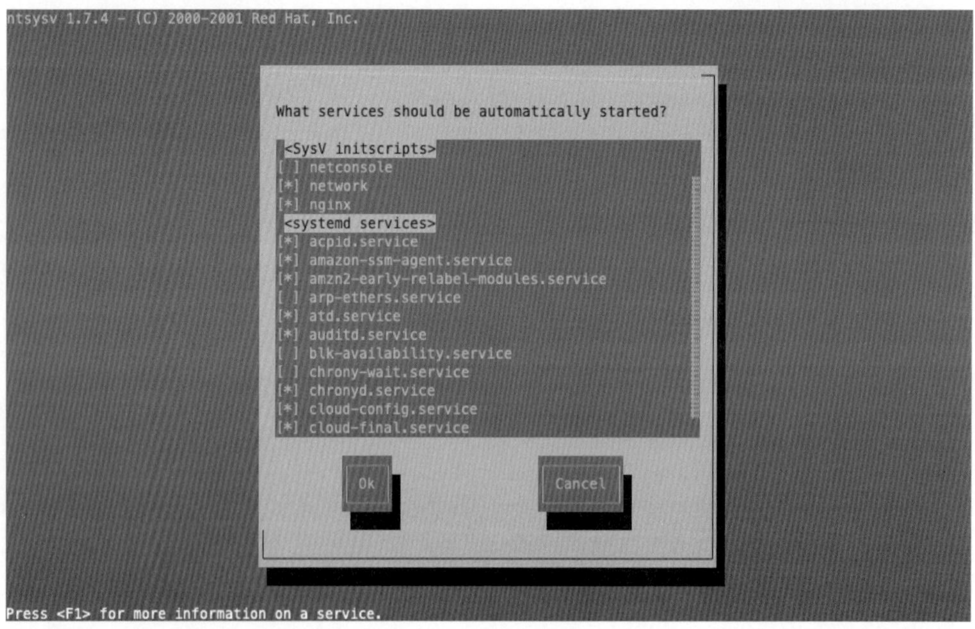

그림 2.28 ntsysv를 이용한 시작 서비스 선택

2.4.9 [실습] 하나의 서버에서 두 개의 애플리케이션 서비스하기

앞에서는 하나의 애플리케이션만 서비스했지만 한 서버에 여러 종류의 애플리케이션을 실행하는 때도 있다. 이번에는 nginx를 이용해 한 서버에서 두 개의 다른 애플리케이션을 서비스하겠다.

하나의 서버는 하나의 IP 주소를 갖게 되지만 그 IP 주소에 여러 개의 도메인을 연결할 수 있다. 따라서 하나의 서버라도 여러 개의 주소를 가질 수 있게 되는 것이다. 서버 내에 있는 nginx가 어떤 주소로 요청했는지 파악해서 올바른 애플리케이션에 전달할 수 있다. 이 경우에는 nginx가 라우터의 역할을 하게 되는 것이다.

01 _ 앞서 배포했던 것과 다른 애플리케이션 코드도 서버에 배포한다. 이번에도 마찬가지로 Git을 이용해 배포를 진행한다. 앞에서는 aws-exercise-a 프로젝트를 배포했지만 이번에는 aws-exercise-b 프로젝트를 배포해볼 것이다. 똑같은 구성의 프로젝트이기 때문에 앞에서 했던 배포 과정과 동일하다.

```
$ cd /var/www/

$ git clone https://github.com/deopard/aws-exercise-b.git

$ cd aws-exercise-b

$ npm install
```

02 _ 텍스트 편집기로 nginx의 설정을 변경하기 위해 파일을 연다.

```
$ sudo vi /opt/nginx/conf/nginx.conf
```

03 _ 이전에는 nginx에서 서버를 구분하기 위해 EC2 인스턴스의 IPv4 퍼블릭 주소를 server_name으로 사용했지만, 이번에는 EC2 인스턴스의 IPv4 퍼블릭 DNS 주소를 server_name으로 사용한다.

다음과 같이 파일을 수정한 뒤 저장한다.

```
..

# 기존에 추가한 server 요소
server {
  ..
  server_name <EC2 인스턴스의 IPv4 퍼블릭 주소>;
```

```
  ..
}

# 기존 설정에 새로운 server 요소를 하나 더 추가한다.
server {
    listen 80;
    # 이 서버에는 도메인 주소를 입력해서 기존에 추가한 서버와 구분한다.
    server_name <퍼블릭 DNS(IPv4)>;

    root /var/www/aws-exercise-b/public;

    passenger_enabled on;
    passenger_app_type node;
    passenger_startup_file /var/www/aws-exercise-b/app.js;
}

..
```

04 _ 변경된 설정을 적용하기 위해 nginx, Phusion Passenger 서비스를 재시작한다.

```
$ sudo service nginx restart
```

05 _ 브라우저에서 EC2 인스턴스의 IP 주소와 DNS 주소로 접속할 때 다른 애플리케이션이 실행되는 것을 확인한다.

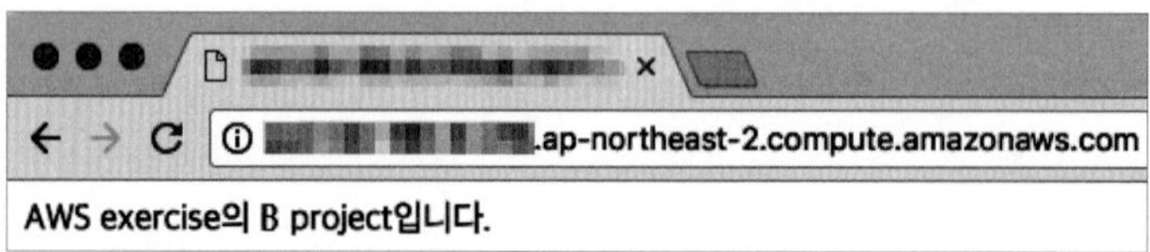

그림 2.29 샘플 프로젝트 서버의 다른 애플리케이션에 DNS 주소로 접속한 결과

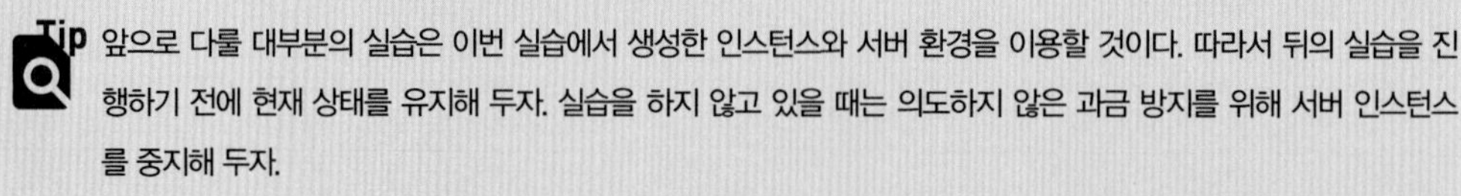

Tip 앞으로 다룰 대부분의 실습은 이번 실습에서 생성한 인스턴스와 서버 환경을 이용할 것이다. 따라서 뒤의 실습을 진행하기 전에 현재 상태를 유지해 두자. 실습을 하지 않고 있을 때는 의도하지 않은 과금 방지를 위해 서버 인스턴스를 중지해 두자.

2.5 정리

이번 장에서는 운영 서버 아키텍처에 서버와 클라이언트가 어떤 식으로 구성될 수 있는지 알아봤다. 각 구성 방법의 장단점을 다뤘으며, 여기서 다룬 로드 밸런서와 같은 아키텍처를 구성하는 방법은 이 책의 후반부에서 구체적으로 다루겠다.

AWS EC2를 이용해 인스턴스 생성부터 해당 인스턴스 내에 애플리케이션 코드를 실행할 수 있는 서버 환경도 구축해 봤다. 외부에서 클라이언트들과 통신할 수 있는 환경이 구축됐기 때문에 이미 작성해둔 애플리케이션 코드가 있다면 이번 장에서 배운 내용만으로도 다른 사용자들이 접속해서 사용할 수 있는 서버를 구축할 수 있을 것이다.

03

다중 서버 환경 구성

2장에서 운영 서버 인스턴스 내부의 환경을 구축하고 실제 클라이언트의 요청까지 처리하는 법을 배웠다. 이것만으로도 운영 서버를 서비스할 수도 있지만 대부분의 운영 환경에서는 한 대의 서버 인스턴스가 아닌 여러 대의 서버 인스턴스로 서비스한다. 그 이유는 많은 트래픽에 대응하고 서버에 장애가 생겨도 서비스가 안전하게 돌아갈 수 있게 하기 위해서다.

이번 장에서는 늘어난 트래픽을 감당하기 위해 서버의 수를 늘려 대응(scale out)하는 다중 서버 환경에 대해 배우겠다. 그리고 단순히 서버의 수를 늘리는 것뿐만이 아니라 트래픽에 따라 서버의 수를 자동으로 늘리고 줄이는 자동 조정(auto scaling)에 대해서도 배우겠다. 마지막으로 장애로 서버 중 한 대가 서비스 불능 상태가 돼도 다른 서버들이 이를 대신해서 요청을 처리해서 서비스에는 큰 영향을 미치지 않게 하는 장애 조치에 대해서도 배우겠다.

3.1 AWS Auto Scaling 그룹을 이용한 다중 서버 구성

다음 그림은 2장에서 배운 서버 단위의 로드 밸런서를 둔 서버 아키텍처를 보여준다. 검은색 사각 박스로 표시된 영역이 이번 장에서 배울 다중 서버 환경을 가능하게 해주는 Auto Scaling 그룹이다.

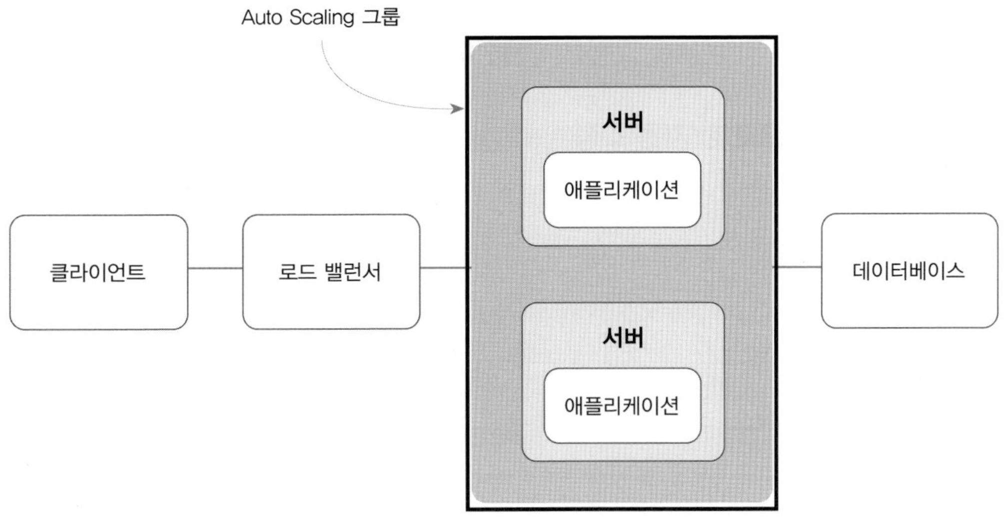

그림 3.1 서버 단위의 로드 밸런서 구성과 Auto Scaling 그룹

3.1.1 AWS Auto Scaling 그룹

AWS Auto Scaling 그룹은 AWS에서 제공하는 자동 다중 서버 서비스다. Auto Scaling 그룹은 같은 사양, 같은 환경, 같은 코드를 가지고 있는 똑같은 EC2 인스턴스들의 묶음이다. 똑같은 인스턴스들이 여러 대 존재할 수 있는 이유는 같은 AMI를 이용해서 만들어진 인스턴스들이기 때문이다. 그리고 Auto Scaling 그룹이라는 이름에서 알 수 있듯이, 이 서비스는 인스턴스들의 수를 자동으로 늘리고 줄여준다. 예를 들어, 서비스에 사용자가 많이 몰리는 경우 서버의 수를 늘리고 사용자가 별로 없는 경우에는 서버의 수를 자동으로 줄인다. 최대 사용자에 대비해서 모든 서버를 24시간 가동해두는 기존 방식과 비교했을 때 실시간 트래픽 등의 변수를 반영해서 인스턴스의 수를 조정하기 때문에 훨씬 안정적으로 서비스를 운영할 수 있으며 비용도 크게 절감할 수 있다. 또한 어떤 이유로 Auto Scaling 그룹 내 인스턴스의 수가 변했는지 이력을 조회하거나 이메일로 받아볼 수도 있다.

3.1.2 AWS Auto Scaling 그룹의 응용 예

자원 사용량을 기준으로 한 자동 조정

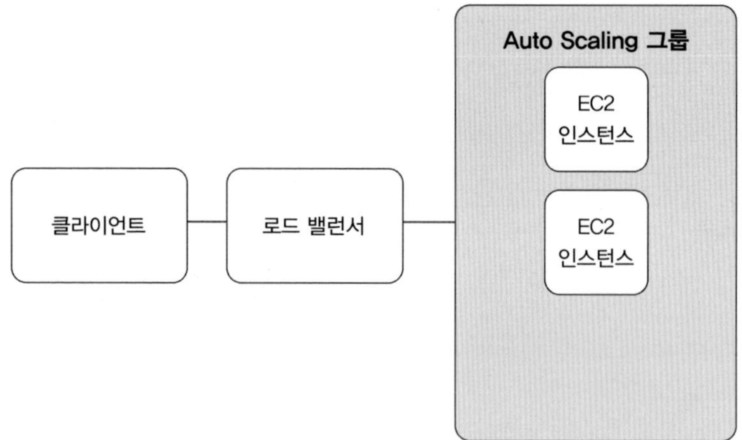

그림 3.2 Auto Scaling 그룹 예시 1 – 평소 상황

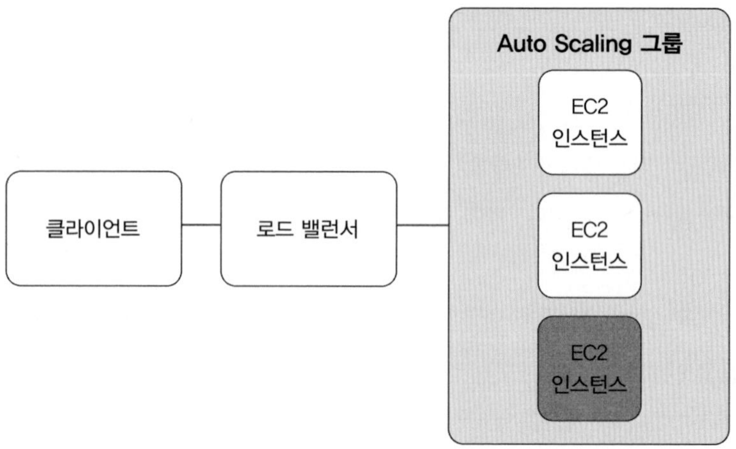

그림 3.3 Auto Scaling 그룹 예시 1 – Auto Scaling을 통해 EC2 인스턴스가 추가된 상황

Auto Scaling 그룹 내 모든 서버 인스턴스들에 대한 평균 CPU 사용량에 대한 조정 정책을 걸어뒀다고 가정해보자. 그림 3.2와 같이 2대의 인스턴스에서 클라이언트의 요청을 나눠서 처리하고 있다가 클라이언트의 요청량이 많아져서 두 인스턴스의 평균 CPU 사용량이 10분 동안 90% 이상을 넘어서면 Auto Scaling 그룹에서 이 둘과 똑같은 인스턴스를 하나 더 생성한다. 그러면 2대의 인스턴스에서 나

눠 처리하던 요청을 3대의 인스턴스에서 나눠 처리하게 되므로 세 인스턴스의 평균 CPU 사용량이 정상 범위로 다시 내려올 수 있게 된다. 물론 앞에서 언급한 10분, 90% 같은 조건들은 필요에 맞춰서 지정할 수 있다.

시간을 기준으로한 자동 조정

실시간 자원 사용량 외에 시간으로도 Auto Scaling 조정 정책을 생성할 수 있다.

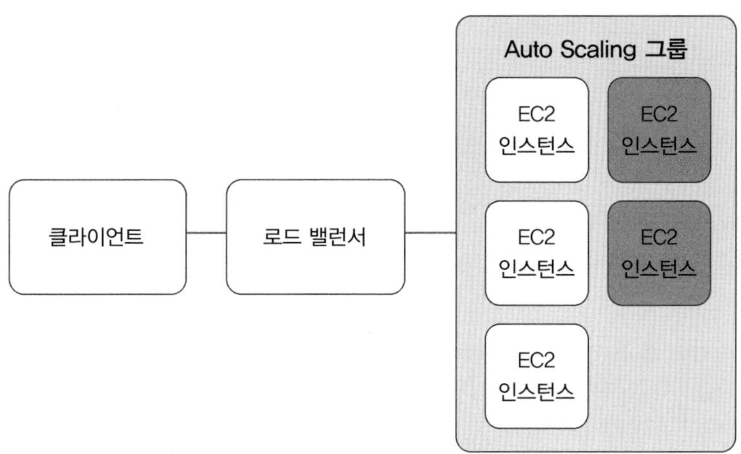

그림 3.4 Auto Scaling 그룹 사용 예시 2 – 예약 작업

소셜 커머스와 같이 서비스의 특성상 사람들이 매일 자정에 갑자기 몰린다면 서버 비용을 아끼기 위해 24시간 서버를 실행해두는 것이 아니라 사람들이 몰리는 자정에만 서버를 여러 대 실행해 두면 된다. 다만 매일 23시 50분에 서버 관리자가 컴퓨터 앞에서 서버의 수를 늘릴 필요 없이 Auto Scaling 그룹에 예약 작업을 생성해두면 된다. 23시 50분에 최소 서버 수를 5개로 설정해두면 Auto Scaling 그룹이 매일 그 시간에 인스턴스 수가 5대 미만일 경우 5대로 늘리는 작업을 한다. 예를 들어, 위 그림에서 평소에는 3대의 서버로 모든 트래픽을 감당하다 23시 50분이 되면 자정에 늘어날 트래픽을 대응하기 위해 Auto Scaling 그룹에서 최소 인스턴스의 수를 5대로 늘린다. 현재 3대가 실행 중이기 때문에 5대를 맞추기 위해 2대를 더 실행시켜 자정에 몰려든 트래픽에 안전하게 대응할 수 있다.

3.1.3 AWS Auto Scaling 그룹의 구성

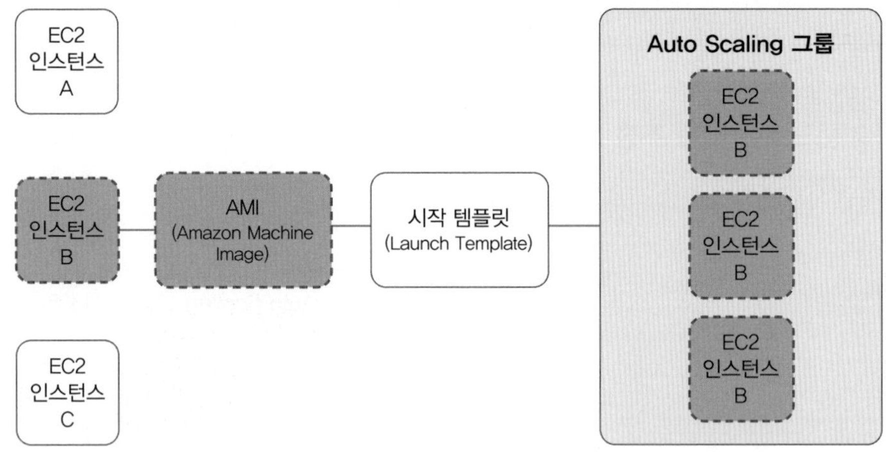

그림 3.5 Auto Scaling 그룹 구성 예시

Auto Scaling 그룹을 생성하기 위해서는 자동으로 생성할 EC2 인스턴스를 골라야 한다. 위 그림에서는 A, B, C 인스턴스 중 B 인스턴스를 선택했다. B 인스턴스의 현재 환경(OS, 디스크 내용 등)을 스냅숏으로 생성해서 AMI를 만든다. 그런 다음, 이 AMI를 이용해 어떤 설정(사양, 보안 그룹, 네트워크 설정 등)의 인스턴스를 띄울지 미리 정의해두는 시작 템플릿을 생성한다. 마지막으로 이 시작 템플릿을 이용해 인스턴스를 실행할 Auto Scaling 그룹을 생성한다. 그러면 Auto Scaling 그룹에서 B 인스턴스의 환경을 갖고 있으며 시작 템플릿에서 정의된 설정으로 생성된 인스턴스들을 자동으로 생성하고 종료한다.

3.1.4 [실습] Auto Scaling 그룹 생성

Auto Scaling 그룹의 개념을 배웠으니 이번에는 실제로 Auto Scaling 그룹을 만들어 보겠다. Auto Scaling 그룹을 만드는 데는 꽤 많은 절차가 필요해서 처음에는 굉장히 어렵게 느껴질 수 있지만, 2.2.3절에서 배운 인스턴스 생성 작업을 한 번 더 한다고 생각하면 된다. Auto Scaling 그룹이라는 게 새로운 개념이 아니라 사용자가 수동으로 하는 것을 자동으로 관리하기 위한 간단한 프로그램이기 때문에 어려운 개념은 없다.

01 _ EC2 서비스의 [인스턴스] → [인스턴스] 메뉴에서 AMI를 생성할 인스턴스가 stopped 상태임을 확인한다. 만약 stopped가 아닌 경우에는 인스턴스를 대상으로 마우스 오른쪽 버튼을 클릭한 후 [인스턴스 상태] → [중지]를 선택해서 인스턴스를 stopped 상태로 변경한다. 인스턴스의 OS 등 파일 시스템에 있는 내용에 대한 스냅숏을 생성할 것이기 때문에 안전한 스냅숏을 위해 시스템을 중지 상태로 변경하는 것이다.

02 _ 인스턴스에 대한 이미지를 생성하기 위해 인스턴스를 대상으로 마우스 오른쪽 버튼을 클릭한 뒤 [이미지] → [이미지 생성]을 선택한다.

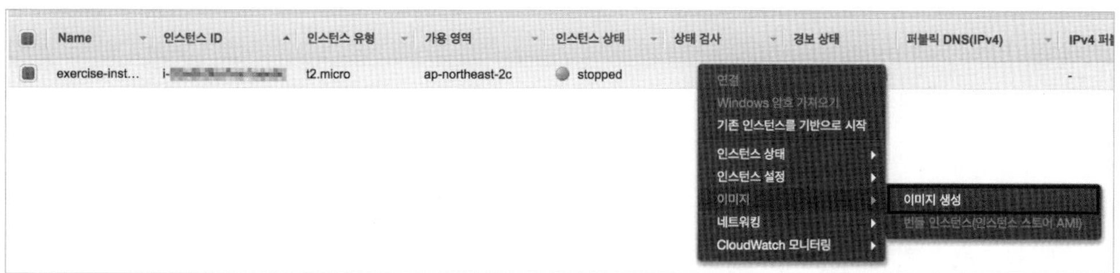

그림 3.6 인스턴스로 이미지 생성

03 _ 생성할 이미지의 설정을 지정하는 화면이다. 이미지의 이름과 이 이미지로 만드는 서버가 사용할 디스크의 종류와 용량을 선택할 수 있다. 다음과 같이 생성할 이미지의 이름을 입력하고 [이미지 생성] 버튼을 클릭한다.

이미지 생성

인스턴스 ID: i-

이미지 이름: exercise-image

이미지 설명

재부팅 안 함

인스턴스 볼륨

볼륨 유형	디바이스	스냅샷	크기(GiB)	볼륨 유형	IOPS	처리량(MB/초)	종료 시 삭제	암호화
루트	/dev/xvda	snap-	8	범용 SSD(GP2)	100/3000	해당 사항 없음	☑	암호화되지 않음

새 볼륨 추가

EBS 볼륨의 전체 크기: 8 GiB
EBS 이미지를 생성할 때 위의 각 볼륨에 대해 EBS 스냅샷이 생성됩니다.

취소 이미지 생성

그림 3.7 이미지 생성

04 _ 이미지 생성 요청이 성공했음을 나타내는 화면이다.

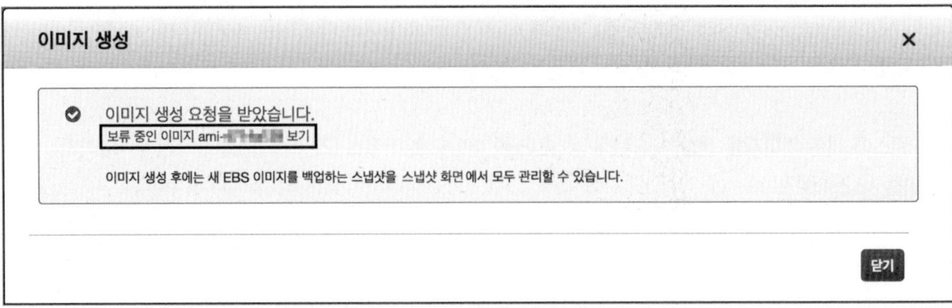

그림 3.8 이미지 생성 요청 성공

05 _ 성공 요청 화면의 [보류 중인 이미지 ami-xxxx 보기] 링크를 클릭하거나 EC2 서비스 화면 왼쪽의 [이미지] → [AMI] 메뉴를 차례로 클릭한다. 이미지 생성에는 몇 분이 걸리기 때문에 방금 생성 요청한 이미지가 바로 목록에 나타나지 않을 수도 있다. 다음 그림과 같이 상태가 available로 나온다면 생성이 완료된 것이다.

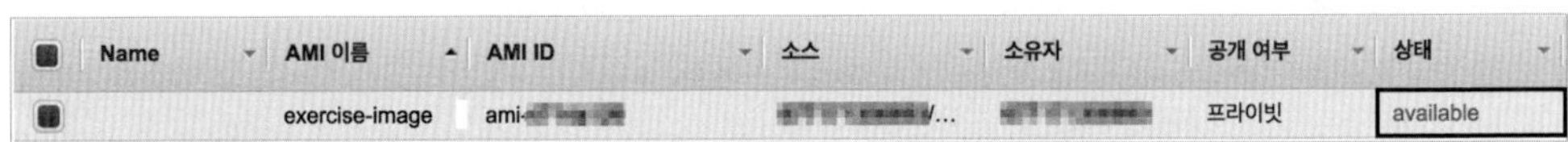

그림 3.9 AMI 생성 완료

06 _ 이때 생성된 AMI ID를 복사해둔다.

07 _ 왼쪽의 [인스턴스] → [Launch Templates] 메뉴를 선택한다.

08 _ [시작 템플릿 생성] 버튼을 클릭한다. 시작 템플릿은 Auto Scaling 그룹에게 우리 대신 인스턴스를 생성할 때 어떤 AMI를 기반으로 생성할 것인지, 서버 사양이나 보안 그룹 설정은 어떻게 할 것인지 등 인스턴스에 대한 설정을 미리 정의해두는 것이다. 따라서 시작 템플릿을 생성할 때 설정하는 값들은 2.2.3절에서 인스턴스를 생성할 때 설정했던 값들과 거의 동일하다.

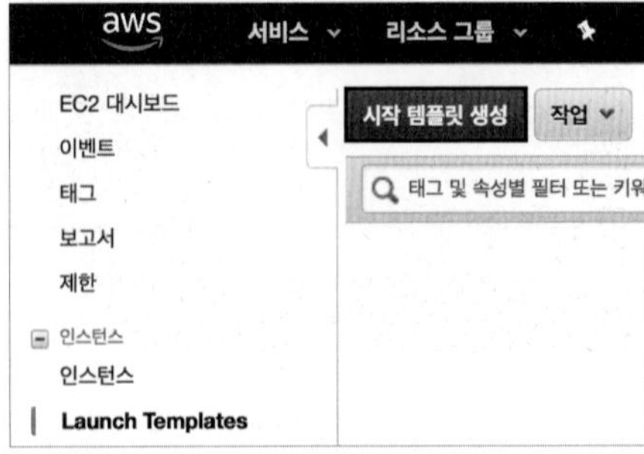

그림 3.10 시작 템플릿 메뉴

09 _ 생성할 시작 템플릿의 설정값을 지정하는 화면이다.

아래 그림과 같이 값들을 입력하되 AMI ID는 방금 전 생성된 AMI ID 값을 넣는다. 키 페어는 이전에 EC2 인스턴스를 생성할 때 내려받은 키 페어의 이름을 입력한다.

시작 템플릿 생성

시작 템플릿을 생성하면 저장된 인스턴스 구성을 만들어 두었다가 나중에 이를 재사용하고, 공유하고, 시작할 수 있습니다. 템플릿에는 여러 버전이 있을 수 있습니다. 새 템플릿을 만들거나 기존 템플릿의 새로운 버전을 만들 수 있습니다. 새 템플릿을 만들 때는 템플릿과 함께 그 템플릿의 첫 번째 버전을 만들게 됩니다.

어떤 작업을 하시겠습니까? ◉ 새 템플릿 만들기 ○ 새 템플릿 버전 생성

시작 템플릿 이름* exercise-launch-template

템플릿 버전 설명 initial version

기존의 다른 템플릿을 토대로 템플릿을 만들고자 하는 경우, 원한다면 소스 템플릿을 지정할 수 있습니다.

소스 템플릿 없음

시작 템플릿 내용

아래에서 시작 템플릿의 세부 정보를 지정합니다. 비워 둔 필드는 시작 템플릿에 포함되지 않습니다.

AMI ID ami-

인스턴스 유형 t2.micro

키 페어 이름 exercise-key

네트워크 유형 ◉ VPC ○ Classic

그림 3.11 시작 템플릿 생성 단계 1

10 _ 하단의 보안 그룹 영역에 값들을 입력하기 위해 브라우저 창을 새로 띄워 EC2 서비스의 [네트워크 및 보안] → [보안 그룹] 메뉴를 클릭한다.

11 _ 인스턴스에 지정할 보안 그룹들의 ID들을 복사해둔다. Auto Scaling 그룹에서 실행할 인스턴스는 web, ssh 보안 그룹을 적용할 예정이니 이 두 보안 그룹의 ID를 복사한다.

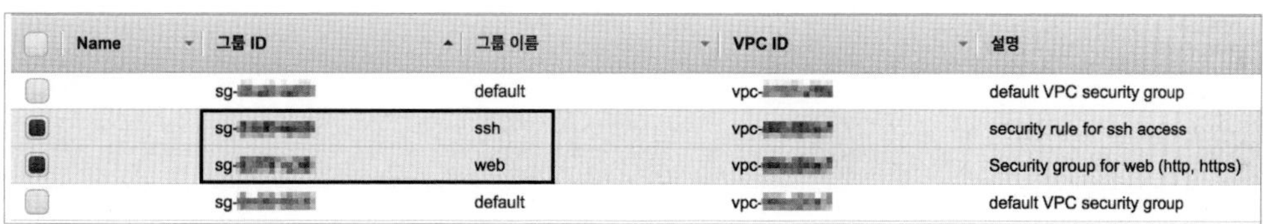

Name	그룹 ID	그룹 이름	VPC ID	설명
	sg-	default	vpc-	default VPC security group
	sg-	ssh	vpc-	security rule for ssh access
	sg-	web	vpc-	Security group for web (http, https)
	sg-	default	vpc-	default VPC security group

그림 3.12 보안 그룹 목록

12 _ 보안 그룹의 ID들을 시작 템플릿 생성 화면의 보안 그룹 영역에 추가한다. 그 밖의 값들은 기본값들을 사용할 테니 [시작 템플릿 생성] 버튼을 클릭한다.

그림 3.13 시작 템플릿 생성 단계 2

13 _ 왼쪽의 [AUTO SCALING] → [Auto Scaling 그룹] 메뉴를 차례로 선택한 뒤 [Auto Scaling 그룹 생성] 버튼을 클릭한다.

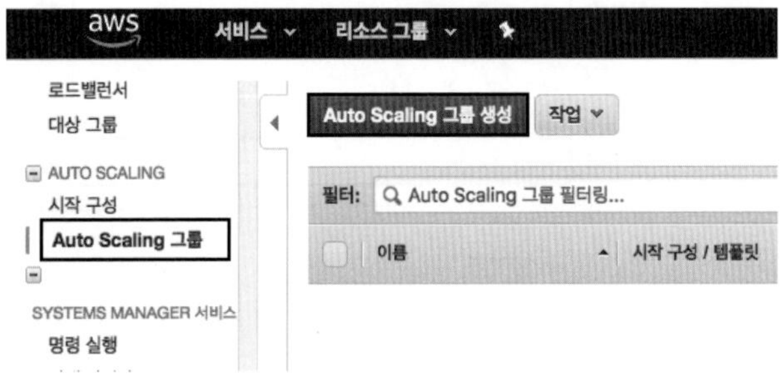

그림 3.14 Auto Scaling 그룹 생성

14 _ 다음 화면과 같이 방금 생성한 시작 템플릿을 선택해 [다음 단계] 버튼을 클릭한다. 시작 구성은 과거에 AWS에서 제공하던 기능으로 시작 템플릿과 똑같은 역할을 한다. 시작 템플릿이 시작 구성에 비해 버전 등 관리가 더 편리하기 때문에 시작 템플릿을 사용할 것이다.

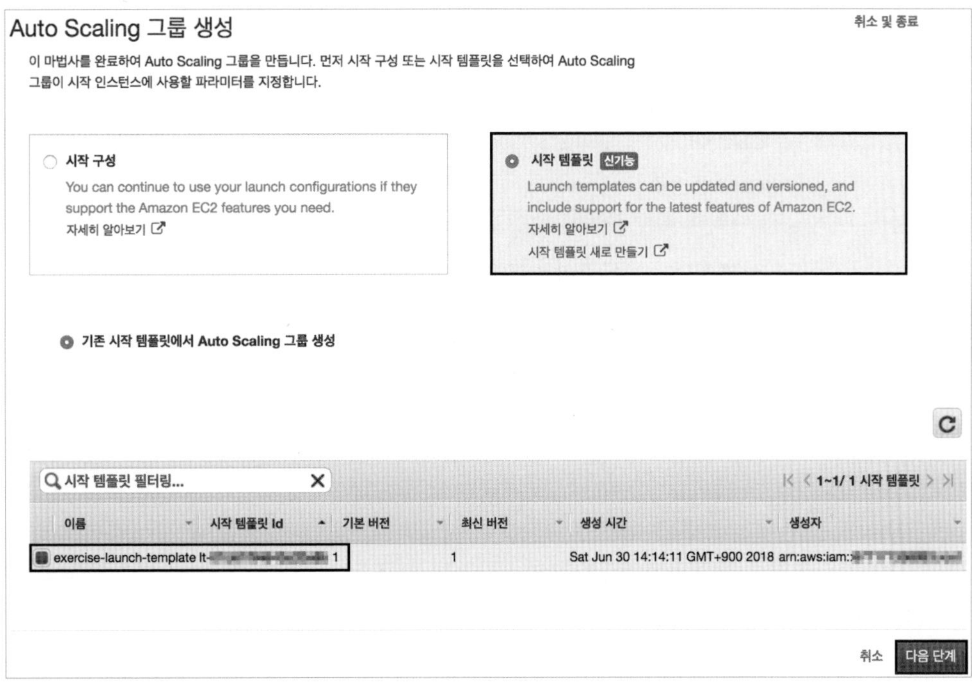

그림 3.15 Auto Scaling 그룹 생성 첫 단계

15 _ Auto Scaling 그룹의 설정을 지정하는 화면이다. 그룹 이름과 그룹이 관리할 인스턴스의 최초 수를 지정할 수 있다. Auto Scaling 그룹 이름은 [EXERCISE-GROUP]으로 지정한다. 서브넷은 인스턴스들을 어떤 네트워크 망에 띄울 것인지 정하는 것인데, 그림과 같이 ap-northeast-2a와 ap-northeast-2c의 기본값을 모두 지정한다. 이는 생성하는 인스턴스들 중 절반은 서울 리전의 a 가용 영역에, 다른 절반은 서울 리전의 c 가용 영역에 생성한다는 의미다.

다음과 같이 값들을 지정하고 [다음: 조정 정책 구성] 버튼을 클릭한다.

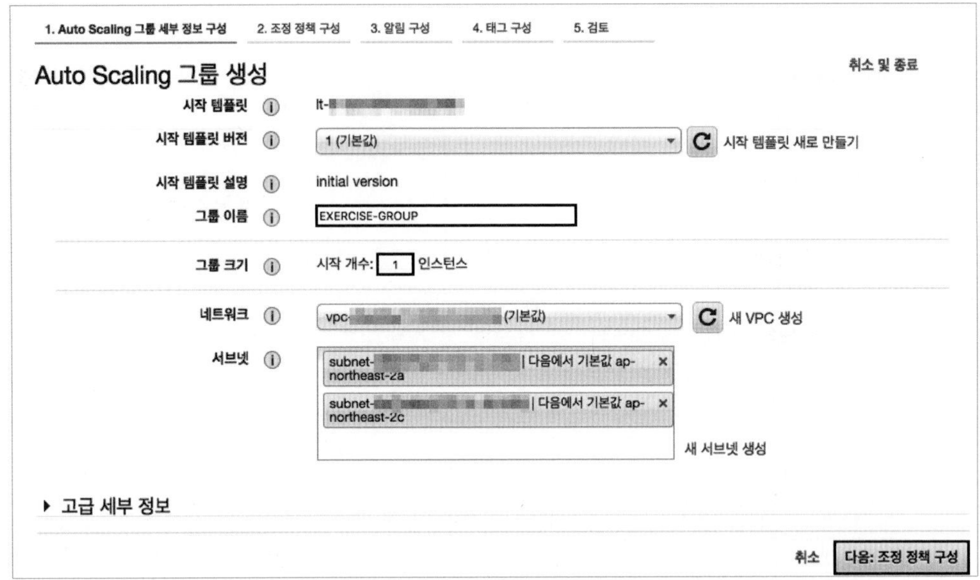

그림 3.16 Auto Scaling 그룹 생성을 위한 세부 정보 구성

16 _ Auto Scaling 그룹 내 인스턴스 수를 자동으로 조절하기 위한 조정 정책을 설정하는 화면이다. Auto Scaling 그룹 내 최소 1대에서 최대 2대의 인스턴스를 실행하게 해서 평균 CPU 사용률이 80%를 기준으로 설정한다. 이 같이 설정해두면 Auto Scaling 그룹 내에서 CPU 사용률이 80%를 넘는지 안 넘는지에 따라 인스턴스의 수가 최소 1대에서 최대 2대까지 자동으로 변하게 된다.

다음과 같이 값을 지정하고 [다음: 알림 구성] 버튼을 클릭한다.

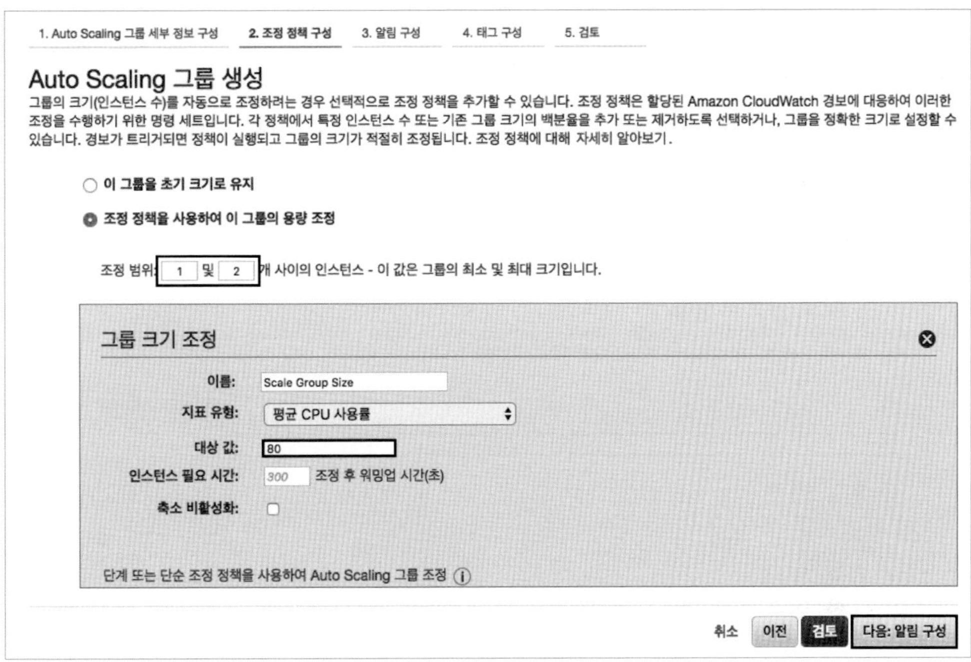

그림 3.17 Auto Scaling 그룹 생성을 위한 조정 정책 구성

17 _ Auto Scaling 그룹 내 인스턴스 변화가 있을 경우 알림을 받을 수 있다. 해당 기능은 별도로 설정하지 않고 [다음: 태그 구성] 버튼을 클릭한다.

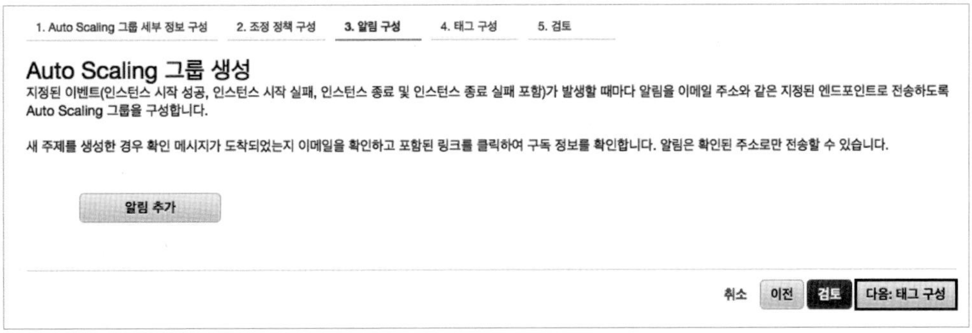

1. Auto Scaling 그룹 세부 정보 구성   2. 조정 정책 구성   **3. 알림 구성**   4. 태그 구성   5. 검토

Auto Scaling 그룹 생성

지정된 이벤트(인스턴스 시작 성공, 인스턴스 시작 실패, 인스턴스 종료 및 인스턴스 종료 실패 포함)가 발생할 때마다 알림을 이메일 주소와 같은 지정된 엔드포인트로 전송하도록 Auto Scaling 그룹을 구성합니다.

새 주제를 생성한 경우 확인 메시지가 도착되었는지 이메일을 확인하고 포함된 링크를 클릭하여 구독 정보를 확인합니다. 알림은 확인된 주소로만 전송할 수 있습니다.

알림 추가

취소 이전 검토 다음: 태그 구성

그림 3.18 Auto Scaling 그룹 생성을 위한 알림 구성

18 _ Auto Scaling 그룹 내 인스턴스들에 태그를 지정할 수 있는 화면이다.

여기서 태그를 지정하고 [새 인스턴스 태그 지정]을 체크하면 Auto Scaling 그룹 내 생성된 모든 인스턴스들은 다음 태그와 값들을 갖고 생성된다.

인스턴스를 구분하기 위해 Name 태그의 값을 다음과 같이 지정한 뒤 [검토] 버튼을 클릭한다.

그림 3.19 Auto Scaling 그룹 생성을 위한 태그 구성

19 _ 검토 화면에서는 앞서 지정한 Auto Scaling 그룹의 설정값들에 문제가 없는지 마지막으로 검토할 수 있다. 올바르게 설정됐는지 확인하고 [Auto Scaling 그룹 생성] 버튼을 클릭한다.

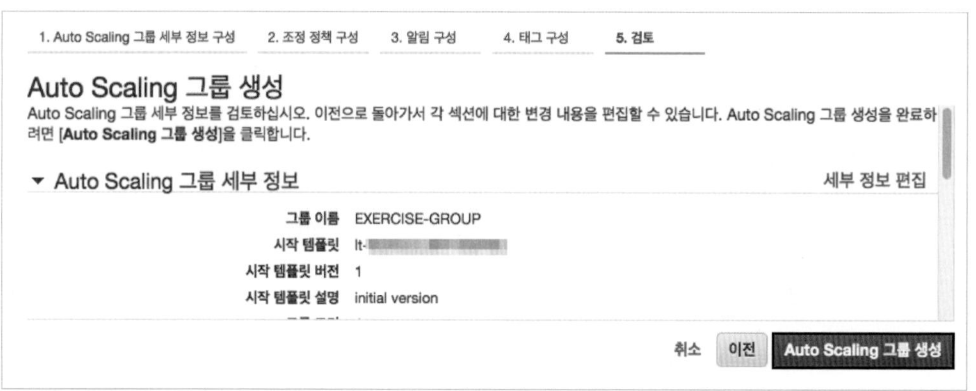

그림 3.20 Auto Scaling 그룹 생성 검토

20 _ 생성 완료 화면에서 [닫기] 버튼을 클릭하면 Auto Scaling 그룹이 올바르게 생성되고 앞서 지정한 것과 같이 최초 1대의 인스턴스를 실행하고 있는 모습을 볼 수 있다.

이름	시작 구성 / 템플릿	인스턴스	목표 용량	최소	최대
EXERCISE-GROUP	exercise-launch-template	1	1	1	2

그림 3.21 Auto Scaling 그룹 생성 완료

3.1.5 Auto Scaling 그룹 화면 구성

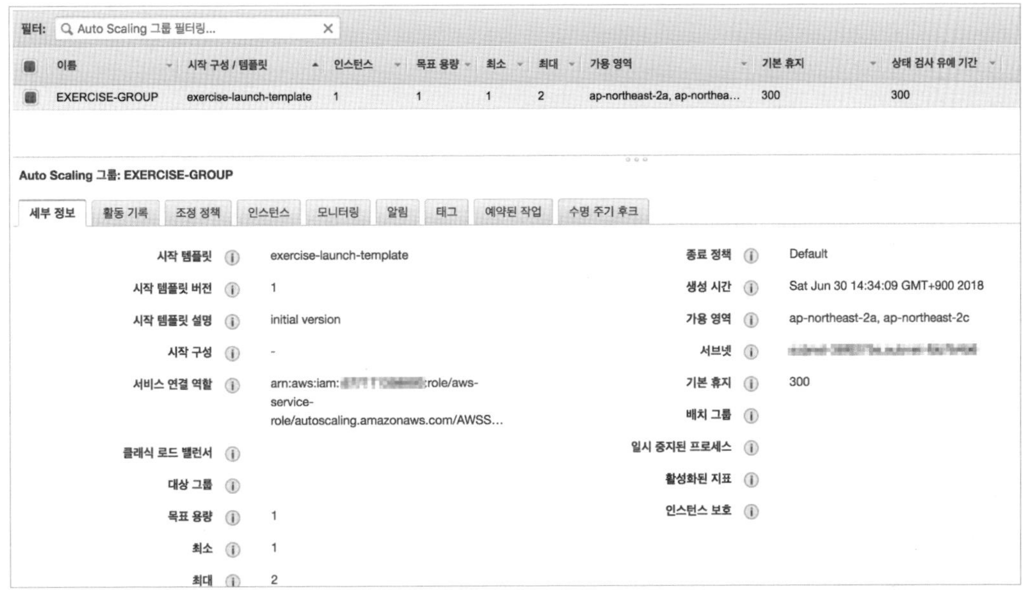

그림 3.22 Auto Scaling 그룹의 세부 정보 탭

Auto Scaling 그룹을 클릭하면 다양한 탭이 있는데 각 탭에서 Auto Scaling 그룹에 대한 여러 정보를 확인할 수 있다. 다음은 Auto Scaling 그룹 정보 화면에 있는 각 항목들을 정리한 것이다.

탭 이름	항목 이름	설명
세부 정보	시작 템플릿 / 시작 구성	어떤 설정(AMI 종류, EC2 인스턴스 설정 등등)을 갖고 인스턴스를 생성할 것인지 지정해 놓은 설정. 과거에는 시작 구성을 이용했지만 지금은 새로 나온 기능인 시작 템플릿을 이용하도록 추천하고 있다.
	클래식 로드 밸런서 / 대상 그룹	어떤 로드 밸런서로부터 클라이언트 요청을 받을 것인지 지정한다. 하나도 없을 때는 요청을 받지 않는다. 과거에는 클래식 로드 밸런서를 사용했지만 지금은 새로 나온 기능인 애플리케이션 로드 밸런서와 대상 그룹을 사용하는 것을 추천하고 있다. 애플리케이션 로드 밸런서와 대상 그룹에 대해서는 뒤에서 더 자세히 다룬다.

	목표 용량	그룹 내 목표로 하는 인스턴스 수. 사용자가 임의로 지정할 수도 있고 자동 조정 정책에 맞게 이 값이 바뀔 수 있다. 이 값이 변경되면 Auto Scaling 그룹에서는 현재 정상 상태인 인스턴스 수가 그 값과 같아질 때까지 인스턴스를 생성하거나 줄인다.
	최소, 최대	이 그룹 내 최소/최대로 유지할 인스턴스 수. 예를 들어 최소가 2이면 자동 조정 정책이나 사람에 의해 인스턴스 수를 2개 미만으로 줄일 수 없다.
	종료 정책	그룹 내 인스턴스를 줄일 때 종료할 인스턴스를 고르는 정책. 가장 오래된 인스턴스, 결제 시기가 가장 가까운 인스턴스 등 다양한 방법을 제공한다.
활동 기록		Auto Scaling 그룹 내 인스턴스의 실행, 종료, 실패 등에 대한 로그가 남는다. 자동으로 진행되기 때문에 문제가 발생했을 때 해당 기록을 보면 어떤 일들이 일어났는지 파악하기 쉽다.
조정 정책		자동으로 인스턴스를 늘리고 줄이기 위한 정책들을 표시한다. 기본적인 설정으로는 CPU 사용량, 네트워크 사용량으로 처리할 수 있다. AWS CloudWatch를 통한 추가 설정을 하면 메모리 사용량, 디스크 사용량, 외부 지표 등 다양한 경우에 대해서도 인스턴스 수를 조절할 수 있다. 예) CPU 사용량이 70%를 5분 동안 넘길 경우 인스턴스를 1개 추가한다, 20%를 5분 동안 못 넘길 경우 1대를 제거한다
인스턴스		이 그룹에서 관리하고 있는 인스턴스들의 목록을 보여준다. 실행 중인 인스턴스뿐만 아니라 새로 실행되고 있거나 종료 중인 인스턴스들까지 모두 표시된다.
	인스턴스 ID	인스턴스의 고유 ID. 이 아이디를 이용해 [인스턴스] 메뉴에서 직접 인스턴스를 찾을 수 있다.
	수명 주기	현재 인스턴스의 상태. 생성 중, 서비스 중(InService), 종료 중 등의 상태를 가지고 있고 InService 상태인 경우에만 정상적으로 서비스 중임을 나타낸다.
	시작 구성 / 템플릿	어떤 시작 구성이나 시작 템플릿을 이용해서 생성된 인스턴스인지 나타낸다.
모니터링		그룹 지표 수집을 활성화해둔 경우 Auto Scaling 그룹에 대한 모니터링 그래프들을 보여준다. 인스턴스 수 변화 추이 등의 데이터를 확인할 수 있다.
알림		Auto Scaling 그룹 내 인스턴스의 변화에 따른 알림 목록을 보여준다. AWS SNS를 이용해 이메일, 문자, 외부 서비스 등으로 알림을 발송할 수 있다.
태그		Auto Scaling 그룹 내 생성될 인스턴스들에 자동으로 지정할 태그 목록을 보여준다.
예약된 작업		CPU와 같은 자원에 대한 조건이 아닌 시간을 조건으로 삼아 특정 시간에 인스턴스 수를 변화시킬 수 있는 설정 목록을 보여준다. Cron 표현식을 이용해 매주 월요일 오전 5시와 같은 복잡한 규칙의 작업도 생성할 수 있다.
수명 주기 후크		Auto Scaling 그룹 내 인스턴스의 생명주기에 후크를 걸어 인스턴스의 변화가 있을 때마다 외부 서비스와 연동할 수 있다. 현재 걸려 있는 후크들의 목록을 보여준다.

표 3.1 Auto Scaling 그룹 정보 화면의 항목별 설명

3.1.6 [실습] Auto Scaling을 통한 인스턴스 자동 추가, 제거

앞서 [EXERCISE-GROUP]에 대해 CPU 사용률이 80%를 넘으면 인스턴스를 하나 추가하고 80% 이하로 떨어지면 인스턴스를 하나 줄이는 조정 정책을 추가했다. 자원 사용량에 따른 Auto Scaling 기능이 제대로 동작하는지 확인해보자.

01 _ [AUTO SCALING] → [Auto Scaling 그룹] 메뉴로 들어가서 [EXERCISE-GROUP]의 인스턴스 수가 '목표 용량: 1, 최소: 1, 최대: 2'로 설정돼 있는지 확인하고 그렇지 않은 경우 변경한다. 이 설정은 EXERCISE-GROUP에서 관리하는 인스턴스를 1대 실행할 것이고, 사용자나 자동 스케일링 조건에 의해 인스턴스 수가 늘어도 최대 2대까지만 가능하며 인스턴스 수가 줄어도 최소 1대는 실행 중이어야 한다는 뜻이다.

그림 3.23 Auto Scaling 그룹의 목표 용량, 최솟값/최댓값 변경

02 _ 인스턴스 탭에서 실행된 하나의 인스턴스의 상태가 [InService]가 될 때까지 기다린다.

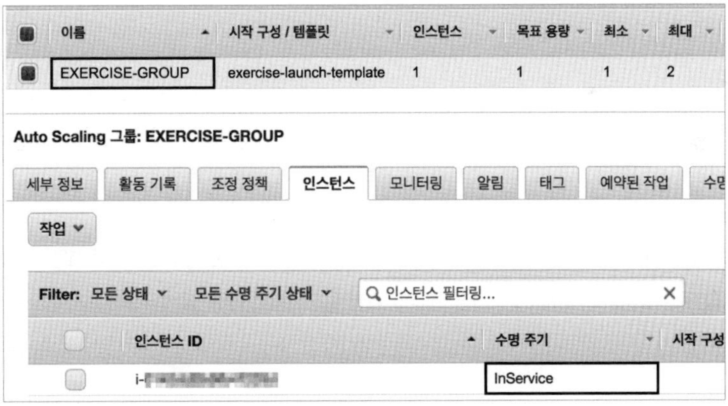

그림 3.24 EXERCISE-GROUP의 실행 중인 인스턴스

03 _ 그다음은 CPU 사용률을 높이기 위해 인스턴스에 접속할 차례다. 인스턴스 ID를 클릭하면 왼쪽의 [인스턴스] → [인스턴스] 메뉴에서 해당 인스턴스를 검색한 페이지로 이동하게 되는데, 이때 인스턴스 설명 탭 화면에서 퍼블릭 IP 주소를 확인할 수 있다.

그림 3.25 인스턴스 ID를 클릭해서 이동한 해당 인스턴스의 설명 탭

04 _ 서버에 접속한 뒤 임의로 CPU의 사용률을 높이기 위해 stress라는 애플리케이션을 설치한다. stress는 원하는 CPU의 수를 원하는 시간만큼 100% 사용하게 만드는 기능을 한다.

```
$ sudo amazon-linux-extras install epel -y
$ sudo yum install stress -y


..
Installed:
  stress.x86_64 0:1.0.4-16.el7

Complete!
```

05 _ 600초 동안 1개의 CPU 사용량을 최대로 늘린다. 10분이나 하는 이유는 현재 인스턴스의 사용량 지표를 5분에 한 번씩만 모니터링 서버로 전송하고 있기 때문이다. 인스턴스를 생성할 때 [세부 모니터링 활성화] 옵션을 활성화해두면 인스턴스가 1분마다 지표를 보내기 때문에 더 빠르게 대응할 수 있게 된다. 다만 이 옵션은 약간의 추가 비용이 발생하므로 실습 때는 활성화하지 않았다. 운영 환경과 같이 필요한 경우에는 활성화하자.

```
$ stress --cpu 1 --timeout 600

stress: info: [3977] dispatching hogs: 1 cpu, 0 io, 0 vm, 0 hdd
```

06 _ 5~10분을 기다려보면 인스턴스가 자동으로 한 대 더 추가되는 것을 알 수 있다.

[EXERCISE-GROUP]의 [활동 기록] 탭을 클릭하면 CPU 사용률 증가로 인해 인스턴스의 수가 1대에서 2대로 늘었다는 이력이 생긴 것을 확인할 수 있다. 활동 기록에서는 발생한 이력과 그 이력에 대한 상세한 원인도 보여준다.

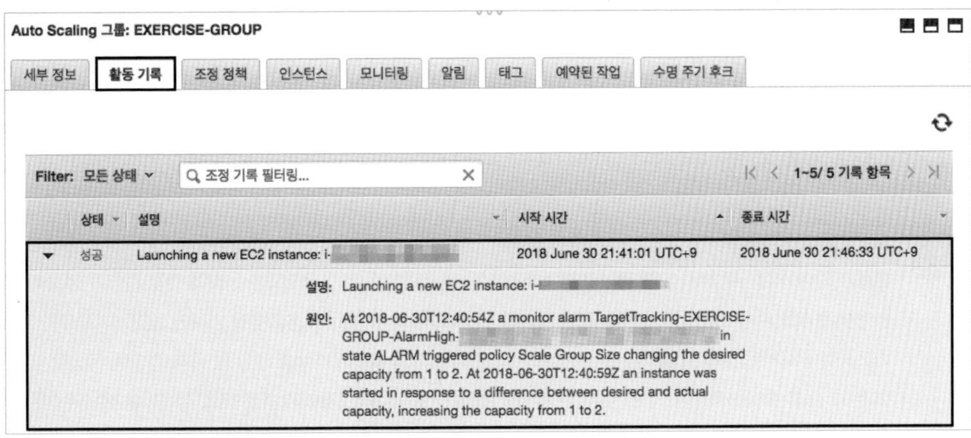

그림 3.26 Auto Scaling을 통해 인스턴스가 추가된 활동 기록

또한 CPU 사용률이 다시 정상적으로 줄어든 후 대기 시간인 300초가 지나면 인스턴스 수가 1대로 줄어드는 것을 확인할 수 있다.

실습을 모두 끝낸 후 Auto Scaling 그룹 내의 인스턴스들을 모두 종료하고 싶다면 Auto Scaling 그룹의 [목표 용량] 값을 0으로 변경하면 된다. [인스턴스] 메뉴에서 인스턴스를 직접 중지하거나 종료하면 Auto Scaling 그룹에서는 정상 상태인 인스턴스의 수가 목표 용량과 달라지기 때문에 새로운 인스턴스를 하나 더 자동으로 생성한다.

3.1.7 Auto Scaling 그룹 개념 정리

Auto Scaling 그룹이 엄청 많은 일을 해주는 복잡한 서비스처럼 느껴질 수도 있지만 사실 Auto Scaling 그룹은 우리가 수동으로 처리해야 할 일을 대신해서 처리하는 아주 간단한 프로그램일 뿐이다. 사람도 똑같은 코드가 배포된 서버를 여러 대 띄우기 위해서는 2장에서 했던 것과 같이 AMI를 이용해 인스턴스를 생성하며, 그 과정에 보안 그룹 등 다양한 설정들을 지정해야 한다. 이 과정을 프로그램으로 처리하기 위해 시작 템플릿이라는 설정 파일에 그 설정을 저장해두고 Auto Scaling 그룹은 설정 템플릿에 있는 내용을 그대로 가져다 쓰는 것이다. 또한 자원 사용량에 대한 자동 조정도 사람이 24시간 자원 사용량을 모니터링하다 [목표] 인스턴스 값을 수정하는 대신 기준값만 정해놓고 Auto Scaling 그룹이 대신해서 [목표] 인스턴스 값을 수정하게 한 것이다.

따라서 Auto Scaling 그룹을 생성하거나 관리할 때 과정이 많다고 어려워하지 말고 사람이 직접 한다면 어떤 절차들이 필요한지, 그리고 그 과정을 프로그램으로 만든다면 어떻게 해야 하는지 생각해보면서 진행해보자.

> **Tip** Auto Scaling 그룹을 사용하게 된다면 앞서 AMI를 만드는 데 사용한 [aws-exercise] EC2 인스턴스는 AMI용 인스턴스가 되어 직접 사용하지 않고 평상시에는 중지 상태로 존재하게 된다. 배포되는 서버에 변경 사항이 생길 때만 해당 인스턴스를 켜서 변경 사항을 적용하고 중지한 뒤 AMI, 시작 템플릿 생성 과정을 거쳐야 한다. 즉 새로운 코드를 배포하기 위해서는 인스턴스를 실행한 뒤 새로운 버전의 코드를 배포해서 AMI 생성 등 앞서 한 모든 작업을 다시 해야 한다. 물론 배포를 더 간단히 할 수 있는 방법이 없는 것은 아니다. 5장에서 다룰 배포 자동화를 배우면 이런 복잡한 작업 없이도 쉽게 배포를 진행할 수 있다.

3.2 AWS Elastic Load Balancing을 이용한 서버 트래픽 분산 관리

3.2.1 Elastic Load Balancing

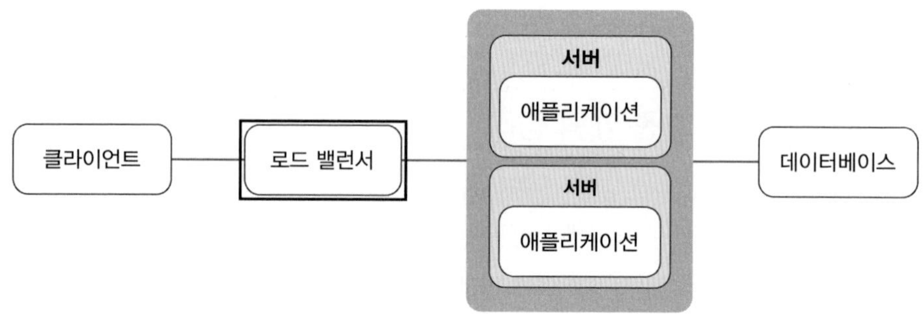

그림 3.27 서버 단위의 로드 밸런서 구성에서의 로드 밸런서

Elastic Load Balancing(ELB, 이하 로드 밸런서)은 앞서 나왔던 로드 밸런서의 역할을 하는 AWS 서비스다. 클라이언트의 요청을 직접 받고 로드 밸런서가 관리하는 서버들에게 요청을 골고루 전달해주는 역할을 한다. AWS 같은 클라우드 서비스를 사용하지 않으면 L4 스위치와 같은 장비를 직접 구매해서 관리해야 하지만 AWS에서는 몇 번의 클릭만으로도 이 서버를 추가할 수 있다. 로드 밸런서도 일종

의 서버지만 AWS에서 로드 밸런서의 기능을 하는 서버를 내부적으로 관리해주기 때문에 우리가 직접 SSH로 접속할 수는 없다.

로드 밸런서가 받은 요청을 특정 인스턴스들 혹은 Auto Scaling 그룹으로 전달하도록 설정할 수 있다. 로드 밸런서는 너무 많은 요청을 처리하고 있거나 정상적으로 동작하지 않고 있는 서버에는 요청을 보내지 않는다.

Elastic Load Balancing에 대한 요금은 공식 홈페이지의 요금 페이지[16]에서 확인할 수 있다

3.2.2 대상 그룹

대상 그룹(Target Group)은 로드 밸런서가 요청을 전달할 서버들을 묶어둔 개념적인 그룹이다. 이 대상 그룹 내에는 인스턴스나 Auto Scaling 그룹이 포함될 수 있다. 로드 밸런서가 요청을 보낼 인스턴스들을 더 쉽게 관리하기 위해 만든 기능이라고 이해하면 된다.

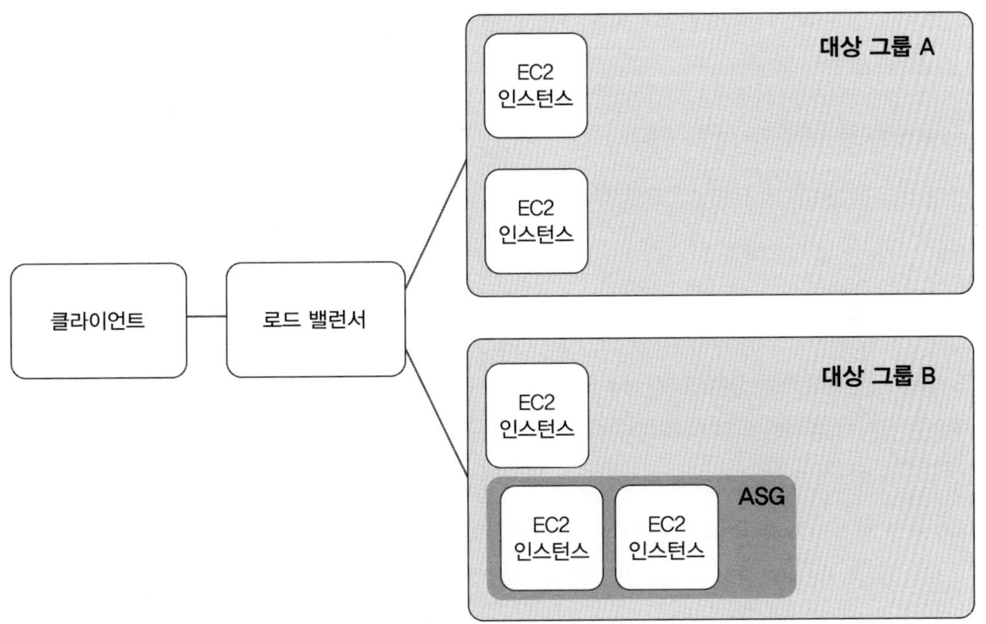

그림 3.28 대상 그룹 구성 예시

16 https://aws.amazon.com/ko/elasticloadbalancing/pricing/

위 그림에서 대상 그룹 A는 두 대의 EC2 인스턴스를 포함하고 있다. 대상 그룹 B는 하나의 EC2 인스턴스와 하나의 Auto Scaling 그룹을 포함하고 있다. 결과적으로는 총 세 대의 인스턴스가 대상 그룹 B에 포함돼 있는 것이다. 로드 밸런서에는 대상 그룹 A, B 모두 등록돼 있기 때문에 클라이언트가 로드 밸런서로 보낸 요청들은 5개의 EC2 인스턴스가 나눠서 처리하게 된다.

로드 밸런서에 직접 인스턴스나 Auto Scaling 그룹을 등록하지 않고 대상 그룹이라는 개념을 중간에 두는 이유는 하나의 로드 밸런서에 여러 대상 그룹들을 연결할 수 있기 때문이다. 로드 밸런서는 요청한 포트에 따라 다양한 대상 그룹으로 그 요청을 전달할 수 있다.

예를 들어, 80번이나 443번 포트로 요청이 온 경우에는 대상 그룹 A로 전달하고 5000번 포트로 요청이 온 경우에는 대상 그룹 B로 전달하게 설정할 수 있다.

3.2.3 로드 밸런서의 상태 검사

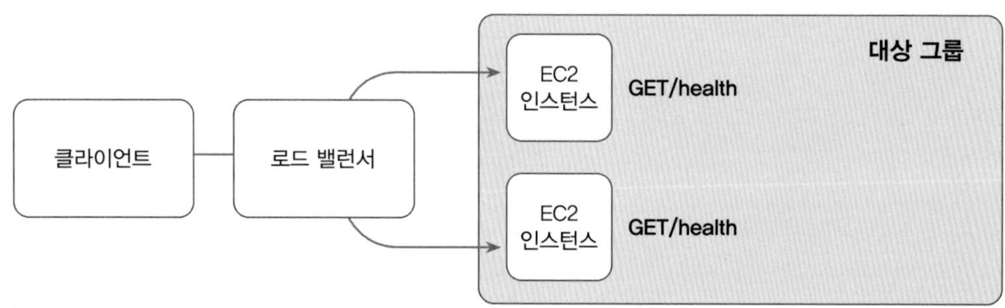

그림 3.29 로드 밸런서의 상태 검사 구성

로드 밸런서는 관리하는 서버 중 정상적으로 동작하고 있는 서버에만 요청을 전달해준다. 정상적으로 동작하고 있는지 확인하기 위해 상태 검사(Health Check) 과정을 거치게 된다. 로드 밸런서는 자기가 관리하는 서버들에게 주기적으로 정상적으로 동작하고 있는지 물어본다. 예를 들어, 서버에서 GET /health라는 요청에 대해 HTTP 상태 코드 200을 응답하도록 설정해놓은 다음 로드 밸런서에 상태 검사 경로를 GET /health로 등록해두면 로드 밸런서에서는 주기적으로 서버들에게 GET /health 요청을 보내본다. 만약 상태 코드 200이 아닌 다른 상태 코드를 응답하거나 응답을 제시간에 주지 못하는 서버가 생긴 경우에는 해당 서버를 비정상 상태라고 판단하고 정상 상태로 변경될 때까지 클라이언트의 요청을 전달하지 않는다.

상태 검사를 위해 서버에 물어보는 주기도 설정할 수 있으며, 몇 번 연속으로 비정상 코드를 응답해야만 비정상 상태로 변경할지도 설정할 수 있다. 반대로 몇 번 연속으로 정상 코드를 응답해야만 정상 상태로 변경할지도 설정할 수 있다.

만약 nginx 서버와 같은 웹 서버만 살아있어도 서버가 정상이라고 판단해도 된다면 GET /health 요청을 nginx에서 처리해서 상태 코드 200을 응답하도록 설정해도 된다. 반면 웹 서버뿐만 아니라 애플리케이션까지 실제로 올바르게 실행 중이어야만 서버가 정상이라고 판단하게 만들고 싶다면 GET /health에 대한 요청을 애플리케이션에서 처리해서 상태 코드 200을 응답하도록 설정해 놓으면 된다.

3.2.4 [실습] Auto Scaling 그룹, 대상 그룹, 로드 밸런서 구성

이번 실습에서는 Auto Scaling 그룹을 이용해 여러 대로 띄운 서버들을 대상으로 클라이언트의 요청을 전달할 수 있는 환경을 만들기 위해 대상 그룹과 로드 밸런서를 만들어 보겠다. 앞서 생성한 [EXERCISE-GROUP]을 새롭게 생성하는 대상 그룹에 등록하고 로드 밸런서에서 받은 요청들을 대상 그룹 내 등록된 모든 인스턴스들에게 전달하는 환경을 구성할 것이다.

01 _ EC2 서비스의 [로드 밸런싱] → [로드밸런서] 메뉴를 선택한 뒤 [로드 밸런서 생성] 버튼을 클릭한다.

그림 3.30 로드 밸런서 메뉴

02 _ 로드 밸런서의 유형을 선택하는 화면이다. 여기서는 일반적인 HTTP, HTTPS 요청을 받으려고 하므로 [Application Load Balancer]의 [생성] 버튼을 클릭한다.

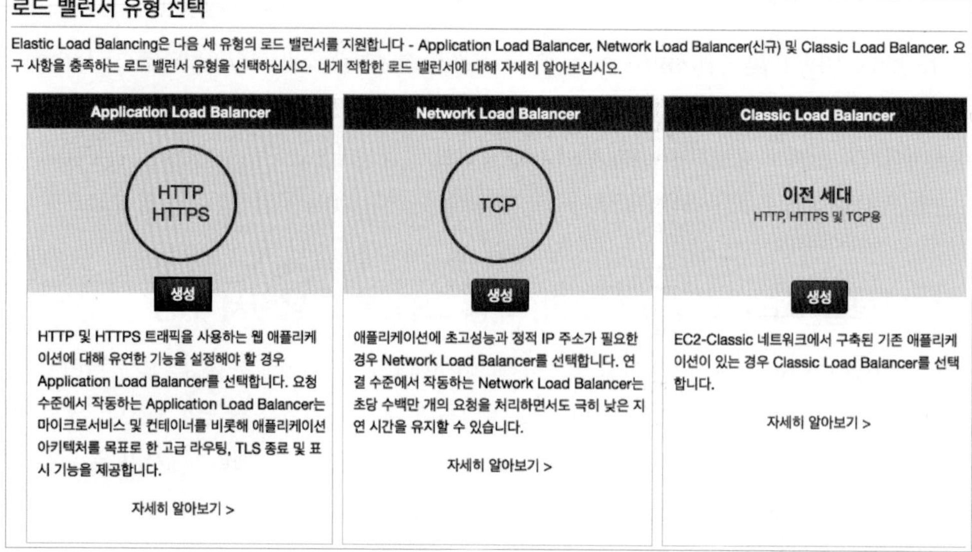

그림 3.31 로드 밸런서 유형 선택

03 _ 로드 밸런서의 설정을 구성할 수 있는 화면이다.

로드 밸런서의 이름을 정하고 어떤 프로토콜과 포트에서 요청을 받을지 지정할 수 있다. 또한 어떤 가용 영역에 있는 인스턴스들에게 트래픽을 보낼지 지정할 수 있다. 다음과 같은 이름, 리스너, 가용 영역을 지정한 뒤 [다음: 보안 설정 구성]을 클릭한다.

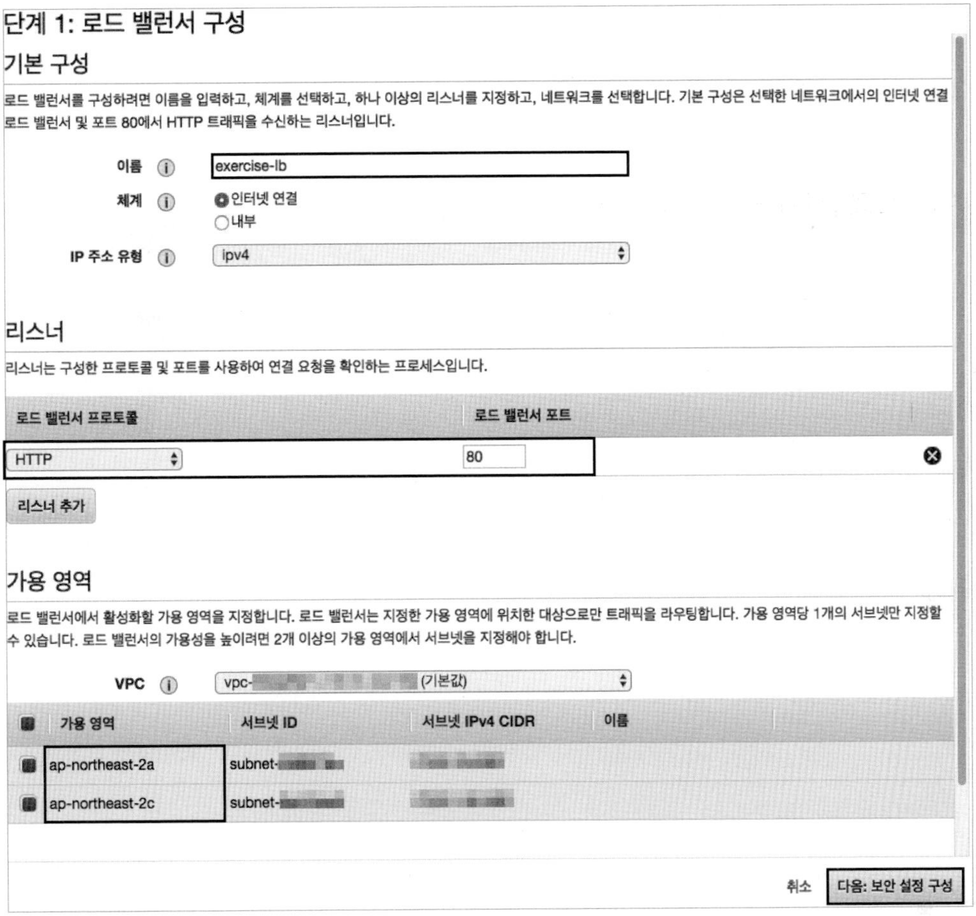

단계 1: 로드 밸런서 구성

기본 구성

로드 밸런서를 구성하려면 이름을 입력하고, 체계를 선택하고, 하나 이상의 리스너를 지정하고, 네트워크를 선택합니다. 기본 구성은 선택한 네트워크에서의 인터넷 연결 로드 밸런서 및 포트 80에서 HTTP 트래픽을 수신하는 리스너입니다.

이름 exercise-lb

체계 인터넷 연결 / 내부

IP 주소 유형 ipv4

리스너

리스너는 구성한 프로토콜 및 포트를 사용하여 연결 요청을 확인하는 프로세스입니다.

로드 밸런서 프로토콜	로드 밸런서 포트
HTTP	80

리스너 추가

가용 영역

로드 밸런서에서 활성화할 가용 영역을 지정합니다. 로드 밸런서는 지정한 가용 영역에 위치한 대상으로만 트래픽을 라우팅합니다. 가용 영역당 1개의 서브넷만 지정할 수 있습니다. 로드 밸런서의 가용성을 높이려면 2개 이상의 가용 영역에서 서브넷을 지정해야 합니다.

VPC vpc- (기본값)

가용 영역	서브넷 ID	서브넷 IPv4 CIDR	이름
ap-northeast-2a	subnet-		
ap-northeast-2c	subnet-		

취소 다음: 보안 설정 구성

그림 3.32 로드 밸런서 구성

04 _ HTTP 리스너만 추가하고 HTTPS 리스너를 추가하지 않았기 때문에 이 같은 경고창이 나타나지만 지금은 HTTPS 요청을 받지 않을 것이기 때문에 무시하고 [다음: 보안 설정 구성]을 클릭한다.

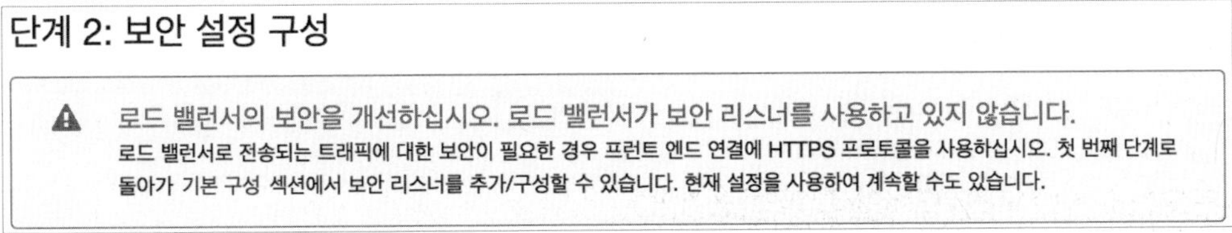

그림 3.33 로드 밸런서 HTTPS 리스너 경고

05 _ 보안 그룹을 구성하는 화면에서 우리는 HTTP 요청으로 80번 포트만 받을 것이기 때문에 기존에 생성해둔 web 보안 그룹만 선택하고 [다음: 라우팅 구성] 버튼을 클릭한다.

여기서 ssh 보안 그룹을 선택하지 않는 이유는 실습에서는 SSH를 이용해 로드 밸런서 서버에 접속할 일이 없기 때문이다.

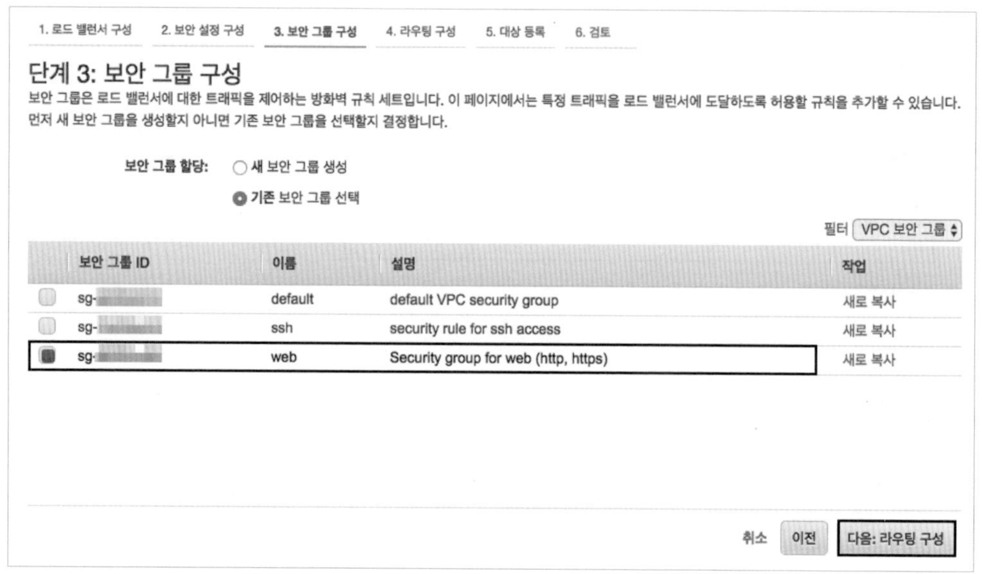

그림 3.34 보안 그룹 구성

06 _ 로드 밸런서가 클라이언트로부터 받은 요청을 전달할 대상 그룹을 지정하는 화면이다. 현재 생성해둔 대상 그룹이 하나도 없기 때문에 대상 그룹을 생성해야 한다. 다음과 같이 대상 그룹의 이름을 [exercise-target-group]으로 지정해두고 상태 검사 경로는 HTTP 프로토콜의 /health를 입력한다. 로드 밸런서에서 관리하는 모든 인스턴스를 대상으로 /health 요청을 주기적으로 날리고 HTTP 상태코드 200을 응답하는지 확인하게 될 것이다. /health를 상태 검사용 경로로 지정하는 이유는 샘플 프로젝트의 소스코드[17]에 /health 경로로 요청이 들어온 경우 상태코드 200을 응답으로 주도록 미리 구현돼 있기 때문이다.

[다음: 대상 등록] 버튼을 클릭한다.

---

17 https://github.com/deopard/aws-exercise-a/blob/master/app.js

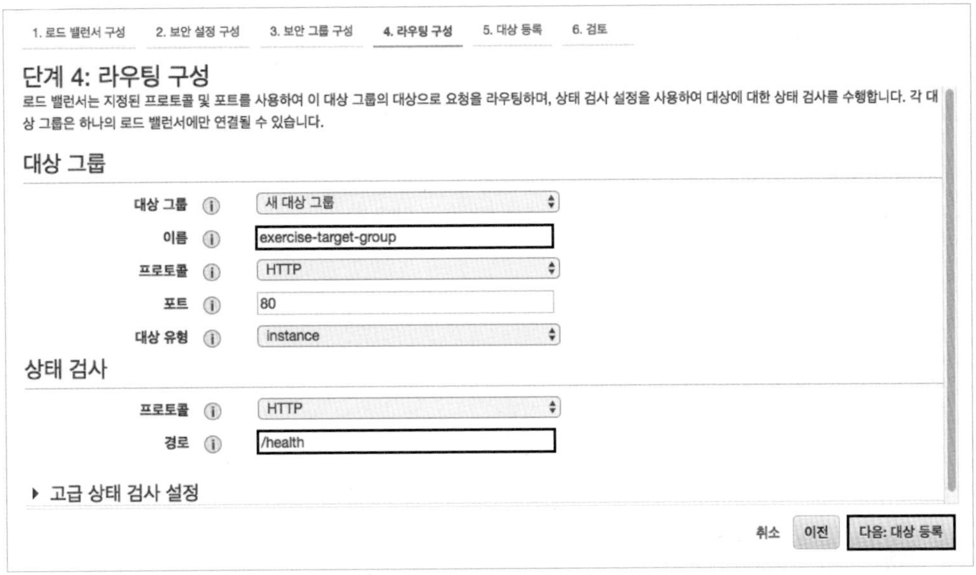

1. 로드 밸런서 구성 2. 보안 설정 구성 3. 보안 그룹 구성 4. 라우팅 구성 5. 대상 등록 6. 검토

단계 4: 라우팅 구성

로드 밸런서는 지정된 프로토콜 및 포트를 사용하여 이 대상 그룹의 대상으로 요청을 라우팅하며, 상태 검사 설정을 사용하여 대상에 대한 상태 검사를 수행합니다. 각 대상 그룹은 하나의 로드 밸런서에만 연결될 수 있습니다.

대상 그룹

대상 그룹: 새 대상 그룹
이름: exercise-target-group
프로토콜: HTTP
포트: 80
대상 유형: instance

상태 검사

프로토콜: HTTP
경로: /health

▸ 고급 상태 검사 설정

취소 이전 다음: 대상 등록

그림 3.35 라우팅 구성 단계

07 _ 생성한 대상 그룹에서 관리할 인스턴스를 추가할 수 있는 화면이다.

앞서 생성한 Auto Scaling 그룹에서 생성된 인스턴스 한 대가 보일 것이다. 인스턴스를 직접 추가할 수 있지만 Auto Scaling 그룹 자체를 대상 그룹에 등록해서 새로운 인스턴스들이 실행될 때마다 자동으로 대상 그룹에 등록되게 할 것이므로 이 화면에서는 별도의 인스턴스를 등록하지 않고 [다음: 검토] 버튼을 클릭한다.

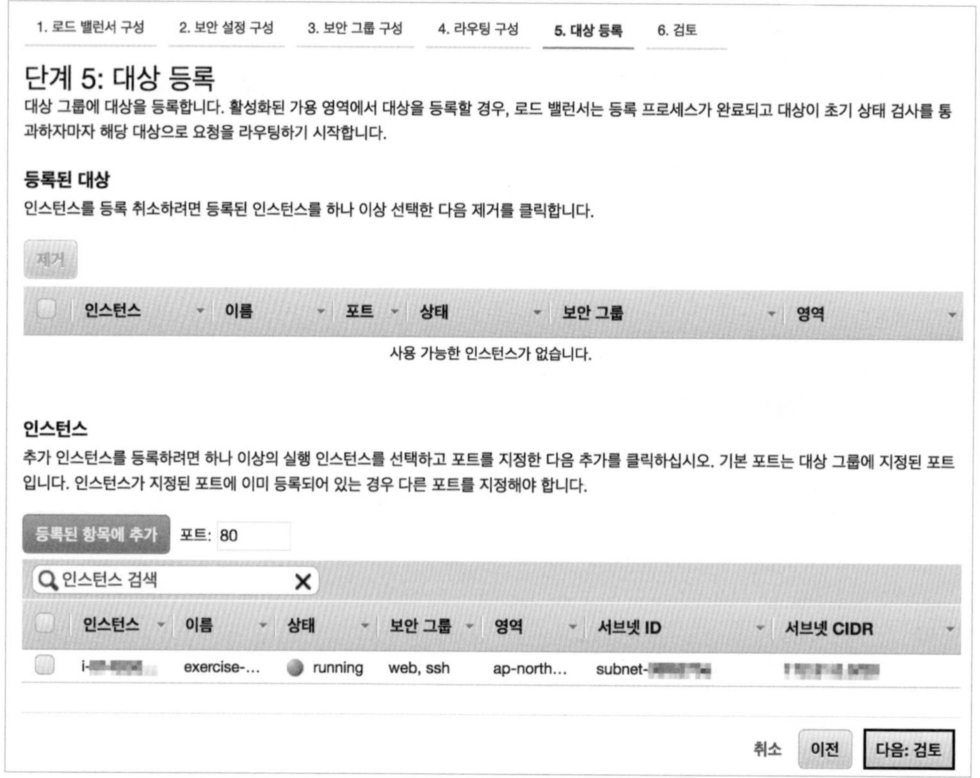

그림 3.36 대상 등록

08 _ 검토 화면에서 앞서 설정한 값들에 문제가 없는지 확인하고 [생성] 버튼을 클릭한다.

09 _ 로드 밸런서가 정상적으로 생성됐다는 화면이 나타난다. [로드 밸런싱] → [로드 밸런서] 메뉴에 들어가보면 방금 생성한 로드 밸런서가 올바르게 생성된 것을 알 수 있다.

10 _ 이제 생성한 로드 밸런서의 대상 그룹에 앞서 우리가 만든 Auto Scaling 그룹인 [EXERCISE-GROUP]을 등록해야 한다.

11 _ [AUTO SCALING] → [Auto Scaling 그룹] 메뉴를 클릭하고 EXERCISE-GROUP을 클릭한 뒤 하단의 [세부 정보] 탭에서 [편집] 버튼을 클릭한다.

그림 3.37 EXERCISE-GROUP 세부 정보 탭

12_ [대상 그룹] 항목에 방금 생성한 [exercise-target-group]을 추가한 뒤 [저장] 버튼을 클릭한다.

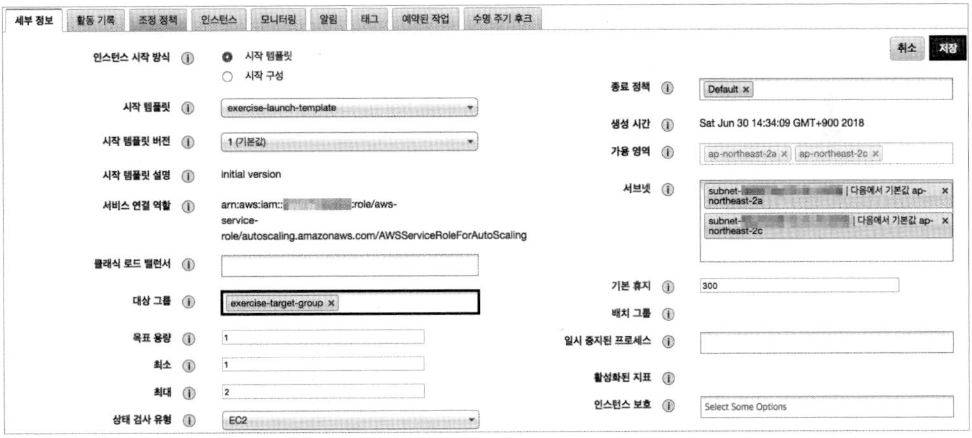

그림 3.38 Auto Scaling 그룹에 대상 그룹 추가

13_ [로드 밸런싱] → [대상 그룹] 메뉴를 클릭한 뒤 [exercise-target-group]을 클릭해 [대상] 탭을 클릭해보면 Auto Scaling 그룹 내에 있는 인스턴스가 대상으로 올바르게 등록된 것을 확인할 수 있다.

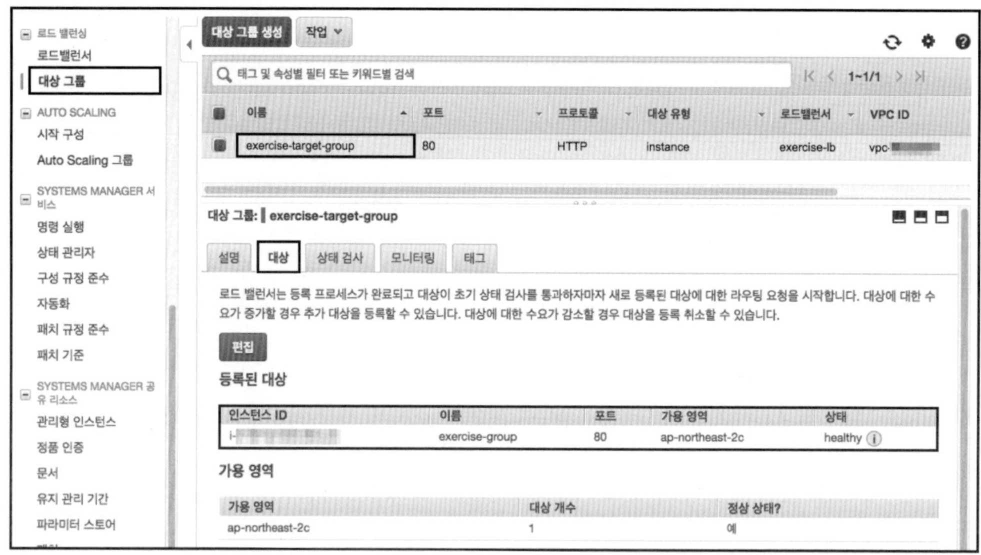

그림 3.39 대상 그룹에 Auto Scaling 그룹의 인스턴스가 대상으로 등록됨

14 _ 이제 우리가 구성한 다중 서버 환경이 제대로 동작하는지 확인하기 위해 로드 밸런서에 요청을 날려볼 것이다.

15 _ [로드 밸런싱] → [로드 밸런서] 메뉴를 클릭한 뒤 [exercise-lb] 로드 밸런서를 클릭한다.

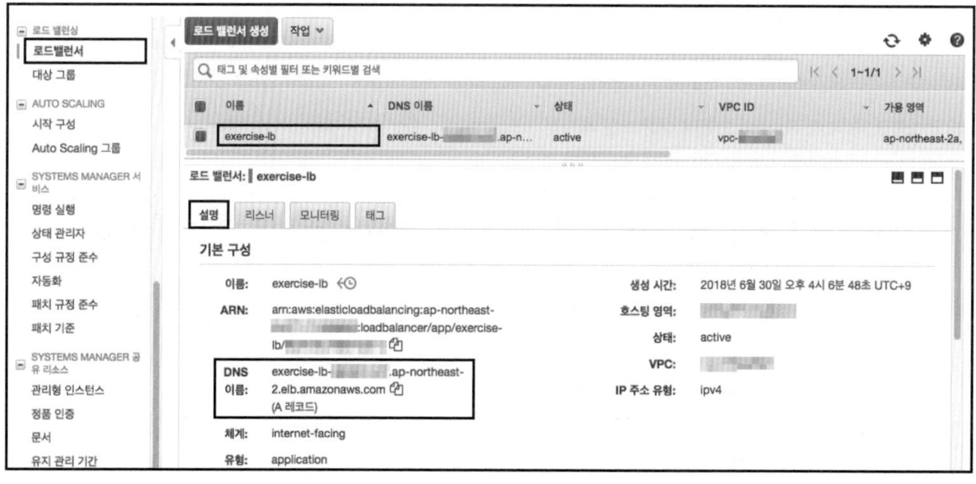

그림 3.40 로드 밸런서 상세 정보

16 _ 로드 밸런서도 하나의 서버이고 클라이언트의 요청을 직접 받기 때문에 테스트해볼 수 있는 DNS 주소가 자동으로 발급돼 있다. 다음 DNS 주소로 브라우저에서 접속을 시도해보자.

17 _ 위와 같이 샘플 애플리케이션이 올바르게 실행된 것을 확인할 수 있다.

그림 3.41 로드 밸런서 주소로 접속한 결과

해당 주소를 nginx에 server_name으로 등록해두지 않았지만 우리가 지정해둔 애플리케이션이 올바르게 실행된 이유는 nginx에서 요청을 받았을 때 정확히 일치하는 서버가 없더라도 요청에 가장 근접한 서버를 찾아서 실행해주기 때문이다.

3.3 장애 조치 아키텍처 구성

장애 조치란 장애 극복 기능으로 시스템의 일부 서버에 장애가 발생했을 때 전체 시스템이 죽는 것이 아니라 예비 시스템이 즉시 요청을 대신 처리해서 다운타임을 최소화하고 문제 없이 서비스가 돌아가게 하는 것이다. 서버 장애가 발생할 가능성은 무한하고 장애는 필연적으로 발생하게 돼 있다. 따라서 운영 서버라면 꼭 서버를 2대 이상 띄워서 장애 조치가 가능하도록 처리해야 한다.

3.3.1 Auto Scaling 그룹을 이용한 장애 조치

Auto Scaling 그룹과 로드 밸런서를 이용하면 장애 조치를 구현할 수 있다. 로드 밸런서에서는 자기가 관리하는 서버 인스턴스들의 상태를 계속 파악하고 있기 때문에 장애가 발생한 서버 인스턴스가 발생한다면 해당 인스턴스가 정상 상태로 돌아올 때까지 클라이언트의 요청을 전달하지 않는 기능이 있다. 만약 이런 기능이 없다면 로드 밸런서는 클라이언트 요청의 절반을 장애가 난 서버에 보내게 될 것이고 클라이언트에서는 보내는 요청들의 절반에 대해서는 에러 응답을 받을 것이다. 하지만 이러한 로드 밸런서의 기능 덕분에 클라이언트에서는 잠시 에러 응답을 받겠지만 바로 정상적인 응답만 받을 수 있게 된다.

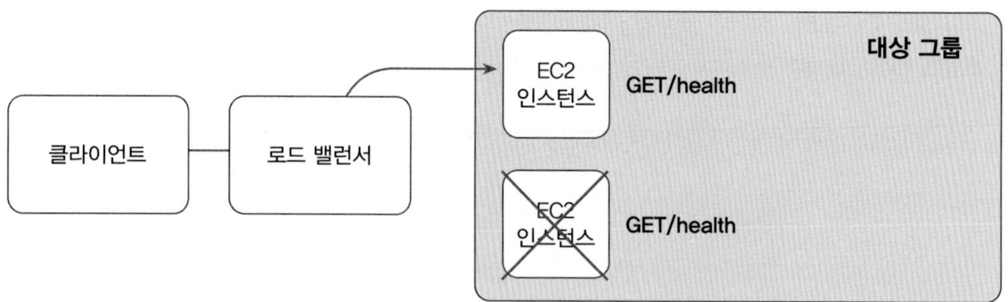

그림 3.42 Auto Scaling 그룹을 이용한 장애 조치 방법

3.3.2 [실습] Auto Scaling 그룹과 로드 밸런서를 통한 장애 조치

이번에는 장애를 재현한 후 Auto Scaling 그룹과 로드 밸런서를 이용해 장애 조치 기능이 정상적으로 동작하는지 확인해보겠다. 좀 더 구체적으로 설명하자면 두 대의 서버로 서비스하다가 한 서버에 장애가 나는 경우 로드 밸런서가 자동으로 정상적인 서버에만 요청을 보내는지 확인할 것이다.

01 _ EC2 서비스의 [로드 밸런싱] → [대상 그룹]을 클릭한 뒤 앞서 생성한 대상 그룹인 [exercise-target-group]을 선택하고 [상태 검사] 탭을 클릭한다.

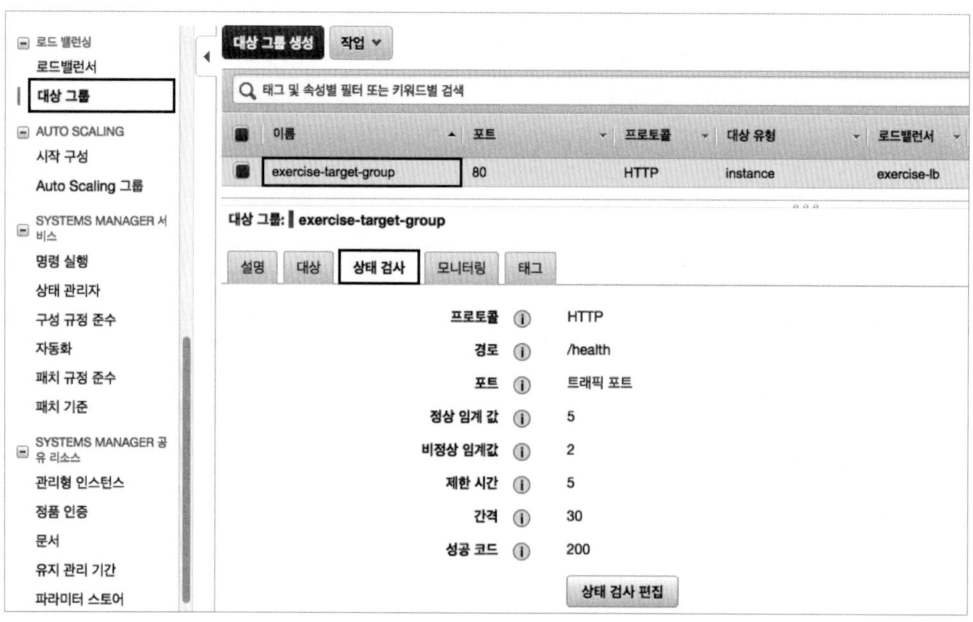

그림 3.43 대상 그룹의 상태 검사 탭

02 _ 실습에서 장애 조치가 일어나는 것을 빠르게 확인하기 위해 이와 같이 시간을 짧게 조정한다. 다음은 상태 검사에 사용되는 항목들에 대한 설명이다.

항목	설명
경로	인스턴스가 정상인지 확인하기 위해 호출할 URL 주소다. 인스턴스 내 해당 주소로 응답을 줄 수 있게 구성돼 있어야 한다.
정상 임계 값	연속으로 몇 번 정상 응답을 해야만 정상 상태로 볼 것인지 지정하는 항목이다.
비정상 임계값	연속으로 몇 번 비정상 응답을 해야만 정상 상태로 볼 것인지 지정하는 항목이다.
제한 시간	타임아웃 시간으로 응답이 몇 초 이내로 오지 않을 경우 비정상 응답으로 판단할지 지정하는 항목이다.
간격	몇 초 간격으로 인스턴스의 상태를 물어볼지 지정하는 항목이다.
성공 코드	어떤 HTTP 응답 코드를 줬을 경우 정상 상태로 판단할 것인지 지정하는 항목이다.

표 3.2 상태 검사 항목별 설명

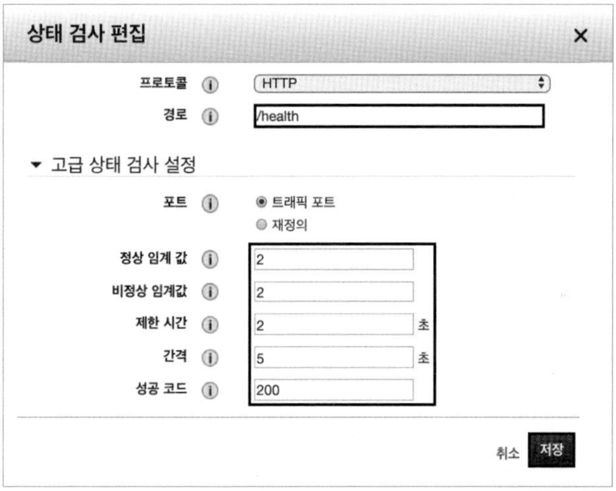

그림 3.44 상태 검사 편집

03 _ [AUTO SCALING] → [Auto Scaling 그룹] 메뉴에서 [EXERCISE-GROUP]을 선택한 뒤 [세부 정보] 탭에서 [편집] 버튼을 클릭한 뒤 [목표 용량]과 [최소]의 값을 모두 2로 변경하고 [저장] 버튼을 클릭한다.

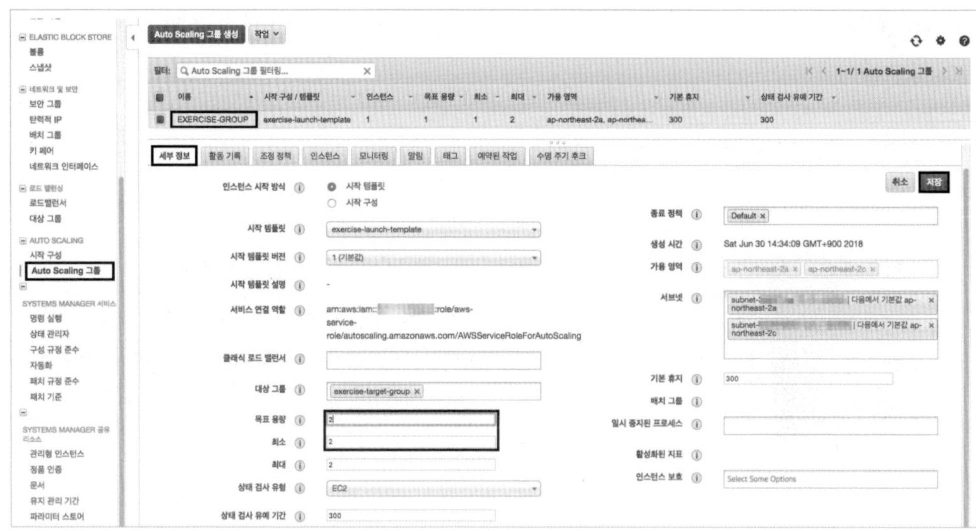

그림 3.45 Auto Scaling 그룹의 목표 용량 지정

04 _ [인스턴스] 탭을 선택해 새로 실행된 인스턴스도 정상적으로 InService 상태로 변경될 때까지 기다린다.

그림 3.46 Auto Scaling 그룹의 인스턴스 탭

05 _ 두 서버에 SSH로 접속한다. 인스턴스 ID를 클릭하면 인스턴스의 상세 화면에서 인스턴스의 퍼블릭 IP 주소를 확인할 수 있다.

06 _ 그다음 nginx 접속 로그를 확인하면서 두 인스턴스에 요청이 골고루 들어오고 있는 것을 확인하기 위해 access.log 파일에 쌓이는 로그를 실시간으로 확인한다.

```
# nginx의 로그가 저장되는 경로로 이동한다.
$ cd /opt/nginx/logs
```

```
# access.log에 새로운 내용이 쌓이면 실시간으로 보여준다.
$ tail -f access.log
```

07 _ 브라우저에서 로드 밸런서의 도메인 주소로 접속한 후 새로고침을 여러 번 해보면 요청이 두 서버로 골고루 전달되어 로그가 쌓이는 것을 확인할 수 있다.

```
1. ec2-user@ip-            :/opt/nginx/logs (ssh)
ec2-user@ip-            /opt/nginx/logs (ssh)
            - - [30/Jun/2018:11:57:40 +0000] "GET / HTTP/1.1" 304 0 "-" "Mozilla/5.0 (Macintosh; Intel Mac OS X 10_13_5) AppleWebKit/537.36 (KHTML, like Gecko) Chrome/67.0.3396.99 Safari/537.36"
            - - [30/Jun/2018:11:57:41 +0000] "GET / HTTP/1.1" 304 0 "-" "Mozilla/5.0 (Macintosh; Intel Mac OS X 10_13_5) AppleWebKit/537.36 (KHTML, like Gecko) Chrome/67.0.3396.99 Safari/537.36"
ec2-user@ip-            :/opt/nginx/logs (ssh)
            - - [30/Jun/2018:11:57:40 +0000] "GET / HTTP/1.1" 304 0 "-" "Mozilla/5.0 (Macintosh; Intel Mac OS X 10_13_5) AppleWebKit/537.36 (KHTML, like Gecko) Chrome/67.0.3396.99 Safari/537.36"
            - - [30/Jun/2018:11:57:41 +0000] "GET / HTTP/1.1" 304 0 "-" "Mozilla/5.0 (Macintosh; Intel Mac OS X 10_13_5) AppleWebKit/537.36 (KHTML, like Gecko) Chrome/67.0.3396.99 Safari/537.36"
```

그림 3.47 두 서버 인스턴스의 nginx access.log

08 _ 그다음 장애 상황을 재현하기 위해 두 서버 중 한 서버에서 nginx 서비스를 종료하고 바로 브라우저에서 연속으로 새로고침한다.

```
$ sudo service nginx stop
```

09 _ 로드 밸런서가 상태 확인(health check)를 통해 하나의 인스턴스를 비정상 상태로 판단하기까지는 요청 중 절반은 성공하고 절반은 다음과 같은 에러가 나는 것을 확인할 수 있다.

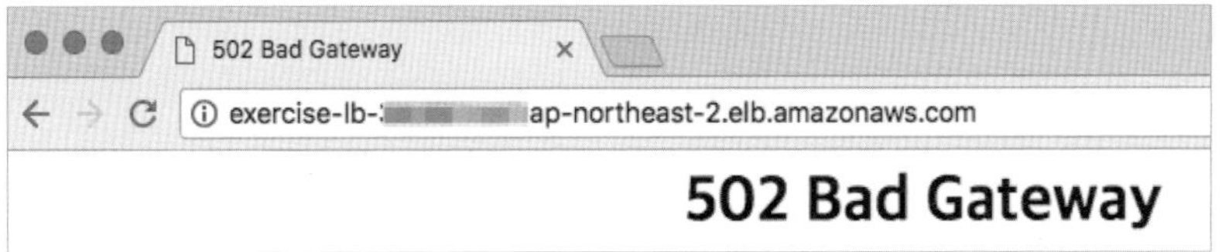

그림 3.48 서버 장애로 인해 한 인스턴스에서 발생하는 에러

10 _ 몇 초가 지나면 정상적으로 동작하는 서버로만 요청을 전달하기 때문에 모든 요청이 성공하는 것을 확인할 수 있다.

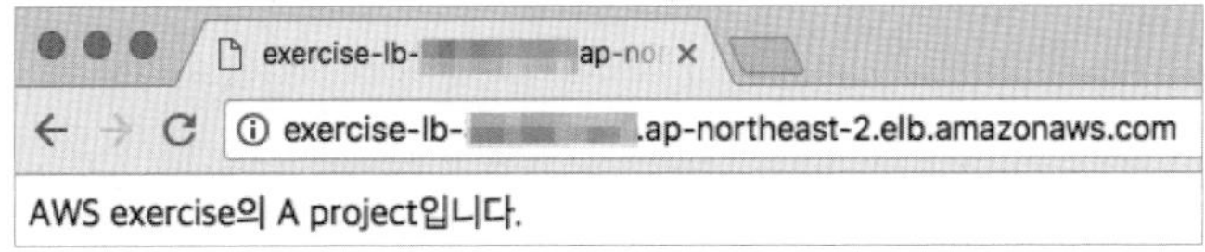

그림 3.49 정상적으로 동작하는 서버에서만 올바른 결과를 응답

모든 실습이 완료되면 [EXERCISE-GROUP]의 목표 용량, 최솟값을 모두 0으로 변경해서 인스턴스들을 종료하자.

3.4 정리

이번 장에서는 Auto Scaling 그룹과 Elastic Load Balancer를 이용해 다중 서버 환경을 구성하는 방법을 알아봤다. 로드 밸런서라는 레이어를 서버 앞에 둠으로써 단일 서버 환경에서는 할 수 없었던 스케일 아웃을 할 수 있게 됐다. 또한 Auto Scaling 그룹이라는 AWS 서비스를 이용해 실시간 요청량에 따라 유연하게 서버 수를 관리할 수 있게 됐다. 자동 조정 개념은 클라우드 서비스의 이점을 굉장히 잘 살린 것으로, 비용 절감과 안정적인 서버 운영이라는 장점이 있다. 운영 서버를 관리하면서 항상 사용하는 방식이기 때문에 꼭 기억해 두자.

04

운영 서버의 외부 환경 구성

앞에서 서버 인스턴스 내의 환경과 다중 서버를 구성하는 방법을 알아봤다. 실제 운영 환경에 적용해서 서비스를 외부에 오픈하기 위해서는 다음과 같은 몇 가지 작업이 더 필요하다. 사용자들이 서비스 주소로 접속할 수 있도록 도메인을 지정하는 것과 안전한 통신을 할 수 있게 HTTPS 프로토콜을 설정하는 것이다. 이번 장에서는 도메인과 HTTPS의 원리부터 이를 구매하고 실제 서버에 적용하는 방법까지 알아보겠다.

4.1 도메인, DNS

4.1.1 도메인

클라이언트가 요청을 보내는 서버마다 고유 IP 주소를 가지고 있으나 이는 인간 친화적이지 않다. 예를 들어, 운영하는 웹 사이트의 주소가 52.79.xx.xx의 IP 주소를 갖고 있다고 가정해보자. 이 IP 주소를 외워서 접속할 수 있는 사용자는 많지 않기 때문에 사용자들이 외울 수 있는 thetomkim.com과 같은 도메인 주소가 필요하다. 또한 도메인 주소가 없다면 서버의 IP 주소가 변경되는 경우 기존 사용자들이 접속할 수 없어진다. 이런 이유로 운영 서버라면 도메인 주소는 꼭 필요하다.

도메인 주소의 작동 방식은 다음과 같다. 웹 브라우저와 같은 클라이언트에서 우리가 운영하는 사이트인 thetomkim.com에 접속하려는 경우 다음과 같은 일들이 순차적으로 일어난다.

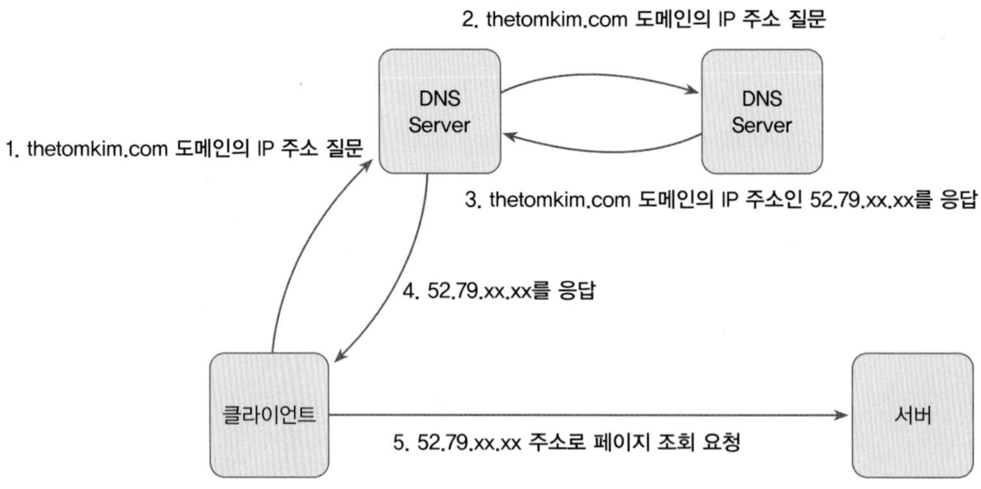

그림 4.1 도메인 주소의 작동 원리

01_ 웹 브라우저의 주소창에 thetomkim.com을 입력하고 엔터를 친다.

02_ 웹 브라우저에서 가까운 DNS 서버에 thetomkim.com이라는 도메인의 실제 IP 주소를 알고 있는지 물어본다.

03_ 해당 DNS 서버가 모른다면 그다음 DNS 서버에게 물어본다.

04_ thetomkim.com의 실제 IP 주소를 알고 있는 DNS 서버를 만나면 해당 서버에서 IP 주소인 52.79.xx.xx를 알려준다.

05_ 웹 브라우저에서 52.79.xx.xx라는 IP 주소로 페이지 조회 요청을 날린다.

DNS(Domain Name System) 서버는 도메인과 그 도메인에 연결된 IP 주소들을 관리하는 서버다. 도메인을 등록하기 위해서는 도메인 네임 등록 대행자에 돈을 내고 사용 가능한 도메인을 사야 한다. 도메인을 산 뒤 내가 원하는 IP 주소를 도메인에 연결해달라고 요청하면 도메인 네임 등록 대행자는 DNS 서버들에 도메인과 IP 주소를 등록한다. 도메인 등록 대행자는 모든 도메인의 정보가 담긴 데이터베이스와 같은 도메인 네임 레지스트리에 사용자 대신 도메인을 등록하는 역할을 한다. 등록 시 같은 도메인이 여러 사람들에게 중복되어 발급되지 않도록 보장하는 역할도 한다.

여러 도메인 등록 대행업체가 있고 같은 도메인이어도 업체마다 요구하는 가격이 다르다. GoDaddy[18] 같은 유명한 업체들을 통해 등록할 수도 있고 AWS에서도 Route 53이라는 서비스를 통해 도메인 등록 대행 기능을 제공한다. Route 53을 통해 도메인을 구매, 관리할 수 있다.

4.1.2 [실습] AWS Route 53을 이용한 도메인 등록

01 _ AWS 서비스에서 Route 53 서비스를 검색한 후 클릭한다.

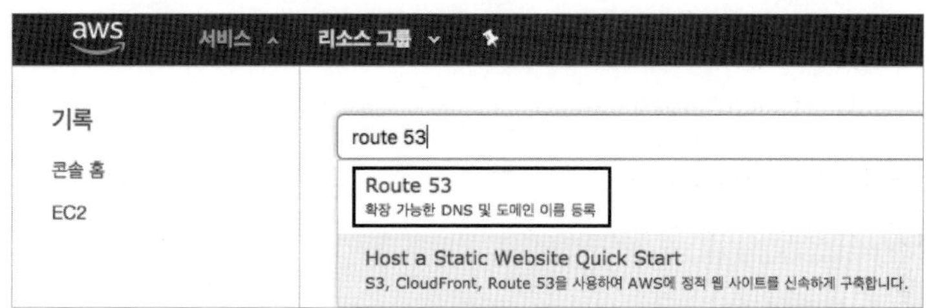

그림 4.2 Route 53 서비스 검색

02 _ Route 53의 메인 화면에서 [Domains] → [Registerd domains] 메뉴를 선택한다.

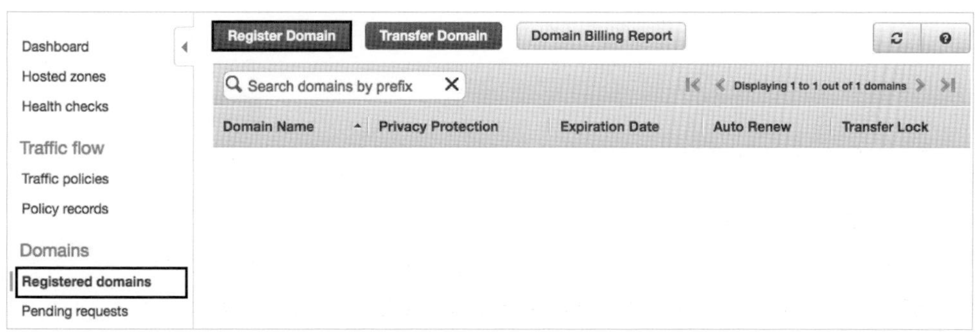

그림 4.3 Route 53 메인 화면

---

18 https://kr.godaddy.com/

03 _ [Register Domain] 버튼을 클릭한다.

04 _ 등록하고 싶은 도메인을 입력한 뒤 [Check] 버튼을 클릭하면 사용 가능 여부, 가격이 비슷한 다른 도메인 목록을 보여준다.

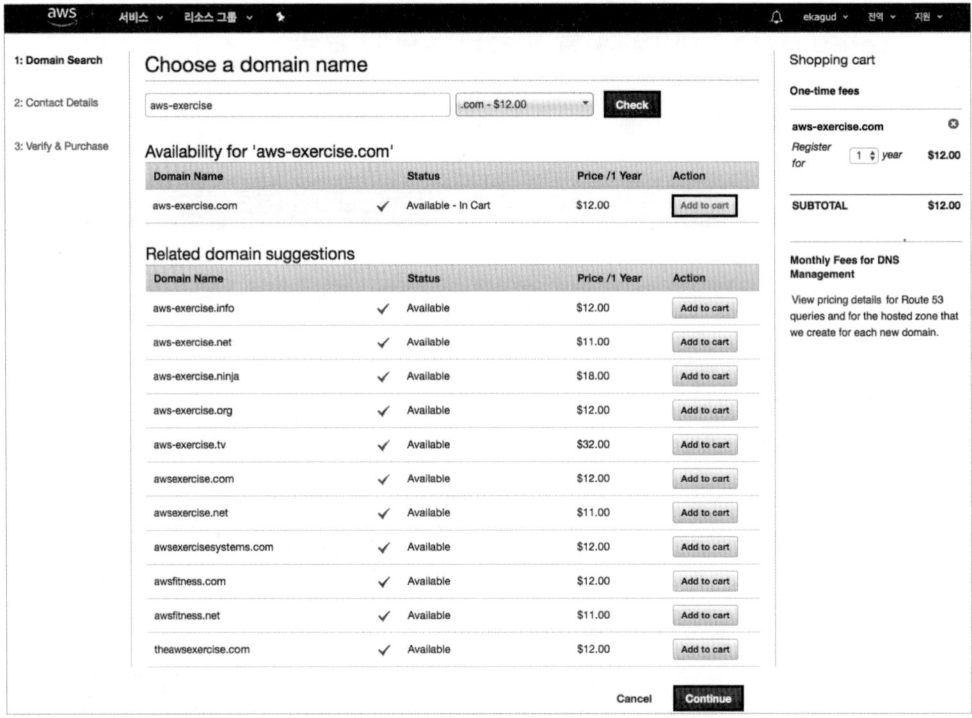

그림 4.4 Route 53 도메인 등록을 위한 검색

05 _ 구매하고 싶은 도메인을 [Add to cart] 버튼으로 장바구니에 추가한 다음, 하단의 [Continue] 버튼을 클릭한다.

06 _ 도메인 등록자의 신상 정보를 입력한 뒤 [Continue] 버튼을 클릭해 결제를 진행할 수 있다.

07 _ 구매 후 왼쪽의 [Domains] → [Registered domains] 메뉴를 클릭하면 구매한 도메인이 등록돼 있음을 확인할 수 있다.

Register Domain
Transfer Domain
Domain Billing Report
Search domains by prefix
Domain Name
Privacy Protection
thetomkim.com
All contacts

그림 4.5 도메인 구매 후 목록

08 _ 해당 도메인을 클릭하면 상세 정보를 볼 수 있고 왼쪽의 [Hosted zones] 메뉴를 클릭한 뒤 해당 도메인을 클릭하면 도메인에 대한 Record Set을 추가할 수 있는 화면이 나온다.

09 _ 다양한 타입의 Record Set을 추가할 수 있다. 해당 내용을 추가한 뒤 [Create] 버튼을 클릭하면 잠시 뒤 DNS 서버에 적용된다.

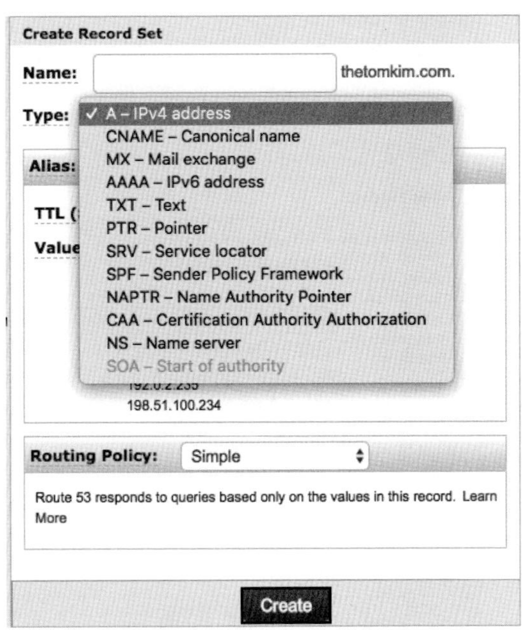

그림 4.6 Record Set 추가

4.1.3 [실습] 로드 밸런서에 도메인 등록

이제 구입한 도메인을 로드 밸런서에 연결해볼 차례다. 도메인을 로드 밸런서에 연결하면 도메인 주소로 로드 밸런서에서 관리하고 있는 서버들에 접속할 수 있게 된다.

01 _ Route 53 서비스의 [Hosted Zones] 메뉴를 클릭한다.

02 _ 구입한 도메인을 클릭하고 [Create Record Set] 버튼을 클릭한다.

03 _ [Name]의 값은 비워두고 [Type]은 [A – IPv4 address]를 선택한다.

[Alias]를 [Yes]를 선택한 뒤 [Alias Target] 입력창을 클릭하면 현재 이 AWS 계정에서 도메인에 연결할 수 있는 서버들의 목록이 자동으로 나타나는 것을 확인할 수 있다. 그중 [ELB Application load balancers]에 앞에서 생성한 [exercise-lb] 로드 밸런서를 선택한다. 자동 완성 목록이 모두 로드되기까지 잠깐 시간이 걸릴 수 있다.

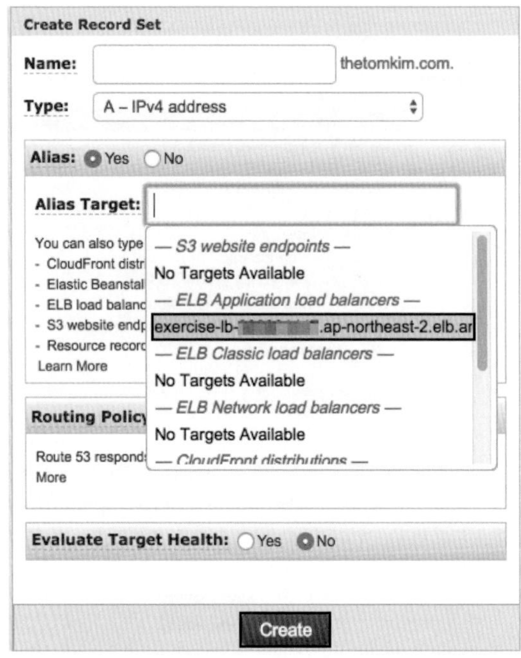

그림 4.7 도메인 레코드를 생성할 때의 로드 밸런서 선택

04 _ 선택 후 [Create] 버튼을 클릭하면 레코드가 올바르게 추가되는 것을 확인할 수 있다.

05 _ 그리고 잠시 후 해당 도메인으로 브라우저에서 접속해보면 샘플 애플리케이션이 올바르게 결과를 응답하는 것을 확인할 수 있다. 혹시 오래 기다려도 도메인 적용이 안 된다면 브라우저에서 도메인에 대한 IP 주소를 캐싱하고 있기 때문에 그럴 수 있으니 웹 브라우저의 시크릿 모드로 접속을 시도해보면 된다.

그림 4.8 도메인과 로드 밸런서가 연결되어 샘플 애플리케이션이 올바르게 실행된 결과

4.2 SSL/TLS, HTTPS

4.2.1 SSL/TLS 인증서, HTTPS 동작 방식

HTTPS(HTTP Secure)는 HTTP 프로토콜의 보안이 강화된 버전이다. HTTP 프로토콜에 SSL/TLS 암호화 프로토콜을 이용해 전송되는 데이터를 암호화하는 과정을 추가한 것으로 이해하면 된다.

HTTPS는 기밀성, 무결성, 인증이라는 세 가지 목적을 달성하기 위해 사용한다. 우리가 사용하고 있는 클라이언트에서 서버까지 요청이 이동할 때 공유기, 인터넷 서비스 제공자 등 수많은 곳을 거쳐 가기 때문에 중간에서 제3자가 해당 내용을 얼마든지 가로채거나 변조할 수 있다. 중간에 내용을 가로채가더라도 내용을 읽지 못하게 암호화하는 것이 기밀성이고, 내용을 변조해서 중간자 공격(man in the middle attack)을 못 하게 하는 것이 무결성이다. 그리고 클라이언트가 통신하고 있는 서버의 신원을 확인할 수 있는 것이 인증이다.

HTTPS 프로토콜은 로그인이나 결제 같은 민감한 데이터를 다루는 페이지뿐만 아니라 모든 페이지에 대해서 사용하는 것이 권장된다. HTTP를 이용해 통신하게 되면 사용자가 보는 데이터가 침입자에 의해 변조될 수도 있고 사용자의 행동으로 신원 등이 노출될 수 있는 위험성이 생기기 때문이다.

HTTPS의 동작 방식은 다음과 같다.

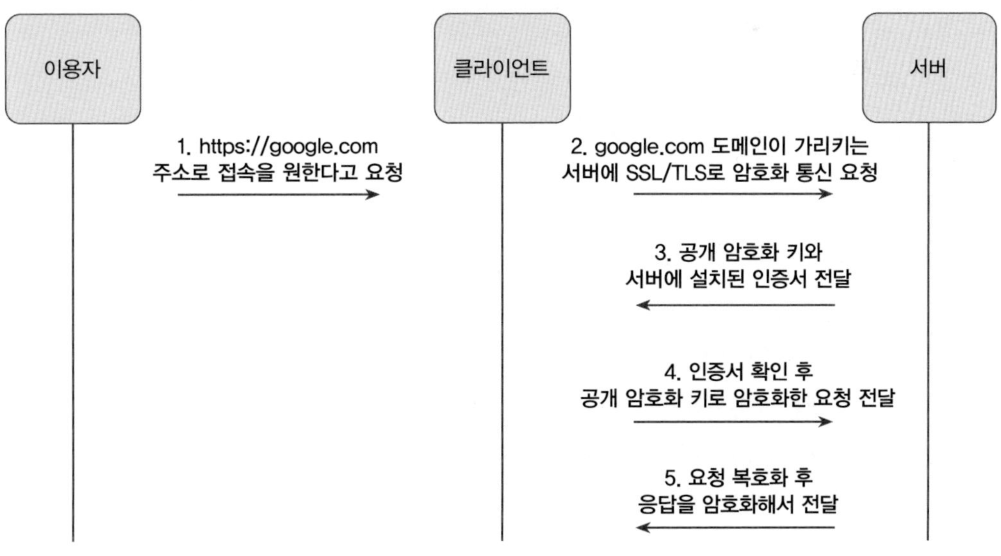

그림 4.9 HTTPS 작동 방식

01 _ 서버 관리자가 인증서 발급 기관을 통해 서비스하는 도메인에 대한 인증서를 발급받는다.

02 _ 발급받은 인증서를 클라이언트와 통신하는 서버 인스턴스의 웹 서버에 설치한다.

03 _ 이용자가 웹 브라우저 같은 클라이언트에서 https://로 시작하는 주소로 접속을 시도한다.

04 _ 클라이언트는 사용자가 입력한 주소에 해당하는 서버에 SSL/TLS로 암호화한 통신을 하고 싶다고 요청하면서 사용할 수 있는 SSL/TLS 버전 목록과 암호화 알고리즘을 전달한다.

05 _ 서버는 클라이언트가 전달한 SSL/TLS 버전과 암호화 알고리즘 중 선호하는 것을 고르고 서버에 설치된 인증서를 함께 응답한다. 서버에서 전달하는 이 인증서는 공개 암호화 키를 포함하고 있다.

06 _ 클라이언트는 서버의 인증서가 신뢰할 수 있는 곳으로부터 서명된 것인지 확인하고 대칭 암호화 키로 사용할 키(pre-master 키)를 생성해서 서버에서 받은 공개 암호화 키로 암호화해 전달한다.

07 _ 서버와 클라이언트는 이 대칭 암호화 키를 이용해 암복호화가 잘 되는지 테스트를 진행한다.

08 _ 그다음부터 서버와 클라이언트는 서로 데이터를 주고받을 때 대칭 암호화 키를 이용해 암호화해서 전달한다.

브라우저에서 http://thetomkim.com으로 요청을 보내도 자동으로 프로토콜을 https로 변경해서 주소가 https://thetomkim.com으로 변경된 경우를 본 적이 있을 것이다. 이는 클라이언트가 http://domain.com으로 요청을 보낸 경우 서버에 설치된 nginx와 같은 웹 서버에서 https://domain.com으로 리다이렉트하도록 설정해놓았기 때문이다.

4.2.2 SSL/TLS 인증서의 가격

예전에는 인증서를 구매하는 데 높은 비용을 지불해야 했지만 지금은 무료로 발급해주는 곳도 많다. 무료부터 연간 백만 원이 넘는 가격까지 인증서의 가격은 다양한데 그 이유는 몇 가지가 있다.

인증서 발급 시 발급자의 신원에 대해 얼마나 많은 검증을 거치는지

간단히 도메인에 대한 소유주인지만 확인하는 인증서부터 회사에 대한 법적 서류 등까지 확인하는 EV(Extended Validation) 인증서가 존재한다. EV 인증서는 보안상 더욱 강력하고 꼼꼼한 본인 확인 작업을 진행함으로써 사이트를 이용하는 사용자에게 신뢰를 줄 수 있다.

얼마나 많은 인증 기관에서 신뢰하고 있는지

클라이언트에서 인증서 유효 여부를 파악하기 위한 Root 인증서가 인증서 발급 회사마다 존재하는데, 이 인증서는 결국 인증 기관(CA)들이 신뢰하지 않으면 의미가 없다. 마이크로소프트, 구글 등 인증 기관으로부터 신뢰받지 않은 경우 특정 기기에서는 사용하지 못하는 인증서가 될 수도 있다.

몇 개의 도메인에 대해 사용 가능한지

calendar.google.com과 같은 단일 도메인에 대해서만 사용할 수 있는 인증서도 있고 *.google.com과 같이 특정 도메인의 모든 서브 도메인에 대해 사용 가능한 와일드카드 인증서도 있다.

인증서를 발급하는 기관이 얼마나 저명한 곳인지

인증서는 사이트가 얼마나 안전한지 보여주고 신뢰를 주기 위해서도 사용된다. 웹 브라우저에서 HTTPS 프로토콜을 통해 사이트에 접속한 경우 인증서가 어디에서 발급됐는지 바로 확인할 수 있다. 저명한 기관에서 발급받은 인증서인 경우 사용자들에게 더 많은 신뢰를 줄 수 있다.

Let's Encrypt[19] 같은 곳에서 무료로 인증서를 발급받을 수 있으니 간단한 사이트라도 꼭 인증서를 발급받아 HTTPS 통신이 가능하게 처리하자. AWS에서는 Route 53을 통해 관리하고 있는 도메인에 대해서는 Certificate Manager라는 서비스를 통해 무료로 인증서를 발급해준다.

4.2.3 SSL/TLS 인증서 설치 방법

SSL/TLS 인증서는 HTTPS 통신을 위한 것이기 때문에 클라이언트와 직접 통신하는 서버에 설치돼 있어야 한다. 앞서 2.1.3장에서 배운 서버 단위의 로드 밸런서를 이용한 다중 서버 아키텍처에서는 클라이언트와 직접 통신하는 것은 로드 밸런서 서버다. 따라서 로드 밸런서의 역할을 하는 서버 인스턴스에 있는 웹 서버에 인증서를 설치해야 한다. 따라서 웹 서버마다 인증서를 추가할 수 있는 설정을 제공한다.

서버 인스턴스의 웹 서버에 인증서를 직접 설치하는 방법도 있으나 AWS에서는 AWS 콘솔에서 간편하게 클릭만으로 로드 밸런서에 인증서를 추가할 수 있다.

---

19 https://letsencrypt.org/

4.2.4 [실습] AWS Certificate Manager를 통한 SSL/TLS 인증서 등록

01 _ AWS 서비스에서 Certificate Manager 서비스를 검색한 후 클릭한다.

그림 4.10 Certificate Manager 서비스 검색

02 _ 시작 화면에서 [인증서 프로비저닝]의 [시작하기] 버튼을 클릭한다.

그림 4.11 Certification Manager 시작 화면의 인증서 프로비전

03 _ 기존에 다른 업체에서 이미 발급받은 인증서가 있다면 해당 인증서를 Certificate Manager에 등록할 수도 있고 도메인만 발급받은 상태라면 Certificate Manager를 통해 무료로 발급받을 수 있다.

04 _ 지금은 인증서를 따로 가져오지 않고 앞서 구매한 도메인에 대해 인증서를 새로 발급받을 것이니 [공인 인증서 요청]을 선택하고 [인증서 요청] 버튼을 클릭한다.

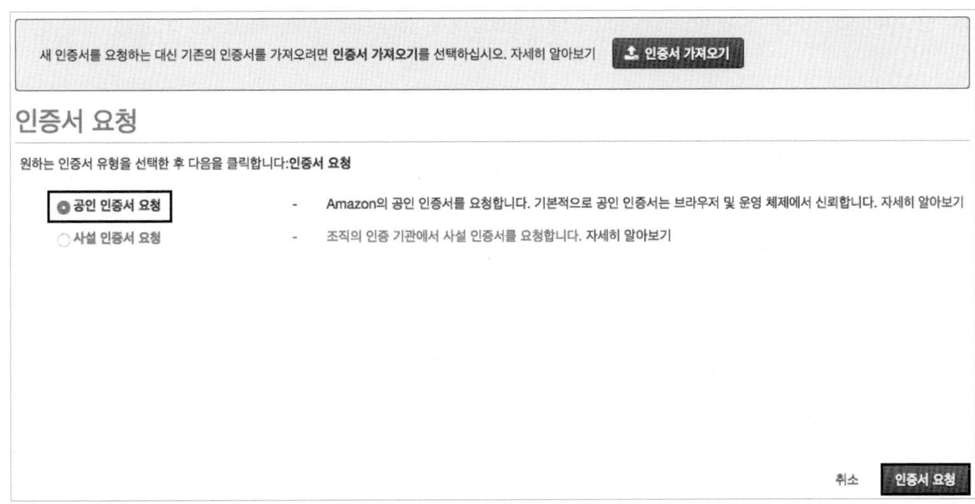

그림 4.12 인증서 요청 종류 선택

05. 인증서를 발급받을 도메인을 입력한 뒤 [다음] 버튼을 클릭한다.

이때 서브 도메인까지 포함하는 인증서를 발급받고 싶으면 *.domain.com과 같이 와일드카드를 입력하면 된다. 다만 지금 실습에서는 서브 도메인이 없는 [thetomkim.com] 도메인에 대한 인증서를 발급받으려고 하니 [thetomkim.com]만 입력하고 있다.

도메인 이름 추가

SSL/TLS 인증서(예: www.example.com)로 보호하고 싶은 사이트의 전체 주소 도메인 이름을 입력하십시오. 같은 도메인 내의 여러 사이트를 보호하는 와일드카드 인증서를 요청하시려면 별표(*)를 이용하십시오. 예를 들어, *.example.com은 www.example.com, site.example.com, images.example.com을 보호합니다.

도메인 이름* 제거

thetomkim.com

이 인증서에 다른 이름 추가

이 인증서에 추가 이름을 추가할 수 있습니다. 예를 들어, "www.example.com"에 대한 인증서를 요청하는 경우 "example.com" 이름을 추가하면 고객이 어느 쪽 이름으로도 사이트에 접속할 수 있습니다. 자세히 알아보기

*하나 이상의 도메인 이름 필요 취소 다음

그림 4.13 도메인 이름 추가

06 _ 본인이 도메인 소유주임을 확인하기 위해 검증이 필요한데 두 가지 검증 방법을 제공한다.

- DNS 검증: DNS에 Certificate Manager에서 제시하는 특정 레코드를 추가해서 본인임을 인증한다.
- 이메일 검증: 해당 도메인의 관리자 계정으로 이메일을 보내서 본인임을 인증한다. 이 방법을 이용하기 위해서는 해당 도메인이 메일 서버에 연동돼 있어야 한다.

[DNS 검증] 방법을 선택하고 [검토] 버튼을 클릭한다.

그림 4.14 도메인 검증 방법 선택

07 _ 요청한 내용을 검토하고 문제가 없다면 "확인 및 요청" 버튼을 클릭한다.

08 _ 요청이 완료되면 해당 도메인에 다음과 같은 이름과 값으로 CNAME 기록을 추가하라고 안내 화면을 보여준다. 만약 도메인 등록을 AWS가 아닌 외부 업체를 통해서 했다면 해당 업체 사이트에서 저 레코드를 추가해도 되고 AWS Route 53을 통해 등록한 경우에는 하단의 [Route 53에서 레코드 생성] 버튼을 클릭하면 자동으로 레코드가 생성된다.

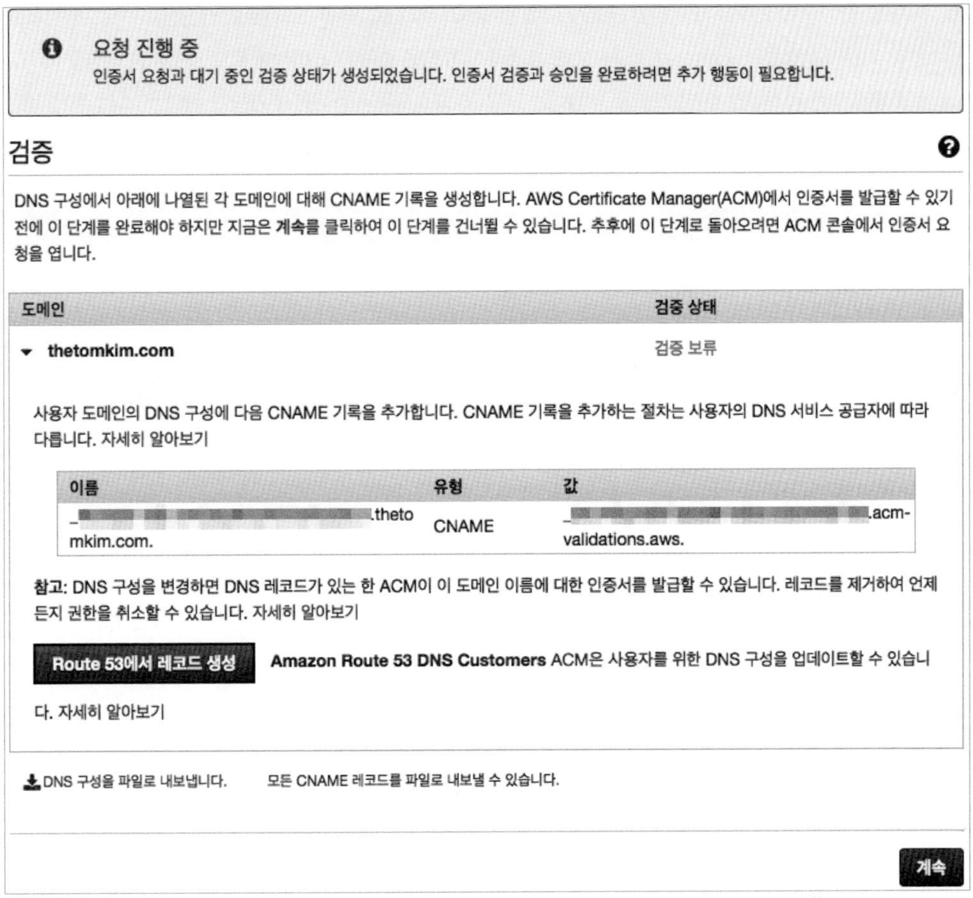

요청 진행 중
인증서 요청과 대기 중인 검증 상태가 생성되었습니다. 인증서 검증과 승인을 완료하려면 추가 행동이 필요합니다.

검증

DNS 구성에서 아래에 나열된 각 도메인에 대해 CNAME 기록을 생성합니다. AWS Certificate Manager(ACM)에서 인증서를 발급할 수 있기 전에 이 단계를 완료해야 하지만 지금은 **계속**를 클릭하여 이 단계를 건너뛸 수 있습니다. 추후에 이 단계로 돌아오려면 ACM 콘솔에서 인증서 요청을 엽니다.

도메인	검증 상태
▾ **thetomkim.com**	검증 보류

사용자 도메인의 DNS 구성에 다음 CNAME 기록을 추가합니다. CNAME 기록을 추가하는 절차는 사용자의 DNS 서비스 공급자에 따라 다릅니다. 자세히 알아보기

이름	유형	값
_[illegible].thetomkim.com.	CNAME	_[illegible].acm-validations.aws.

참고: DNS 구성을 변경하면 DNS 레코드가 있는 한 ACM이 이 도메인 이름에 대한 인증서를 발급할 수 있습니다. 레코드를 제거하여 언제든지 권한을 취소할 수 있습니다. 자세히 알아보기

Route 53에서 레코드 생성 **Amazon Route 53 DNS Customers** ACM은 사용자를 위한 DNS 구성을 업데이트할 수 있습니다. 자세히 알아보기

DNS 구성을 파일로 내보냅니다. 모든 CNAME 레코드를 파일로 내보낼 수 있습니다.

계속

그림 4.15 DNS를 통한 검증 안내

09 _ 레코드를 성공적으로 등록하면 최대 30분 내 AWS에서 레코드가 등록된 것을 확인하고 신청한 인증서의 상태를 [발급 완료]로 변경해서 표시해준다.

그림 4.16 Certification Manager의 인증서 추가 완료

10 _ 이제 발급한 인증서를 Elastic Load Balancer에 등록하기 위해 EC2 서비스의 [로드 밸런싱] → [로드밸런서]로 이동한다. 기존에 생성했던 [exercise-lb]를 선택하고 [리스너] 탭을 클릭한다. 이전에 로드 밸런서를 생성할 때 HTTP 프로토콜에 대한 리스너만 추가했으므로 이번에는 HTTPS 프로토콜 리스너를 추가하기 위해 [리스너 추가] 버튼을 클릭한다.

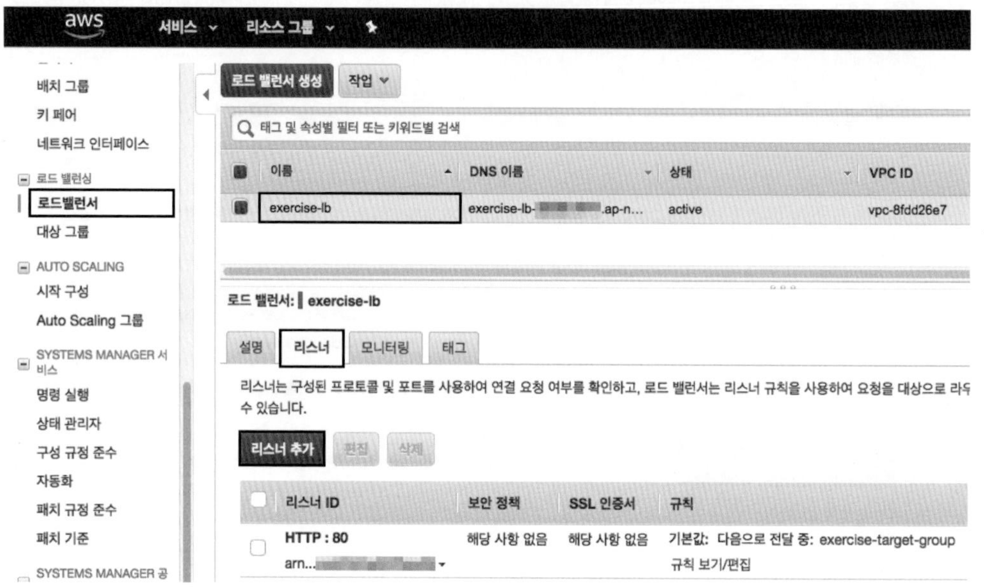

그림 4.17 로드 밸런서의 리스너 탭

11 _ HTTPS 프로토콜을 선택하고 [전달 대상] 작업을 추가해서 앞서 만든 [exercise-target-group] 대상 그룹을 지정한다. 보안 정책은 기본적으로 선택돼 있는 항목을 사용하고 SSL 인증서는 앞에서 추가한 인증서를 선택한다.

[저장] 버튼을 클릭한다.

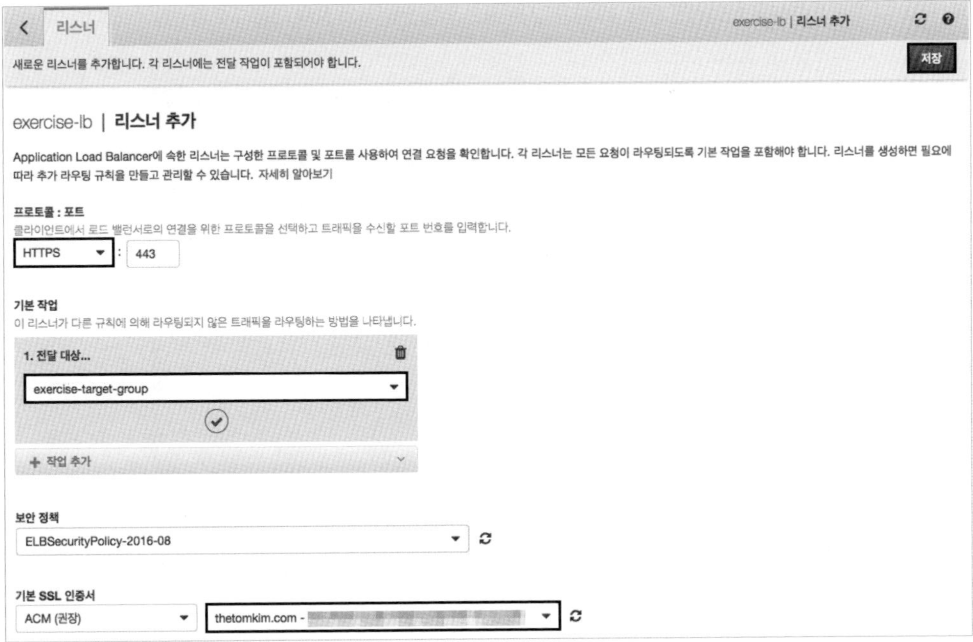

그림 4.18 로드 밸런서의 HTTPS 리스너 추가

12 _ 다시 [로드 밸런싱] → [로드 밸런서] 메뉴로 돌아와 [exercise-lb] 로드 밸런서의 [리스너] 탭을 클릭하면 다음과 같이 HTTPS 프로토콜에 대한 리스너와 SSL 인증서까지 올바르게 추가된 것을 확인할 수 있다.

리스너 ID	보안 정책	SSL 인증서	규칙
HTTP : 80 arn...	해당 사항 없음	해당 사항 없음	기본값: 다음으로 전달 중: exercise-target-group 규칙 보기/편집
HTTPS : 443 arn...	ELBSecurityPolicy-2016-08	기본값: (ACM) 인증서 보기/편집	기본값: 다음으로 전달 중: exercise-target-group 규칙 보기/편집

그림 4.19 로드 밸런서의 리스너에 HTTPS가 올바르게 추가됨

13 _ 이제 도메인 주소 앞에 https://를 붙인 뒤 다시 접속을 시도해보면 정상적으로 연결되는 것을 확인할 수 있다.

그림 4.20 HTTPS 프로토콜을 이용해 도메인 접속에 성공

14 _ 그리고 자물쇠 부분을 클릭하면 현재 서버에서 사용하고 있는 인증서의 상세 내용까지 확인할 수 있다.

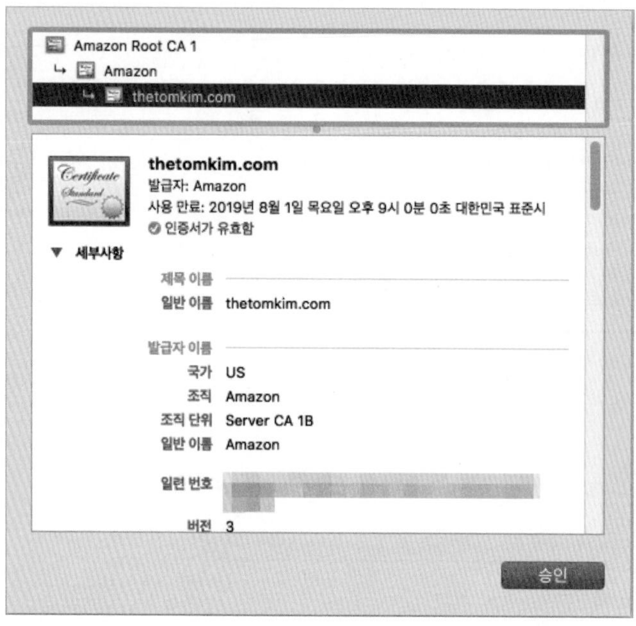

그림 4.21 도메인에 연결된 인증서 정보

4.3 정리

이번 장에서는 도메인과 HTTPS의 원리와 운영 환경에 적용하는 방법을 알아봤다. 도메인과 HTTPS는 신뢰도 있고 안전한 서비스를 위한 필수적인 개념이다. AWS에서는 HTTPS를 위한 인증서도 무료로 제공하고 있으며, 로드 밸런서를 이용해 이를 매우 쉽게 적용할 수 있기 때문에 꼭 이용하자.

05

배포 과정

4장까지 운영 서버 관리의 세 단계 중 첫 단계인 "환경 구성"에 대해서 배웠다. 이번에는 운영 서버 관리의 세 단계 중 두 번째 단계인 "코드 배포"에 대해 알아보겠다. 잘 구성된 환경이 있고 열심히 새로운 버전의 코드를 작성했더라도 이 코드가 실제로 서버에 배포되기 전까지는 무용지물이다. 이번 장에서는 열심히 작성한 코드를 운영 서버에 안전하게 배포하는 방법에 대해서 배워보겠다.

5.1 배포 관련 용어

배포 과정을 배우기에 앞서 배포에 관련된 몇 가지 용어와 그 개념에 대해 알아보자. 무중단/중단 배포, 현재 위치 배포, 블루/그린 배포 등 들어봤을 수도 혹은 생소할 수도 있는 용어와 그 개념에 대해 알아보겠다.

5.1.1 무중단/중단 배포

무중단 배포와 중단 배포는 그리 낯설지 않은 용어일 것이다. 무중단 배포와 중단 배포라는 용어 그대로 놓고 보면 배포를 할 때 서비스를 중단할지 안 할지의 차이가 있다. 서비스를 중단하지 않는다는 것은 사용자들이 서비스를 사용하는 데 아무런 지장 없이 배포를 진행하는 경우를 뜻한다. 중단 배포는

"서버 정기 점검"이라는 용어로 더 많이 들어봤을 텐데, 사용자가 서비스를 사용하지 못하게 시스템 전체를 정지한 뒤 배포를 진행하는 것을 뜻한다.

단순하게 생각하면 사용자가 서버를 사용하지 못하는 시간이 생기는 것은 사용자 편의상 안 좋은 것이므로 무조건 무중단 배포만 진행하지 왜 중단 배포를 진행하는지 의문이 들 수 있다. 중단 배포를 하는 이유는 무중단 배포를 하기에는 너무 큰 비용이 발생하는 경우가 있기 때문이다. 한 서비스에서 애플리케이션 코드나 데이터베이스 스키마 등 구버전과 신버전이 동시에 서비스되면 안 되는 경우에는 중단 배포를 하거나 별도의 처리를 해야 한다.

A, B라는 두 기능을 제공하는 서비스에서 A, B 기능에 아무런 영향을 주지 않는 C 기능이 추가된 경우에는 무중단 배포를 해도 아무런 문제가 없다. 하지만 B 기능이 사용하는 테이블이 다른 테이블로 변경됐다면 과거의 테이블을 사용하는 코드를 서비스하는 서버와 새로운 테이블을 사용하는 코드를 서비스하는 서버가 동시에 떠 있는 경우 데이터베이스의 정합성이 깨지게 된다. 혹은 B 기능이 바라보는 테이블의 스키마가 완전히 변경됐다면 과거 테이블 스키마를 사용하도록 만들어진 코드를 가진 서버 인스턴스에서는 에러가 발생할 것이다. 이런 경우에는 중단 배포를 진행하거나 무중단 배포를 위해 변경 사항을 저장해두는 임시 테이블을 만들어서 차이 값을 마이그레이션하는 방법을 택해야 한다.

쿠팡이 모든 서버를 AWS로 이전하는 데 준비 기간 9개월, 이전 작업에 3개월이라는 시간[20]이 걸린 이유는 사용자들에게 아무런 영향을 주지 않는 무중단 배포를 진행하려고 했기 때문이다. 만약 중단 배포를 하기로 마음먹고 서비스를 완전히 내렸으면 이것보다 훨씬 짧은 시간에 서버를 이전할 수 있었을 것이다.

중단 배포는 보통 온라인 게임 서버에서 많이 일어나는데, 구버전의 서버와 신버전의 서버가 동시에 떠 있으면 게임의 정책이 달라 게임을 서비스할 수 없기 때문에 게임 서비스는 정기 점검을 걸고 중단 배포나 강제 업데이트를 많이 한다.

5.1.2 현재 위치 배포

현재 위치 배포(In-place deployment)는 무중단 배포를 하기 위한 기법의 하나로 여러 대의 서버를 배포할 때 새롭게 서버를 생성하거나 줄이지 않고 배포하는 방법을 뜻한다. 다음은 현재 위치 배포의 절차를 단계별로 표현한 것이다. 현재 네 대의 서버로 서비스를 운영하고 있고 로드 밸런서가 앞에서

20 "쿠팡, '클라우드'로 서비스 기반 이전...아마존 AWS와 맞손"(http://www.etnews.com/20170810000274)

클라이언트의 요청을 네 서버에게 골고루 나눠주고 있다. 모든 서버는 v101 버전의 애플리케이션을 서비스하는 중이고 v102 버전을 새롭게 배포하려 한다.

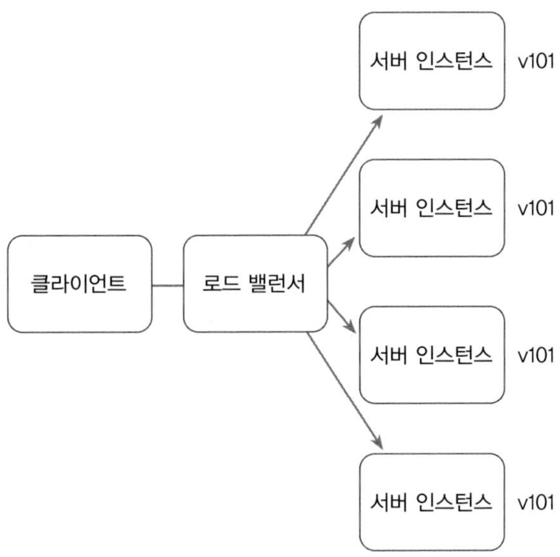

그림 5.1 현재 위치 배포 1단계

1단계에서는 모든 서버가 v101 버전으로 서비스하고 있다.

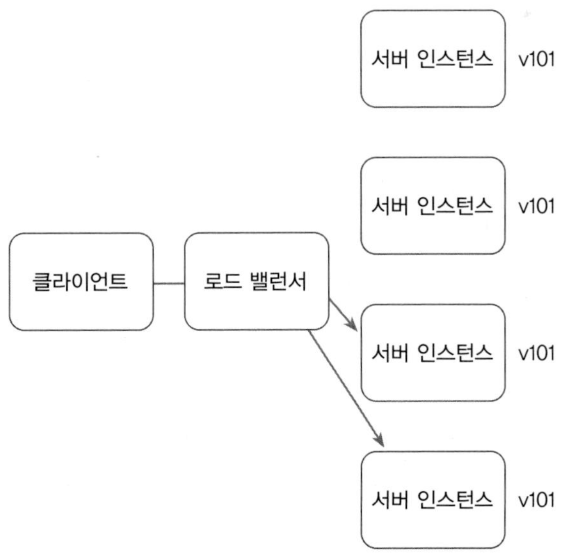

그림 5.2 현재 위치 배포 2단계

4대 중 2대의 인스턴스를 로드 밸런서에서 제외한다. 로드 밸런서는 제외된 인스턴스들에게 요청을 보내지 않는다.

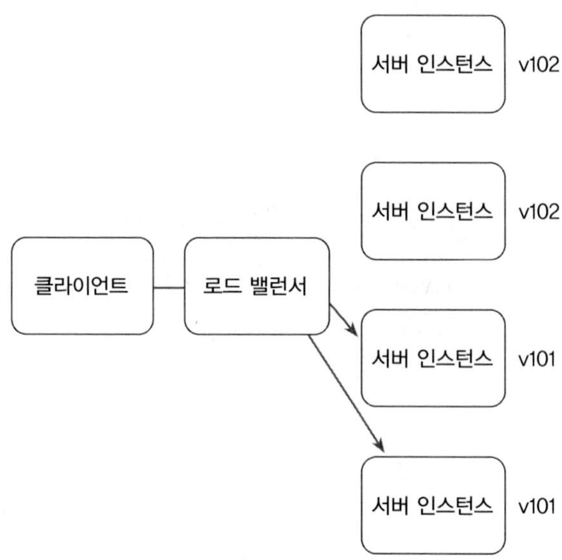

그림 5.3 현재 위치 배포 3단계

새로운 요청을 받지 않는 서버 인스턴스에 v102 버전의 코드를 배포한다.

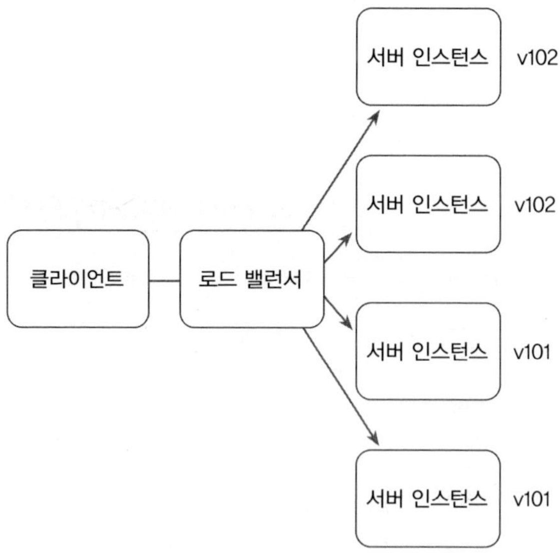

그림 5.4 현재 위치 배포 4단계

v102 버전이 배포된 서버를 다시 로드 밸런서에 등록해서 클라이언트의 요청을 나눠 처리한다.

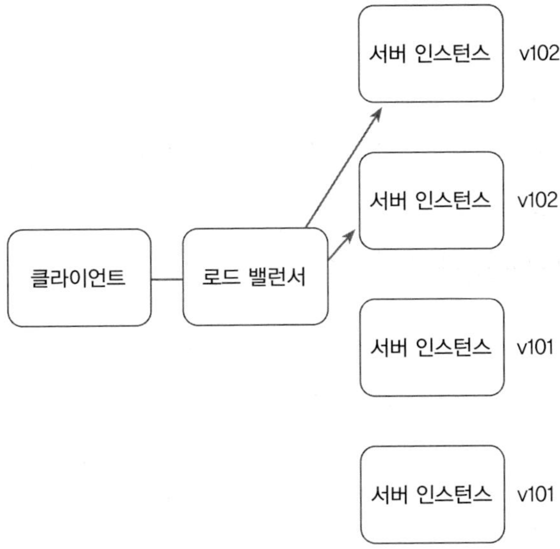

그림 5.5 현재 위치 배포 5단계

이번에는 v101 버전을 서비스하고 있는 다른 두 서버를 로드 밸런서에서 제외해서 클라이언트의 요청을 받지 않게 한다.

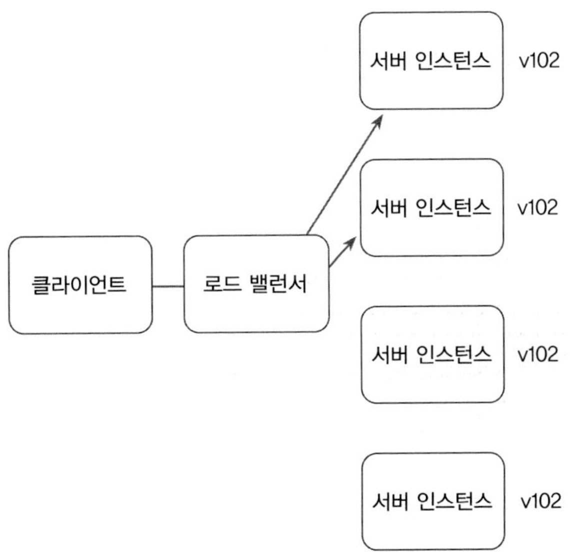

그림 5.6 현재 위치 배포 6단계

제외된 두 서버에도 v102 버전의 코드를 배포한다.

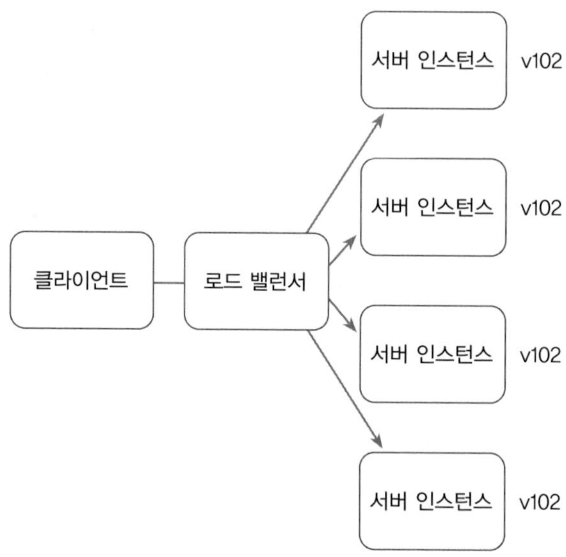

그림 5.7 현재 위치 배포 7단계

다시 두 서버도 로드 밸런서에 등록해서 클라이언트의 요청을 나눠 받는다. 이렇게 해서 클라이언트는 배포가 일어났는지도 모르게 무중단으로 네 대의 서버에 v102 버전의 코드를 배포했다.

현재 위치 배포는 무중단으로 배포할 수 있는 기법의 하나로 새로운 인스턴스를 생성할 필요가 없기 때문에 더 간단하고 빨리 진행된다는 장점이 있다. 하지만 배포 중에는 클라이언트의 요청을 처리할 수 있는 인스턴스의 수가 준다는 점에 유의해야 한다. 만약 줄어든 인스턴스 수로 전체 요청량을 처리하는 데 무리가 있다면 시간이 조금 더 걸리더라도 여유 인스턴스를 추가한 뒤 배포를 진행하는 편이 안전하다.

예시에서는 절반의 인스턴스를 단위로 배포를 진행했지만 한 번에 하나의 인스턴스를 배포하는 것도 가능하다. 한 번에 하나씩 배포를 진행하면 앞서 나왔던 요청량의 처리 문제는 많이 줄어들겠지만, 배포를 진행하는 데 시간이 더 오래 걸린다. 그리고 현재 위치 배포는 배포한 버전에 문제가 있어 이전 버전으로 롤백해야 하는 경우 이전 버전으로 배포를 다시 진행해야 하므로 대응하는 데 시간이 오래 걸린다는 단점이 있다.

5.1.3 서버 단위의 블루/그린 배포

블루/그린 배포(Blue/Green deployment)도 현재 위치 배포와 마찬가지로 무중단 배포 기법의 하나다. 우선 블루/그린 배포도 어떤 단계로 동작하는지 살펴보자. 현재 두 대의 서버로 요청을 나눠서 처리하고 있고 앞의 현재 위치 배포의 예시와 마찬가지로 v101 버전의 코드를 서비스하다 v102 코드를 배포하려고 한다.

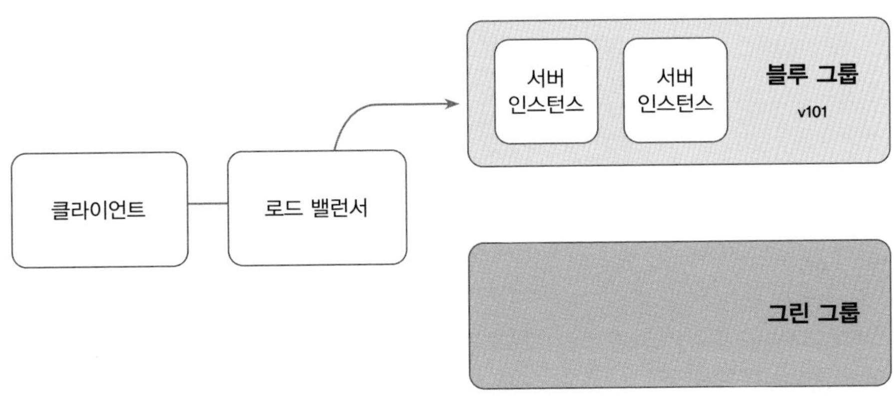

그림 5.8 블루/그린 배포 1단계

블루/그린 배포는 두 개의 그룹을 가지고 진행된다. 여기서 얘기하는 그룹은 대상 그룹이 될 수도 있고 Auto Scaling 그룹이 될 수도 있다. v101 버전의 코드를 갖고 서비스되고 있는 서버들이 블루 그룹에 존재한다.

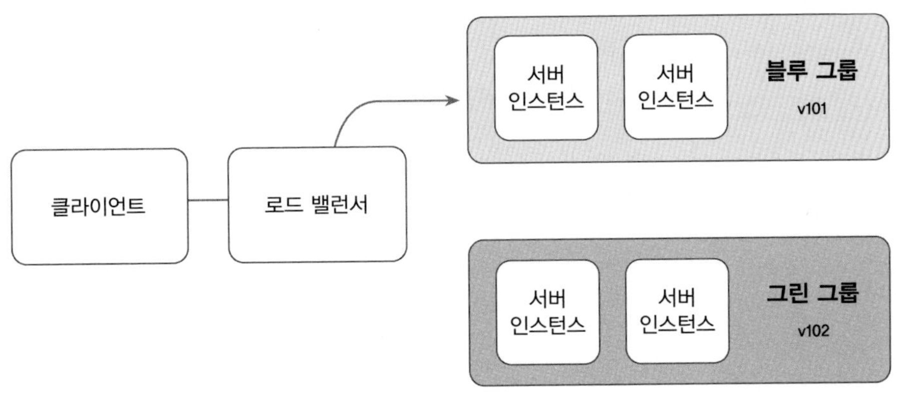

그림 5.9 블루/그린 배포 2단계

아무런 서버도 갖고 있지 않은 그린 그룹에 블루 그룹과 똑같은 수의 서버 인스턴스를 생성한다. 그리고 그 인스턴스에 v102 버전을 배포한다.

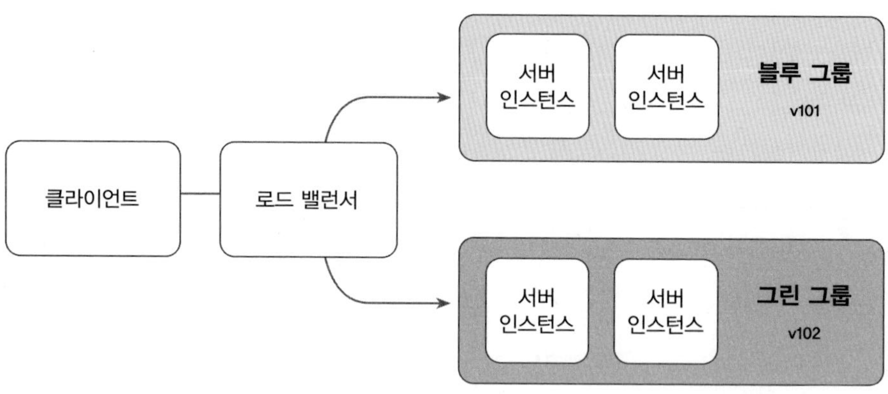

그림 5.10 블루/그린 배포 3단계

v102 버전의 코드 배포가 완료되면 그린 그룹도 로드 밸런서에 등록해서 클라이언트의 요청을 블루 그룹과 나눠서 처리하게 한다.

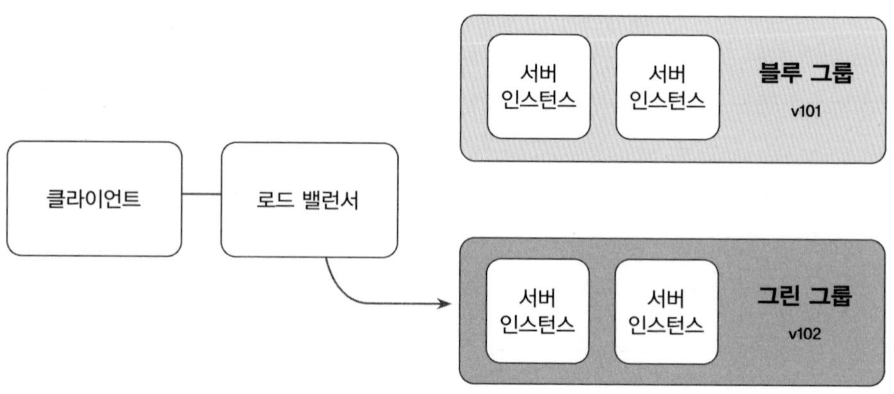

그림 5.11 블루/그린 배포 4단계

로드 밸런서에서 블루 그룹을 제외해서 클라이언트의 모든 요청을 그린 그룹에서 처리하게 한다.

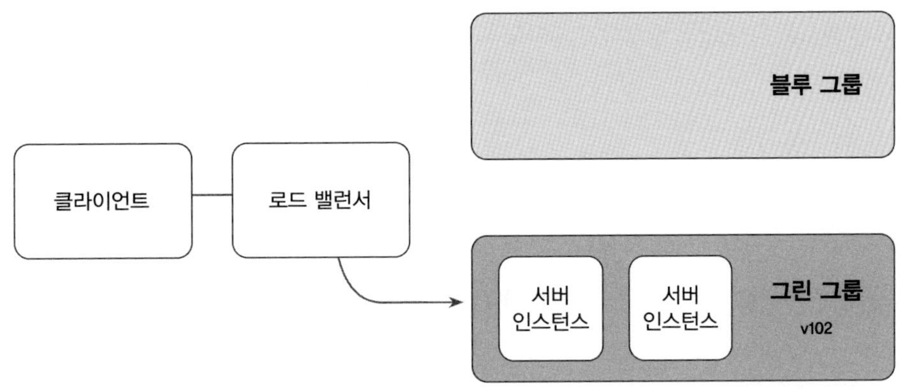

그림 5.12 블루/그린 배포 5단계

블루 그룹 내 존재하는 인스턴스들을 모두 종료해서 배포를 완료한다. 현재 위치 배포와 마찬가지로 무중단 배포를 완료했다. 다음 버전을 배포해야 할 일이 있다면 블루 그룹에 새로운 버전을 배포하고 그린 그룹의 인스턴스를 종료하면 된다.

블루/그린 배포의 원리도 굉장히 간단하다. 블루/그린 배포는 현재 위치 배포와 몇 가지 다른 장단점을 갖고 있다. 첫 번째는 구, 신버전이 동시에 떠 있는 시간을 매우 짧게 처리할 수 있다는 것이다. 현재 위치 배포는 모든 인스턴스가 차례대로 배포될 때까지 비교적 많은 시간이 걸리기 때문에 구버전과 신버전이 동시에 떠 있는 시간이 길다. 그에 비해 블루/그린 배포는 최신 버전의 코드를 배포한 서버들이 모두 준비돼 있기 때문에 짧은 시간에 로드 밸런서에 등록, 제외해서 구버전과 신버전이 동시에 떠 있는 시간을 줄일 수 있다. 물론 무중단 배포의 가장 기본 원칙은 구버전과 신버전이 동시에 떠 있어도 아무런 문제가 없어야 한다는 것이지만, 두 버전이 동시에 떠 있어서 발생하는 예상치 못한 장애의 위험 부담을 더 줄일 수 있다.

두 번째로 롤백을 굉장히 빨리할 수 있다는 것이다. 테스트 환경에서는 발견이 안 됐지만, 막상 운영 환경에서만 나타나는 버그가 있을 수 있다. 현재 위치 배포는 롤백이라는 개념이 다시 구버전을 배포하는 것이지만 블루/그린 배포는 로드 밸런서에 등록, 해제만 하면 되므로 굉장히 빨리 롤백을 진행할 수 있다. 그래서 실제로 블루 그룹에서 서비스하다 그린 그룹으로 배포를 완료해도 블루 그룹의 인스턴스를 바로 줄이지 않는다. 몇 시간 정도 모니터링을 진행하다 문제가 확실히 없다고 판단되면 그때 블루 그룹의 인스턴스들을 모두 종료하면 된다.

세 번째 장점으로는 배포 과정에서 서비스되는 인스턴스의 수가 줄지 않으므로 요청량을 처리하는 데서 오는 장애의 부담이 없다. 세 번째 장점은 단점이 될 수도 있는데, 인스턴스의 수를 두 배로 늘려야 하므로 인스턴스를 하나도 더 생성하지 않아도 되는 현재 위치 배포에 비해 배포를 준비하는 데 시간이 더 오래 걸릴 수 있다.

그리고 필요하다면 그린 그룹을 운영용 로드 밸런서에 등록하기 이전에 파이널 스테이지용 로드 밸런서에 등록해서 배포 직전에 운영 환경에서 테스트해볼 수도 있다. 운영용 로드 밸런서가 있는 것처럼 운영 테스트용 로드 밸런서를 하나 더 만든 뒤 그룹을 이 로드 밸런서에 등록해서 접속하면 운영 환경에서도 문제없이 돌아가는지 마지막으로 테스트를 진행해볼 수 있다.

현재 위치 배포와 블루/그린 배포는 둘 다 무중단으로 배포를 진행할 수 있는 효과적인 방법이다. 다시 한번 얘기하지만 이 둘은 구, 신버전이 함께 서비스돼도 문제가 없는 경우에만 쓸 수 있다.

5.1.4 서버 내 블루/그린 배포

Auto Scaling 그룹으로 여러 대의 인스턴스를 사용하는 경우에는 앞서 얘기한 서버 단위의 블루/그린 배포를 진행해야 한다. 하지만 Auto Scaling 그룹 없이 적은 수(1~2대)의 서버를 운영하는 경우에는 nginx와 같은 서버 내의 웹 서버를 이용해 블루/그린 배포를 진행할 수도 있다. 서버 단위의 블루/그린 배포는 로드 밸런서를 이용해 트래픽을 각 그룹으로 라우팅했다면 서버 내 블루/그린 배포는 웹 서버를 이용해 각 포트로 라우팅하는 방식이다.

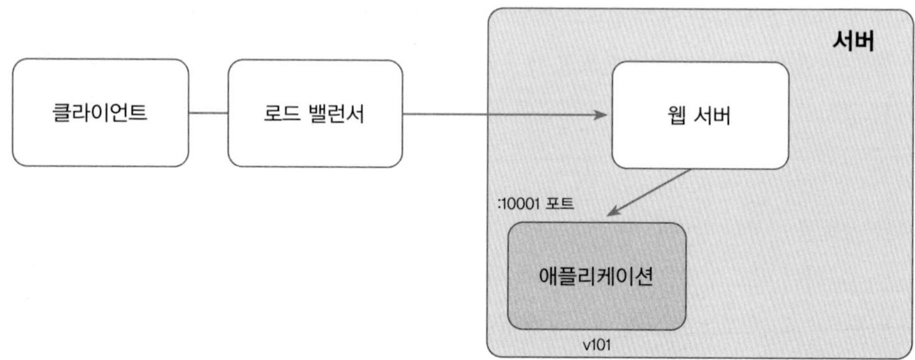

그림 5.13 서버 내 블루/그린 배포 1단계

v101 버전의 코드를 서비스해서 서버 내의 10001번 포트를 리스닝하게 한다. 클라이언트와 로드 밸런서를 거쳐서 온 요청은 웹 서버를 통해 10001번 포트를 리스닝하고 있는 애플리케이션으로 전달된다.

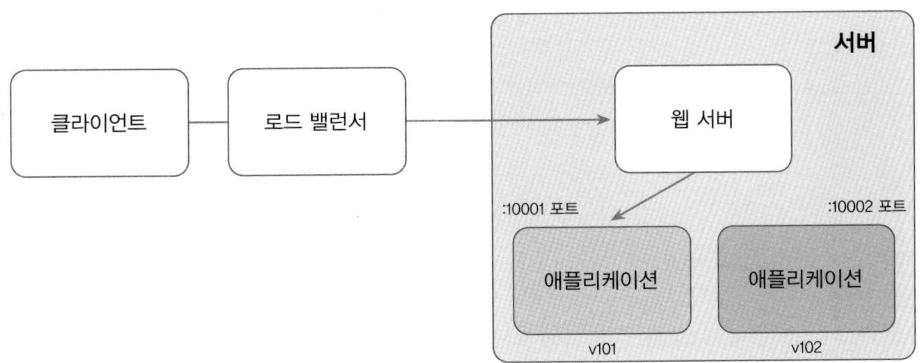

그림 5.14 서버 내 블루/그린 배포 2단계

v102 버전의 코드를 새롭게 배포하고 10002번 포트를 리스닝하도록 애플리케이션을 서비스한다. 아직은 웹 서버가 10001 포트로만 요청을 전달한다.

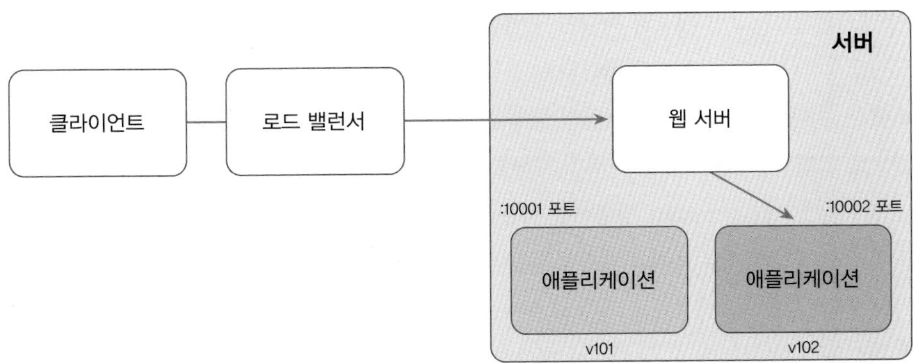

그림 5.15 서버 내 블루/그린 배포 3단계

웹 서버의 설정을 변경해서 클라이언트에서 받은 요청을 10001번 포트가 아닌 10002번 포트로 전달하도록 수정한다. 그리고 서버의 설정을 리로드해서 앞으로의 요청은 모두 10002번 포트로 전달한다.

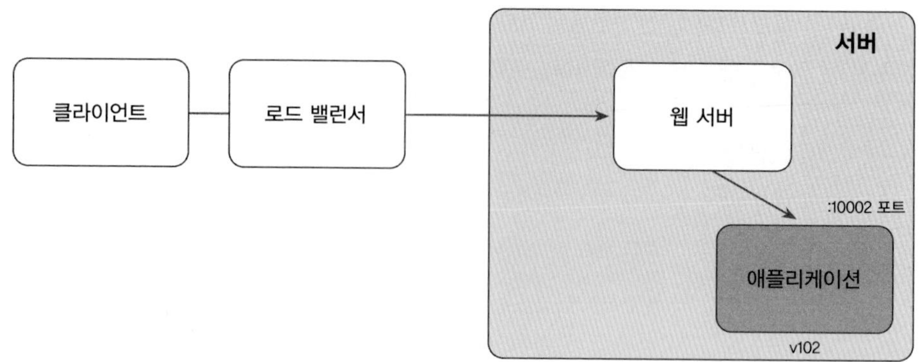

그림 5.16 서버 내 블루/그린 배포 4단계

일정 시간 동안 모니터링한 뒤 v102 버전에 문제가 없다면 10001번 포트를 리스닝하고 있는 애플리케이션을 종료해서 배포가 끝난다. 다음 버전을 배포할 때는 10001 포트에 최신 버전을 배포하고 10002 포트를 종료하면 된다.

블루/그린 배포 기법은 두 그룹을 두고 요청을 포워딩한다는 개념이기 때문에 이처럼 꼭 서버 단위가 아니더라도 서버 내에서 웹 서버와 포트를 이용해 블루/그린 방식의 배포를 진행할 수 있다. 이 방법은 앞서 얘기한 블루/그린 배포와 똑같이 구버전의 애플리케이션을 바로 종료할 필요 없이 새로운 버전을 모니터링하다 문제가 없다고 판단되는 경우에만 종료하면 되기 때문에 빠른 롤백을 할 수 있다는 장점이 있다. 이때 중요한 점은 웹 서버의 설정을 변경하기 위해 웹 서버를 재시작하면 안 된다. nginx를 기준으로 설명하면 nginx에는 서비스 자체를 재시작하는 restart 명령어와 설정 파일을 리로드하는 reload 명령어[21]가 있다. restart 명령어를 사용하면 nginx 서비스를 종료한 뒤 다시 실행하기 때문에 그동안 처리 중이거나 새로 들어온 요청들은 모두 에러가 날 것이다. reload 명령어를 사용하면 nginx에서 새로운 프로세스를 생성하고 기존 프로세스에서는 새로운 요청을 받지 않도록 처리한다. 그리고 기존에 처리 중이던 요청이 모두 종료될 때까지 기다리기 때문에 에러 없이 새로운 설정을 적용할 수 있다.

21 http://nginx.org/en/docs/beginners_guide.html#control

5.2 블루/그린 배포

지금까지 배포 용어 및 개념에 대해 알아봤다. 개념에 대해서는 이해했지만 아직은 해당 개념들을 실전에 어떻게 적용할 수 있을지 감이 오지 않을 것이다. 이번에는 블루/그린 배포를 실제로 진행하기 위해 구체적으로 어떤 단계들을 거쳐야 하는지 알아보겠다.

2장에서 배웠던 Git을 이용한 배포 과정을 다시 생각해보자.

01 _ 서버에 접속한다.

02 _ 프로젝트 경로로 이동한다.

03 _ Git 저장소에서 최신 버전의 코드를 내려받는다.

04 _ 코드의 의존성 라이브러리를 설치한다.

05 _ 서비스를 재시작한다.

서버가 한두 대 정도만 떠 있고 Auto Scaling이 되지 않는다면 Git을 이용해 배포하는 것도 그리 나쁜 선택은 아니다. Auto Scaling 그룹을 사용해 서버가 24시간 동안 자동으로 켜지고 꺼진다면 어떻게 최신 버전을 배포할 수 있을까?

5.2.1 배포에 필요한 절차

다음과 같은 환경을 가정하고 이때 배포를 진행하려면 어떤 과정이 필요한지 생각해보자.

- Auto Scaling 그룹을 사용하고 있다.
- 하루에도 수없이 많은 인스턴스가 자동으로 생성되고 종료된다.
- 배포 시 블루/그린 배포를 해야 한다.

우선 인스턴스는 자동으로 추가되기 때문에 인스턴스가 생성될 때마다 사람이 인스턴스에 접속해서 Git으로 최신 버전의 코드를 내려받을 수는 없다. 따라서 자동으로 인스턴스를 생성할 때 최신 버전의 코드를 미리 저장해둬야 한다. 미리 코드를 저장해두기 위해서는 앞서 배웠던 AMI를 이용해야 한다. 최신 버전의 코드가 저장돼 있는 AMI를 다시 만들어야 하고 그 AMI를 이용해 Auto Scaling 그룹에서 서버를 생성해야 한다. 배포 절차를 상세하게 나열하면 다음과 같다.

01 _ 실습 때 만들었던 [exercise-instance]와 같이 평소에는 정지해두고 AMI를 생성할 때만 사용하는 AMI 생성용 인스턴스를 시작한다.

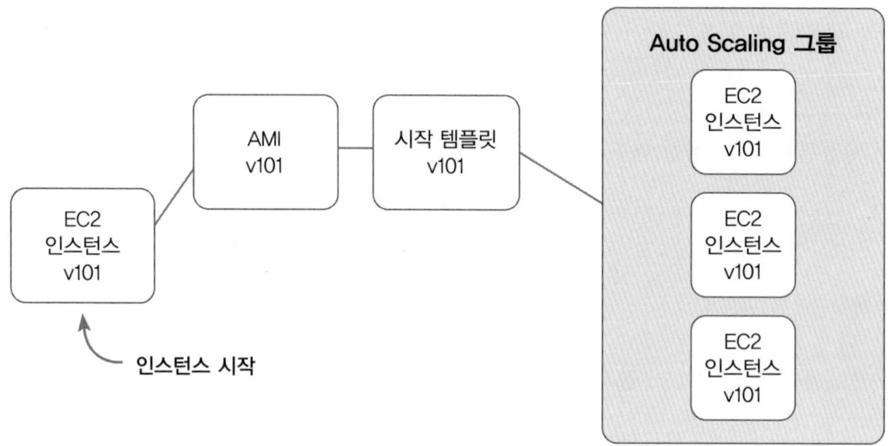

그림 5.17 블루/그린 배포 과정 1단계

02 _ 인스턴스에 접속해 Git으로 최신 버전의 소스코드를 배포한다.

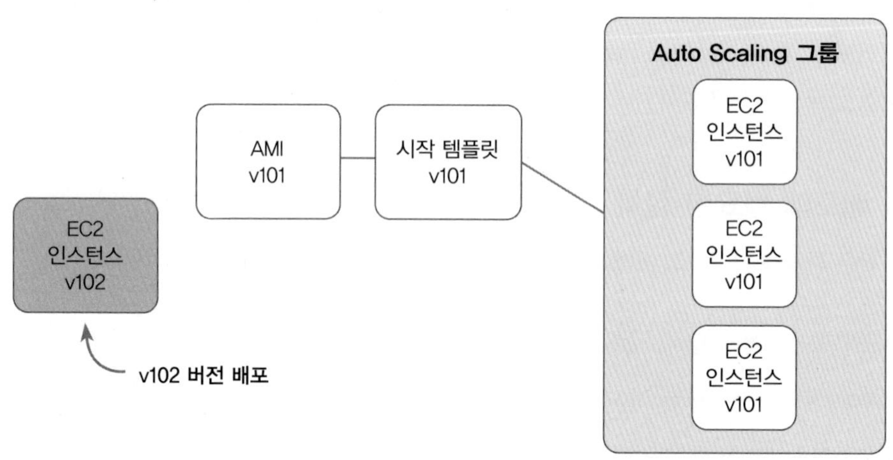

그림 5.18 블루/그린 배포 과정 2단계

03 _ 배포가 완료되면 인스턴스를 종료한다.

04 _ 해당 인스턴스를 이용해 새로운 AMI를 생성한다.

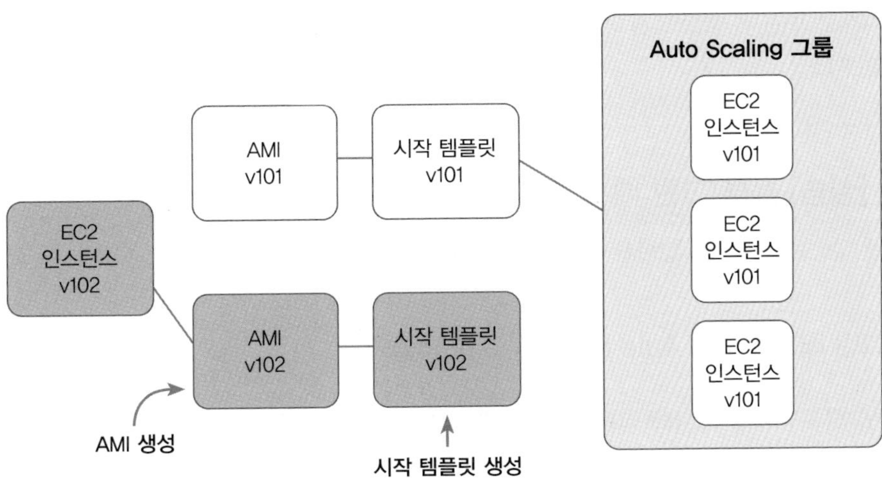

그림 5.19 블루/그린 배포 과정 3단계

05 _ 생성된 AMI를 이용해 시작 템플릿을 생성한다.

06 _ 블루/그린 배포를 위해 활성화돼 있지 않은 그룹(그린 그룹이라고 가정)의 시작 템플릿을 변경한다.

07 _ 그린 그룹에 인스턴스 수를 블루 그룹과 똑같은 수로 추가한다. 새로운 인스턴스들은 시작 템플릿에 정의돼 있는 AMI를 갖고 생성하기 때문에 방금 배포한 최신 버전의 코드가 적용돼 있는 인스턴스들이다.

08 _ 로드 밸런서에 그린 그룹을 등록해서 블루, 그린 그룹의 인스턴스들이 모든 요청을 나눠서 처리하게 한다.

09 _ 블루, 그린 그룹에서 모두 요청을 처리하는 데 문제가 없는 것을 확인하고 블루 그룹을 로드 밸런서에서 제외한다.

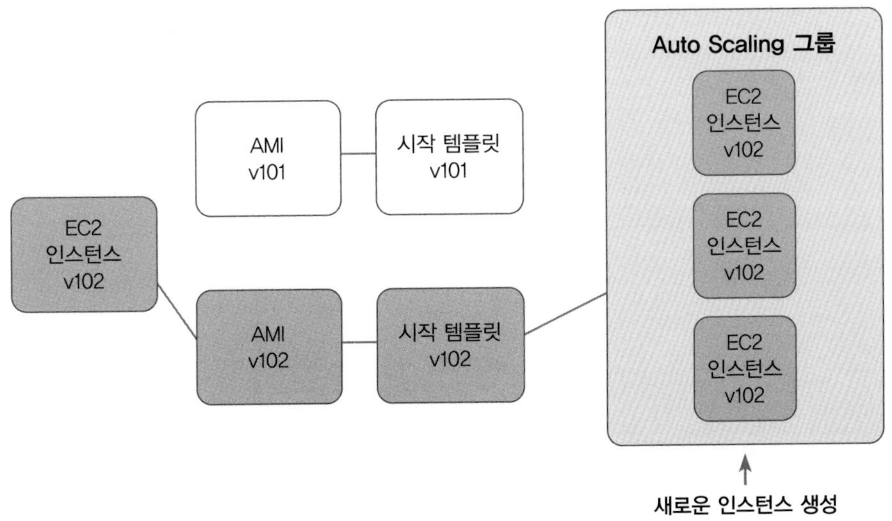

그림 5.20 블루/그린 배포 과정 4단계

10 _ 몇 시간 모니터링 후 새로 배포된 버전에 문제가 없다고 판단되면 블루 그룹의 인스턴스를 모두 종료해서 배포 과정을 끝낸다.

5.2.2 [실습] 블루/그린 배포

이번에는 실습을 통해 방금 알아본 블루/그린 배포 기법을 익히겠다.

블루/그린 배포를 위한 Auto Scaling 그룹 만들기

01 _ 블루/그린 두 그룹 중 우선 블루 그룹을 생성하기 위해 [Auto Scaling 그룹] 메뉴에서 [Auto Scaling 그룹 생성] 버튼을 클릭한다.

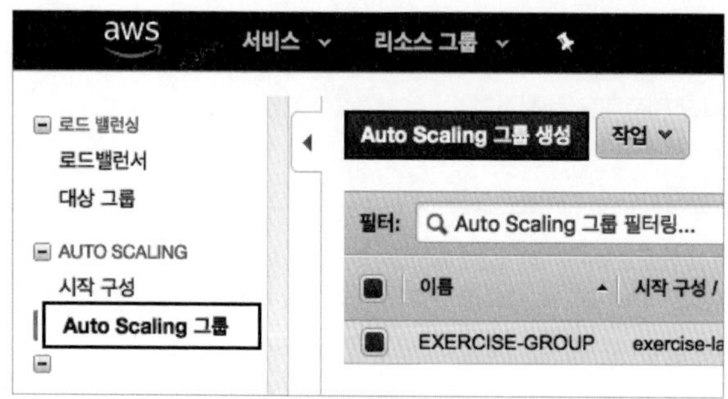

그림 5.21 EXERCISE-GROUP-BLUE Auto Scaling 그룹 생성

02 _ 블루/그린 배포를 위해 블루 그룹에는 기존 버전의 코드를 배포할 것이다. 따라서 [시작 템플릿]을 선택한 후 기존 버전의 코드를 담고 있는 AMI로 만든 [exercise-launch-template]을 선택한다. [다음 단계] 버튼을 클릭한다.

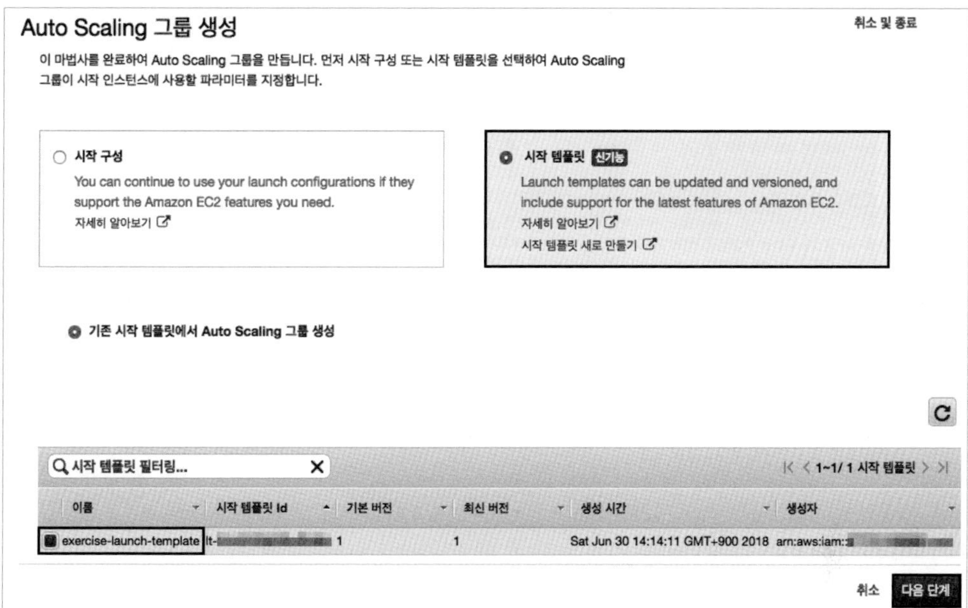

그림 5.22 EXERCISE-GROUP-BLUE Auto Scaling 그룹 시작 템플릿 지정

03 _ 그룹의 이름은 [EXERCISE-GROUP-BLUE]로 정하고 서브넷도 다음과 같이 a, c 리전의 기본값들을 설정한다. 모두 완료되면 [다음: 조정 정책 구성] 버튼을 클릭한다.

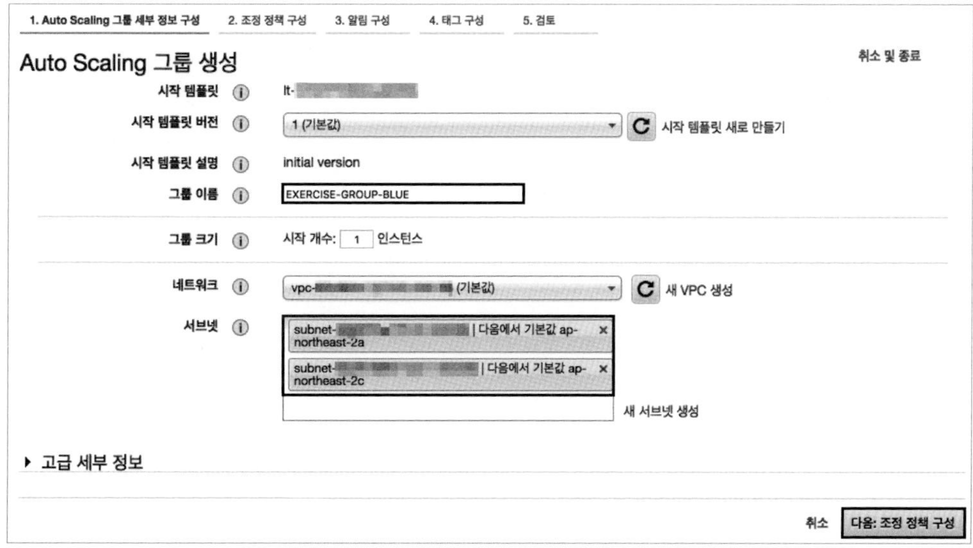

그림 5.23 EXERCISE-GROUP-BLUE Auto Scaling 그룹 세부 정보 구성

04 _ 조정 정책을 따로 설정하지 않을 것이므로 [이 그룹을 초기 크기로 유지]를 선택한 뒤 [다음: 알림 구성] 버튼을 클릭한다.

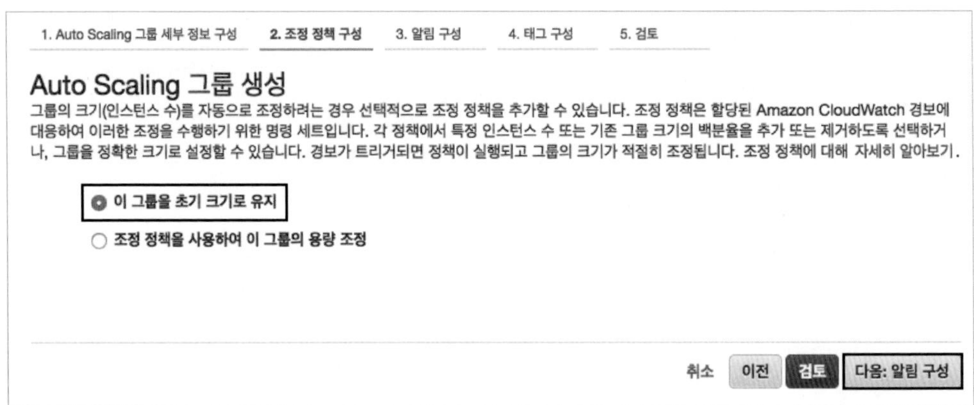

그림 5.24 EXERCISE-GROUP-BLUE Auto Scaling 그룹 조정 정책 구성

05 _ 알림도 따로 설정하지 않고 [다음: 태그 구성] 버튼을 클릭한다.

그림 5.25 EXERCISE-GROUP-BLUE Auto Scaling 그룹 알림 구성

06 _ 자동으로 생성되는 인스턴스에 Name 태그를 추가하기 위해 그림 5.26과 같이 Name 태그를 설정한다. [검토] 버튼을 클릭한다.

1. Auto Scaling 그룹 세부 정보 구성 2. 조정 정책 구성 3. 알림 구성 **4. 태그 구성** 5. 검토

Auto Scaling 그룹 생성

태그는 그룹을 식별하는 데 사용할 수 있는 대소문자가 구분되는 키-값 페어로 구성됩니다. 예를 들어 키가 Environment이고 값이 Production인 태그를 정의할 수 있습니다. 원할 경우 시작할 때 그룹의 인스턴스에 이러한 태그를 적용하도록 선택할 수도 있습니다. 자세히 알아보기.

키	값	새 인스턴스 태그 지정
Name	exercise-group-blue	☑

태그 추가 49개 남음

취소 이전 검토

그림 5.26 EXERCISE-GROUP-BLUE Auto Scaling 그룹 태그 구성

07 _ 검토 화면에서 값들이 제대로 설정됐는지 확인하고 [Auto Scaling 그룹 생성] 버튼을 클릭한다.

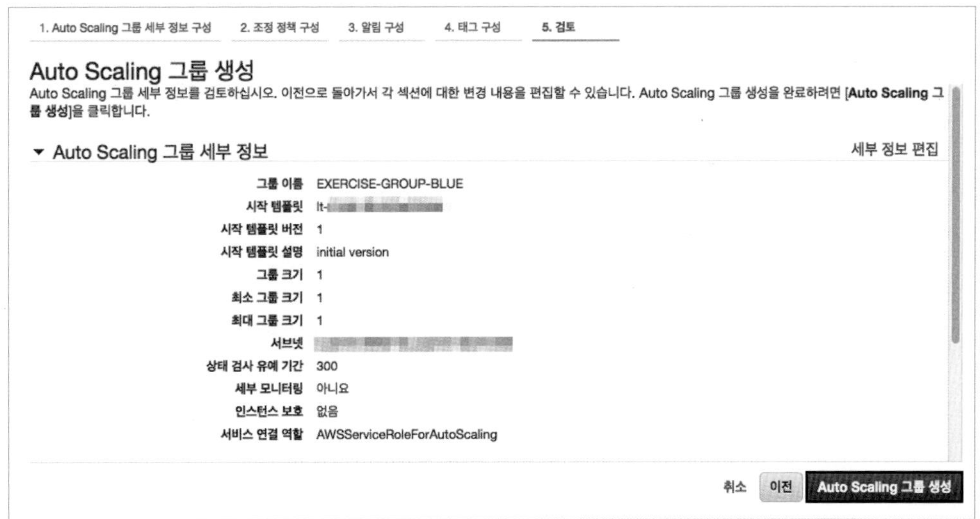

그림 5.27 EXERCISE-GROUP-BLUE Auto Scaling 그룹 생성 검토

기존 버전의 코드 서비스하기

이제 기존 버전의 코드를 담고 있는 서버 인스턴스들을 실행할 차례다.

01 _ 생성된 Auto Scaling 그룹을 선택한 뒤 [편집] 버튼을 클릭한다.

그림 5.28 EXERCISE-GROUP-BLUE Auto Scaling 그룹 세부 정보 편집

02 _ 로드 밸런서에 등록하기 위해 다음과 같이 기존에 생성해둔 [exercise-target-group] 대상 그룹에 등록한 뒤 [저장] 버튼을 클릭한다.

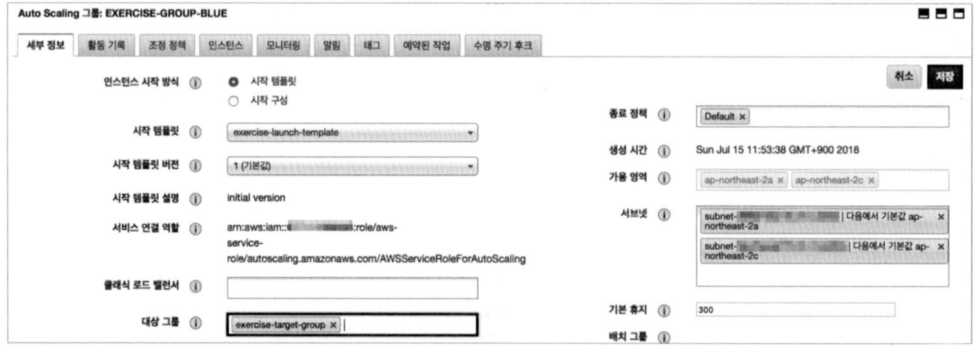

그림 5.29 EXERCISE-GROUP-BLUE Auto Scaling 그룹 세부 정보 편집 – 대상 그룹 등록

03 _ 로드 밸런서에 올바르게 등록됐고 요청을 받을 수 있는지 확인하기 위해 [로드 밸런싱] → [로드밸런서] 메뉴를 클릭한 뒤 [exercise-lb] 로드 밸런서를 선택한다. 그리고 로드 밸런서의 DNS 주소로 접속을 시도한다.

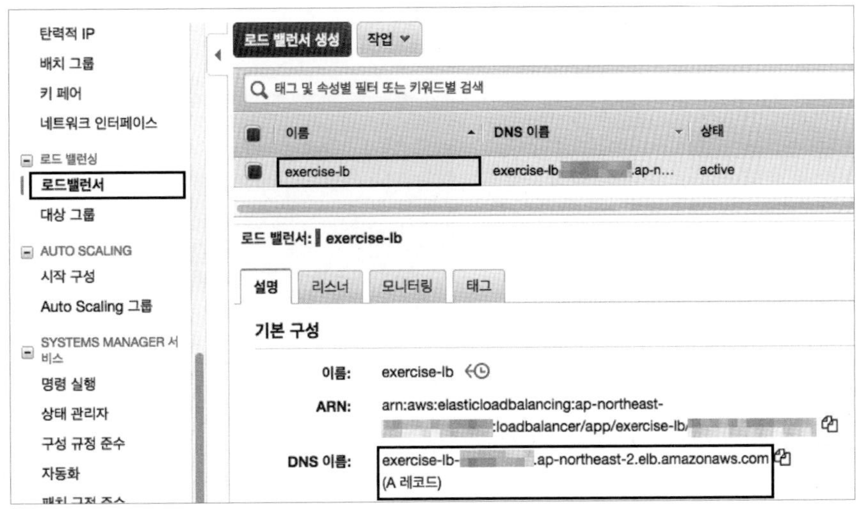

그림 5.30 로드 밸런서 설명의 DNS 이름

05 _ 브라우저에서 로드 밸런서의 DNS 주소로 접속을 시도해서 기존 버전의 샘플 프로젝트가 올바르게 실행되는 것을 확인한다.

그림 5.31 로드 밸런서의 DNS 주소로 접속한 결과

새로운 버전의 코드를 적용한 AMI와 시작 템플릿 생성

기존 버전의 코드를 서비스하고 있으니 이번에는 새로운 버전의 코드를 배포할 차례다.

01 _ 왼쪽의 [인스턴스] → [인스턴스] 메뉴를 클릭해 AMI 생성용 인스턴스인 [exercise-instance]를 선택한다. 인스턴스 상태가 [stopped]인 것을 확인한 뒤 마우스 오른쪽 버튼을 클릭한 후 [인스턴스 상태] → [시작]을 선택한다.

그림 5.32 AMI 생성용 인스턴스 시작

02 _ 인스턴스의 상태가 [running]이 될 때까지 기다린다.

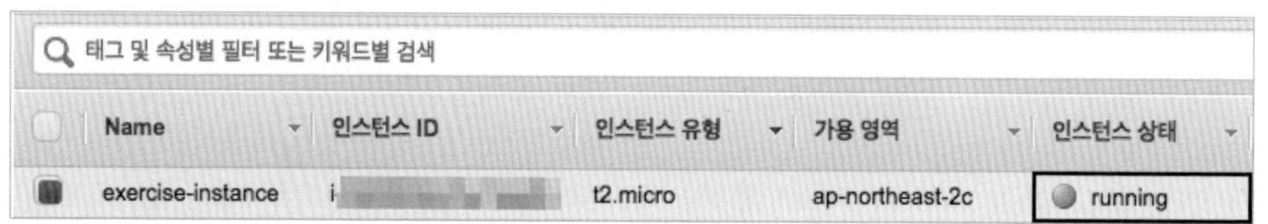

그림 5.33 AMI 생성용 인스턴스 상태

03 _ SSH를 이용해 인스턴스에 접속한다. 중지 상태에서 시작 상태로 다시 켜지면서 퍼블릭 IP가 변경됐을 테니 변경된 IP 주소를 확인하고 접속한다.

04 _ EC2 인스턴스 내에서 최신 버전의 코드를 받는다.

```
# A 프로젝트의 경로로 이동한다.
$ cd /var/www/aws-exercise-a

# 최신 버전의 코드를 git에서 내려받는다.
$ git pull

# 최신 버전의 코드가 담겨있는 베타 브랜치로 이동한다.
$ git checkout beta

# 텍스트 에디터를 이용해 기존 코드에서 다음과 같이 응답 메시지가 변경된 것을 확인한다.
# app.get('/', (req, res) => {
#   res.send('AWS exercise의 A project beta 버전입니다.');
```

```
# });
$ vi app.js

# 텍스트 에디터를 종료하고 시스템도 종료한다.
$ sudo shutdown -h now
```

05 _ AMI를 생성하기 위해 인스턴스가 중지되어 [stopped] 상태로 변경될 때까지 기다린 뒤 마우스 오른쪽 버튼을 클릭해 [이미지] → [이미지 생성]을 클릭한다.

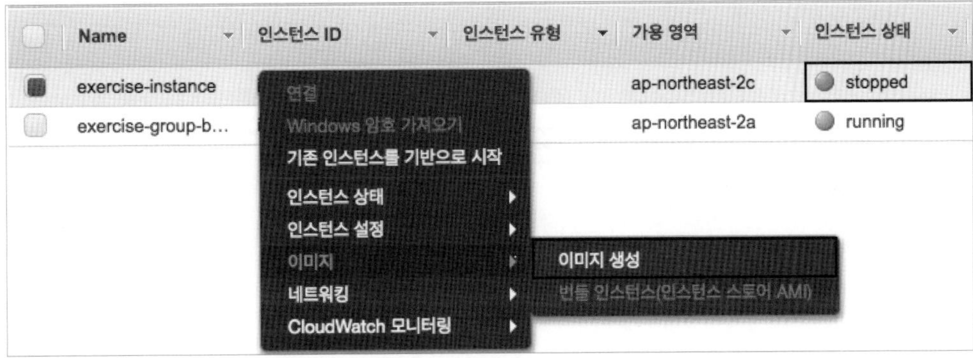

그림 5.34 AMI 생성용 인스턴스를 이용한 이미지 생성

06 _ 이미지 생성 화면에서 이미지 이름의 값을 [exercise-image-beta]로 입력하고 [이미지 생성] 버튼을 클릭한다.

이미지 생성

인스턴스 ID: i-

이미지 이름: exercise-image-beta

이미지 설명:

재부팅 안 함:

인스턴스 볼륨

볼륨 유형	디바이스	스냅샷	크기 (GiB)	볼륨 유형	IOPS	처리량(MB/초)	종료 시 삭제	암호화
루트	/dev/xvda	snap-	8	범용 SSD(GP2)	100/3000	해당 사항 없음	☑	암호화되지 않음

새 볼륨 추가

EBS 볼륨의 전체 크기: 8 GiB
EBS 이미지를 생성할 때 위의 각 볼륨에 대해 EBS 스냅샷이 생성됩니다.

취소 이미지 생성

그림 5.35 최신 버전의 코드가 적용된 이미지 생성

07_ [이미지] → [AMI] 메뉴에서 생성 요청 이미지가 생성될 때까지 기다린다. 이미지 생성 작업은 몇 분 걸리고 목록에 나타날 때까지 시간이 조금 걸릴 수 있다. 시작 템플릿에 사용하기 위해 생성된 이미지의 AMI ID의 값을 복사해둔다.

	Name	AMI 이름	AMI ID	소스	소유자	공개 여부	상태
		exercise-image	ami-			프라이빗	available
		exercise-image-beta	ami-			프라이빗	available

그림 5.36 exercise-image-beta AMI 생성 완료

08_ [인스턴스] → [Launch Templates] 메뉴를 선택한 뒤 [시작 템플릿 생성] 버튼을 클릭한다.

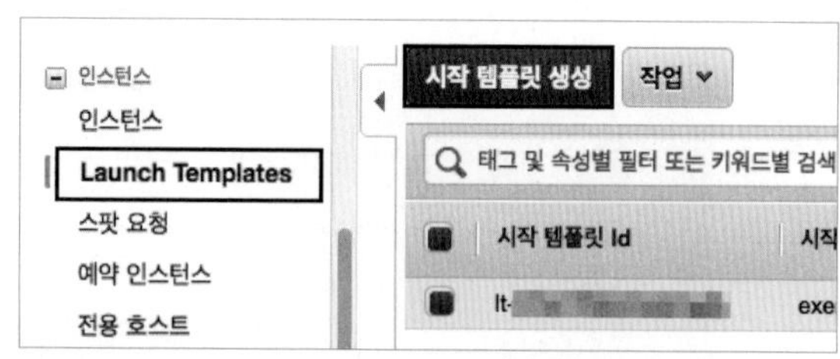

그림 5.37 시작 템플릿 생성

09_ 템플릿의 설정값을 처음부터 다 채우지 않고 기존 템플릿에서 같은 부분은 가져다 쓰기 위해 [소스 템플릿]에서 예전에 생성해둔 [exercise-launch-template]을 선택한다.

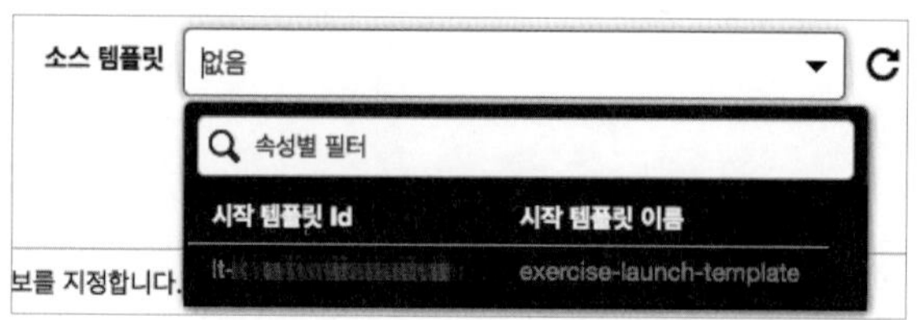

그림 5.38 소스 템플릿 지정

10_ [시작 템플릿 이름], [템플릿 버전 설명]의 값을 다음 그림과 같이 입력한다. AMI ID에는 앞 단계에서 복사해둔 AMI ID를 입력한다. 나머지 값은 모두 소스 템플릿에서 불러온 값을 사용한다.

시작 템플릿 > 시작 템플릿 생성

시작 템플릿 생성

시작 템플릿을 생성하면 저장된 인스턴스 구성을 만들어 두었다가 나중에 이를 재사용하고, 공유하고, 시작할 수 있습니다. 템플릿에는 여러 버전이 있을 수 있습니다. 새 템플릿을 만들거나 기존 템플릿의 새로운 버전을 만들 수 있습니다. 새 템플릿을 만들 때는 템플릿과 함께 그 템플릿의 첫 번째 버전을 만들게 됩니다.

어떤 작업을 하시겠습니까? ◉ 새 템플릿 만들기 ○ 새 템플릿 버전 생성

시작 템플릿 이름* exercise-launch-template-beta

템플릿 버전 설명 beta version

기존의 다른 템플릿을 토대로 템플릿을 만들고자 하는 경우, 원한다면 소스 템플릿을 지정할 수 있습니다.

소스 템플릿 lt-

소스 템플릿 버전 1 (Default)

소스 버전 설명 initial version

시작 템플릿 내용

아래에서 시작 템플릿의 세부 정보를 지정합니다. 비워 둔 필드는 시작 템플릿에 포함되지 않습니다.

AMI ID ami-

인스턴스 유형 t2.micro

키 페어 이름 exercise-key

네트워크 유형 ◉ VPC ○ Classic

그림 5.39 시작 템플릿 값 입력

11 _ 스크롤을 아래로 내려 [보안 그룹]의 값들도 소스 템플릿에서 올바르게 불러온 것을 확인하고 [시작 템플릿 생성] 버튼을 클릭한다.

보안 그룹

보안 그룹

새 보안 그룹 추가

▸ 고급 세부 정보

취소 시작 템플릿 생성

그림 5.40 시작 템플릿 생성

12 _ 그다음은 블루/그린 그룹 중 새로운 시작 템플릿을 적용할 그린 그룹을 생성할 차례다.

왼쪽의 [AUTO SCALING] → [Auto Scaling 그룹] 메뉴를 선택한 뒤 [Auto Scaling 그룹 생성] 버튼을 클릭한다.

그림 5.41 EXERCISE–GROUP–GREEN Auto Scaling 그룹 생성

13 _ [시작 템플릿]을 클릭한 뒤 방금 생성한 [exercise–launch–template–beta]를 선택한다. [다음 단계] 버튼을 클릭한다.

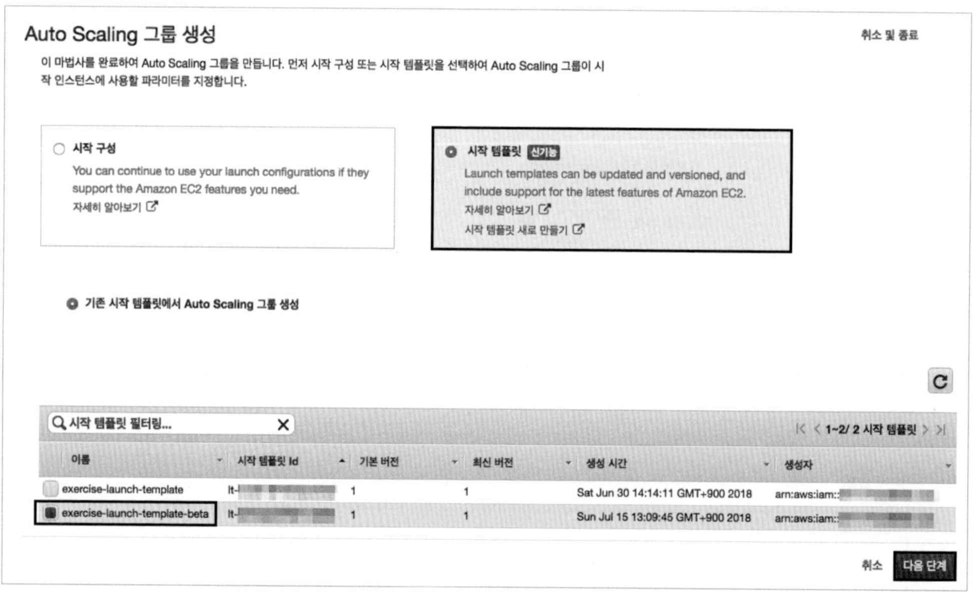

그림 5.42 EXERCISE–GROUP–GREEN Auto Scaling 그룹 생성 시작 템플릿 지정

14 _ 그룹 이름은 [EXERCISE-GROUP-GREEN]으로 지정하고 나머지 값들은 앞서 [EXERCISE-GROUP-BLUE] 그룹을 생성했던 것과 같게 지정한다. [다음: 조정 정책 구성] 버튼을 클릭한다.

1. Auto Scaling 그룹 세부 정보 구성
2. 조정 정책 구성
3. 알림 구성
4. 태그 구성
5. 검토
Auto Scaling 그룹 생성
취소 및 종료
시작 템플릿
시작 템플릿 버전 1 (기본값)
시작 템플릿 새로 만들기
시작 템플릿 설명 beta version
그룹 이름 EXERCISE-GROUP-GREEN
그룹 크기 시작 개수: 1 인스턴스
네트워크 (기본값)
새 VPC 생성
서브넷 subnet- | 다음에서 기본값 ap-northeast-2a
subnet- | 다음에서 기본값 ap-northeast-2c
새 서브넷 생성
고급 세부 정보
취소
다음: 조정 정책 구성

그림 5.43 EXERCISE-GROUP-GREEN Auto Scaling 그룹 세부 정보 구성

15 _ 조정 정책, 알림 구성은 앞서 [EXERCISE-GROUP-BLUE]를 생성할 때와 마찬가지로 따로 설정하지 않고 넘어간다.

16 _ 자동으로 생성되는 인스턴스에 Name 태그를 추가하기 위해 다음과 같이 Name 태그를 설정한다. [검토] 버튼을 클릭한다.

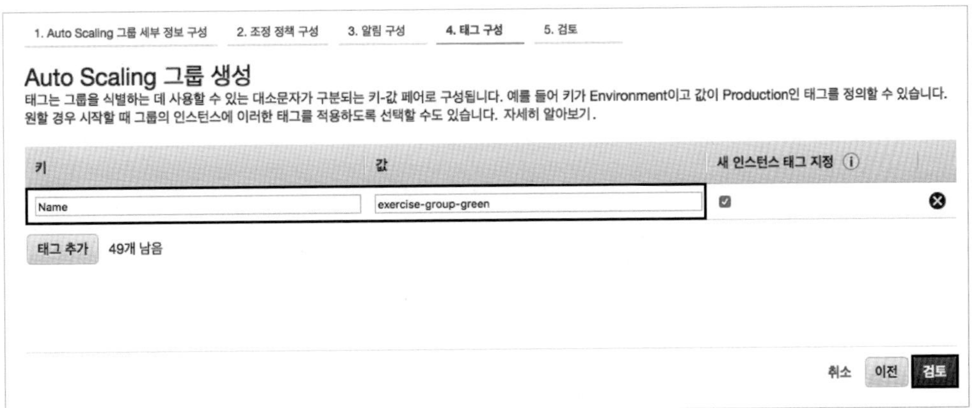

그림 5.44 EXERCISE-GROUP-GREEN Auto Scaling 그룹 태그 구성

17 _ 검토 화면에서 값들이 제대로 설정됐는지 확인하고 [Auto Scaling 그룹 생성] 버튼을 클릭한다.

1. Auto Scaling 그룹 세부 정보 구성 2. 조정 정책 구성 3. 알림 구성 4. 태그 구성 5. 검토

Auto Scaling 그룹 생성

Auto Scaling 그룹 세부 정보를 검토하십시오. 이전으로 돌아가서 각 섹션에 대한 변경 내용을 편집할 수 있습니다. Auto Scaling 그룹 생성을 완료하려면 [Auto Scaling 그룹 생성]을 클릭합니다.

▾ Auto Scaling 그룹 세부 정보 세부 정보 편집

그룹 이름 EXERCISE-GROUP-GREEN
시작 템플릿 lt-
시작 템플릿 버전 1
시작 템플릿 설명 beta version
그룹 크기 1

취소 이전 Auto Scaling 그룹 생성

그림 5.45 EXERCISE-GROUP-GREEN Auto Scaling 그룹 생성 검토

로드 밸런서에 등록해 블루/그린 배포 진행하기

현재 상황을 정리해보자. BLUE 그룹에는 기존 버전의 코드가 서비스되고 있으며 현재 로드 밸런서에 등록돼서 클라이언트의 요청을 혼자서 처리하고 있다. GREEN 그룹에는 최신 버전의 코드(beta 버전)가 배포돼 있으나 아직 로드 밸런서에 등록돼 있지 않기 때문에 클라이언트의 요청을 받지 않고 있다.

무중단 배포를 진행하기 위해 5.1.3장에서 배운 절차대로 블루/그린 배포를 진행하겠다. GREEN 그룹을 대상 그룹에 포함해 로드 밸런서에 등록하고 두 서버에 요청이 골고루 넘어가면 BLUE 그룹을 대상 그룹에서 제외해 GREEN 그룹만 남겨둘 것이다.

01 _ BLUE 그룹으로만 요청이 제대로 하고 있는지 다시 확인하기 위해 앞서 복사해둔 로드 밸런서의 주소로 브라우저에서 접속을 시도한다. 기존 버전의 코드가 올바르게 실행되는 것을 확인한다.

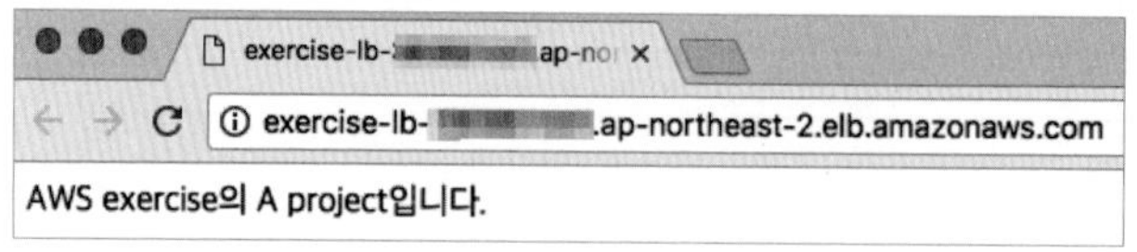

그림 5.46 EXERCISE-GROUP-BLUE 그룹의 요청 처리 결과

02 _ GREEN 그룹을 대상 그룹에 추가하기 위해 왼쪽의 [AUTO SCALING] → [Auto Scaling 그룹] 메뉴를 선택한 뒤 [EXERCISE-GROUP-GREEN]의 [편집] 버튼을 클릭한다.

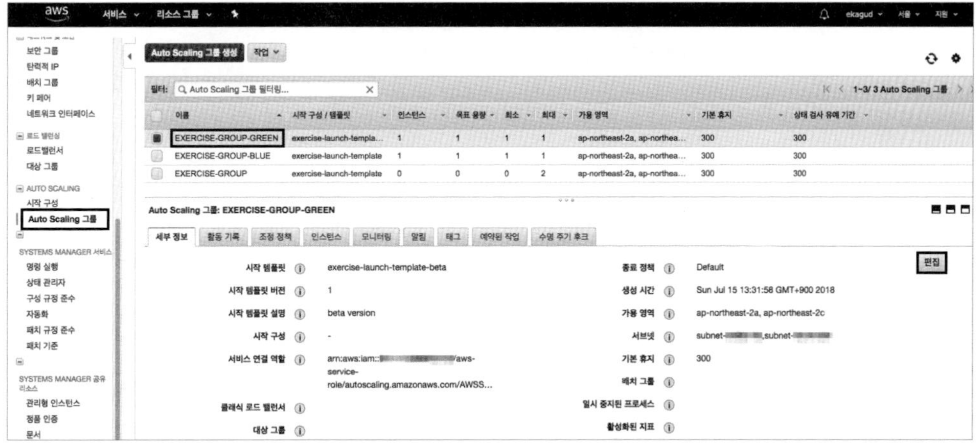

그림 5.47 EXERCISE-GROUP-GREEN 그룹 세부 정보

03 _ 대상 그룹에 [exercise-target-group]을 추가한 뒤 [저장] 버튼을 클릭한다.

그림 5.48 EXERCISE-GROUP-GREEN 세부 정보 편집

04 _ 브라우저에서 로드 밸런서의 도메인 주소로 접속을 계속 시도하면 기존 버전과 최신 버전의 코드가 번갈아 가면서 실행되는 것을 확인할 수 있다.

그림 5.49 EXERCISE-GROUP-BLUE/GREEN 두 그룹의 요청 처리 결과

05 _ GREEN 그룹이 로드 밸런서에 올바르게 등록된 것을 확인했으니 이제 BLUE 그룹을 대상 그룹에서 제거할 차례다. [EXERCISE-GROUP-BLUE]를 선택한 후 [편집] 버튼을 클릭한다.

그림 5.50 EXERCISE-GROUP-BLUE 그룹 세부 정보

06 _ 대상 그룹에서 [exercise-target-group]을 제거한 뒤 [저장] 버튼을 클릭한다.

그림 5.51 EXERCISE-GROUP-BLUE 그룹 세부 정보 편집

07 _ 브라우저에서 새로 고침을 계속하다 보면 BLUE 그룹이 로드 밸런서에서 제거되어 GREEN 그룹의 최신 버전의 코드만 계속 실행되는 것을 볼 수 있다.

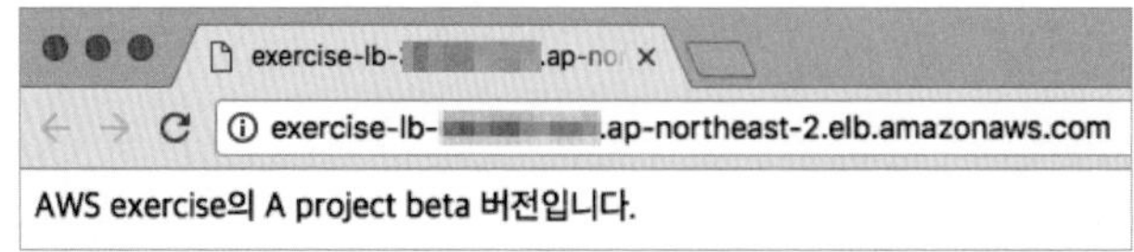

그림 5.52 EXERCISE-GROUP-GREEN 그룹의 요청 처리 결과

08 _ 이제 시간이 지난 후 새롭게 배포된 버전에 문제가 없어 롤백할 일이 없다는 확신이 들면 BLUE 그룹의 인스턴스를 종료하면 된다.

09 _ [EXERCISE-GROUP-BLUE] 그룹을 선택한 후 [편집]을 클릭한다.

10 _ [목표 용량]과 [최소]의 값을 0으로 변경한 뒤 [저장]을 클릭한다.

그림 5.53 EXERCISE-GROUP-BLUE 세부 정보 수정

11 _ EXERCISE-GROUP-BLUE의 모든 인스턴스가 종료되면 블루/그린 배포 과정을 모두 마친 것이다.

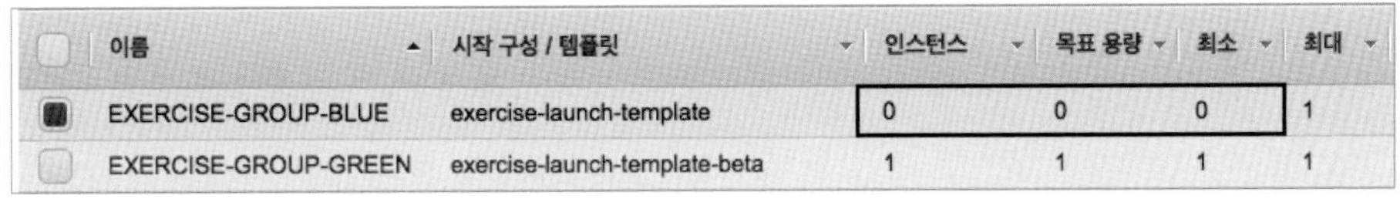

이름	시작 구성 / 템플릿	인스턴스	목표 용량	최소	최대
EXERCISE-GROUP-BLUE	exercise-launch-template	0	0	0	1
EXERCISE-GROUP-GREEN	exercise-launch-template-beta	1	1	1	1

그림 5.54 EXERCISE-GROUP-BLUE의 인스턴스 종료

실습 환경 정리

01 _ [EXERCISE-GROUP-GREEN]의 [목표 용량], [최소] 값을 0으로 변경해서 실습에서 사용한 모든 인스턴스들을 종료한다.

목표 용량	0
최소	0
최대	3

그림 5.55 [EXERCISE-GROUP-GREEN] 설정 편집

5.3 정리

이번 장에서는 작성한 코드를 안전하고 빠르게 배포하는 데 필요한 여러 배포 개념에 대해 알아봤다. 새로운 버전의 코드라도 서버에 배포되어 사용자에게 서비스되기 전까지는 사용자에게 아무런 효용도 주지 않으므로 배포는 매우 중요한 부분이다. 다음 장에서 배울 배포 자동화를 배우기 위해서는 이번 장에서 다룬 내용들을 제대로 이해하는 것이 중요하다.

06

배포 자동화

5장에서는 배포 용어 및 무중단 배포를 위한 기법에 대해 알아봤다. 이제 운영 서버에 최신 버전의 코드를 무중단 상태로 배포할 수 있게 됐지만 직접 실습해봤다면 배포가 꽤 큰일이라는 것을 느꼈을 것이다. 배포는 굉장히 단순하지만 많은 절차를 포함하고 꽤 많은 시간이 걸리는 작업이다. 사람이 이렇게 단순 반복 작업을 매번 하게 되면 시간도 오래 걸릴뿐더러 무조건 실수를 동반하게 돼 있다. 작은 실수라도 커다란 서버 장애로 바로 연결될 수 있기 때문에 사람을 절대 믿지 말고 기계가 대신 수행할 수 있게 해야 한다. 이것이 배포 자동화가 필요한 이유다. 이번 장에서는 최신 버전의 코드를 빠르고 안전하게 배포할 수 있는 배포 자동화에 대해 배워보겠다.

6.1 AWS IAM

AWS에서 진행하는 배포 자동화를 배우기 위해서는 사용자 권한 제어 서비스인 AWS IAM(Identity and Access Management) 서비스를 먼저 알고 넘어가야 한다.

6.1.1 IAM 소개

그림 6.1 AWS IAM 로고

AWS는 보통 회사당 하나의 계정을 갖고 사용하는데 회사 내 AWS를 사용하는 모든 사람에게 같은 권한을 줄 수는 없다. 따라서 대부분의 사용자 권한 관리 서비스와 마찬가지로 최고 관리자가 root 계정을 관리하고 그 밖의 사용자들은 각자 계정을 발급받아 제한된 권한을 갖고 AWS를 이용하게 된다.

AWS에서는 사용자별로 AWS에서 제공하는 서비스들, 서비스에 생성된 자원 등에 대해 세분된 권한을 지정할 수 있게 해준다. 그리고 사용자뿐만 아니라 서비스에서 생성된 자원에 대해서도 계정과 권한을 만들어서 관리할 수 있게 해준다.

CodeDeploy를 배우기 위해서 IAM을 먼저 배우는 이유는 CodeDeploy와 같이 사람 대신 어떤 역할을 하는 서비스들도 각자 권한과 역할을 할당받기 때문이다.

6.1.2 용어

IAM을 이해하기 위해 알아야 할 용어가 몇 가지 있다.

이름	설명
권한	AWS의 서비스나 자원에 어떤 작업을 할 수 있는지 명시해두는 규칙이다. 예를 들어, "서울 리전에 있는 모든 EC2를 조회할 수 있다"와 같은 항목이 하나의 권한이 된다.
정책	권한들의 모음이다. 사용자나 그룹들에 권한을 직접 적용할 수는 없고 권한들로 만든 정책을 적용해야 한다. 정책은 사용자, 그룹, 역할에 적용할 수 있다.
사용자	사용자는 AWS의 기능과 자원을 이용하는 객체다. 사용자별로 어떤 권한을 가졌는지 세분화해서 지정할 수 있다. 사용자는 AWS Console에 로그인할 수 있는 사람일 수도 있고 자동화되어 실행되는 프로그램일 수도 있다. 접속하는 사용자인 경우에는 비밀번호가 제공되지만, 프로그램인 경우에는 액세스 키 ID와 비밀 액세스 키가 제공된다.
그룹	여러 사용자에게 공통으로 권한을 부여할 수 있게 만들어진 개념이다. 하나의 그룹에 여러 명의 사용자를 지정할 수 있다.
역할	어떤 행위를 하는 객체에 여러 정책을 적용한다는 점에서 사용자와 비슷하지만 객체가 사용자가 아닌 서비스나 다른 AWS 계정의 사용자라는 점에서 차이가 있다. 보통은 사용자가 아닌 특정 서비스에서 생성한 객체에 권한을 부여하는 데 사용된다. 예를 들어, 우리가 만들어서 사용하는 EC2 인스턴스가 S3에서 파일을 읽어오려면 S3 파일을 읽을 수 있는 권한으로 정책을 만든 뒤에 해당 정책으로 역할을 만들어 EC2 인스턴스에 지정해야 한다. EC2 인스턴스 내에서 AWS 서비스를 사용하는 다양한 애플리케이션들에 권한을 주기 위해 사용자 키를 인스턴스에 저장해두는 방법도 있지만 이는 관리하기가 불편하다. 따라서 EC2 인스턴스에 역할을 부여하고 이 인스턴스 내의 모든 애플리케이션이 실행할 수 있는 권한을 지정해두는 방법을 사용한다. 서비스에 지정되는 역할은 서비스 역할이라고 부른다.

이름	설명
인스턴스 프로파일	사용자가 사람을 구분하고 그 사람에 권한을 주기 위한 개념이었다면 인스턴스 프로파일은 EC2 인스턴스를 구분하고 그 인스턴스에 권한을 주기 위한 개념이다. 인스턴스 프로파일은 역할을 위한 컨테이너로서 인스턴스 시작 시 EC2 인스턴스에 역할 정보를 전달하는 데 사용된다. 인스턴스 프로파일이 지정된 EC2는 시작 시 역할 정보를 받아오고 해당 역할로 필요한 권한들을 얻게 된다. 인스턴스 프로파일은 AWS 콘솔에서 역할을 생성할 때 EC2용 역할로 생성할 경우 자동으로 함께 생성된다.

표 6.1 IAM 용어

다음은 IAM에서 사용하는 개념들이 서로 어떤 관계를 갖고 있는지 나타낸 구성도다.

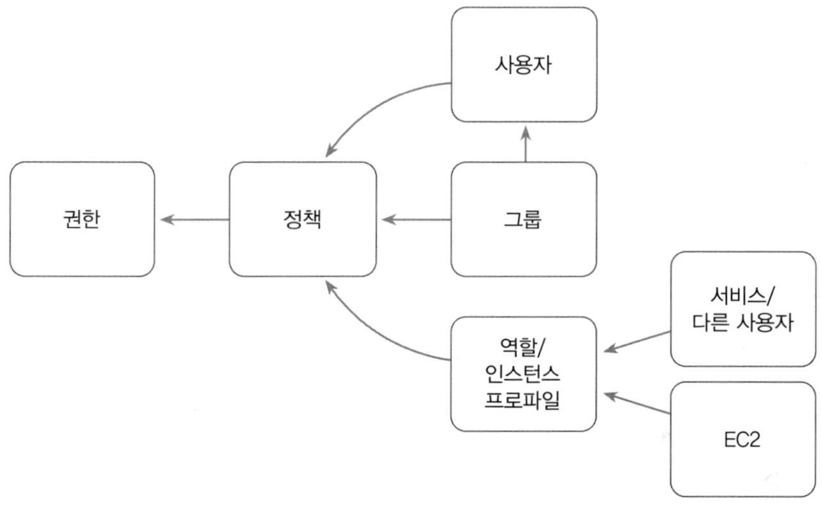

그림 6.2 IAM 개념 구성도

AWS IAM은 AWS의 리소스를 사용하게 될 사용자들과 그들의 권한을 관리할 수 있는 더 많은 기능들을 제공한다. 더 자세한 내용을 확인하려면 AWS IAM 공식 문서[22]를 참고하자.

22 https://docs.aws.amazon.com/ko_kr/IAM/latest/UserGuide/introduction.html

6.2 AWS CodeDeploy

6.2.1 CodeDeploy 소개

그림 6.3 AWS CodeDeploy 로고

CodeDeploy는 AWS에서 제공하는 배포 자동화 서비스다. 5장에서 배운 것처럼 EC2 인스턴스들에 코드를 배포하는 과정을 자동으로 진행해준다. 카피스트라노(Capistrano)나 젠킨스(Jenkins) 같은 서드파티 배포 자동화 도구보다 더 좋은 점은 AWS에서 제공하는 서비스이기 때문에 AWS 내 다양한 서비스와 손쉽게 연동해서 사용할 수 있다는 점이다. CodeDeploy는 앞에서 배운 무중단 배포 기법들인 현재 위치 배포와 블루/그린 배포 방식을 모두 지원한다. 이 글을 쓰는 시점에는 Lambda/EC2에 배포하는 경우 CodeDeploy를 무료로 이용할 수 있다.

6.2.2 CodeDeploy 작동 절차

CodeDeploy의 작동 방식을 이해하기에 앞서 다시 한번 상기하고 가야 할 점은 자동화 서비스란 사람이 해야 할 일을 명령어로 적어두고 프로그램이 그 명령을 순차적으로 실행하는 것뿐이지 대단한 일을 하는 것이 아니라는 것이다. 즉, CodeDeploy도 얼핏 보기에는 복잡해 보이고 많은 일을 해주는 것처럼 보일 수 있겠지만 Auto Scaling 그룹과 마찬가지로 우리가 하던 일을 대신해서 해준다고 생각하면 된다.

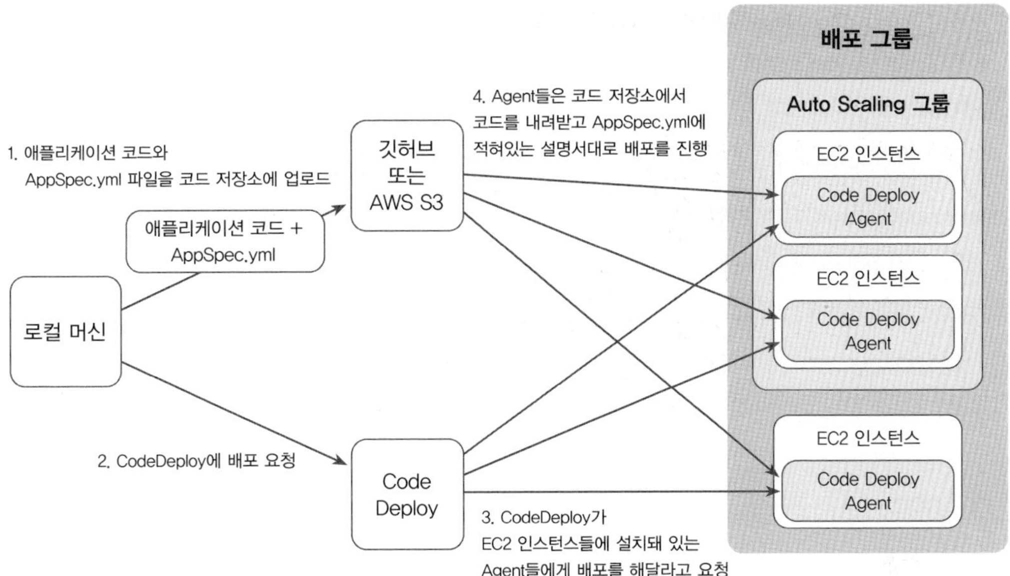

그림 6.4 CodeDeploy 배포 과정

CodeDeploy의 작동 절차는 다음과 같다.

01 _ 우리가 개발한 애플리케이션 소스코드 프로젝트의 최상단 경로에 AppSpec.yml이라는 파일을 추가한다. 이 파일은 뒤에서 자세히 설명할 텐데, 배포에 필요한 모든 절차들을 적어둔 명세서라고 이해하면 된다. 프로젝트를 코드 저장소인 깃허브(GitHub)나 파일 저장소인 AWS S3에 업로드한다.

02 _ CodeDeploy에 프로젝트의 특정 버전을 배포해 달라고 요청한다.

03 _ CodeDeploy는 배포를 진행할 EC2 인스턴스들에 설치돼 있는 CodeDeploy Agent들과 통신하며 Agent들에게 요청받은 버전을 배포해 달라고 요청한다.

04 _ 요청을 받은 CodeDeploy Agent들은 코드 저장소에서 프로젝트 전체를 서버에 내려받는다. 그리고 내려받은 프로젝트에 있는 AppSpec.yml 파일을 읽고 해당 파일에 적힌 절차대로 배포를 진행한다.

05 _ CodeDeploy Agent를 배포를 진행한 후 성공/실패 등 결과를 CodeDeploy에게 알려준다.

6.2.3 CodeDeploy 구성 요소

CodeDeploy Agent

자동으로 배포가 진행될 EC2 인스턴스에 설치되어 CodeDeploy의 명령을 기다리고 있는 프로그램이다. CodeDeploy가 EC2 인스턴스를 직접 조작하는 것이 아니라 CodeDeploy Agent가 모든 배포 행위를 진행하는 것이기 때문에 CodeDeploy로 배포를 진행하고자 한다면 반드시 EC2 인스턴스에 설치돼 있어야 한다. 이 프로그램은 CodeDeploy와 통신을 계속 하다가 배포를 진행하라는 명령을 받으면 AppSpec.yml 파일에 있는 절차를 그대로 따라서 배포를 진행한다. 그리고 배포가 완료되거나 실패하면 CodeDeploy에 결과를 알린다.

AppSpec.yml

CodeDeploy Agent가 배포 명령을 받았을 때 어떻게 배포를 진행해야 하는지 적어둔 명세서 파일이다. YAML[23]이라는 양식으로 정의돼 있는 파일이다. 저장소에서 내려받은 프로젝트 파일들을 서버 내 어떤 디렉터리로 옮길지, 어떤 권한의 계정으로 명령어를 실행할지 등 배포에 필요한 다양한 설정들을 제공한다. 또한 설치 전, 설치 후, 배포 성공 검증 등 다양한 이벤트들에 대한 후크를 제공한다.

다음은 AppSpec.yml 파일의 예다.

```
version: 0.0

# 윈도우, 리눅스 등 어떤 OS를 위한 배포 파일인지 명시한다.
os: linux

# CodeDeploy Agent는 배포 명령을 받으면 코드 저장소에 있는 프로젝트 전체를 서버의
# 임시 경로로 내려받는다. 내려받은 프로젝트를 서버 내 어느 경로로 이동시킬지 명시할 수 있다.
# 다음과 같이 폴더를 통째로 옮겨도 되고 원하는 파일들을 나눠서 옮길 수도 있다.
files:
  - source: /
    destination: /var/www/

# AppSpec.yml에서는 배포 시 발생하는 다양한 생명주기마다 원하는 스크립트를
# 실행할 수 있게 후크를 제공해준다.
```

23 https://ko.wikipedia.org/wiki/YAML

```
# 배포 시 사용하는 스크립트들은 원하는 곳에 둬도 되는데 보통은 프로젝트에
# AppSpec.yml 파일을 포함하듯이 함께 포함한다.
# 이 예시에서는 프로젝트 최상단에 scripts라는 디렉터리를 만들어 그 안에 스크립트들을 보관해 뒀다.
hooks:
    # 코드 저장소에서 프로젝트를 내려받은 뒤 인스턴스 내 배포를 원하는 경로에 파일들을
    # 옮기기 전이다. 예시에서 사용한 스크립트의 이름을 보면 리소스와 데이터 번들을
    # 압축 해제하는 것으로 추측할 수 있다.
    BeforeInstall:
      - location: scripts/UnzipResourceBundle.sh
      - location: scripts/UnzipDataBundle.sh
    # 파일을 모두 이동한 후 실행되는 스크립트들이다.
    # 파일 이름을 봐서 리소스 파일들이 제대로 존재하는지 테스트하는 것으로 추측할 수 있다.
    # 또한 Timeout 옵션을 두어 180초 이내에 스크립트가 완료되지 않으면 배포에
    # 실패한 것으로 간주한다.
    AfterInstall:
      - location: scripts/RunResourceTests.sh
        timeout: 180
    # 애플리케이션을 시작할 때 사용하는 스크립트들이다.
    # 예시에서는 서버를 재시작하고 최대 240초 동안 기다리는 것을 알 수 있다.
    ApplicationStart:
      - location: scripts/RestartServer.sh
        timeout: 240
    # 서비스를 재시작한 후 실제로 서비스가 올바르게 실행됐는지 확인할 때
    # 사용하는 스크립트들이다.
    # runas 옵션을 주어 기본 사용자인 ec2-user가 아닌 codedeployuser라는
    # 다른 user로 실행하게 했다.
    ValidateService:
      - location: scripts/ValidateService.sh
        timeout: 30
        runas: codedeployuser
```

AppSpec.yml 파일의 더 상세한 내용은 공식 문서[24]를 참고하자.

Tip 스크립트 파일들에 실행 권한을 추가해서 Git에 올리고 싶다면 다음과 같은 명령어를 이용하면 된다.

```
git update-index --chmod=+x <스크립트 파일 이름>
```

24 https://docs.aws.amazon.com/ko_kr/codedeploy/latest/userguide/reference-appspec-file.html

각 단계의 스크립트에서 exit code를 0으로 주거나 아예 주지 않은 경우 성공으로 판단하고 다음 단계를 계속 진행한다. 반대로 0이 아닌 다른 코드를 주게 된다면 배포가 실패했다고 판단하고 배포를 중지한다.

```
# 성공 예시 스크립트
cp some/path some/other/path
# exit code를 0으로 지정해 성공했음을 알린다.
exit 0
```

Tip 서비스가 올바르게 실행됐는지 확인하기 위한 검증 스크립트는 다음과 같이 작성할 수 있다. 서비스의 특정 경로를 호출한 뒤에 HTTP 응답 코드가 200인 경우에는 성공 종료 코드를, 아닌 경우에는 실패 exit code를 응답하게 할 수 있다. 다음 예제는 배포 후 로컬의 10000번 포트에 대해 GET /health 요청을 날려보고 HTTP 응답 코드가 200인 경우에만 성공으로 간주하는 스크립트다.

```
result=$(curl -s -o /dev/null -w "%{http_code}" http://127.0.0.1:10000/health)

if [[ "$result" =~ "200" ]]; then
  exit 0
else
  exit 1
fi
```

6.2.4 [실습] CodeDeploy로 현재 위치 배포 진행하기

이제 CodeDeploy를 실제로 이용해 배포를 진행해 보겠다. 앞서 얘기한 것처럼 CodeDeploy는 현재 위치 배포와 블루/그린 배포를 지원한다. 이번 실습에서는 현재 위치 배포를 진행하겠다.

맨 처음에는 CodeDeploy라는 서비스와 자동으로 배포가 진행될 EC2 인스턴스에게 배포를 진행하는데 필요한 권한을 부여하기 위해 서비스 역할들을 생성할 것이다.

서비스 역할 생성이 완료되면 CodeDeploy를 지원하는 인스턴스를 만들기 위해 AMI 생성용 EC2 인스턴스에 CodeDeploy Agent 설치 및 환경 구성 작업을 할 것이다. 그런 다음 해당 EC2 인스턴스를 이용해 새로운 AMI와 시작 템플릿을 만들 것이다. 마지막으로는 이 시작 템플릿을 이용해 Auto Scaling 그룹에 여러 대의 인스턴스를 실행한 뒤에 세 인스턴스에 새로운 버전의 코드를 배포해볼 것이다.

CodeDeploy를 위한 서비스 역할 생성

01 _ IAM 서비스를 검색해서 이동한다.

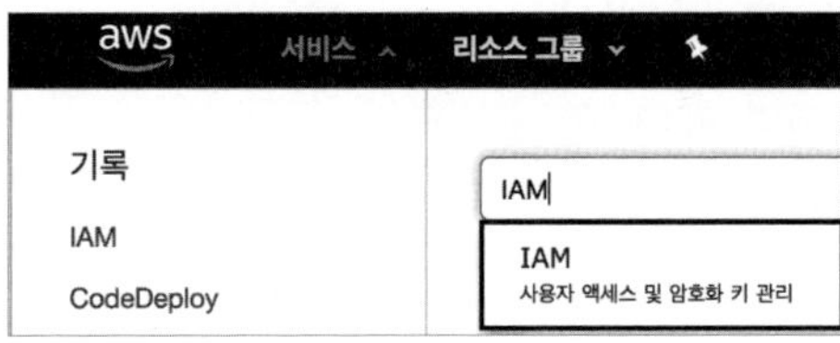

그림 6.5 IAM 서비스 검색

02 _ 왼쪽 메뉴에서 [역할] 메뉴를 클릭하고 새로운 역할을 생성하기 위해 [역할 만들기] 버튼을 클릭한다.

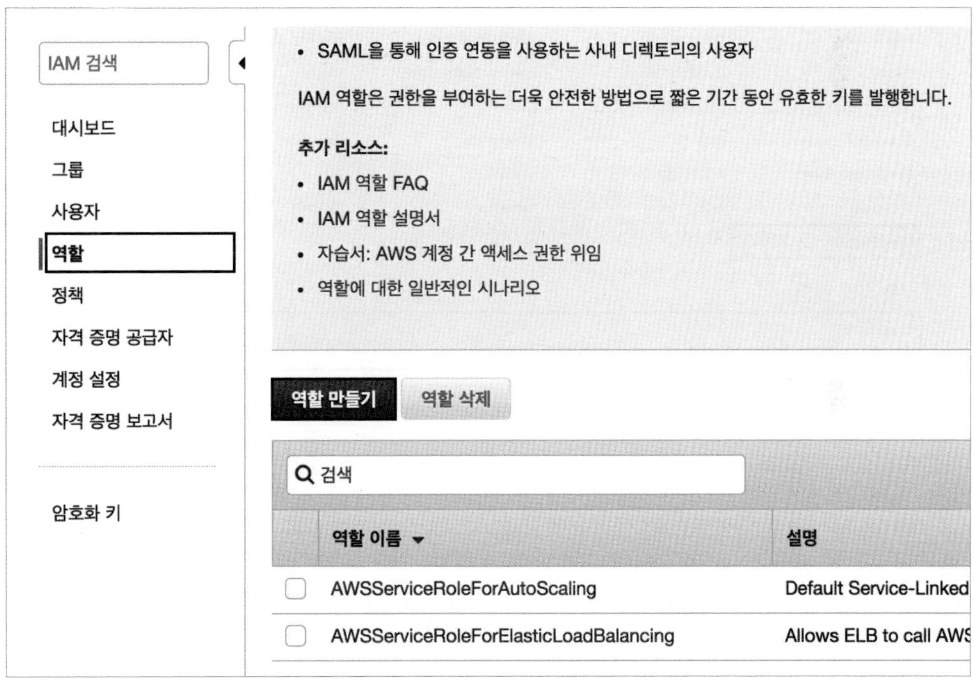

그림 6.6 역할 생성 메뉴

03 _ CodeDeploy 서비스에 적용할 역할을 만들 것이기 때문에 [AWS 서비스]를 선택하고 서비스 중 [CodeDeploy]를 선택한다. 사용 사례로 [CodeDeploy]와 [CodeDeploy for Lambda]라는 두 가지가 나오는데 이 중에서 [CodeDeploy]를 선택하고 [다음: 권한] 버튼을 클릭한다.

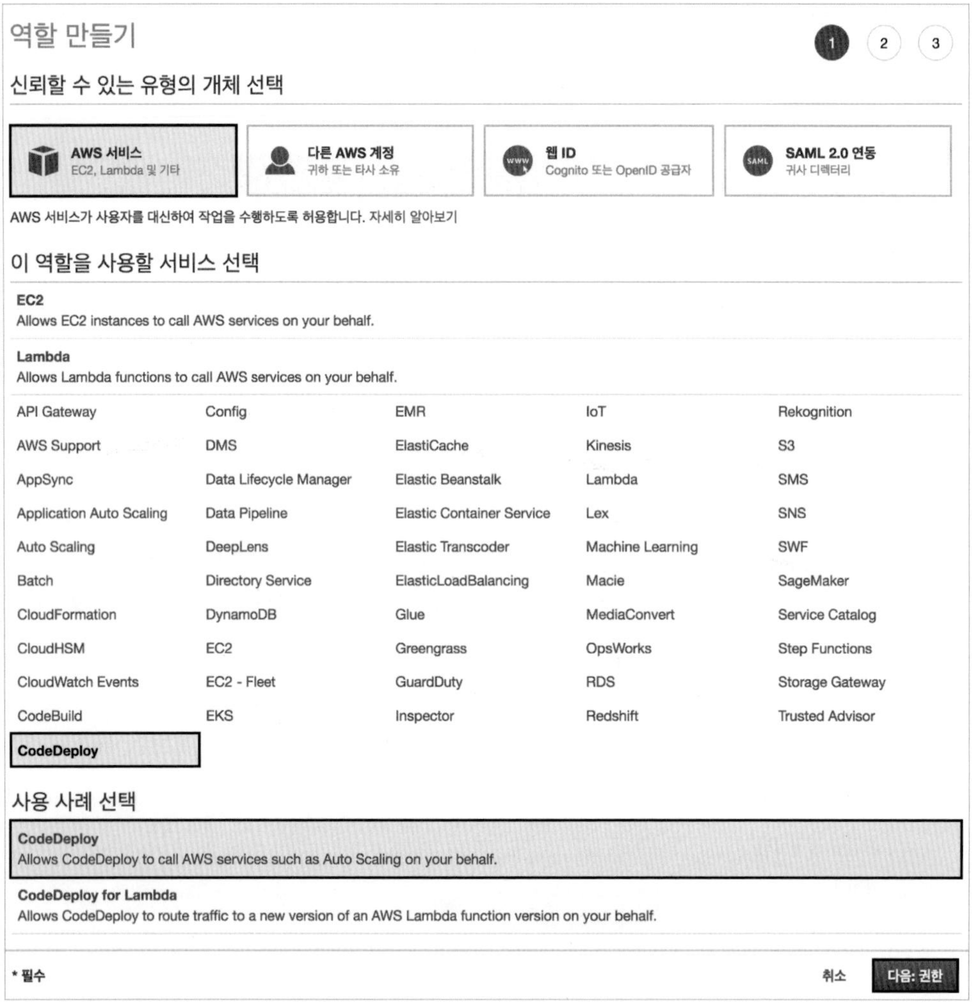

역할 만들기
1 2 3
신뢰할 수 있는 유형의 개체 선택
AWS 서비스
EC2, Lambda 및 기타
다른 AWS 계정
귀하 또는 타사 소유
웹 ID
Cognito 또는 OpenID 공급자
SAML 2.0 연동
귀사 디렉터리
AWS 서비스가 사용자를 대신하여 작업을 수행하도록 허용합니다. 자세히 알아보기
이 역할을 사용할 서비스 선택
EC2
Allows EC2 instances to call AWS services on your behalf.
Lambda
Allows Lambda functions to call AWS services on your behalf.
API Gateway
Config
EMR
IoT
Rekognition
AWS Support
DMS
ElastiCache
Kinesis
S3
AppSync
Data Lifecycle Manager
Elastic Beanstalk
Lambda
SMS
Application Auto Scaling
Data Pipeline
Elastic Container Service
Lex
SNS
Auto Scaling
DeepLens
Elastic Transcoder
Machine Learning
SWF
Batch
Directory Service
ElasticLoadBalancing
Macie
SageMaker
CloudFormation
DynamoDB
Glue
MediaConvert
Service Catalog
CloudHSM
EC2
Greengrass
OpsWorks
Step Functions
CloudWatch Events
EC2 - Fleet
GuardDuty
RDS
Storage Gateway
CodeBuild
EKS
Inspector
Redshift
Trusted Advisor
CodeDeploy
사용 사례 선택
CodeDeploy
Allows CodeDeploy to call AWS services such as Auto Scaling on your behalf.
CodeDeploy for Lambda
Allows CodeDeploy to route traffic to a new version of an AWS Lambda function version on your behalf.
* 필수
취소
다음: 권한

그림 6.7 역할 만들기 – CodeDeploy 서비스 선택

04_ 기본적으로 CodeDeploy에 필요한 [AWSCodeDeployRole]이라는 이름의 정책이 추가돼 있는 것을 확인할 수 있다. 이 정책에 어떤 권한들이 포함돼 있는지 확인하기 위해 [AWSCodeDeployRole] 정책을 클릭해보자.

역할 만들기
1 2 3 4
권한 정책 연결됨
선택한 역할 유형은 다음 정책을 필요로 합니다.
정책 필터
검색
1 결과 표시
정책 이름
사용 용도
설명
AWSCodeDeployRole
없음
Provides CodeDeploy service access to expan...

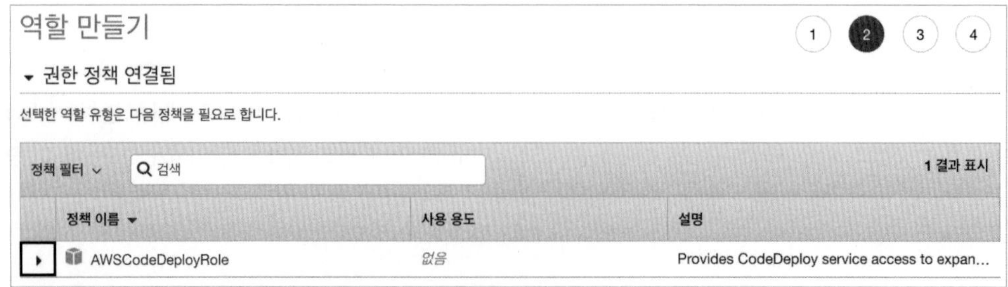

그림 6.8 역할 만들기 – AWSCodeDeployRole에 포함돼 있는 정책

05 _ 이 정책들의 목록으로 CodeDeploy가 어떤 일을 하는지 추측해볼 수 있다. Auto Scaling의 권한이 필요한 이유는 블루/그린 그룹을 조작하기 때문이다. EC2 인스턴스를 조회하고 생성하기 위해 EC2의 권한도 필요하다. 블루 그룹에서 그린 그룹으로 요청을 전달하기 위해 ELB의 권한도 필요하다.

허용 (7 / 142 서비스) 나머지 135 표시			
Auto Scaling	**제한:** 목록, 쓰기, 권한 관리	모든 리소스	없음
CloudWatch	**제한:** 읽기, 쓰기	모든 리소스	없음
EC2	**제한:** 목록, 쓰기	모든 리소스	없음
ELB	**전체:** 목록 **제한:** 읽기, 쓰기	모든 리소스	없음
ELB v2	**제한:** 읽기, 쓰기	모든 리소스	없음
Resource Group Tagging ⚠	**제한:** 읽기	모든 리소스	없음
SNS	**제한:** 쓰기	모든 리소스	없음

그림 6.9 AWSCodeDeployRole 정책에 포함된 권한 목록

06 _ 확인이 완료되면 [다음:태그] 버튼을 클릭한다. 태그를 지정하는 화면에서 태그는 별도로 지정하지 않을 것이므로 [다음: 검토] 버튼을 클릭한다.

그림 6.10 역할 만들기 – AWSCodeDeployRole에 포함돼 있는 정책

07 _ 역할의 이름을 그림과 같이 [exercise-code-deploy-service-role]로 지정한다. 그리고 [역할 만들기] 버튼을 클릭해 CodeDeploy를 위한 역할을 생성한다.

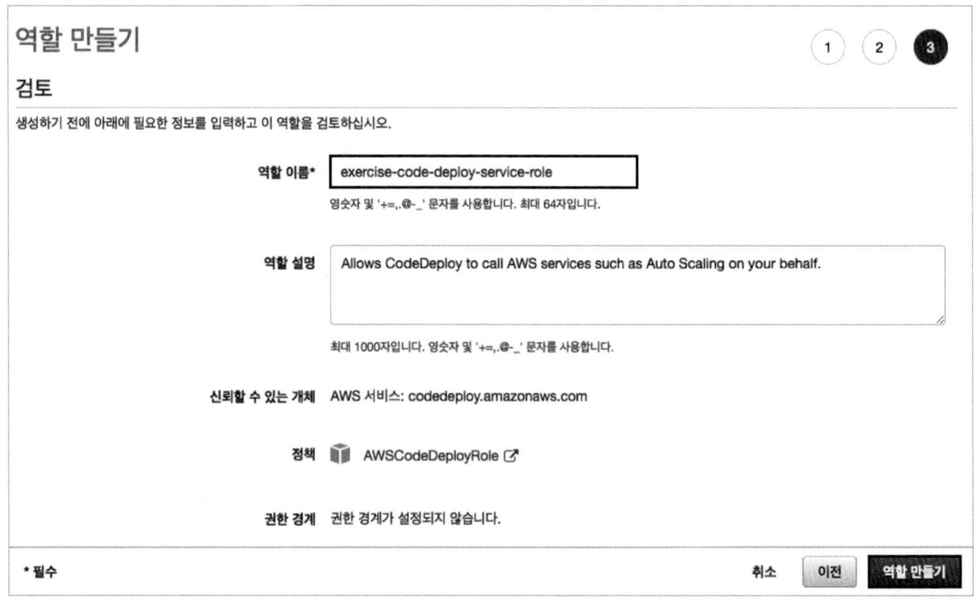

그림 6.11 역할 만들기 – 검토

EC2 인스턴스 역할, 인스턴스 프로파일 생성

이번에는 EC2 인스턴스를 위한 역할과 인스턴스 프로파일을 생성할 차례다. 필요한 권한들을 모은 정책을 생성하고 해당 정책을 적용한 역할을 생성하겠다. 인스턴스 프로파일은 따로 생성하지 않더라도 역할을 생성할 때 자동으로 함께 생성될 것이다.

01 _ IAM 서비스에서 왼쪽 [정책] 메뉴를 클릭한 뒤 [정책 생성] 버튼을 클릭한다.

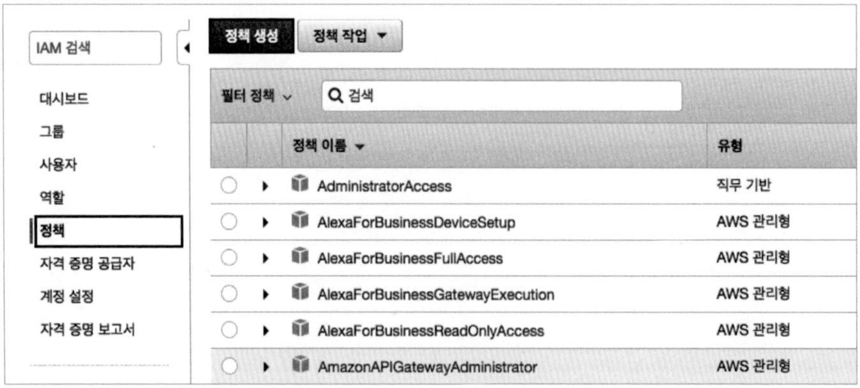

그림 6.12 정책 생성 메뉴

02 _ 정책을 더 쉽게 생성할 수 있게 도와주는 [시각적 편집기]를 이용하지 않고 JSON 형식으로 만들어진 정책을 바로 입력하기 위해 [JSON] 탭을 클릭한다. 그리고 다음과 같은 정책을 직접 입력한다. 정책 내용을 보면 S3의 읽기 권한을 추가하는 것을 알 수 있다. EC2 인스턴스에 설치된 CodeDeploy Agent가 깃허브나 S3에서 업로드된 파일을 가져와야 하기 때문에 S3의 읽기 권한이 필요하다. 입력이 모두 완료되면 [Review Policy] 버튼을 클릭한다.

```
{
    "Version": "2012-10-17",
    "Statement": [
        {
            "Action": [
                "s3:Get*",
                "s3:List*"
            ],
            "Effect": "Allow",
            "Resource": "*"
        }
    ]
}
```

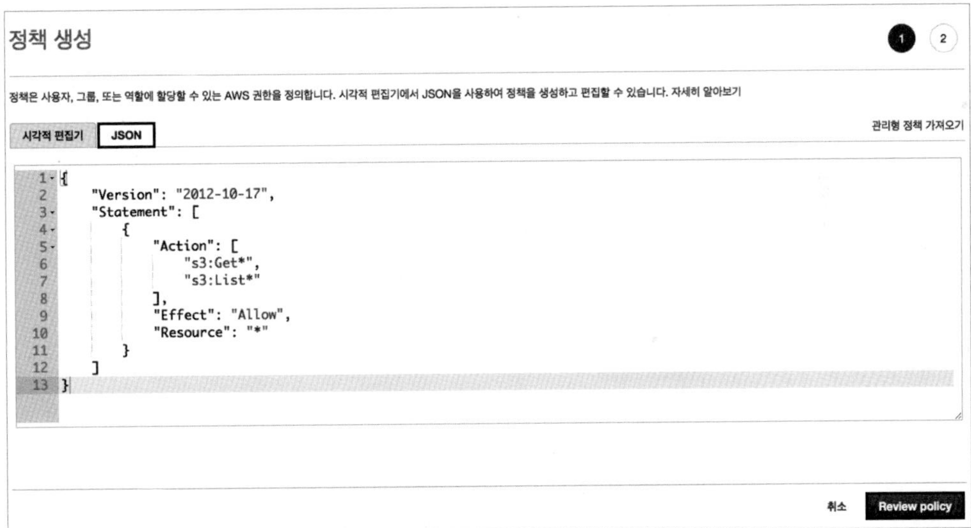

그림 6.13 EC2 인스턴스 역할에 적용할 정책 생성을 위한 JSON 입력

03 _ 이름은 [exercise-code-deploy-ec2-policy]로 입력하고 설명에는 적당한 내용을 입력한다. 요약 부분에 우리가 앞에서 추가한 S3의 권한이 올바르게 추가돼 있는지 확인한 다음 [Create policy] 버튼을 클릭한다.

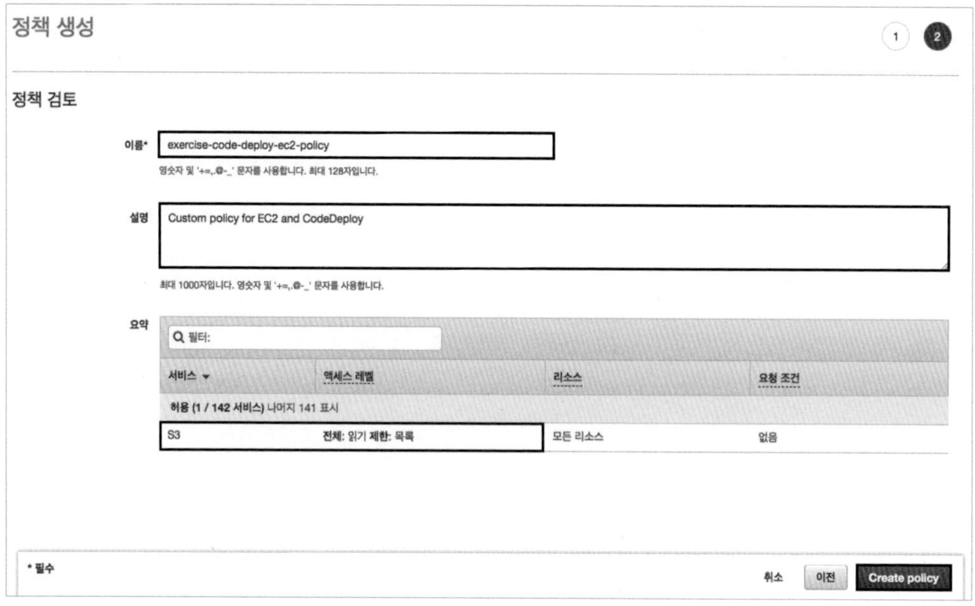

그림 6.14 EC2 인스턴스 역할에 적용할 정책 생성 검토

04 _ 생성한 정책을 적용할 역할을 만들기 위해 다시 IAM 화면으로 돌아와 왼쪽 메뉴 중 [역할] 메뉴를 클릭한다. 그리고 [역할 만들기] 버튼을 클릭한다.

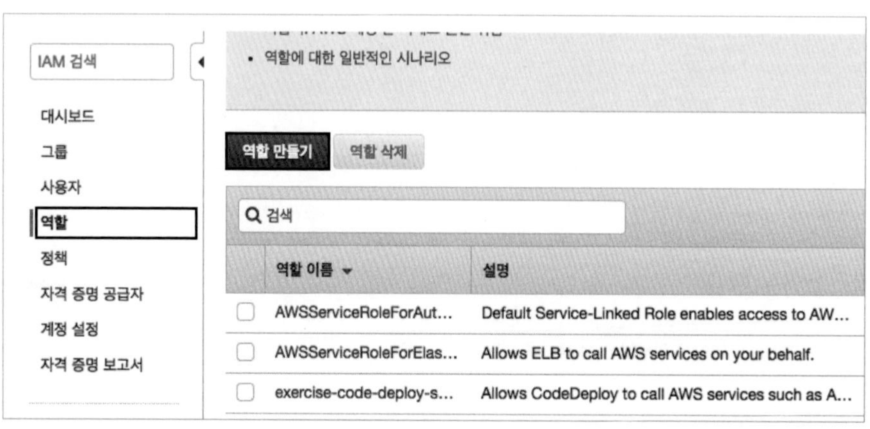

그림 6.15 역할 생성 메뉴

05 _ EC2를 위한 역할을 만들 것이기 때문에 [AWS 서비스]를 선택하고 [EC2]를 선택한다. [다음: 권한] 버튼을 클릭한다.

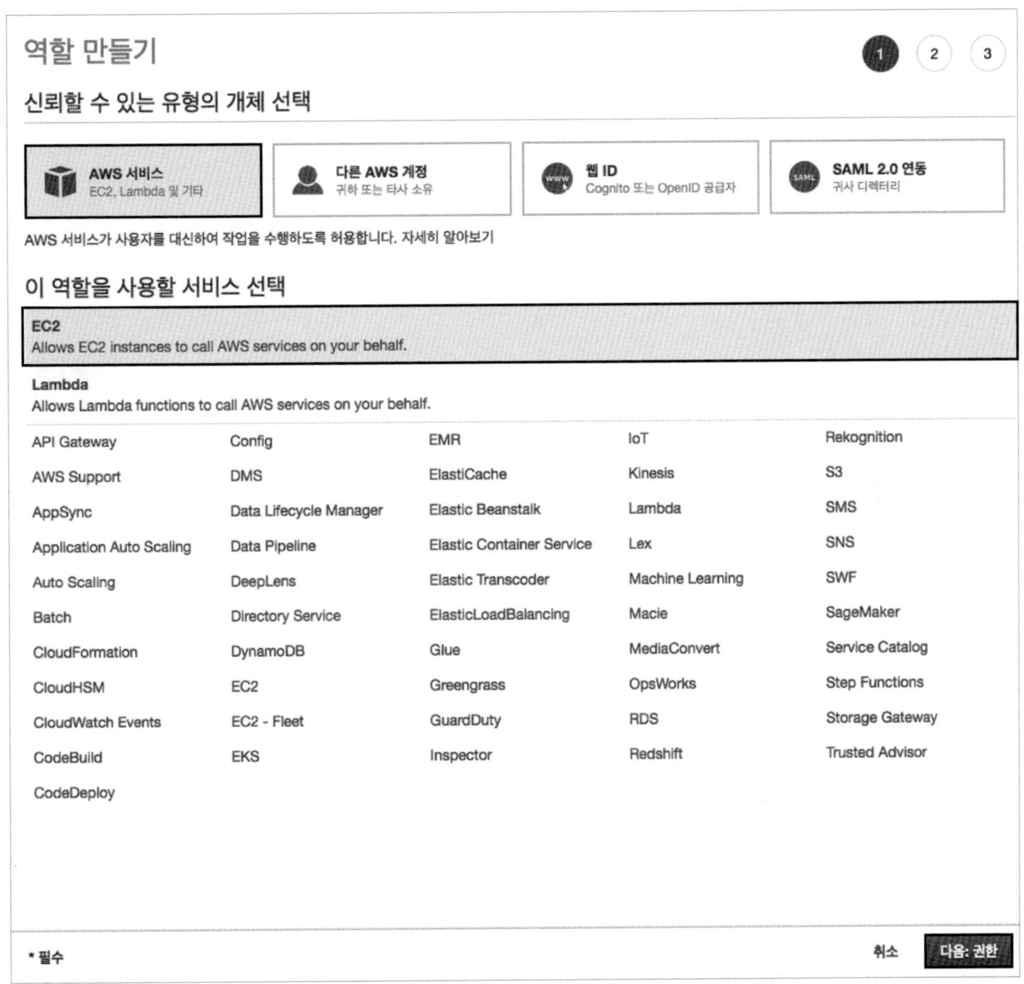

그림 6.16 역할 만들기 – EC2 서비스 선택

06 _ 방금 전 생성한 정책을 추가하기 위해 필터에 [exercise-code-deploy-ec2-policy]를 검색해서 체크한다. 그리고 [다음: 태그] 버튼을 클릭한다. 태그를 지정하는 화면에서 태그는 별도로 지정하지 않을 것이므로 [다음: 검토] 버튼을 클릭한다.

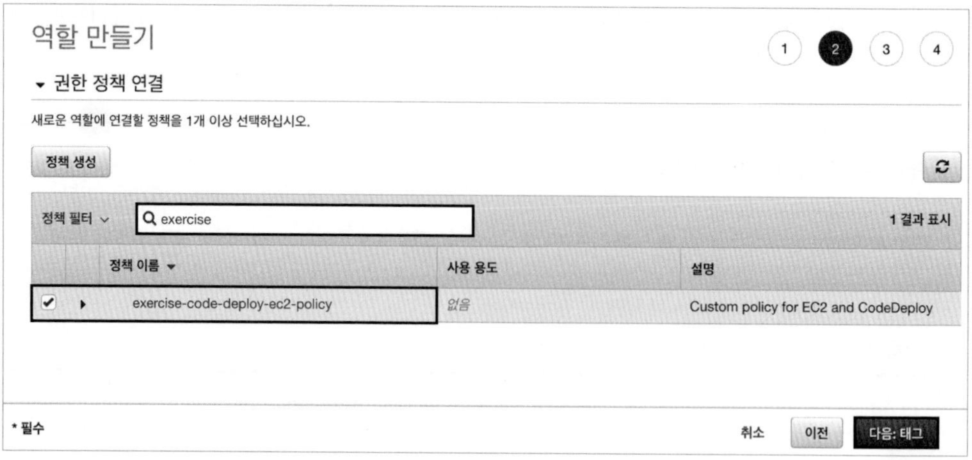

역할 만들기

1 2 3 4

▾ 권한 정책 연결

새로운 역할에 연결할 정책을 1개 이상 선택하십시오.

정책 생성

정책 필터 ⌄ exercise 1 결과 표시

	정책 이름 ▾	사용 용도	설명
✔	▸ exercise-code-deploy-ec2-policy	없음	Custom policy for EC2 and CodeDeploy

* 필수 취소 이전 다음: 태그

그림 6.17 역할 만들기 – exercise–code–deploy–ec2–policy 정책 추가

07_ 추가할 역할 이름은 [exercise–code–deploy–ec2–role]로 지정하고 [역할 만들기] 버튼을 클릭해 EC2를 위한 역할을 추가한다.

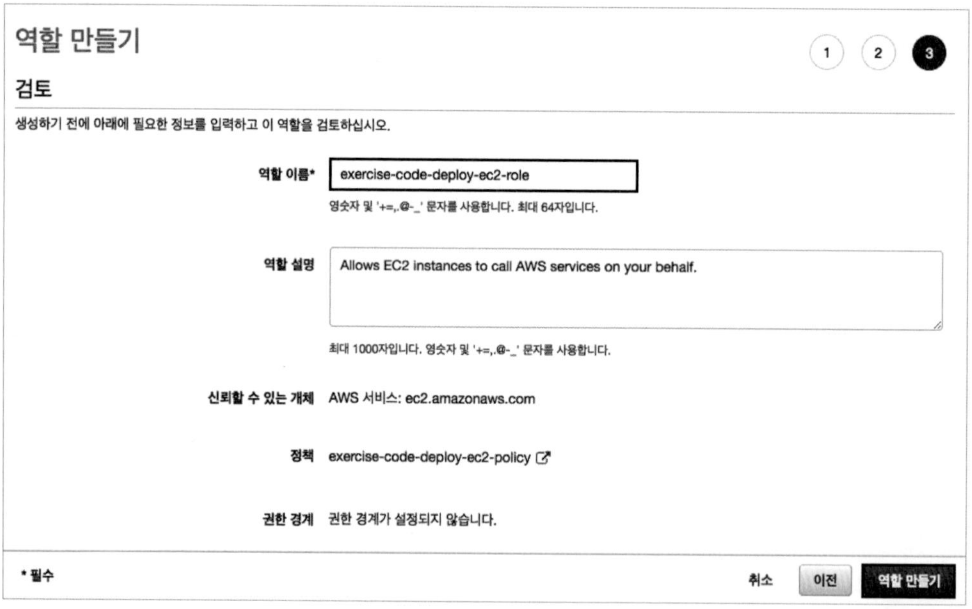

역할 만들기

1 2 3

검토

생성하기 전에 아래에 필요한 정보를 입력하고 이 역할을 검토하십시오.

역할 이름* exercise-code-deploy-ec2-role

영숫자 및 '+=,.@-_' 문자를 사용합니다. 최대 64자입니다.

역할 설명 Allows EC2 instances to call AWS services on your behalf.

최대 1000자입니다. 영숫자 및 '+=,.@-_' 문자를 사용합니다.

신뢰할 수 있는 개체 AWS 서비스: ec2.amazonaws.com

정책 exercise-code-deploy-ec2-policy

권한 경계 권한 경계가 설정되지 않습니다.

* 필수 취소 이전 역할 만들기

그림 6.18 역할 만들기 – 검토

08 _ EC2 역할은 추후 EC2 인스턴스를 생성할 때 필요하기 때문에 역할 목록에서 추가된 역할을 찾아 클릭한다.

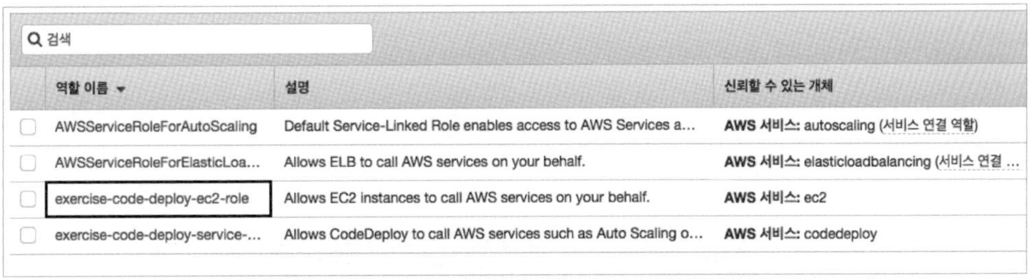

Q 검색

	역할 이름 ▾	설명	신뢰할 수 있는 개체
☐	AWSServiceRoleForAutoScaling	Default Service-Linked Role enables access to AWS Services a...	AWS 서비스: autoscaling (서비스 연결 역할)
☐	AWSServiceRoleForElasticLoa...	Allows ELB to call AWS services on your behalf.	AWS 서비스: elasticloadbalancing (서비스 연결 ...
☐	exercise-code-deploy-ec2-role	Allows EC2 instances to call AWS services on your behalf.	AWS 서비스: ec2
☐	exercise-code-deploy-service-...	Allows CodeDeploy to call AWS services such as Auto Scaling o...	AWS 서비스: codedeploy

그림 6.19 역할 목록

09 _ EC2 인스턴스를 생성할 때 역할을 부여하기 위해서는 인스턴스 프로파일을 지정해 둬야 한다. 역할을 생성할 때 EC2 서비스를 위한 역할로 생성했기 때문에 자동으로 인스턴스 프로파일도 생성됐다. 추후 이 인스턴스 프로파일 값이 필요하기 때문에 [인스턴스 프로파일 ARN] 값을 복사해둔다.

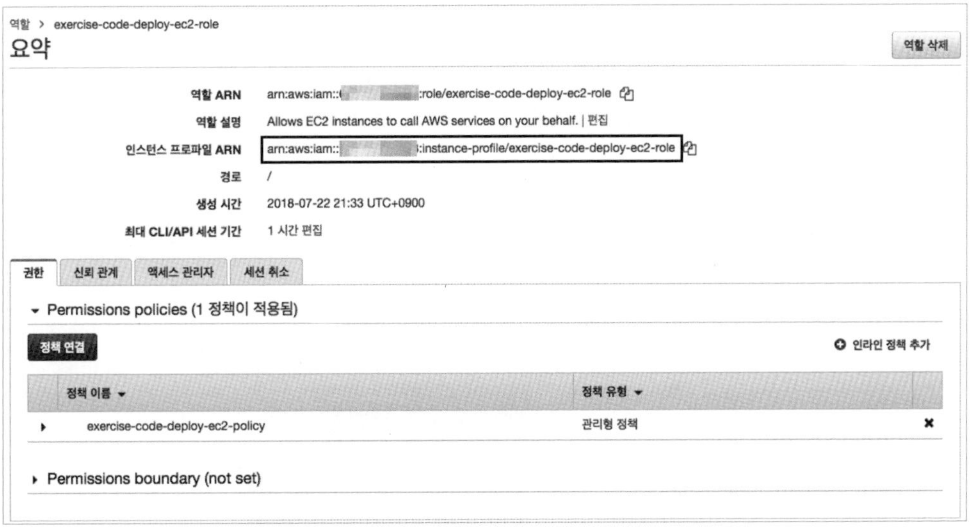

역할 > exercise-code-deploy-ec2-role

요약

역할 삭제

역할 ARN	arn:aws:iam::[illegible]:role/exercise-code-deploy-ec2-role
역할 설명	Allows EC2 instances to call AWS services on your behalf. | 편집
인스턴스 프로파일 ARN	arn:aws:iam::[illegible]:instance-profile/exercise-code-deploy-ec2-role
경로	/
생성 시간	2018-07-22 21:33 UTC+0900
최대 CLI/API 세션 기간	1 시간 편집

권한 | 신뢰 관계 | 액세스 관리자 | 세션 취소

▾ Permissions policies (1 정책이 적용됨)

정책 연결 | ⊕ 인라인 정책 추가

	정책 이름 ▾	정책 유형 ▾	
▸	exercise-code-deploy-ec2-policy	관리형 정책	✖

▸ Permissions boundary (not set)

그림 6.20 EC2 역할 요약

CodeDeploy로 배포 가능한 인스턴스 생성하기

CodeDeploy를 사용하는 데 필요한 역할들을 생성했으니 이번에는 CodeDeploy로 배포할 수 있는 인스턴스 환경을 구축해야 한다. CodeDeploy로 배포할 수 있는 인스턴스가 되기 위해서는 다음 세 가지 조건을 만족해야 한다.

- 올바른 권한을 가진 역할이 필요하다.
- CodeDeploy Agent가 설치돼 있어야 한다.
- 애플리케이션이 배포될 경로에 이미 저장돼 있는 파일이 없어야 한다.

01 _ EC2 서비스로 이동한다.

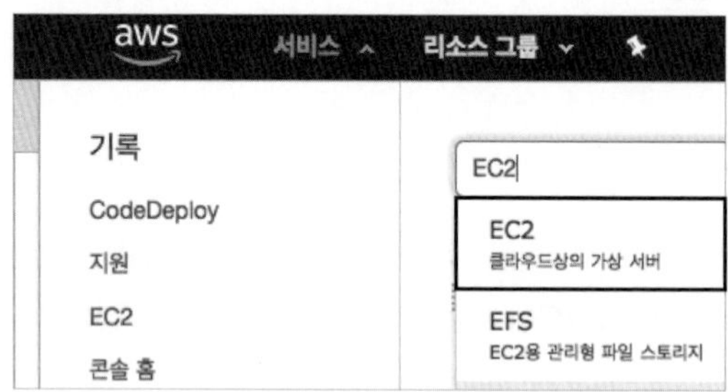

그림 6.21 EC2 서비스 검색

02 _ 왼쪽의 [인스턴스] → [인스턴스] 메뉴를 차례로 선택해 AMI 생성용 EC2 인스턴스인 exercise-instance를 찾는다. 해당 인스턴스를 대상으로 마우스 오른쪽 버튼을 클릭한 뒤 [인스턴스 상태] → [시작] 메뉴를 선택해 인스턴스를 시작한다.

그림 6.22 AMI 생성용 exercise-instance 실행

03 _ 인스턴스가 시작되면 SSH를 이용해 인스턴스에 접속한다.

04 _ CodeDeploy로 배포를 하기 위해 기존에 Git으로 배포해둔 코드들을 모두 삭제한다. CodeDeploy는 자신이 배포할 디렉터리에 존재하는 파일이 있는 경우 에러 상황이라고 인식하기 때문에 미리 삭제해두는 것이다.

```
# 기존에 코드가 배포돼 있는 경로로 이동한다.
$ cd /var/www/

# 디렉터리 내 폴더, 파일들을 조회해본다. 이전 실습 때 배포했던 애플리케이션 디렉터리들이 존재한다.
$ ls
aws-exercise-a aws-exercise-b passenger-6.0.12.tar.gz

# aws-exercise로 시작하는 모든 파일과 폴더를 삭제한다.
$ rm -rf aws-exercise-*
```

05 _ 그다음은 CodeDeploy Agent를 설치할 차례다.

```
# 설치 스크립트를 내려받는다. 여기서도 주소를 확인해보면 AWS 파일 저장 서비스인 S3에
# 최신 버전의 스크립트가 업로드 돼 있음을 알 수 있다.
# 내려받은 파일을 텍스트 편집기로 확인해보면 루비 언어로 만들어진 스크립트임을 확인할 수 있다.
$ wget https://aws-codedeploy-ap-northeast-2.s3.amazonaws.com/latest/install

# 내려받은 스크립트 파일을 실행할 수 있게 파일의 권한을 변경한다.
$ chmod +x ./install

# CodeDeploy agent는 루비 언어로 구현되어있기 때문에 루비를 설치해야 한다.
# 앞의 실습에서 asdf를 이용하여 루비 3.1.1 버전을 이미 설치했지만,
# CodeDeploy Agent는 root 유저를 위해 /usr/bin 디렉토리에 설치된 2.x 버전의 루비만 지원한다.
# 따라서 yum 패키지 매니저를 이용하여 루비를 /usr/bin 디렉토리에 설치한다.
$ sudo yum install ruby -y

# 스크립트를 실행해 현재 EC2 인스턴스에 맞는 CodeDeploy Agent를 설치하고 실행한다.
# 서비스 등록 등의 작업을 위해 root 권한을 사용한다.
# 설치 시 자동으로 시작 서비스에 등록된다.
$ sudo ./install auto

# 설치된 CodeDeploy Agent가 올바르게 실행됐는지 확인해본다.
$ sudo service codedeploy-agent status

# 다음과 같이 특정 Process ID로 실행되고 있다는 메시지가 나타나면 성공적으로 설치가 완료된 것이다.
The AWS CodeDeploy agent is running as PID 2955
```

06 _ 설치가 완료되면 AMI를 생성하기 위해 인스턴스를 종료한다.

```
$ sudo shutdown -h now
```

07 _ AWS 콘솔로 돌아와 인스턴스의 상태가 [stopped]로 변하는 것을 확인한 뒤에 마우스 오른쪽 버튼을 클릭해 [이미지] → [이미지 생성] 메뉴를 선택한다.

그림 6.23 AMI 생성용 [exercise-instance]를 이용해 이미지 생성

08 _ 다음과 같이 이미지의 이름을 [exercise-image-code-deploy]로 지정하고 [이미지 생성] 버튼을 클릭한다.

이미지 생성 ×

인스턴스 ID: i-

이미지 이름: exercise-image-code-deploy

이미지 설명:

재부팅 안 함: ☐

인스턴스 볼륨

볼륨 유형	디바이스	스냅샷	크기(GiB)	볼륨 유형	IOPS	처리량(MB/초)	종료 시 삭제	암호화
루트	/dev/xvda	snap-	8	범용 SSD(GP2)	100/3000	해당 사항 없음	☑	암호화되지 않음

새 볼륨 추가

EBS 볼륨의 전체 크기: 8 GiB
EBS 이미지를 생성할 때 위의 각 볼륨에 대해 EBS 스냅샷이 생성됩니다.

취소 이미지 생성

그림 6.24 CodeDeploy용 [exercise-image-code-deploy] AMI 생성

09 _ 왼쪽의 [이미지] → [AMI] 메뉴를 선택해 방금 생성한 [exercise-image-code-deploy] AMI가 올바르게 생성될 때까지 기다린다. 이미지 생성에는 몇 분이 걸리기 때문에 방금 생성 요청한 이미지가 바로 목록에 나타나지 않을 수도 있다. 다음 그림과 같이 상태가 [available]로 나온다면 생성이 완료된 것이다. 시작 템플릿에서 사용하기 위해 생성된 AMI ID를 복사해둔다.

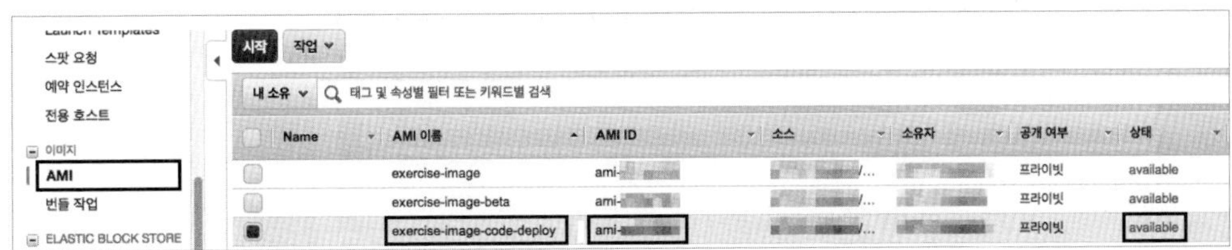

그림 6.25 exercise-image-code-deploy 생성 완료

10 _ 왼쪽의 [인스턴스] → [Launch Templates] 메뉴를 클릭한다. 새로 생성한 AMI를 이용하는 시작 템플릿을 생성하기 위해 [시작 템플릿 생성] 버튼을 클릭한다.

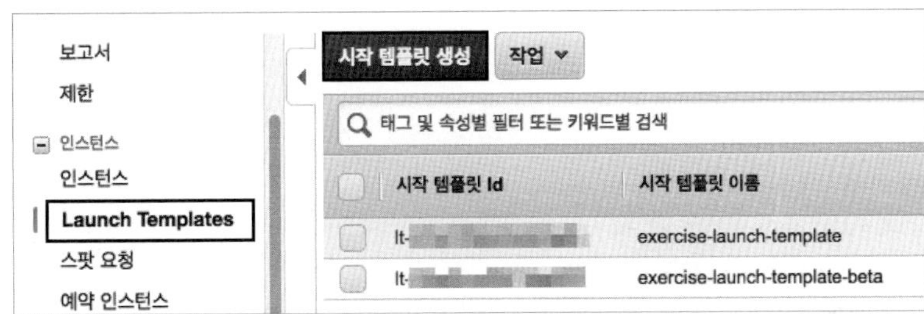

그림 6.26 시작 템플릿 메뉴

11 _ 이전에 생성했던 [exercise-launch-template]의 설정값에서 AMI ID만 변경할 것이기 때문에 소스 템플릿의 값을 [exercise-launch-template]으로 설정해 해당 템플릿의 값을 불러온다.

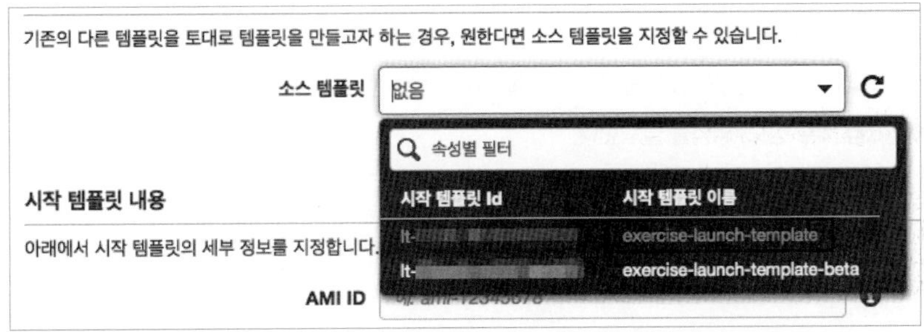

그림 6.27 시작 템플릿 생성 – 소스 템플릿 지정

12 _ [시작 템플릿 이름]은 [exercise-launch-template-code-deploy]로 지정하고 [템플릿 버전 설명]은 해당 버전을 설명할 수 있는 적당한 내용으로 지정한다. [AMI ID]에는 조금 전에 생성해둔 CodeDeploy Agent가 설치된 AMI의 ID 값을 입력한다. [키 페어 이름]은 소스 템플릿에서 불러온 값이 자동으로 채워져 있음을 알 수 있다.

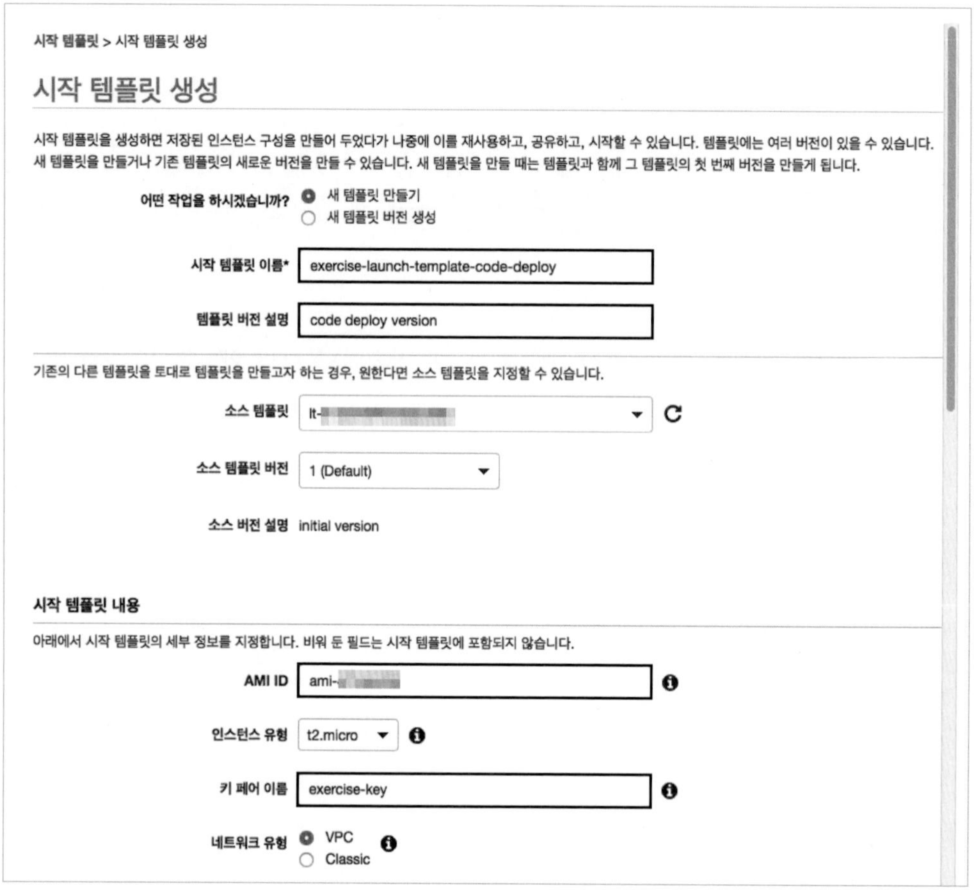

시작 템플릿 > 시작 템플릿 생성

시작 템플릿 생성

시작 템플릿을 생성하면 저장된 인스턴스 구성을 만들어 두었다가 나중에 이를 재사용하고, 공유하고, 시작할 수 있습니다. 템플릿에는 여러 버전이 있을 수 있습니다. 새 템플릿을 만들거나 기존 템플릿의 새로운 버전을 만들 수 있습니다. 새 템플릿을 만들 때는 템플릿과 함께 그 템플릿의 첫 번째 버전을 만들게 됩니다.

어떤 작업을 하시겠습니까? 새 템플릿 만들기 / 새 템플릿 버전 생성

시작 템플릿 이름* exercise-launch-template-code-deploy

템플릿 버전 설명 code deploy version

기존의 다른 템플릿을 토대로 템플릿을 만들고자 하는 경우, 원한다면 소스 템플릿을 지정할 수 있습니다.

소스 템플릿 lt-

소스 템플릿 버전 1 (Default)

소스 버전 설명 initial version

시작 템플릿 내용

아래에서 시작 템플릿의 세부 정보를 지정합니다. 비워 둔 필드는 시작 템플릿에 포함되지 않습니다.

AMI ID ami-

인스턴스 유형 t2.micro

키 페어 이름 exercise-key

네트워크 유형 VPC / Classic

그림 6.28 시작 템플릿 생성 1

13 _ 스크롤을 내려 [보안 그룹]도 소스 템플릿에서 올바르게 불러온 것을 확인한다. 그다음 인스턴스 프로파일을 설정하기 위해 [고급 세부 정보] 영역을 클릭한다.

그림 6.29 시작 템플릿 생성 2

14 _ 앞서 생성하고 복사해 뒀던 [exercise-code-deploy-ec2-role] 역할의 인스턴스 프로파일 ARN 값을 여기에 붙여넣는다. 이렇게 인스턴스 프로파일 값을 지정해두면 이 시작 템플릿으로 생성된 인스턴스들은 [exercise-code-deploy-ec2-role]의 역할을 모두 가지고 시작될 것이다.

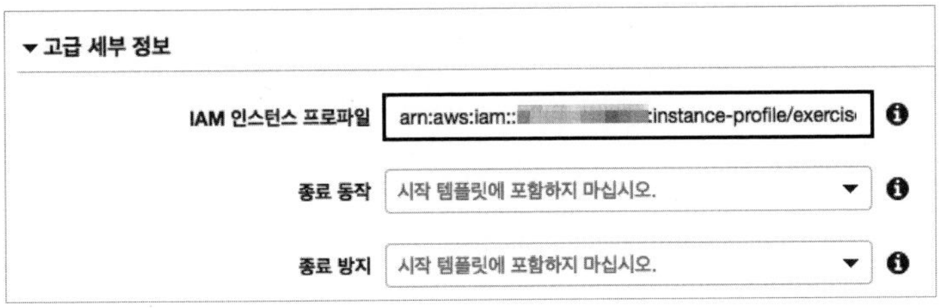

그림 6.30 시작 템플릿 생성 – IAM 인스턴스 프로파일 값 지정

15 _ 그 밖의 설정은 따로 하지 않고 스크롤을 아래로 내려 [시작 템플릿 생성] 버튼을 클릭해 템플릿 생성을 완료한다.

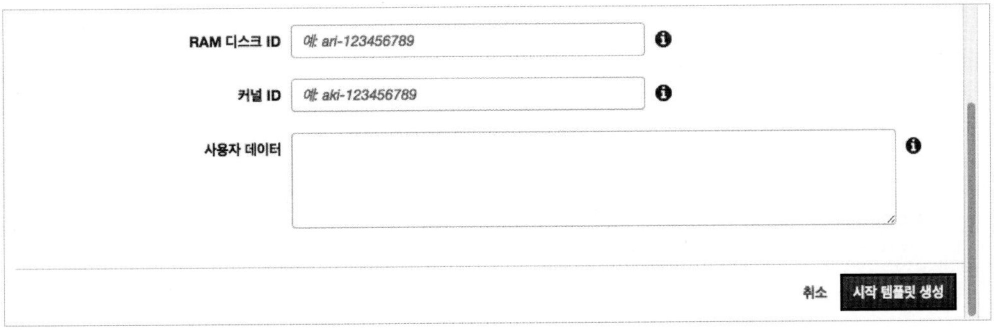

그림 6.31 시작 템플릿 생성 3

16 _ 생성이 완료됐다는 메시지가 나타나면 오른쪽 하단의 [닫기] 버튼을 클릭해 화면을 종료한다.

시작 템플릿 > 시작 템플릿 생성

시작 템플릿 생성

성공

시작 템플릿 (exercise-launch-template-code-deploy lt-0f1136395169f61d3 버전 1) 생성에 성공했습니다.

다음 단계:

이 템플릿에서 인스턴스를 시작합니다.

온디맨드 인스턴스를 사용하면 장기 약정이나 선결제 금액 없이 시간당 컴퓨팅 용량에 대한 요금을 지불하면 됩니다. 시작 템플릿에서 온디맨드 인스턴스를 시작합니다.

이 템플릿에서 인스턴스를 시작합니다.

템플릿에서 Auto Scaling 그룹을 생성합니다.

Auto Scaling으로 애플리케이션의 가용성을 유지하고, 정의한 조건에 따라 Amazon EC2 용량을 자동으로 늘리거나 줄일 수 있습니다. Auto Scaling으로 수요가 급격히 증가할 때는 Amazon EC2 인스턴스를 원하는 수만큼 실행하고, 수요가 줄면 용량을 줄여 비용을 절감할 수 있습니다.

Auto Scaling 그룹 생성

스팟 플릿 생성

스팟 인스턴스가 있으면 미사용 EC2 인스턴스에 입찰하여 Amazon EC2 비용을 상당히 줄일 수 있습니다. 각 가용 영역 내 인스턴스 유형별 스팟 인스턴스의 시간당 가격은 Amazon EC2에서 설정하며, 현재의 시장 가격에 따라 변동됩니다. 스팟 인스턴스는 데이터 분석, 배치 작업, 백그라운드 프로세싱 및 선택적 작업에 매우 적합합니다.

스팟 플릿 생성

닫기

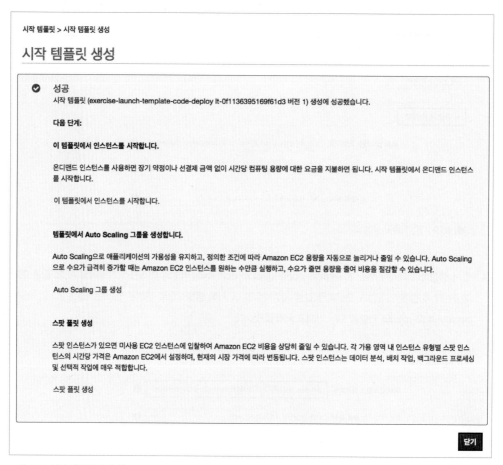

그림 6.32 시작 템플릿 생성 완료

17 _ EC2 왼쪽 메뉴의 [AUTO SCALING] → [Auto Scaling 그룹]을 선택하고 예전에 생성해둔 [EXERCISE-GROUP]의 [편집] 버튼을 클릭한다.

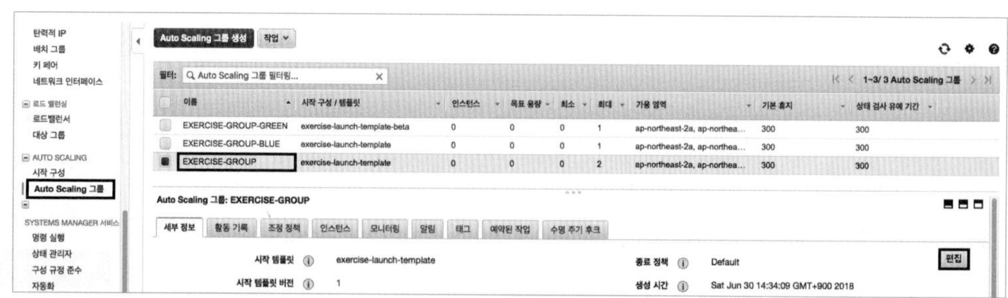

그림 6.33 EXERCISE-GROUP Auto Scaling 그룹

18 _ 우선 [EXERCISE-GROUP] 내 CodeDeploy 적용이 가능한 인스턴스를 실행시키기 위해 [시작 템플릿]의 값을 방금 생성한 [exercise-launch-template-code-deploy]로 변경한다. 그리고 그룹 내 3개의 인스턴스를 실행시키기 위해 [목표 용량], [최소], [최대]의 값을 모두 3으로 변경한다. [대상 그룹]에 [exercise-target-group]이 올바르게 추가돼 있는 것도 확인한다. [저장] 버튼을 클릭해 설정값들을 저장한다.

그림 6.34 EXERCISE-GROUP 설정값 변경

19 _ [인스턴스] 탭을 클릭해 새로 실행되는 3대의 인스턴스가 모두 [InService] 상태가 될 때까지 기다린다. 3대의 인스턴스가 모두 [InService] 상태로 변경되면 CodeDeploy로 배포 가능한 인스턴스 생성 작업이 완료된 것이다.

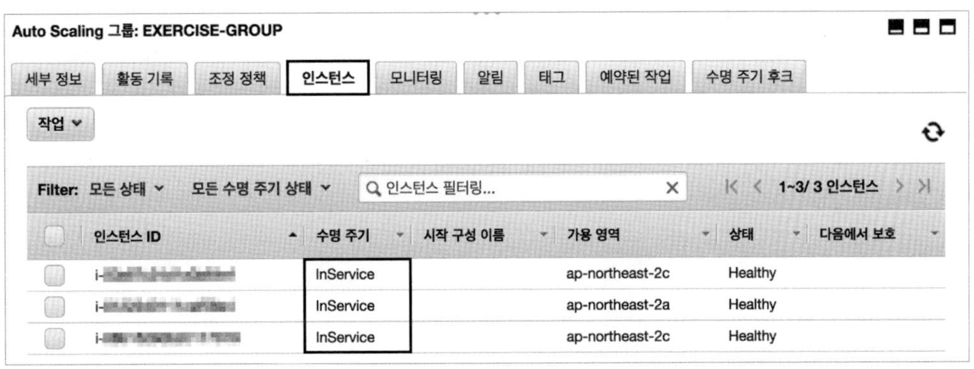

그림 6.35 EXERCISE-GROUP의 인스턴스 탭

CodeDeploy 애플리케이션 생성

인스턴스는 실행됐지만 앞서 AMI를 만들 때 인스턴스 내 코드를 삭제했기 때문에 이 3대의 서버들은 아무런 애플리케이션도 서비스하지 않고 있다. 실제로 ELB의 주소로 접속해 보면 Phusion Passenger 서버 에러가 발생하는 것을 확인할 수 있다. 이제 우리가 원하는 코드를 배포하기 위해 CodeDeploy 애플리케이션을 생성해야 한다.

01 _ AWS 서비스에서 CodeDeploy 서비스를 검색해 클릭한다.

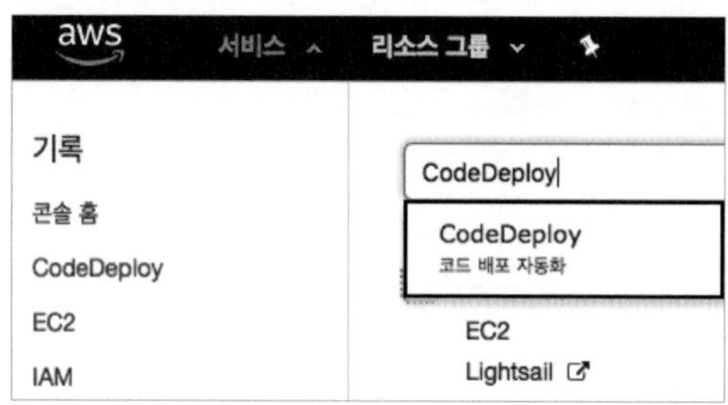

그림 6.36 CodeDeploy 서비스 검색

02 _ CodeDeploy 애플리케이션 페이지에서 [애플리케이션 생성] 버튼을 클릭한다.

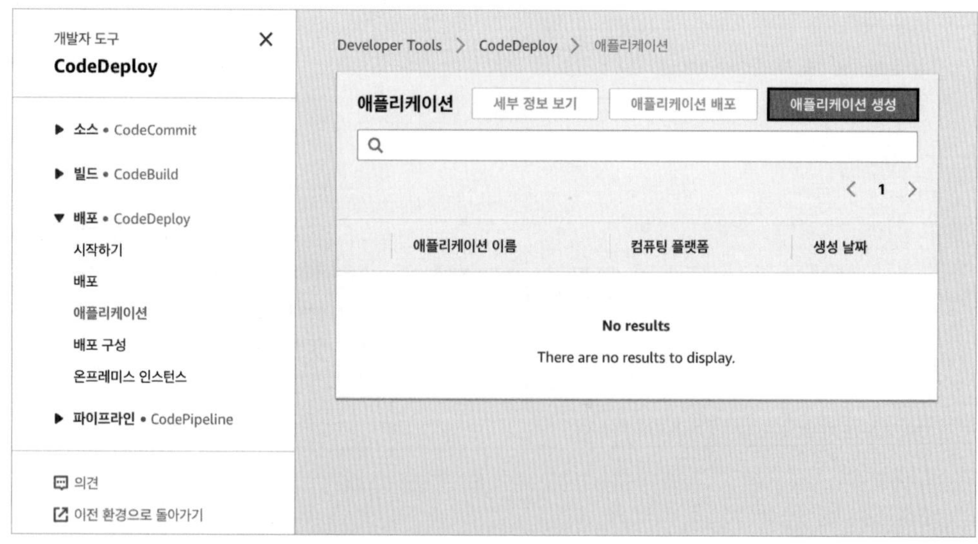

그림 6.37 CodeDeploy 애플리케이션 페이지

03 _ [애플리케이션 이름]은 우리가 생성하려는 애플리케이션의 이름이다. 보통은 프로젝트의 이름을 적는다. 여기서는 exercise 프로젝트를 현재 위치 방식과 블루/그린 방식 모두 사용해서 배포해볼 것이기 때문에 이 애플리케이션의 이름은 [exercise]로 입력한다. 어떤 플랫폼에 배포를 진행할지 정할 수 있다. 일반적인 EC2에 배포할 수도 있고 Lambda 같은 서버리스 컴퓨팅 서비스에도 배포를 진행할 수 있다. 여기서는 앞서 생성한 EC2 인스턴스에 배포를 진행할 것이므로 [컴퓨팅 플랫폼]은 [EC2/온프레미스]를 선택한다. 값을 모두 입력했으면 [애플리케이션 생성] 버튼을 클릭한다.

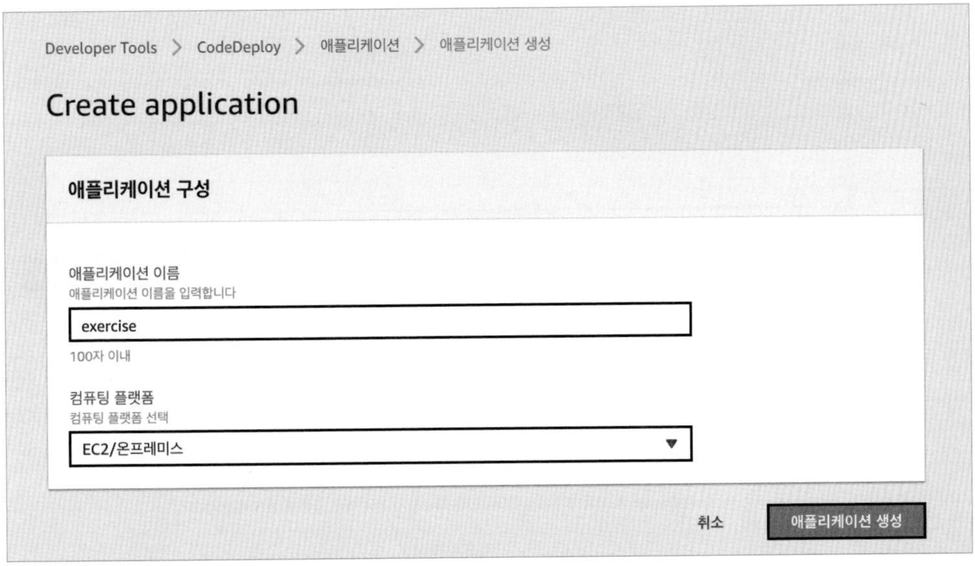

Developer Tools > CodeDeploy > 애플리케이션 > 애플리케이션 생성

Create application

애플리케이션 구성

애플리케이션 이름
애플리케이션 이름을 입력합니다
exercise
100자 이내

컴퓨팅 플랫폼
컴퓨팅 플랫폼 선택
EC2/온프레미스

취소 애플리케이션 생성

그림 6.38 CodeDeploy 애플리케이션 생성

04 _ 애플리케이션을 생성하면 해당 애플리케이션의 화면으로 이동하고 [배포 그룹]을 생성하라는 메시지가 나타난다. [exercise] 애플리케이션에 [배포 그룹]을 추가하기 위해 [배포 그룹 생성] 버튼을 클릭한다.

그림 6.39 CodeDeploy의 [exercise] 애플리케이션

05_ 하나의 애플리케이션에는 여러 개의 배포 그룹이 존재할 수 있다. 같은 소스코드를 사용하는 프로젝트들을 여러 환경으로 구분하거나 배포 방법을 다르게 하고 싶을 때 사용하면 된다. 보통은 테스트 환경, 운영 환경과 같이 환경별로 구성한다. 여기서는 현재 위치 배포 방식으로 우선 배포를 진행해볼 것이기 때문에 [배포 그룹 이름]은 [production-in_place]로 입력한다.

[서비스 역할]은 이 CodeDeploy 애플리케이션에 어떤 서비스 역할을 부여할 것인지 선택하는 부분인데, 앞서 만들어둔 [exercise-code-deploy-service-role] 역할을 선택한다.

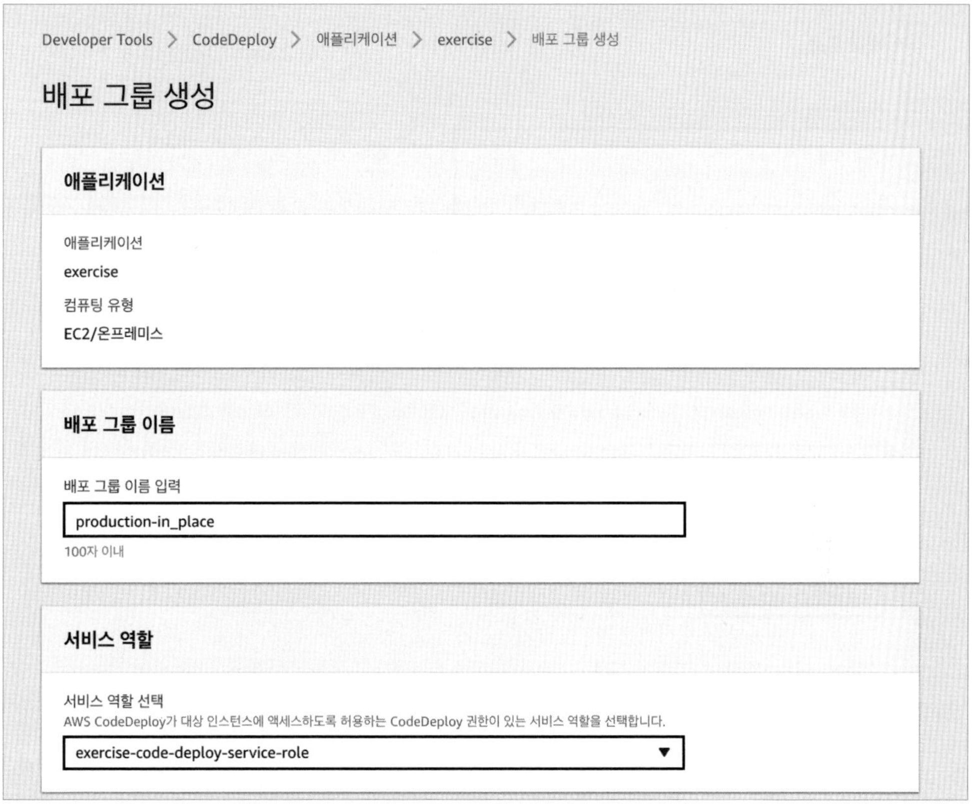

Developer Tools > CodeDeploy > 애플리케이션 > exercise > 배포 그룹 생성

배포 그룹 생성

애플리케이션

애플리케이션
exercise
컴퓨팅 유형
EC2/온프레미스

배포 그룹 이름

배포 그룹 이름 입력
production-in_place
100자 이내

서비스 역할

서비스 역할 선택
AWS CodeDeploy가 대상 인스턴스에 액세스하도록 허용하는 CodeDeploy 권한이 있는 서비스 역할을 선택합니다.
exercise-code-deploy-service-role ▼

그림 6.40 [exercise] 애플리케이션의 배포 그룹 생성

06 _ 현재 위치 배포와 블루/그린 배포 중 원하는 배포 유형을 선택할 수 있다. [배포 유형]은 [현재 위치]를 선택한다. 그다음 나오는 [환경 구성]은 이 배포 그룹에 어떤 인스턴스들을 추가할지 지정하는 화면이다. 대상 그룹에 인스턴스를 추가할 때와 비슷하게 EC2 인스턴스를 직접 추가할 수도 있고 Auto Scaling 그룹을 추가해서 그룹 내 인스턴스들을 자동으로 등록할 수도 있다. [Auto Scaling 그룹]을 선택해 [EXERCISE-GROUP]을 입력하자.

그리고 [배포 설정]의 값을 선택한다. 한 번에 하나(CodeDeployDefault.OneAtATime), 절반씩(CodeDeploy Default.HalfAtATime), 한꺼번에(CodeDeployDefault.AllAtOnce)와 같이 기본적으로 사용되는 구성이 미리 정의돼 있다. 추가로 원하는 구성을 새로 만들 수 있지만 여기서는 한 번에 한 인스턴스씩 배포를 진행하는 [CodeDeploy Default.OneAtATime]을 선택하자.

배포 유형

애플리케이션 배포 방법 선택

현재 위치
배포 그룹의 인스턴스를 최신 애플리케이션 개정으로 업데이트합니다. 배포 중에 각 인스턴스가 업데이트를 위해 잠시 오프라인 상태로 전환됩니다.

블루/그린
배포 그룹의 인스턴스를 새 인스턴스로 교체하고 최신 애플리케이션 개정을 해당 인스턴스에 배포합니다. 대체 환경의 인스턴스가 로드 밸런서에 등록된 후 원본 환경의 인스턴스는 등록 취소되고 종료할 수 있습니다.

환경 구성

이 배포에 추가할 Amazon EC2 Auto Scaling 그룹, Amazon EC2 인스턴스 및 온프레미스 인스턴스의 조합 선택

Amazon EC2 Auto Scaling 그룹

애플리케이션 개정을 배포할 Amazon EC2 Auto Scaling 그룹을 10개까지 선택할 수 있습니다.

EXERCISE-GROUP

Amazon EC2 인스턴스

온프레미스 인스턴스

배포 설정

배포 구성
기본 및 사용자 지정 배포 구성 목록에서 선택합니다. 배포 구성은 애플리케이션이 배포되는 속도와 배포 성공 또는 실패 조건을 결정하는 규칙의 모음입니다.

CodeDeployDefault.OneAtATime 또는 배포 구성 만들기

그림 6.41 [production-in_place] 배포 그룹의 설정

07 _ 마지막으로 [로드 밸런서] 부분에서는 [Application Load Balancer 또는 Network Load Balancer]를 선택하고 [로드 밸런싱 활성화] 부분에서 우리가 기존에 사용하던 대상 그룹인 [exercise-target-group]을 선택한다. 설정이 모두 완료되면 [배포 그룹 생성]을 클릭해 배포 그룹 생성을 완료한다.

로드 밸런서

배포 프로세스 중에 수신 트래픽을 관리할 로드 밸런서를 선택합니다. 로드 밸런서는 배포 중인 각 인스턴스에서 트래픽을 차단하고 배포 성공 후 인스턴스에 대한 트래픽을 다시 허용합니다.

☑ 로드 밸런싱 활성화

◉ Application Load Balancer 또는 Network Load Balancer

○ Classic Load Balancer

로드 밸런싱 활성화

exercise-target-group ▼

▶ 고급 - 선택 사항

취소 배포 그룹 생성

그림 6.42 [production–in_place] 배포 그룹의 설정

08_ 배포 그룹이 생성됐다는 메시지가 나타나고 [production–in_place] 배포 그룹 화면으로 이동한다. 이 배포 그룹에 새로운 배포를 진행하기 위해 [배포 생성] 버튼을 클릭한다.

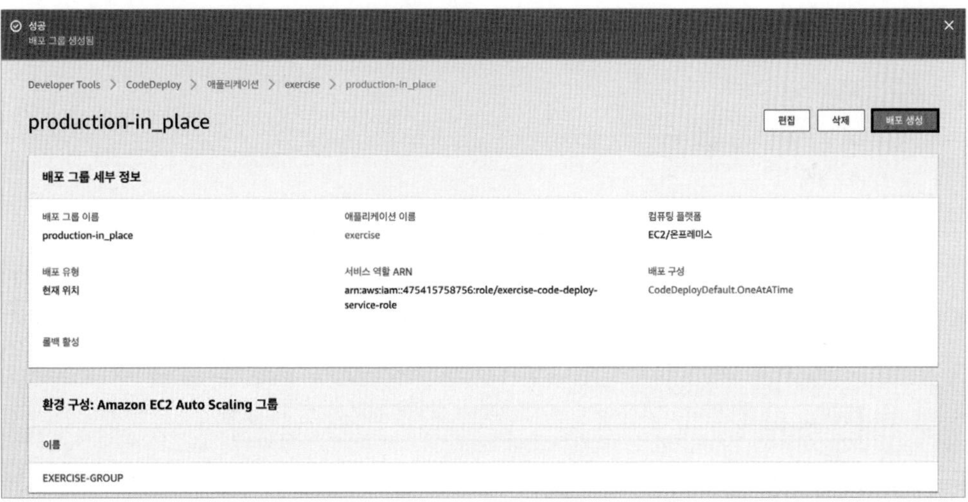

그림 6.43 [production–in_place] 배포 그룹

09 _ 배포 생성 화면에서는 CodeDeploy Agent가 프로젝트를 내려받을 수 있는 리포지토리를 선택해야 한다. 파일 스토리지 서버인 Amazon S3에 애플리케이션 코드를 올려둔 뒤 불러오는 방법도 지원하고 가장 많이 사용되는 Git 리포지토리인 깃허브의 프로젝트도 지원한다. 여기서는 깃허브에 있는 프로젝트를 바로 불러와서 사용할 것이기 때문에 리포지토리 유형을 [애플리케이션을 GitHub에 저장]으로 선택한다.

깃허브에서 불러오는 옵션을 선택했기 때문에 사용자의 깃허브 ID를 연동해야 한다. 이번 실습에서는 공개 리포지토리에 있는 프로젝트를 불러올 테지만 비공개 리포지토리에 있는 코드를 불러올 때는 권한이 필요하기 때문에 깃허브 계정을 필수적으로 연동해야 한다. 깃허브 아이디가 없다면 미리 가입해 두자. 깃허브 토큰 이름에는 본인의 깃허브 계정이나 계정을 알아볼 수 있는 별칭을 입력하고 [GitHub에 연결] 버튼을 클릭한다.

그림 6.44 [production-in_place] 배포 그룹의 배포 생성

10 _ 깃허브에 로그인해서 깃허브 아이디와 AWS CodeDeploy를 연동한다.

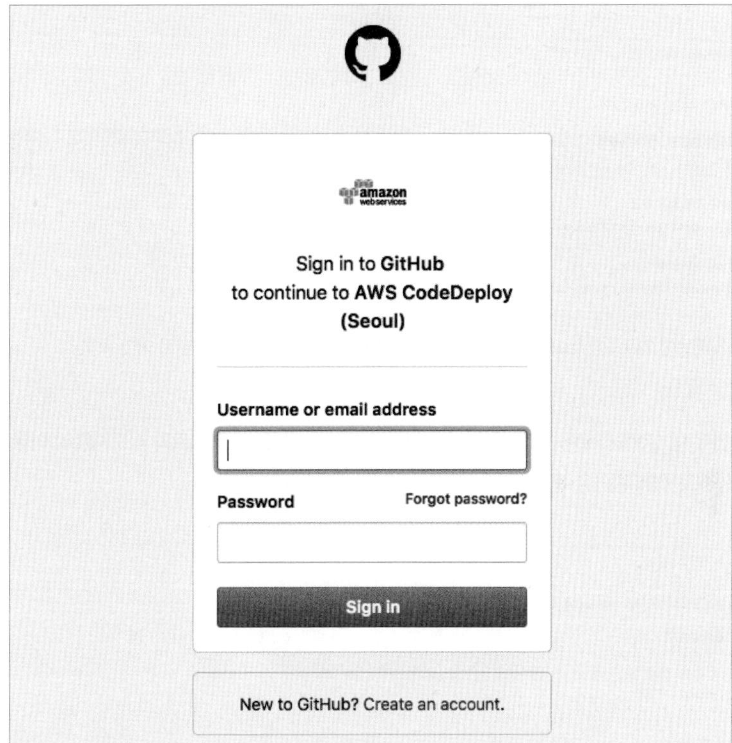

그림 6.45 깃허브와 CodeDeploy 연동

11 _ 연동을 마치면 이제 새로운 코드를 배포할 때 CodeDeploy에게 어떤 프로젝트의 어떤 커밋 ID를 배포할지 알려주기만 하면 된다. CodeDeploy는 해당 리포지토리의 특정 커밋 ID가 생성된 리비전의 소스코드를 이용해 배포를 진행하게 된다. 우리가 원하는 커밋 ID를 불러오기 위해 샘플 프로젝트의 깃허브 페이지[25]에 접속한다. 샘플 프로젝트에서는 CodeDeploy 환경이 구축된 소스코드는 [code-deploy]라는 이름의 브랜치로 구성돼 있다. 해당 브랜치 페이지[26]에 접속해보면 CodeDeploy용 환경이 구성돼 있는 Git 브랜치와 그 내용을 확인해볼 수 있다.

우리가 원하는 건 이 브랜치의 최신 리비전이기 때문에 최근 커밋 ID를 복사한다. 클립보드 아이콘을 클릭하면 자동으로 커밋 ID가 복사된다.

25 https://github.com/deopard/aws-exercise-a

26 https://github.com/deopard/aws-exercise-a/tree/code-deploy

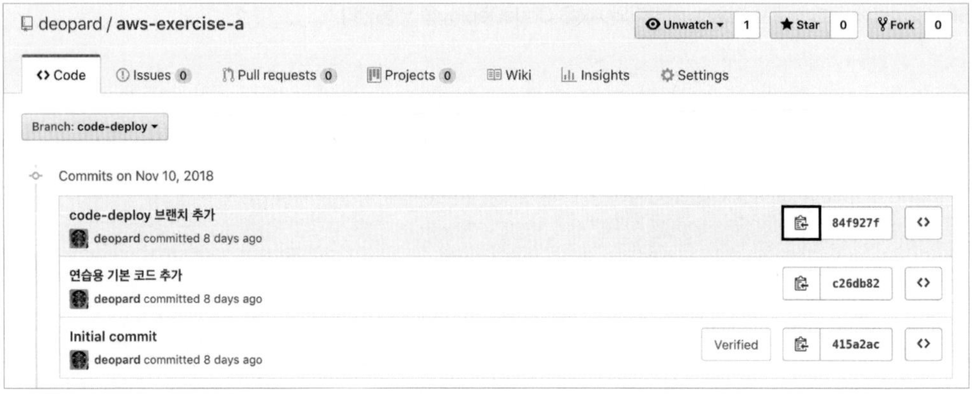

그림 6.46 깃허브에 업로드된 [aws-exercise-a] 프로젝트의 [code-deploy] 브랜치 커밋 목록

12 _ 다음 그림과 같이 CodeDeploy용 파일들이 미리 설정돼 있는 샘플 프로젝트의 리포지토리 이름과 커밋 ID를 입력한다. 그리고 [배포 설명]란에는 배포하는 버전에 대한 간단한 내용을 적는다.

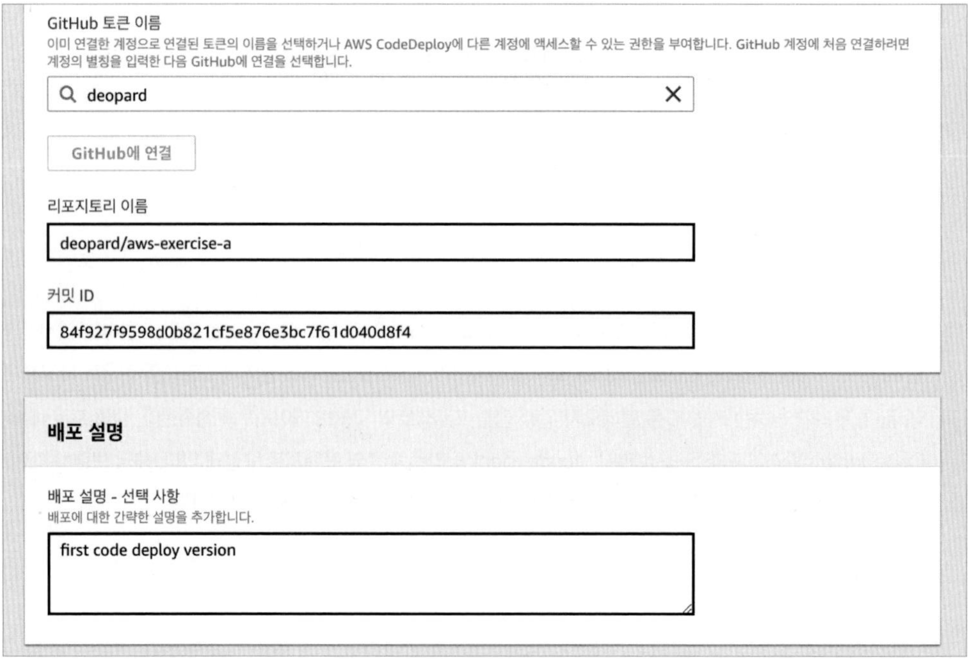

그림 6.47 CodeDeploy 깃허브 리포지토리와 커밋 ID로 배포 만들기

13 _ 스크롤을 내려 다른 값들은 기본값으로 설정하고 배포를 만들기 위해 [배포 생성] 버튼을 클릭한다.

▶ 배포 그룹 재정의

▶ 추가 배포 동작 설정

▶ 롤백 구성 재정의

취소 배포 생성

그림 6.48 CodeDeploy 배포 만들기

14 _ [배포 생성] 버튼을 클릭하면 방금 생성된 배포의 상세 화면으로 이동한다. 방금 만든 배포가 진행 중인 것을 확인할 수 있다. 배포가 발생했을 때 어떤 설정을 가지고 배포가 진행됐는지, 현재 상태는 어떤지 등을 확인할 수 있다.

실습에서는 3대의 인스턴스에 배포를 요청했고 한 번에 한 인스턴스에 배포를 진행해달라고 요청했다. 아래 상태 표시줄을 보면 3개의 인스턴스 중 1개가 업데이트됐고 나머지 업데이트가 진행 중임을 확인할 수 있다.

[배포 세부 정보] 영역에는 어떤 설정으로 배포를 진행했는지 나타난다. [개정 세부 정보]에서는 어떤 버전의 코드를 배포했는지 나타난다. [배포 수명 주기 이벤트]에는 배포가 실제로 일어난 인스턴스들에 대해서 얼마나 시간이 걸렸고 현재 상태가 어떻게 되는지 나타난다. 세 인스턴스 중 하나의 인스턴스에서 [View events] 버튼을 클릭해보자.

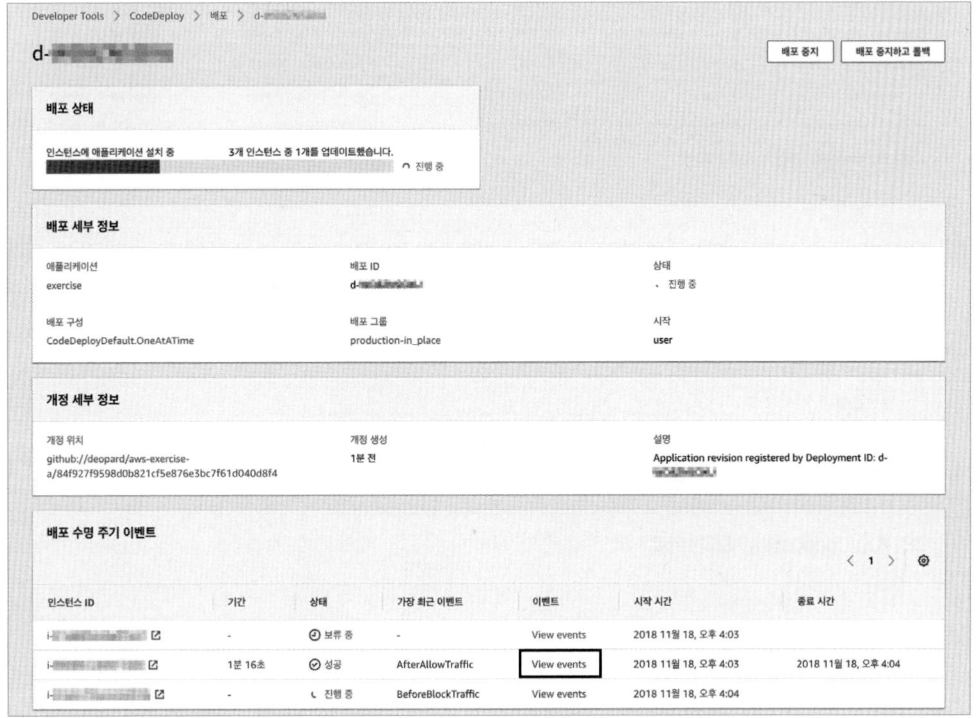

그림 6.49 CodeDeploy 배포가 진행 중인 모습

15 _ 이벤트 상세 화면에서는 이 인스턴스에서 CodeDeploy Agent가 배포를 진행하면서 발생한 이력을 상세하게 보여준다. 미리 정해진 CodeDeploy 생명주기 이벤트에 따라 AppSpec.yml 파일에 있는 배포 작업을 실행했을 때 얼마만큼의 시간이 소요됐고 그 결과가 어떤지 보여준다. 만약 실패한 단계가 있다면 실패 사유도 확인할 수 있다.

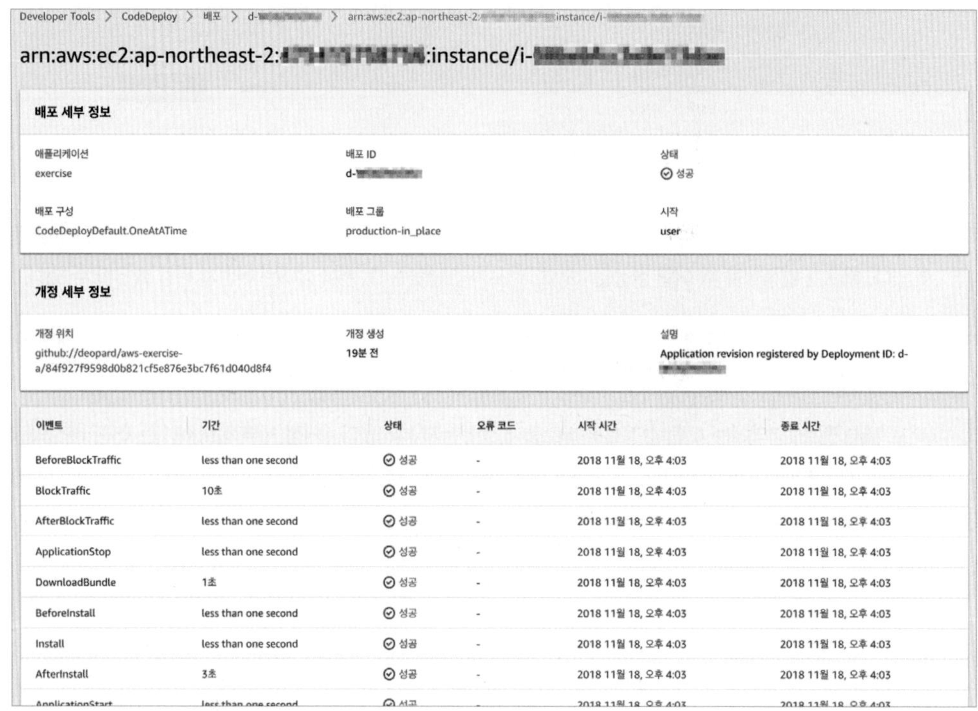

그림 6.50 배포 이벤트 상세 화면

16 _ 배포가 모두 완료되면 [상태]가 [성공]으로 바뀐다. 이렇게 되면 올바르게 세 인스턴스에 배포가 이뤄졌음을 의미한다.

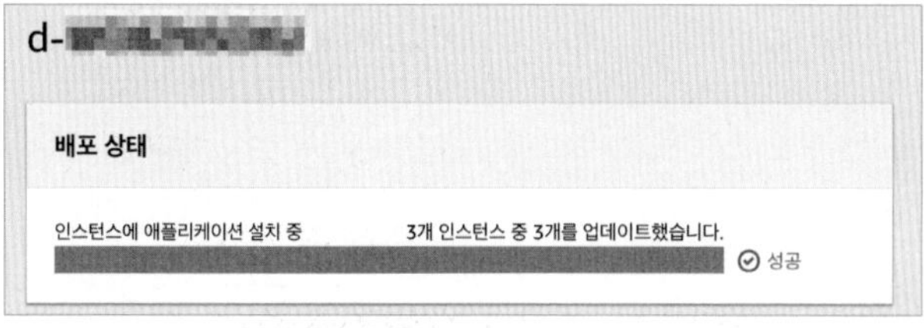

그림 6.51 CodeDeploy 배포가 완료

17 _ 왼쪽의 CodeDeploy 메뉴에서 [배포] → [배포] 메뉴를 선택하면 CodeDeploy에 있는 모든 애플리케이션과 배포 그룹에서 배포된 내역을 확인할 수 있다. 각 행의 왼쪽 [배포 ID] 부분을 클릭하면 배포의 상세 페이지로 이동한다.

그림 6.52 CodeDeploy 배포 내역

18 _ 배포가 모두 완료됐으니 실제로 애플리케이션이 정상적으로 동작하는지 확인해볼 차례다. 우리가 배포한 인스턴스들에게 요청을 나눠주고 있는 로드 밸런서의 주소를 확인하기 위해 EC2 서비스로 돌아가 왼쪽의 [로드 밸런싱] → [로드 밸런서] 메뉴를 클릭한다. [exercise-lb] 로드 밸런서를 선택한 다음, [설명] 탭에서 DNS 이름의 값을 복사한다.

그림 6.53 [exercise-lb] 로드 밸런서 설명

19 _ 웹 브라우저에서 DNS 주소로 접속을 시도해보면 CodeDeploy로 배포한 애플리케이션이 정상적으로 실행되고 있음을 확인할 수 있다.

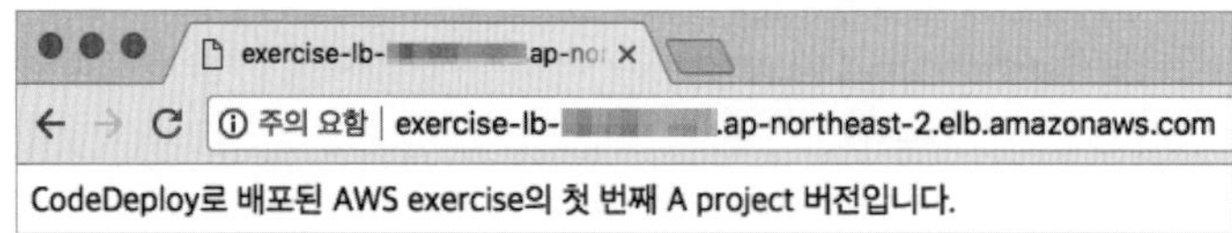

그림 6.54 CodeDeploy로 배포한 인스턴스에 접속한 모습

CodeDeploy로 새로운 버전 배포

배포가 잘 되는 것은 확인했으나 현재 위치 배포 기법을 이용한 무중단으로 배포가 되는지는 확인하지 못했다. 이 부분을 확인하기 위해 새로운 버전을 다시 한 번 CodeDeploy로 배포해보자.

01 _ AWS 서비스에서 CodeDeploy 서비스를 검색해서 클릭한다.

그림 6.55 CodeDeploy 서비스 검색

02 _ 이전에 생성해둔 [exercise] 애플리케이션을 클릭한다.

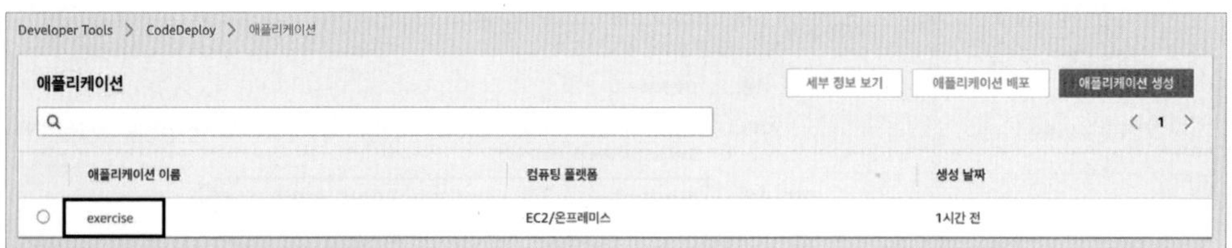

그림 6.56 CodeDeploy 애플리케이션 목록

03 _ [배포] 탭을 클릭하고 [배포 생성] 버튼을 클릭한다.

그림 6.57 CodeDeploy 배포 그룹

04 _ 앞에서 했던 것처럼 배포를 위한 값들을 채워 넣는다. 샘플 프로젝트에서 CodeDeploy 두 번째 버전을 위한 브랜치도 생성돼 있다. 이번에는 그 브랜치의 최신 리비전을 배포할 것이다. 브랜치의 커밋 기록 페이지[27]로 이동한다. 우리가 원하는 것은 이 브랜치의 최신 리비전이기 때문에 가장 최근 커밋 ID를 복사한다. 클립보드 아이콘을 클릭하면 자동으로 커밋 ID가 복사된다.

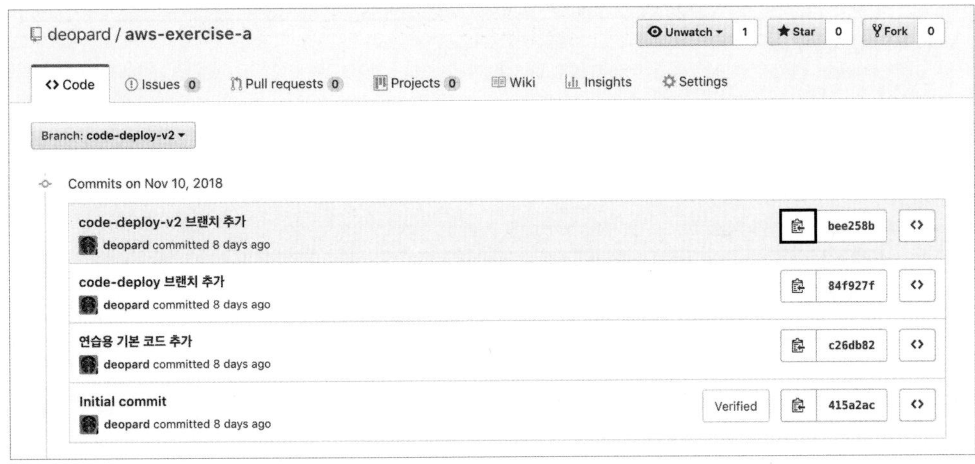

그림 6.58 깃허브 프로젝트의 [code-deploy-v2] 브랜치 커밋 목록

27 https://github.com/deopard/aws-exercise-a/commits/code-deploy-v2

05 _ [배포 만들기] 화면으로 돌아와서 앞에서 진행한 배포 설정과 동일하게 입력하고 커밋 ID는 방금 복사한 ID로 입력한다.

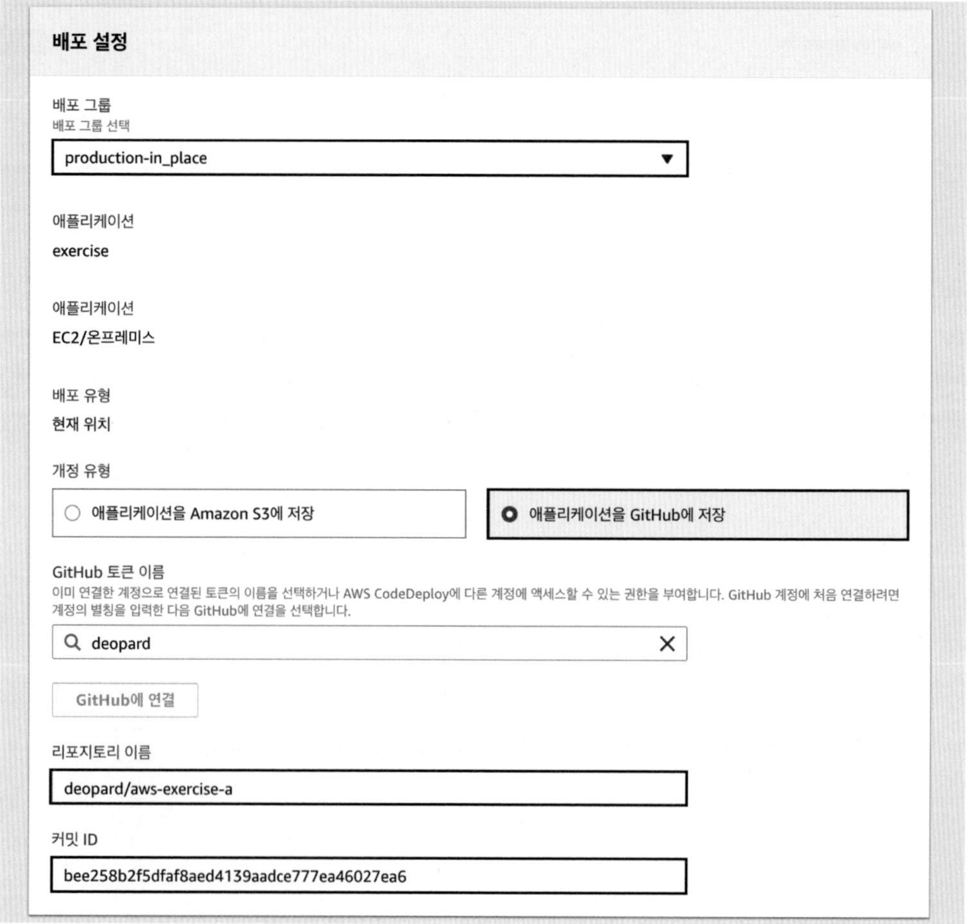

배포 설정
배포 그룹
배포 그룹 선택
production-in_place
애플리케이션
exercise
애플리케이션
EC2/온프레미스
배포 유형
현재 위치
개정 유형
애플리케이션을 Amazon S3에 저장
애플리케이션을 GitHub에 저장
GitHub 토큰 이름
이미 연결한 계정으로 연결된 토큰의 이름을 선택하거나 AWS CodeDeploy에 다른 계정에 액세스할 수 있는 권한을 부여합니다. GitHub 계정에 처음 연결하려면 계정의 별칭을 입력한 다음 GitHub에 연결을 선택합니다.
deopard
GitHub에 연결
리포지토리 이름
deopard/aws-exercise-a
커밋 ID
bee258b2f5dfaf8aed4139aadce777ea46027ea6

그림 6.59 CodeDeploy 깃허브 리포지토리와 커밋 ID로 배포 만들기

06 _ 스크롤을 아래로 내려 나머지 값은 기본 값으로 두고 [배포 생성] 버튼을 클릭한다.

추가 배포 동작 설정
롤백 구성 재정의
취소
배포 생성

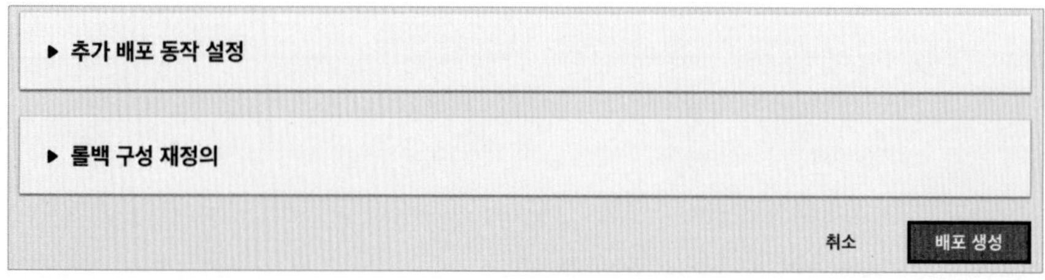

그림 6.60 CodeDeploy 배포 만들기

07 _ 방금 생성한 배포의 상세 화면을 띄워두고 배포가 진행되면서 아까 띄워 둔 로드 밸런서에 접속한 웹 브라우저도 계속 새로고침한다.

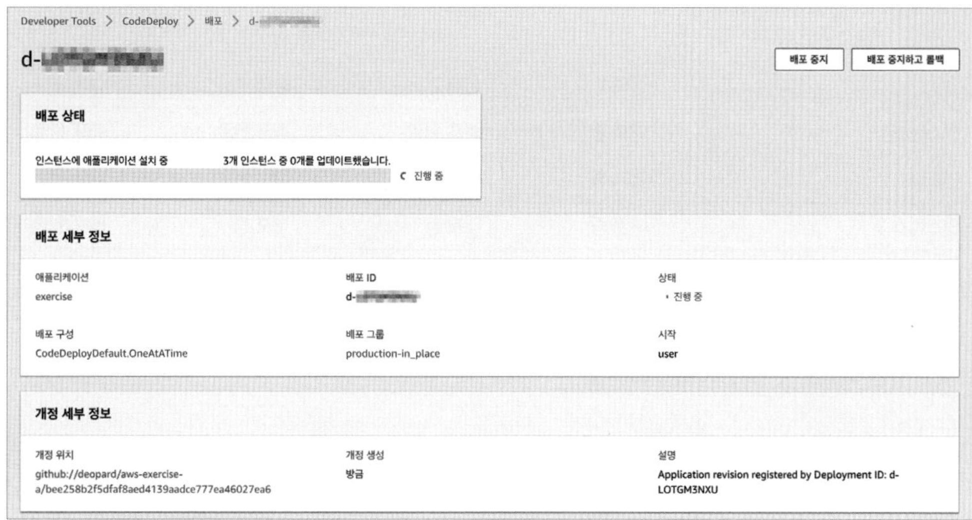

그림 6.61 진행 중인 배포 상세 화면

08 _ 웹 브라우저에서 새로고침을 계속 하다 보면 이전에 배포했던 애플리케이션 버전과 지금 배포하고 있는 애플리케이션 버전이 번갈아가면서 나타나는 것을 확인할 수 있다.

여기서 새로고침을 할 때 실행되는 애플리케이션으로 현재 위치 배포가 일어나는 과정을 다시 한번 알아볼 수 있다.

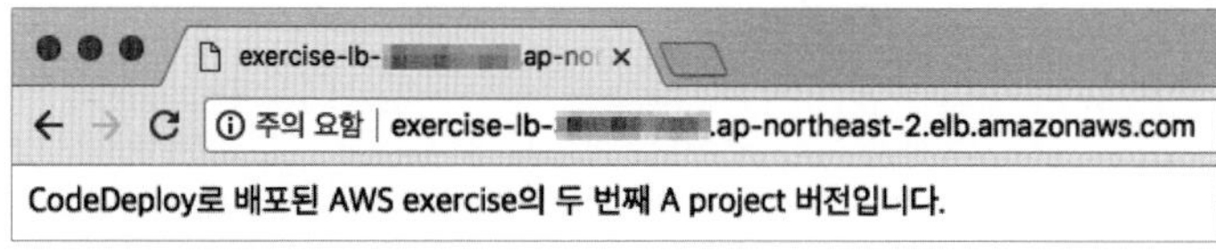

그림 6.62 두 번째 버전의 애플리케이션이 실행된 결과

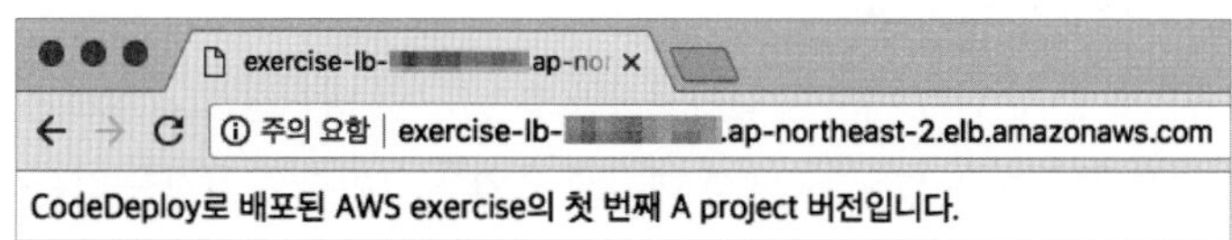

그림 6.63 첫 번째 버전의 애플리케이션이 실행된 결과

현재 위치 배포에서 배포 중에는 로드 밸런서에서 등록을 해제하기 때문에 요청을 받지 않는다. 따라서 하나의 인스턴스가 배포 중일 때는 나머지 두 인스턴스에서 요청을 처리한다. 그렇기 때문에 상태별로 다음과 같은 확률표를 얻을 수 있다.

	상태 1	상태 2	상태 3	상태 4
인스턴스 1	배포 중	배포 완료	배포 완료	배포 완료
인스턴스 2	대기 중	배포 중	배포 완료	배포 완료
인스턴스 3	대기 중	대기 중	배포 중	배포 완료
첫 번째 버전이 나올 확률	2/2	1/2	0/2	0/3
두 번째 버전이 나올 확률	0/2	1/2	2/2	3/3

표 6.3 현재 위치 배포 중 인스턴스 요청 처리 확률

실습 환경 정리

01 _ EC2 서비스에서 [Auto Scaling] → [Auto Scaling 그룹] 메뉴를 클릭한 후 [EXERCISE-GROUP]의 [목표 용량], [최소] 값을 0으로 변경해서 실습에서 사용한 모든 인스턴스들을 종료한다.

목표 용량	0
최소	0
최대	3

그림 6.64 [EXERCISE-GROUP] 설정 편집

6.2.5 기타

CodeDeploy의 블루/그린 배포

이 책에서는 실습으로 현재 위치 배포를 진행했지만 블루/그린 방식으로도 배포를 진행할 수 있다. 블루/그린 배포를 진행하면 CodeDeploy에서 대신해서 원본과 똑같은 설정을 갖는 그린 Auto Scaling 그룹을 자동으로 만들 수도 있고 기존에 존재하는 Auto Scaling 그룹을 그린 그룹으로 설정해서 배포를 진행할 수도 있다.

CodeDeploy에서 제공하는 블루/그린은 굉장히 많은 일을 자동으로 해주지만 몇 가지 단점이 있다. 자동으로 Auto Scaling 그룹을 만들어 주지만 이 그룹의 이름이 배포 ID를 기반으로 생성되기 때문에 매번 새로운 이름으로 생성된다. CloudWatch와 같이 AWS의 다른 서비스들이 Auto Scaling 그룹의 이름을 구분자로 사용하기 때문에 다시 설정을 새로 해줘야 하는 경우도 생긴다. 그리고 배포가 완료되면 기존 그룹을 삭제하기 때문에 기존 그룹에 연동돼 있는 서비스들도 끊어져 버린다. 물론 이런 부분들은 AWS에서 업데이트되면 해결될 수 있는 문제이긴 하지만 현시점에서는 존재하는 불편한 점이다.

CodeDeploy의 배포 자동화도 활용하면서 이런 단점들을 극복한 블루/그린 배포를 진행하고 싶다면 다음과 같이 하는 방법도 있다. 다만 수동으로 인스턴스들을 실행해야 하고 수동으로 ELB로 트래픽을 라우팅해야 한다는 단점은 있다.

01 _ Auto Scaling 그룹을 두 개(블루 그룹과 그린 그룹) 만든다.

02 _ 그린 그룹으로 배포를 진행하고자 한다면 그린 그룹에 블루 그룹과 같은 시작 템플릿, 인스턴스 수를 설정한다.

03 _ 그린 그룹에 CodeDeploy의 현재 위치 배포로 배포를 진행한다.

04 _ 블루/그린 배포를 위한 ELB를 통한 트래픽 포워딩을 진행한다.

05 _ 모두 완료되면 블루 그룹의 인스턴스 수를 0으로 줄인다.

Auto Scaling과 CodeDeploy

Auto Scaling을 통해 인스턴스가 자동으로 시작될 때 CodeDeploy는 어떻게 동작할까? 앞서 CodeDeploy로 배포하기 위해 만들어둔 인스턴스에는 애플리케이션 코드가 포함돼 있지 않다. 따라서 Auto Scaling을 통해 새로운 인스턴스가 시작되면 코드를 포함하지 않는 인스턴스가 실행된다. 하지만 다행히 Auto Scaling 그룹과 CodeDeploy는 AWS의 서비스이기 때문에 별다른 설정을 하지 않아도 클라이언트의 요청을 받기 이전에 자동으로 코드 배포가 이뤄진다.

그 원리는 바로 Auto Scaling 그룹의 생명주기와 후크에 있다. CodeDeploy에서 애플리케이션의 배포 그룹을 생성할 때 Auto Scaling 그룹을 지정하는데, 이때 해당 Auto Scaling 그룹에 생명주기 후크가 하나 추가된다. 이 후크는 인스턴스가 시작될 때를 나타내는 [autoscaling:EC2_INSTANCE_LAUNCHING]이라는 생명주기에 CodeDeploy로 배포를 진행하게 한다. 인스턴스가 시작되고 InService 상태로 변경되기 이전에 이 후크가 실행되는데, 그때 CodeDeploy에서는 해당 배포 그룹에서 맨 마지막으로 배포에 성공한 개정(revision)을 이 인스턴스에 배포하게 된다. 배포에 실패하는 경우에는 생명주기에 따라서 시작되던 인스턴스가 종료되고 Auto Scaling 그룹에서 잠시 후 새로운 인스턴스를 실행한다.

만약 이 자동 배포를 잠시 끄고 싶다면 Auto Scaling 그룹의 [생명주기 후크] 탭에서 해당 후크를 삭제하면 된다. 후크를 다시 추가하고 싶다면 CodeDeploy의 배포 그룹의 편집 화면에서 저장하기만 하면 된다.

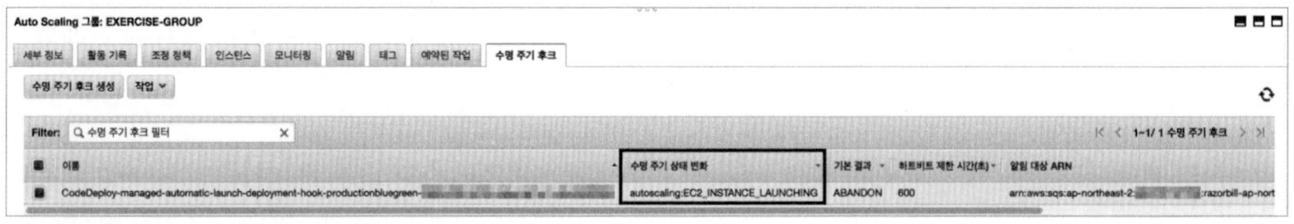

그림 6.65 [EXERCISE-GROUP]에 자동으로 추가된 생명주기 후크

CodeDeploy Agent 배포 로그

CodeDeploy Agent도 프로그램이기 때문에 버그가 생기기도 하고 우리가 설정을 잘못해서 배포가 제대로 이뤄지지 않는 경우도 있다. 이렇게 문제가 생기는 경우에는 로그를 확인해서 원인을 파악하는 것이 가장 중요하다. CodeDeploy에서는 두 가지 로그를 확인할 수 있다. 하나는 CodeDeploy Agent가 실행되면서 쌓는 로그이고 다른 하나는 우리가 만든 배포 스크립트가 실행되면서 출력한 로그다. 두 로그가 위치한 경로는 다음과 같다.

- **CodeDeploy Agent 로그**: /var/log/aws/codedeploy-agent/codedeploy-agent.log
- **배포 스크립트 로그**: /opt/codedeploy-agent/deployment-root/deployment-logs/codedeploy-agent-deployments.log

CodeDeploy Agent의 로그에는 CodeDeploy Agent가 CodeDeploy와 통신한 이력, 프로세스 관리 이력 등이 기록된다.

배포 스크립트 로그에는 배포 ID마다 다른 경로에 쌓이게 되고 배포 시 사용했던 스크립트 출력 내용이 모두 기록된다. 스크립트 실행 중 에러가 발생했다면 에러 메시지도 이곳에서 확인할 수 있다.

6.3 정리

이번 장에서는 AWS의 배포 자동화 서비스인 CodeDeploy와 이를 사용하는 데 필요한 개념인 IAM에 대해 알아봤다. 5장에서 배운 것처럼 사용자에게 장애 없이 배포하는 일은 그리 간단한 과정이 아니다. 따라서 사용자에게 최신 버전의 코드를 빨리, 자주 배포하기 위해서는 배포 자동화 환경이 꼭 구축돼 있어야 한다. 꼭 CodeDeploy가 아니라 다른 외부 배포 서비스를 이용해서라도 배포 과정은 최대한 자동화해서 간소화해두는 것이 중요하다. 여기서 배운 IAM은 CodeDeploy뿐만 아니라 수많은 AWS 서비스를 사용하기 위해 알아둘 필요가 있다.

07

비밀 값 관리

대부분의 애플리케이션은 외부에 절대로 노출돼서는 안 되는 비밀 값들을 갖고 있다. 비밀 값들의 예로는 데이터베이스 접속 정보나 서드파티 서비스를 이용하기 위한 비밀 액세스 키 등이 있다. 이런 값들은 소스코드와 함께 서버에서 사용되지만 소스코드보다 훨씬 더 안전하게 관리돼야 한다. 이번 장에서는 이러한 비밀 값들을 어떻게 관리할지 배우고 이런 비밀 값들을 쉽게 관리할 수 있게 도와주는 툴들을 알아보겠다.

7.1 비밀 값

7.1.1 비밀 값 관리 원칙

비밀 값은 앞에서 언급한 것과 같이 유출될 경우 서비스의 안전에 위협이 되는 값들을 얘기한다. 비밀 값을 관리하는 데는 다음과 같은 원칙들이 있다.

첫 번째, 비밀 값은 버전 관리 시스템에 업로드되면 안 된다. 이런 값들은 소스코드 프로젝트와 함께 배포돼야 하지만 절대로 Git과 같은 버전 관리 시스템(이하 VCS)에 저장되면 안 된다. 실수로 한 번 올렸다가 바로 지운 뒤 다시 커밋을 하더라도 과거의 파일 기록을 모두 저장하는 VCS의 특성상 과거 이력에서 해당 값을 찾을 수 있다. 따라서 이런 경우 비밀 값을 모두 새로운 값으로 변경하거나 VCS에 올라가 있는 모든 기록까지 강제로 삭제해야 한다. 이런 문제가 발생하지 않도록 비밀 파일들은 처음부터

[.gitignore]와 같이 VCS에서 제공하는, 업로드하지 않을 파일들을 명시해두는 설정 파일에 등록해둬야 한다. 깃허브의 비공개 저장소여도 올리지 않는 것이 좋다. 비밀 값을 몰라도 되는 많은 사람들이 소스코드에 접근할 수 있으며 깃허브와 서드파티 애플리케이션들을 연동할 경우 많은 서드파티 애플리케이션들이 비밀 값에 대한 접근 권한을 갖게 되고 보안 값이 유출될 가능성을 높인다.

두 번째, 비밀 값은 최소한의 인원만 알고 있어야 한다. 비밀 값을 알고 있는 사람이 팀을 나가는 경우에는 그가 알고 있던 모든 비밀 값을 새로운 값으로 변경해야 한다. 오랜 시간 동안 여러 명의 팀원이 나가고 들어올 텐데 모두 비밀 값을 알고 있다면 매우 귀찮아질 것이다. 대부분 개발자는 로컬이나 테스트 환경에서 개발하면 되기 때문에 테스트 환경용으로 생성된 비밀 값만 알고 있으면 되고 운영 환경의 값은 알 필요가 없다. 따라서 안전과 관리의 편의성을 위해 일부 관리자와 운영 서버에 접속할 수 있는 관리자만이 운영 환경의 비밀 값을 알고 있어야 한다.

세 번째, 비밀 값과 아닌 값은 분리해서 관리해야 한다. 보통 비밀 값들은 애플리케이션에서 사용하기 위해 파일 내에 저장되는데, 애플리케이션 설정값과 함께 별도의 설정 파일로 관리되는 경우가 많다. 만약 비밀이 아닌 일반 설정값과 비밀 값이 한 파일에서 관리된다면 비밀 값을 몰라야 하는 사람들에게 파일을 공유하거나 수정하기 번거로워지기 때문에 비밀인 값들과 아닌 값들을 다른 파일로 분리해서 관리해야 한다.

7.2 관리 방법

7.2.1 배포 자동화 툴

이 책에서는 배포 자동화 툴로 AWS CodeDeploy만 다뤘지만 젠킨스(Jenkins), 셰프(Chef), 앤서블(Ansible)과 같이 유명한 데브옵스 서비스들도 배포 자동화 기능을 지원한다. 이런 서비스들을 이용해 배포할 때 서버 내 암호화된 값을 애플리케이션이 사용할 수 있게 저장해둘 수 있다.

인스턴스를 배포할 때 애플리케이션이 시작되기 이전에 운영체제의 환경변수나 파일에 비밀 값들을 저장해두고 애플리케이션에서는 이 값을 참조해서 쓸 수 있다.

현재 배포 자동화를 CodeDeploy가 아닌 외부 서비스를 이용해서 하고 있다면 해당 서비스에서 제공하는 방법을 사용하는 것도 괜찮다. 다만 해당 서비스에서 비밀 값들에 접근할 수 있는 권한이 세분되어 일부 사용자들만 그 비밀 값을 읽을 수 있는지 확인해야 한다.

7.2.2 Blackbox

비밀 값들을 담고 있는 파일을 암호화해서 VCS에 올리는 방법도 있다. 이런 작업을 도와주는 툴 가운데 많이 사용되는 오픈소스 툴로 Blackbox가 있다. Blackbox는 개발자들에게 스택 오버플로우(Stack Overflow)로 유명한 사이트를 만드는 Stack Exchange에서 만든 툴로서 GPG(GNU Privacy Guard)라는 암호화 프로그램을 이용해 비밀 값들이 담긴 파일들을 암호화한다. Blackbox는 GPG를 이용해 암호화, 복호화, 관리자 관리 등의 작업을 쉽게 이용할 수 있게 만든 셸 스크립트의 모음이다.

Blackbox는 비밀 파일을 암복호화할 수 있는 다수의 관리자를 관리할 수 있는 기능을 제공한다. 관리자들은 GPG로 암복호화하는 데 사용되는 키를 각자 갖고 있게 된다. 관리자 목록에 관리자들을 등록해서 관리하고, 만약 관리자의 변동이 생긴다면 관리자 목록을 업데이트한 후 파일을 다시 암호화하면 된다. 배포 자동화 서비스를 이용해 배포를 진행한다면 해당 서비스나 서버도 관리자 목록에 등록하면 된다. 더 자세한 내용은 Blackbox 프로젝트 홈페이지[28]에서 찾아볼 수 있다.

Blackbox는 다음과 같은 절차를 통해 사용할 수 있다. 이때 괄호 안에 있는 내용은 Blackbox에서 사용하는 명령어다.

사전 준비

- Blackbox를 로컬 머신에 설치한다.
- GPG 프로그램을 설치한다.[29] 대부분의 운영체제를 지원한다.
- 개인별로 GPG 키를 생성한다.
- VCS에 업로드할 프로젝트를 Blackbox 프로젝트로 초기화한다(blackbox_initialize).

파일 추가 절차

- 비밀에 접근할 수 있는 관리자를 추가한다(blackbox_addadmin).
- 새로운 파일을 암호화한다(blackbox_register_new_file).
- VCS에 업로드한다.

---

28 https://github.com/StackExchange/blackbox
29 https://gnupg.org/download/

파일 수정 절차

- 관리자 GPG 키가 설치돼 있는 기기에서 파일을 복호화한다(blackbox_edit_start).
- 파일을 수정한다.
- 파일을 다시 암호화한다(blackbox_edit_end).
- VCS에 업로드한다.
- 파일 복호화 절차
- 암호화돼 있는 파일을 모두 복호화한다(blackbox_postdeploy).

7.2.3 Vault

그림 7.1 Vault 로고

Vault는 클라우드 인프라 자동화 제품들을 만드는 HashiCorp에서 만든 오픈소스 프로젝트다. 이 툴은 비밀을 관리하는 데 필요한 거의 모든 기능을 제공한다. 다음은 Vault에서 제공하는 기능이다.

- 비밀 값을 암호화해서 저장
- API에 접속할 수 있는 임시 토큰 발급
- 키 롤링
- 외부 서비스(IAM, SSH, 데이터베이스 등)에서 사용하는 권한 시스템 사용
- 기록 감사
- 암복호화 API
- 기타 등등

Vault는 외부로부터 API로 통신하기 때문에 서버 애플리케이션과 같이 실행돼야 한다. 다음은 Vault의 주요 기능에 대한 구성도를 나타낸 그림이다.

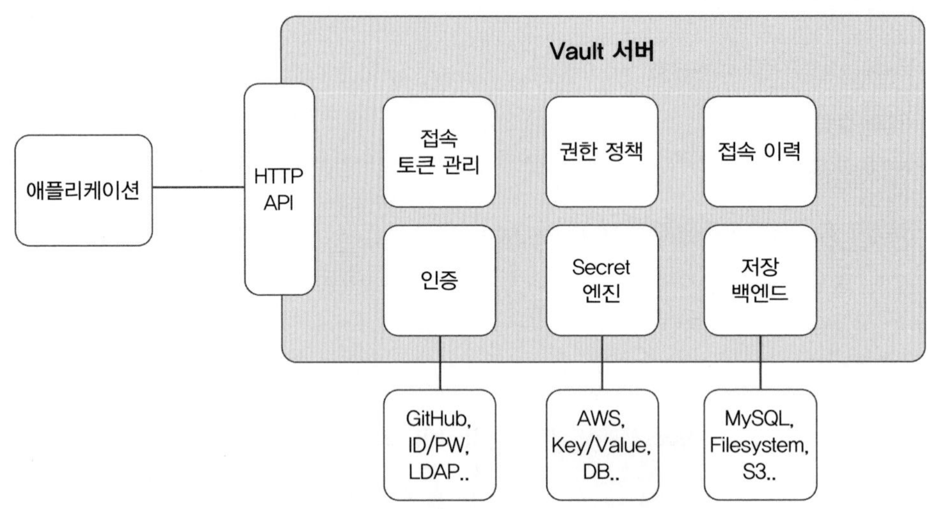

그림 7.2 Vault 구성도

애플리케이션은 HTTP API를 통해 Vault에 인증을 요청한다. Vault 시스템에 로그인한다고 이해하면 된다. 인증이 완료되면 Vault API를 이용할 수 있고 일정 시간이 지나면 만료되는 토큰을 응답으로 준다. 그다음 애플리케이션에서 새로운 비밀 값을 저장하거나 읽어오기 위해 API로 토큰과 함께 요청하면 Vault에서는 저장 백엔드에 해당 값을 추가하거나 읽어와서 응답으로 넘긴다.

Vault는 접속하는 애플리케이션마다 접근할 수 있는 비밀을 다르게 설정할 수 있는 권한 정책도 지정할 수 있다. 그리고 모든 API 요청 이력을 저장하고 있어서 해당 이력을 감사하는 데도 편리하다.

Vault의 가장 큰 특이점 중 하나는 인증, 암호화 엔진, 비밀 값 저장 공간과 같은 중요한 부분들을 외부 서비스로 사용할 수 있게 해준다는 것이다. 또한 지원되는 외부 서비스의 수도 매우 많다. 예를 들어, 애플리케이션 인증은 Vault에서 생성한 ID, 비밀번호를 사용할 수도 있지만 깃허브, LDAP 같은 외부 서비스로도 진행할 수 있다. 비밀 값을 관리하는 데 키-값(key-value)과 같이 단순한 방법으로 관리할 수도 있으며 데이터베이스 같은 외부 비밀 엔진을 이용해 매번 다른 값을 응답하게 할 수도 있다. 암호화된 비밀 값들이 저장되는 공간도 Vault가 실행되고 있는 서버의 파일 스토리지나 AWS S3와 같은 서비스를 이용할 수 있게 지원한다.

이렇게 많은 외부 서비스를 사용할 수 있다는 것은 Vault에서 인증 등 새로운 설정을 모두 다시 할 필요 없이 기존에 사용 중인 서비스의 설정을 사용할 수 있다는 장점을 가져다준다.

하지만 별도의 서버를 구축해야 하므로 다른 방법에 비해 구축하고 관리하는 데 드는 비용이 늘어난다. 또한 많은 기능을 제공하지만 이렇게 많은 기능이 필요하지 않으면 오버 엔지니어링(over-engineering)이 될 수 있다.

더 자세한 내용은 Vault 공식 홈페이지[30]에서 확인할 수 있다.

7.2.4 AWS Secrets Manager

Secrets Manager는 AWS에서 제공하는 비밀 값 관리 서비스다. 비밀 값들을 AWS Secrets Manager에 저장해두고 애플리케이션에서 AWS의 API를 호출해서 받아가 사용하는 방식이다.

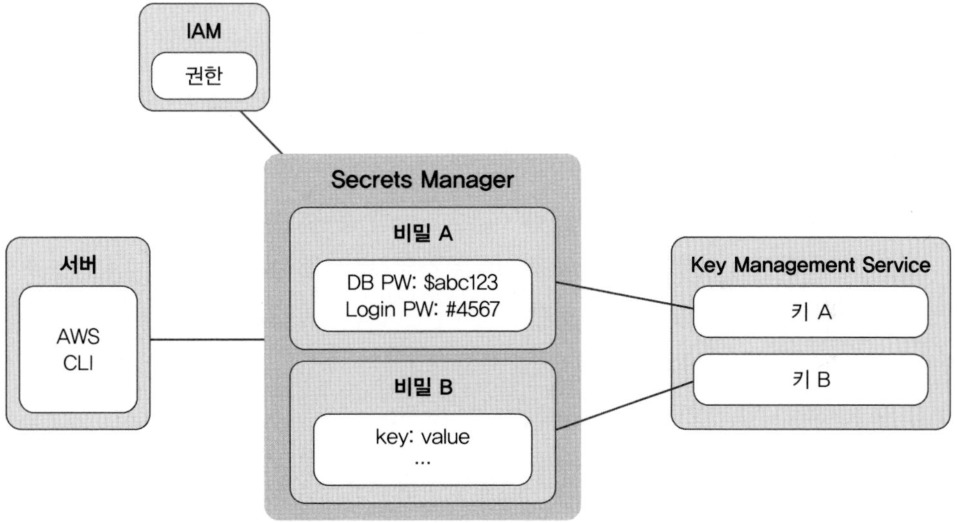

그림 7.3 Secrets Manager 구성도

30 https://www.vaultproject.io/

Secrets Manager는 다음과 같은 절차로 동작한다.

01 _ 관리자가 Secrets Manager에 비밀을 만들고 그 비밀 안에 여러 key, value 비밀 값들을 등록한다.

02 _ 비밀 값들은 AWS KMS(Key Management Service)라는 키 관리 서비스를 통해 암호화된다.

03 _ 비밀 값들을 사용하는 서버에서 AWS CLI나 SDK를 이용해 특정 IAM 사용자로 Secrets Manager에 비밀 값을 요청한다.

04 _ IAM에서 요청한 사용자에게 해당 비밀을 조회할 수 있는 권한이 있다고 판단하면 Secrets Manager가 비밀의 값을 복호화해서 응답으로 준다.

05 _ 애플리케이션에서는 받은 비밀 값을 사용한다.

여기서 KMS와 CLI/SDK라는 새로운 개념이 등장했다.

KMS(Key Management Service)는 암호화하는 데 사용하는 키를 관리할 수 있는 서비스다. 여기에 키를 등록해두면 다른 AWS 서비스에서 암호화를 진행해야 할 필요가 있을 때 이 키를 가져다가 암호화를 진행할 수 있다.

AWS CLI(Command Line Interface)는 AWS 콘솔에서 할 수 있는 모든 기능을 명령줄에서 실행할 수 있게 해주는 툴이다. 명령줄로 실행할 수 있다는 것은 사람뿐만 아니라 AWS의 기능들을 조작할 수 있는 프로그램을 만들 수 있다는 것을 뜻한다. SDK는 Software Development Kit으로 CLI와 비슷하지만 명령줄이 아닌 다양한 프로그래밍 언어에서 사용하기 쉽게 만들어져 있다는 차이점이 있다. AWS CLI와 SDK에 대한 자세한 설명은 12.1장에서 다룬다.

Secrets Manager는 비밀이라는 단위 안에 여러 개의 키/값 쌍을 저장할 수 있기 때문에 애플리케이션이나 환경별로 비밀 값들을 관리하기 쉽다. 또한 각 값에 대한 변경 이력도 볼 수 있으며 누군가 삭제했더라도 일정 기간 동안에는 완전히 삭제되지 않고 보존되고 있으므로 더욱 안전하게 관리할 수 있다.

IAM의 사용자 권한 기능을 사용하면 비밀 값을 관리할 수 있는 일부 관리자만 비밀에 접근할 수 있게 설정할 수 있다.

더 자세한 내용은 Secrets Manager 공식 홈페이지[31]에서 확인할 수 있다.

---

31 https://aws.amazon.com/ko/secrets-manager/

Secrets Manager의 요금은 요금 페이지[32]에서 확인할 수 있다. 이 글을 쓰는 시점에는 첫 보안 정보를 저장한 시점부터 30일을 무료로 제공한다. 그 이후에는 보안 정보당 월 0.4 USD와 API 호출 1만 회당 0.05 USD의 요금이 부과된다.

7.2.5 [실습] Secrets Manager 사용법

이번에는 Secrets Manager를 실제로 어떻게 이용할 수 있는지 알아보겠다. Secrets Manager에 간단한 보안 정보를 생성하고 애플리케이션에서 보안 정보를 받아오는 방법을 알아본다.

주의

이 실습을 진행하기 위해서는 12.1.3절에서 다루는 [AWS CLI를 위한 사용자 생성하기] 과정을 통해 프로그래밍 액세스가 가능한 사용자가 생성돼 있어야 한다. 그리고 해당 계정에 [SecretsManager ReadWrite]와 [AWSKeyManagementServicePowerUser] 권한이 부여돼 있어야 한다.

비밀 생성하기

01 _ Secrets Manager 서비스를 검색해서 이동한다.

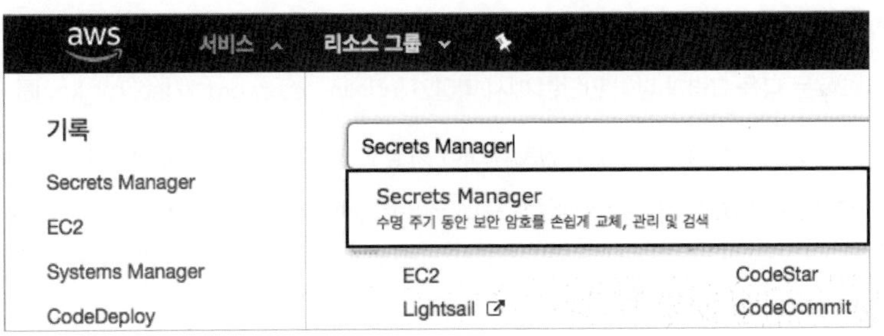

그림 7.4 Secrets Manager 서비스 검색

32 https://aws.amazon.com/ko/secrets-manager/pricing/

02 _ Secrets Manager 시작 화면에서 우측의 [새 비밀 저장] 버튼을 클릭한다.

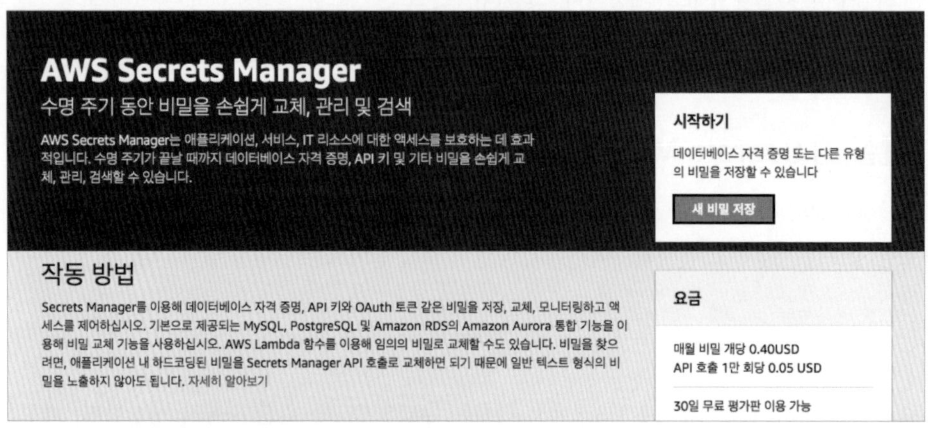

그림 7.5 Secrets Manager 시작 화면

03 _ 새 비밀을 생성할 수 있는 화면이다.

여기서는 단순히 키/값 쌍으로 돼 있는 비밀만 저장할 것이기 때문에 비밀 유형은 [다른 유형의 비밀]을 선택한다.

[RDS 데이터베이스 자격 증명]이나 [다른 데이터베이스 자격 증명]을 선택하면 AWS RDS(Relational Database Service)라는 AWS의 관계형 DB 관리 서비스나 외부 DB의 계정과 비밀번호도 여기서 관리할 수 있다. 자동으로 비밀번호를 주기적으로 변경할 수도 있다.

비밀 키/값으로는 다음 그림과 같이 간단한 예시 비밀인 [admin_password]와 [secret_key]를 추가한다.

암호화 키를 선택하는 부분은 우리가 이 값들을 어떤 키로 암호화할 것인지 선택하는 부분이다. 나중에 더 강력한 보안을 위해 KMS에서 만들어 둔 키들을 사용할 수 있으나 이번에는 기본으로 제공되는 키인 [DefaultEncryptionKey]를 이용하겠다. [DefaultEncryptionKey]를 선택하고 오른쪽 아래에 있는 [다음] 버튼을 클릭한다.

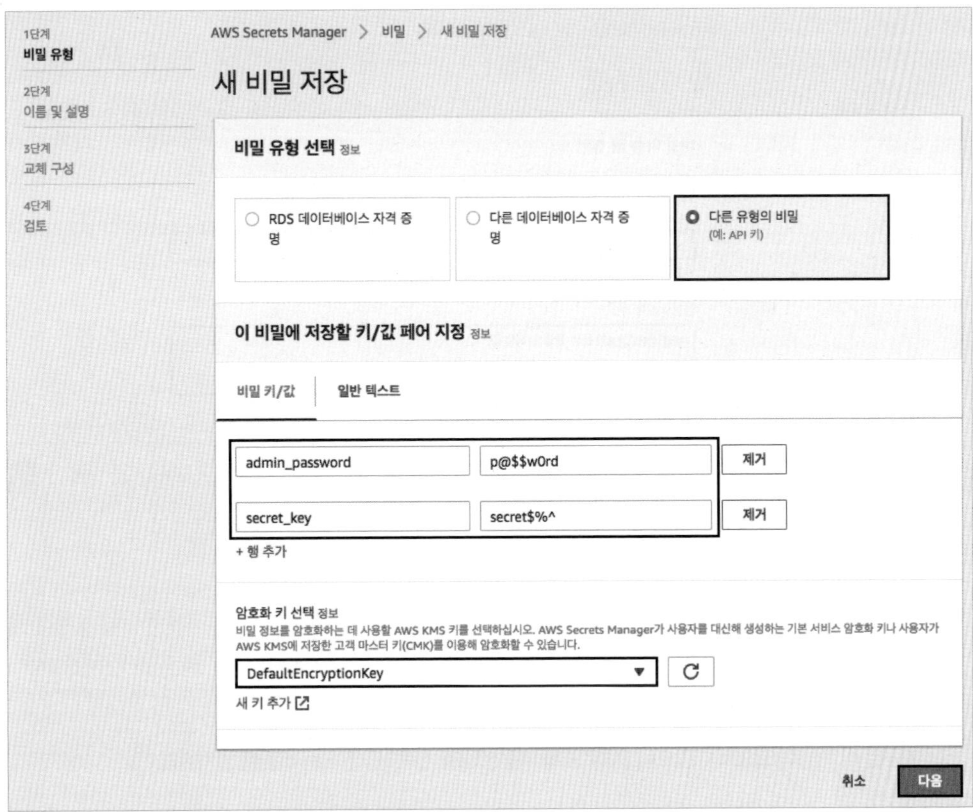

그림 7.6 새 비밀 저장 1단계의 비밀 유형 선택

04 _ 생성하려는 비밀의 이름과 간단한 설명을 지정한다. 비밀의 이름 같은 경우 이름 규칙을 "/"로 나눠서 네임스페이스를 두는 것이 좋다. 여기서는 운영 환경을 뜻하는 production과 애플리케이션 이름을 나타내는 aws-exercise를 조합해서 [production/aws-exercise]라는 이름을 지정했다. 설명은 선택 사항이지만 비밀에 대한 간단한 내용을 적는다. 모두 입력했으면 [다음] 버튼을 클릭한다.

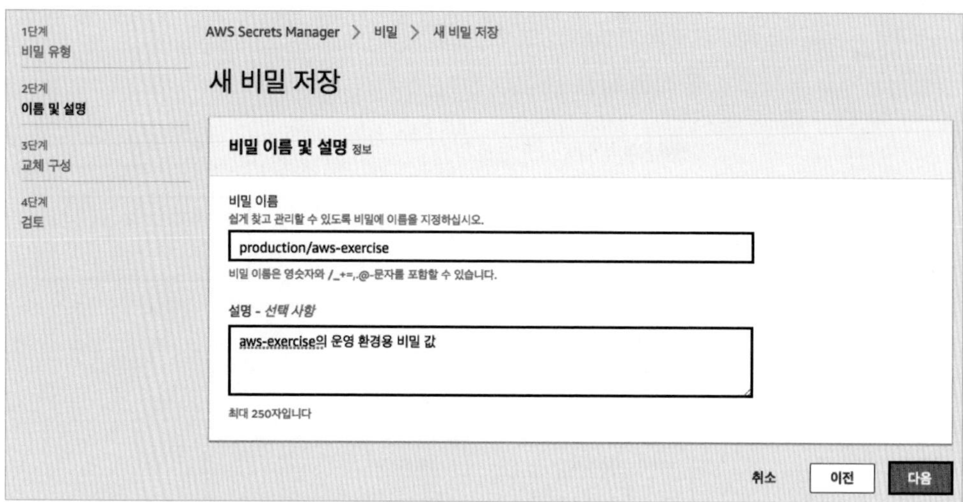

그림 7.7 새 비밀 저장 2단계의 비밀 이름 및 설명 지정

05 _ 키를 자동으로 교체할지 설정할 수 있는 단계다. 보안의 이유로 키는 꼭 주기적으로 교체해줘야 한다. 모든 애플리케이션에서 Secrets Manager의 비밀 값을 가져다 읽도록 설정됐다면 Lambda 함수[33]를 이용해 주기적으로 새로운 키를 발급해서 교체할 수 있는 기능을 제공한다.

지금은 이 기능이 필요하지 않으니 [자동 교체 비활성화]를 선택하고 [다음] 버튼을 클릭한다.

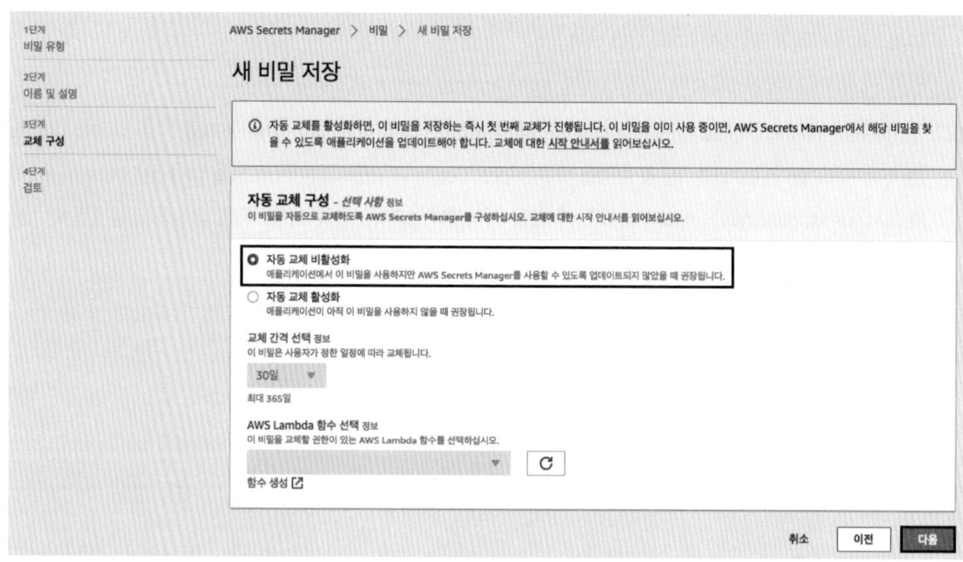

그림 7.8 새 비밀 저장 3단계의 교체 구성

33 https://aws.amazon.com/ko/lambda/

06 _ 마지막으로 설정한 값들에 문제가 없는지 확인한다.

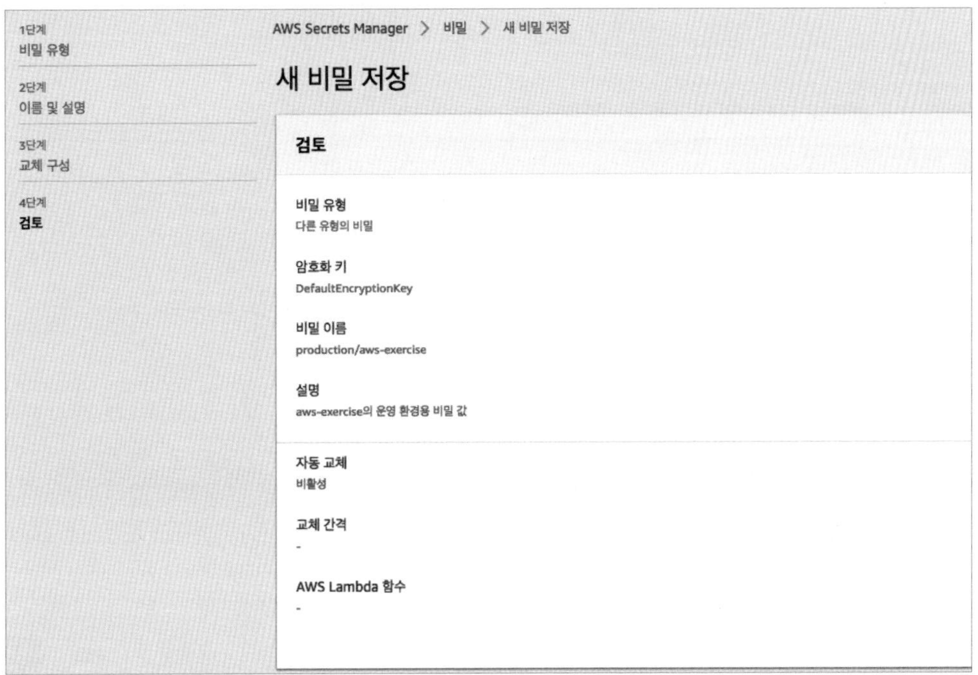

그림 7.9 새 비밀 저장 4단계의 검토

07 _ 이렇게 설정된 비밀은 AWS CLI나 AWS SDK를 이용해 애플리케이션 코드에서 가져다 쓸 수 있다. AWS에서는 자바(Java), 자바스크립트(JavaScript), C#, 파이썬(Python)으로 작성된 샘플 코드를 제공한다. 물론 이 언어들뿐만 아니라 많이 사용되는 모든 언어에 대해 AWS의 모든 서비스를 사용할 수 있는 SDK를 제공하고 있다.

[저장] 버튼을 클릭해 비밀을 생성한다.

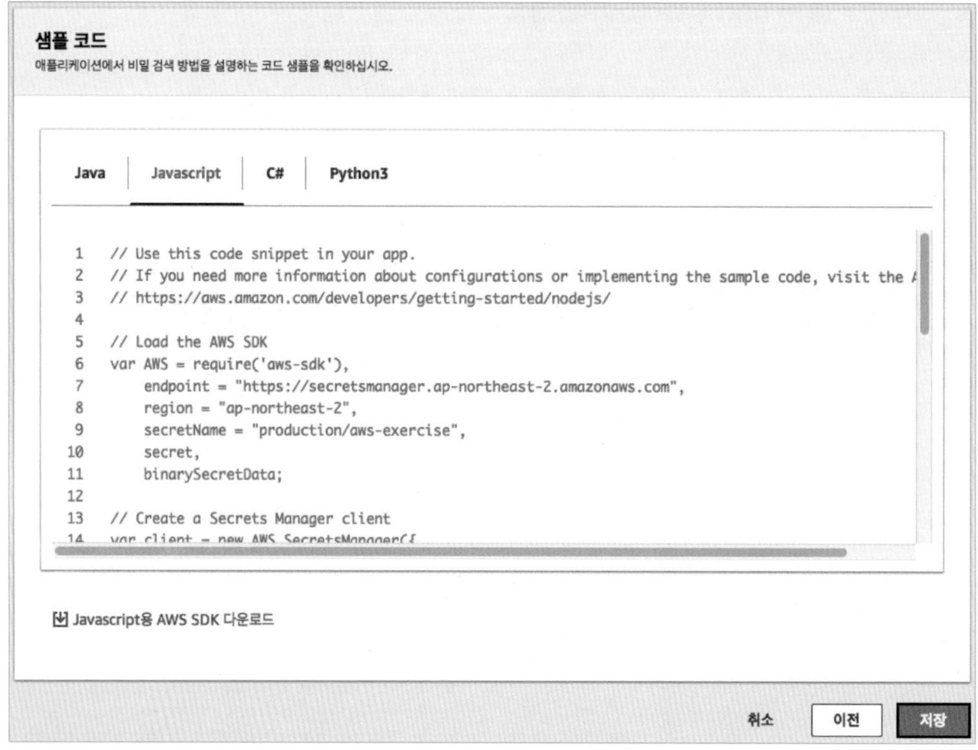

그림 7.10 비밀 사용 샘플 코드

08 _ 다시 비밀 목록 창으로 돌아오고 비밀이 생성됐다는 메시지가 나타나면 비밀 생성이 완료된 것이다.

비밀 production/aws-exercise을(를) 저장했습니다.
이 비밀을 찾을 수 있도록 샘플 코드를 이용해 애플리케이션을 업데이트하십시오.
AWS Secrets Manager > 비밀
비밀
비밀
새 비밀 저장
비밀 이름 검색

비밀 이름	설명	최근 검색
production/aws-exercise	aws-exercise의 운영 환경용 비밀 값	-

그림 7.11 비밀 목록

비밀 사용하기

이제 생성한 비밀을 애플리케이션 코드에서 읽어와 사용해보겠다. 사용하는 방법은 크게 AWS CLI를 이용하는 것과 AWS SDK를 이용하는 두 방식이 있다. AWS CLI는 명령줄에서 실행하는 것이기 때문에 직접 명령어를 실행하거나 셸 스크립트를 이용할 때 유용하다. AWS SDK는 자바, 자바스크립트, 파이썬 등 대부분의 언어를 지원하기 때문에 애플리케이션에서 사용해야 하는 경우 사용하는 것이 유용하다. 여기서는 자바스크립트로 된 샘플 코드를 이용해 비밀 값을 가져와 보겠다.

01 _ EC2 서비스에서 좌측 [인스턴스]의 [인스턴스] 메뉴를 클릭한 뒤 AMI용 인스턴스로 만들어둔 [exercise-instance]를 대상으로 마우스 오른쪽 버튼을 클릭한 뒤 [인스턴스 상태] → [시작] 메뉴를 클릭한다.

그림 7.12 EC2 서비스의 인스턴스 목록

02 _ [예, 시작] 버튼을 클릭해 인스턴스를 실행한다.

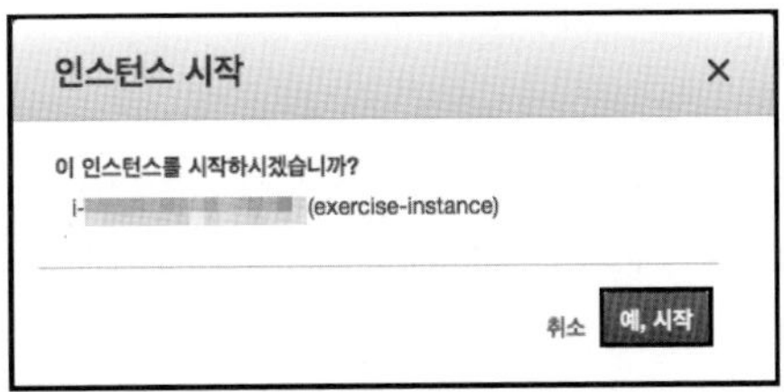

그림 7.13 EC2 인스턴스 시작 확인

03 _ 인스턴스의 상태가 [running]으로 변경되면 SSH를 이용해 인스턴스에 접속한다.

그림 7.14 Running 상태의 EC2 인스턴스

04 _ Secrets Manager를 사용하는 샘플 프로젝트를 내려받는다.

```
# 프로젝트를 내려받을 경로로 이동한다.
$ cd /var/www/

# 프로젝트를 내려받는다.
$ git clone https://github.com/deopard/aws-exercise-a.git
$ cd aws-exercise-a/

# Secrets Manager가 적용돼 있는 코드를 사용하기 위해 브랜치를 변경한다.
$ git checkout secrets-manager

# 코드를 확인하고 수정하기 위해 app.js 파일을 수정한다. vim이 아닌 다른 에디터를 사용해도 된다.
$ vi app.js
```

05 _ [app.js] 파일을 보면 기존에 사용했던 샘플 프로젝트에 AWS Secrets Manager가 준 샘플 코드를 추가하고 아주 약간 수정한 파일임을 알 수 있다.

AWS SDK를 이용하기 위해 인증값인 액세스 키 ID와 시크릿 액세스 키를 미리 발급받아둔 사용자의 것으로 입력한다.

```
// Create a Secrets Manager client
var client = new AWS.SecretsManager({
   endpoint: endpoint,
   region: region,
   accessKeyId: '액세스 키 ID', // 본인의 ID를 입력
   secretAccessKey: '시크릿 액세스 키' // 본인의 키를 입력
});
```

06 _ 파일의 아래쪽을 보면 Secrets Manager에서 비밀 값들을 읽어온 후, 해당 값들을 포함해서 응답을 생성하는 것을 알 수 있다.

```
// 생략..
            if (data.SecretString !== "") {
              secret = JSON.parse(data.SecretString);
            } else {
              binarySecretData = data.SecretBinary;
            }
```

```
            }

            res.send(`SecretsManager로 실행되는 AWS exercise의 A project입니다.<br />
- Admin 비밀번호: ${secret.admin_password}<br />
- 비밀 값: ${secret.secret_key}`);
  });
```

07 _ 파일을 저장한다.

08 _ 의존성 라이브러리를 설치한다.

```
$ npm install
```

09 _ 애플리케이션을 재시작한다.

```
$ sudo service nginx restart
nginx: the configuration file /opt/nginx/conf/nginx.conf syntax is ok
nginx: configuration file /opt/nginx/conf/nginx.conf test is successful
Stopping nginx:                                            [  OK  ]
Starting nginx:                                            [  OK  ]
```

10 _ EC2 인스턴스의 퍼블릭 IP를 이용해 인스턴스에 요청을 날려본다.

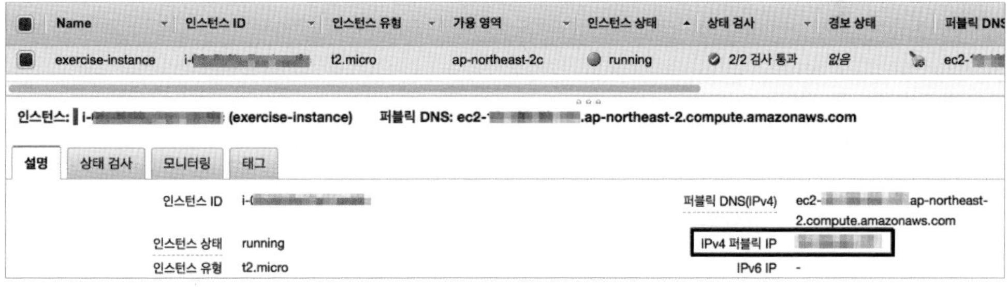

그림 7.15 EC2 인스턴스 상세 정보

11 _ 다음과 같이 Secrets Manager에서 앞에서 설정한 비밀 값들을 제대로 읽어와 응답으로 보여주는 것을 확인할 수 있다.

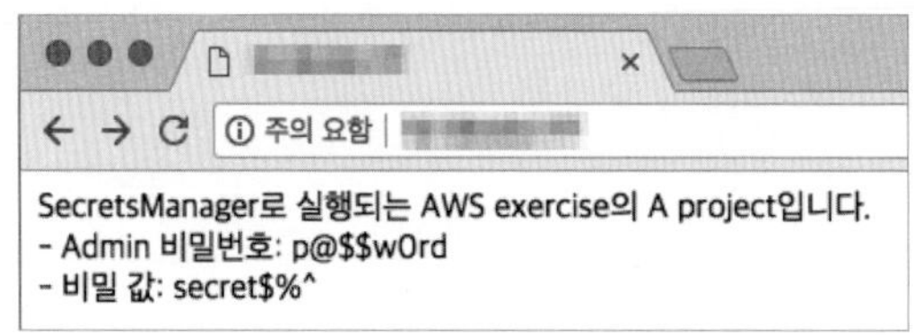
주의 요함
SecretsManager로 실행되는 AWS exercise의 A project입니다.
- Admin 비밀번호: p@$$w0rd
- 비밀 값: secret$%^

그림 7.16 EC2 요청 응답

실습 환경 정리

01 _ 내려받은 코드를 모두 삭제한다.

```
$ cd /var/www/
$ rm -rf aws-exercise-a/
```

02 _ 시스템을 종료한다.

```
$ sudo shutdown -h now
```

Tip 만약 요청을 날렸을 때 Nginx나 Phusion Passenger에서 에러가 발생한다면 [/opt/nginx/logs/error.log] 경로에서 에러 메시지를 확인할 수 있다.

7.2.6 AWS Systems Manager의 파라미터 스토어

AWS Systems Manager라는 서비스에 파라미터 스토어라는 기능이 있다. 이 기능은 Secrets Manager와 굉장히 비슷한데 다음처럼 똑같은 일을 할 수 있다.

- 키/값 쌍으로 값을 저장할 수 있다.
- KMS를 이용해 암호화된 값을 저장할 수 있다.
- IAM을 이용해 일부 사용자만 접근할 수 있도록 설정할 수 있다.
- AWS CLI나 SDK 등을 이용해 프로그램에서 접근할 수 있다.
- 값에 대한 변경 이력까지 저장하고 있다.

차이점은 다음과 같다.

- 파라미터 스토어는 무료다.
- Secrets Manager는 비밀이라는 단위로 키/값 쌍을 묶어서 관리할 수 있다.
- Secrets Manager는 RDS와 직접적인 연동이 된다.
- Secrets Manager는 키를 삭제하고 일정 기간 동안 복원할 수 있다.

분명 차이점이 있지만 Secrets Manager가 파라미터 스토어에 비해 크게 우위를 갖고 있지는 않다. 오히려 파라미터 스토어는 무료이기 때문에 파라미터 스토어가 더 나은 선택지로 보일 수도 있다. 맞는 얘기지만 Secrets Manager는 2018년도에 나온 최신 기능으로 아직은 많은 기능이 없지만 AWS에서 비밀 값 관리를 위한 서비스로 내세운 만큼 앞으로 더 많은 발전 가능성이 있기 때문에 이 책에서는 Secrets Manager만을 다뤘다. 파라미터 스토어를 따로 다루지는 않을 테지만 Secrets Manager의 기능이나 원리와 크게 다르지 않기 때문에 Secrets Manager를 이해했다면 파라미터 스토어도 쉽게 이해하고 사용할 수 있을 것이다.

7.2.7 어떤 방법을 쓸 것인가?

어떤 방법을 선택하든 모두 비밀 값을 안전하게 관리할 수 있지만 각 방법이 구현된 방식은 모두 다르다. 현재 팀의 규모, 비밀 값의 수, 사용하고 있는 서비스 등 현재 상황을 고려해서 부족하지도, 오버 엔지니어링(over-engineering)이 되지도 않는 방법을 선택해야 한다.

7.3 정리

이번 장에서는 대부분의 서비스에 존재하는 비밀 값의 관리 원칙과 방법에 대해 알아봤다. Blackbox, Vault, AWS Secrets Manager, AWS Systems Manager 같은 여러 도구를 다뤘는데, 도구는 매우 다양하지만 각자 상황에 맞는 도구는 다르기 때문에 각 도구를 너무 깊게 설명하기보다는 특징과 장단점을 위주로 다뤘다. 비밀 값을 제대로 관리하지 않고 방심하다 보면 큰 문제가 불거질 수 있기 때문에 번거롭더라도 비밀 값을 쉽게 관리할 수 있는 환경을 만들어두는 것이 좋다.

08

모니터링 시스템 구축 및 활용

지금까지 운영 서버 관리의 세 단계 중 “환경 구성”, “코드 배포”에 대해 배웠다. 이번 장과 다음 장에서는 운영 중인 서비스를 더 안전하게 운영하기 위한 “모니터링” 단계에 대해 알아보겠다. 이번 장에서는 서버를 모니터링할 수 있는 다양한 방법들에 대해 배우겠다. AWS에서 제공하는 모니터링 서비스인 CloudWatch를 이용해 AWS 내 자원과 AWS 외 임의의 지표들을 모니터링하는 방법을 배워보고 Application Performance Monitoring 툴에 대해서도 알아보겠다.

8.1 모니터링의 목적과 영역

서버 모니터링은 “안정적인 서비스 운영”이라는 목적이 있다. 서버 장애가 발생하고 해결되기까지 오랜 시간이 걸린다면 고객들은 서비스에 대한 신뢰를 잃고 떠날 테고 장애 시간 동안 서비스가 동작하지 않는 것만으로도 금전적으로 큰 피해를 볼 수 있다. 따라서 큰 장애가 발생하기 이전에 미리 징후를 찾아내서 최대한 예방해야 하고 장애가 발생하더라도 바로 원인을 파악하고 고쳐야 한다. 감으로 문제점을 추측하는 것이 아닌 정확한 원인을 바로 찾기 위해서는 제대로 된 모니터링 시스템이 갖춰져 있어야 한다.

서버 모니터링의 영역은 다음과 같이 구분된다.

- 인프라에 대한 모니터링: 애플리케이션이 실행되고 있는 인프라에 장애가 발생하거나 징후가 있지는 않은지 파악한다.
- 클라이언트의 요청에 대한 모니터링: 클라이언트에서 우리가 의도한 대로 올바른 요청을 보내고 있는지, 공격 시도가 들어오지는 않는지, 얼마만큼의 요청량을 보내고 있는지 파악한다.
- 애플리케이션에 대한 모니터링: 작성하고 배포한 코드가 예상했던 대로 동작하고 있는지, 애플리케이션의 어떤 부분이 병목이 되어 성능 저하를 일으키는지 파악한다.
- 데이터에 대한 모니터링: 의도한 대로 데이터가 올바른 형태로 쌓이고 있는지, 서비스가 운영되면서 쌓이는 데이터들이 어떤 속도로 쌓이고 있는지 파악한다.

8.2 AWS CloudWatch

8.2.1 AWS CloudWatch 설명

AWS CloudWatch는 AWS에서 제공하는 AWS 내 자원과 애플리케이션에 대한 모니터링 및 관리 서비스다. 서비스가 실행되면서 발생하는 모든 로그와 지표 정보들을 수집해서 한눈에 볼 수 있도록 시각화하는 모니터링 서비스의 역할을 한다. 그리고 이렇게 수집된 값들을 이용해 자동화된 작업을 수행할 수 있게 해주는 관리 서비스의 역할도 한다. 3장에서 배운 Auto Scaling 그룹의 자동 조정도 CloudWatch에 쌓인 지표에 따라 CloudWatch가 인스턴스를 늘리는 자동화된 작업을 수행해서 이뤄지는 것이다.

CloudWatch는 대시보드, 이벤트, 경보, 로그, 지표로 구성돼 있다. 다음 그림은 CloudWatch의 구성도를 나타낸다. 앞으로 CloudWatch의 각 구성 요소에 대해 알아보겠다. 더 쉬운 이해를 위해 이 구성도를 참고하자.

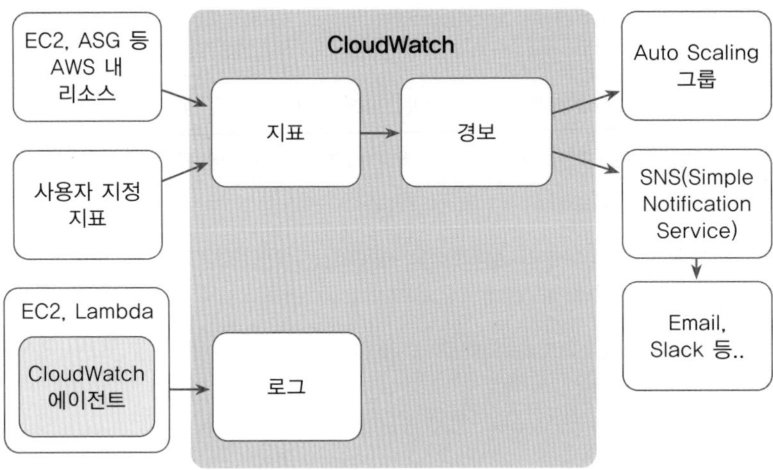

그림 8.1 CloudWatch 구성도

8.2.2 CloudWatch 지표

CloudWatch 지표는 "언제" 어떤 "항목"의 "값"이 무엇이었는지를 기록한 값으로 AWS 내의 대부분의 서비스 이력은 이 지표로 기록된다. 예를 들어, EC2 인스턴스의 CPU 사용량, 네트워크 전송량, Auto Scaling 그룹이 관리하는 인스턴스 수 등의 값들이 지표로 남는다. 이런 값들은 별도로 설정하지 않아도 서비스를 사용하기만 하면 AWS에서 자동으로 기록해준다.

AWS에서 기본적으로 제공하는 지표 외에도 사용자가 지정한 지표들을 직접 기록할 수도 있다. 예를 들어 회원 수, 비동기 작업의 수, 접속자 수 등의 값을 기록할 수도 있다. 게시판 기능을 하는 서비스를 운영한다면 업로드된 이미지 첨부파일의 수, 게시글의 수 등을 따로 기록해서 서비스 활성화 추이를 모니터링하는 것도 가능하다.

지표는 단순히 쌓이는 것 뿐만 아니라 그래프 등 다양한 방법으로 시각화해서 볼 수 있기 때문에 여러 지표들의 상황을 한눈에 파악할 수 있다.

지표는 다음과 같은 항목으로 구성된다.

이름	설명
네임스페이스	비슷한 지표들을 모아두기 위해 사용하는 네임스페이스다. 예를 들어, Auto Scaling 그룹, 애플리케이션 로드 밸런서 같은 항목들이 네임스페이가 될 수 있다.
이름	지표의 이름이다. 예를 들어, 인스턴스 수, CPU 사용률과 같은 항목들이 이름이 될 수 있다.

이름	설명
차원	지표를 더욱 쉽게 분류하기 위한 값이다. 키/값 쌍을 최대 10개 등록할 수 있으며 같은 차원으로 표시된 지표만 따로 모아서 볼 수 있다. 예를 들어 Auto Scaling 그룹 내 존재하는 모든 인스턴스의 CPU 지표를 종합해서 확인하고 싶다면 인스턴스의 CPU 지표를 기록할 때 Auto Scaling 그룹의 이름으로 차원을 지정해서 기록하면 된다. 하나의 지표에 여러 종류의 차원으로 보고 싶다면 같은 지표를 여러 번 기록하면 된다.
시간	지표로 기록할 값이 발생한 시간이다.
값	지표로 기록할 값이다.
단위	지표로 기록할 값의 단위다. 초, 수, KB/s 등 다양한 단위를 지원한다.

표 8.1 AWS CloudWatch의 지표 항목 설명

CloudWatch 지표의 요금은 공식 홈페이지[34]에서 확인할 수 있다. 이 글을 쓰는 시점에는 다음과 같은 항목들이 프리 티어로 제공된다.

- 기본 모니터링 지표(5분 간격)
- 세부 모니터링 지표 10개(1분 간격)
- API 요청 1백만 건(GetMetricData 및 GetMetricWidgetImage에는 적용되지 않음)

그리고 프리 티어가 아닌 경우 다음과 같은 비용이 부과된다. 처음 10,000개의 지표에 0.3 USD의 요금이 부과되고 더 많아질수록 가격이 저렴해진다.

기본적으로 제공되는 지표들 중 많이 사용되는 지표들은 다음과 같다.

- CPU 사용량
- 디스크 사용량
- 로드 밸런서의 응답 시간, 총 요청 수, 5XX 대 HTTP 응답 수
- 네트워크 트래픽
- DB 레플리카 랙 시간
- 캐시 hit/miss 비율

34 https://aws.amazon.com/ko/cloudwatch/pricing/?nc1=h_ls

기본적으로 인스턴스의 모니터링 데이터는 5분 단위로 조회할 수 있다. 하지만 실제로 서버를 운영할 때는 이보다 더 세분화된 모니터링을 필요로 하는 경우가 많다. 그럴 경우 인스턴스에 대해 [세부 모니터링]을 활성화하면 된다. [세부 모니터링]이 활성화된 인스턴스는 1분 단위로 데이터를 조회할 수 있기 때문에 더 빠른 대응이 가능하고 상세한 그래프를 볼 수 있다. 세부 모니터링은 별도의 비용이 부과되기 때문에 필요한 경우에만 사용하자. [세부 모니터링]에 대한 자세한 설명은 인스턴스에 대한 세부 모니터링 가이드 페이지[35]에서 확인할 수 있다.

8.2.3 [실습] CloudWatch에 사용자 지정 지표 기록

이번 실습에서는 AWS에서 제공되는 지표가 아닌 우리가 임의로 저장하는 지표인 [사용자 지정 지표]를 기록해 보겠다. 사용자 지정 지표는 AWS CLI, SDK 등의 방법으로 기록할 수 있으나 이 실습에서는 AWS CLI를 이용한다.

주의

이 실습을 진행하기 위해서는 12.1.3절에서 다루는 [AWS CLI를 위한 사용자 생성하기] 과정을 통해 프로그래밍 액세스가 가능한 사용자가 생성돼 있어야 한다. 그리고 해당 계정에 [cloudwatch:PutMetricData] 권한이 부여돼 있어야 한다. 사용자에게 [CloudWatchEventsFullAccess] 정책을 추가하면 된다. 그리고 해당 AWS 계정 사용자 정보가 [aws configure]를 통해 인스턴스에 설정돼 있어야 한다.

사용자 지정 지표를 생성해서 기록

01 _ EC2 서비스에서 좌측 [인스턴스]의 [인스턴스] 메뉴를 클릭한 뒤 AMI용 인스턴스로 만들어둔 [exercise-instance]를 대상으로 마우스 오른쪽 버튼을 클릭한 뒤 [인스턴스 상태] → [시작] 메뉴를 선택한다.

그림 8.2 EC2 서비스의 인스턴스 목록

35 https://docs.aws.amazon.com/ko_kr/AWSEC2/latest/UserGuide/using-cloudwatch-new.html

02 _ [예, 시작] 버튼을 클릭해 인스턴스를 실행한다.

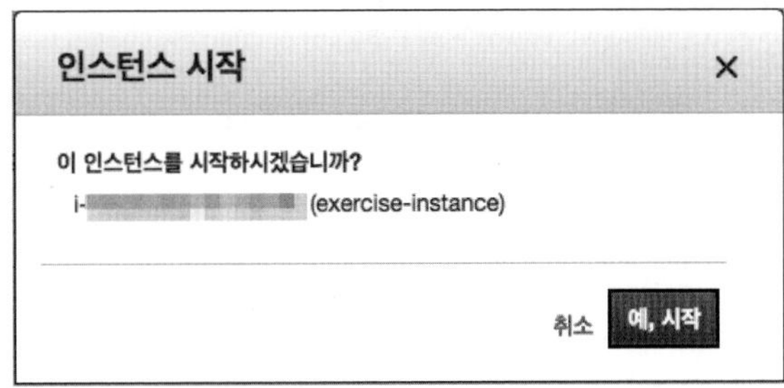

그림 8.3 EC2 인스턴스 시작 확인

03 _ 인스턴스의 상태가 [running]으로 변경되면 SSH를 이용해 인스턴스에 접속한다.

그림 8.4 Running 상태의 EC2 인스턴스

04 _ 테스트를 위한 디렉터리를 생성한다.

```
$ cd /var/www
$ mkdir cloudwatch-custom
$ cd cloudwatch-custom/
```

05 _ CloudWatch에 기록할 지표 데이터 파일을 생성하기 위해 텍스트 편집기로 [test_data.json] 파일을 생성한다.

```
$ vi test_data.json
```

06 _ CloudWatch에 기록하기 위한 지표 값을 구성한다. 예시 데이터로 다음과 같은 값을 이용해 보겠다. 다만 CloudWatch에서는 최근 2주 이내의 시간에 발생한 지표만 받아주기 때문에 [Timestamp]에 있는 시간은 이 실습을 진행하는 시간의 2주 내의 시간으로 변경해야 한다. 아래에 적힌 예시 파일의 내용은 이 링크[36]에서 받을 수 있다.

이 데이터는 한 시간마다 사람의 수를 기록하는 데이터다. 보통은 지표를 매시간 바로바로 기록하나, 이 파일처럼 4개를 한꺼번에 보내는 것도 가능하다.

36 https://git.io/JeMFH

지표의 이름(MetricName)은 [People]로 정했으며 차원(Dimensions)은 "키: 성별, 값: 모두"로 설정된 차원 하나만 적용해 놓았다. 각 지표가 발생한 시간을 나타내는 Timestamp도 있다. 값(Value)은 지표의 값을 나타내고 매 시간 변경되는 것을 알 수 있다. 단위(Unit)는 사람의 수를 나타내기 때문에 [Count]를 사용하고 있다.

파일에 값을 올바르게 적었다면 파일을 저장하고 편집기를 종료한다.

```
[
  {
    "MetricName": "People",
    "Dimensions": [{ "Name": "Gender", "Value": "All" }],
    "Timestamp": "2018-08-15T14:00:00.000+09:00",
    "Value": 20,
    "Unit": "Count"
  },
  {
    "MetricName": "People",
    "Dimensions": [{ "Name": "Gender", "Value": "All" }],
    "Timestamp": "2018-08-15T15:00:00.000+09:00",
    "Value": 24,
    "Unit": "Count"
  },
  {
    "MetricName": "People",
    "Dimensions": [{ "Name": "Gender", "Value": "All" }],
    "Timestamp": "2018-08-15T16:00:00.000+09:00",
    "Value": 30,
    "Unit": "Count"
  },
  {
    "MetricName": "People",
    "Dimensions": [{ "Name": "Gender", "Value": "All" }],
    "Timestamp": "2018-08-15T17:00:00.000+09:00",
    "Value": 23,
    "Unit": "Count"
  }
]
```

07 _ AWS CLI를 이용해 지표를 기록한다. 네임스페이스는 [Exercise People]을 사용하고 전송하는 지표 데이터로는 [test_data.json] 파일을 사용하고 있음을 알 수 있다.

```
$ aws cloudwatch put-metric-data --namespace "Exercise People" --metric-data file://
test_data.json
```

생성한 지표 확인

01 _ CloudWatch 서비스를 검색해서 이동한다.

그림 8.5 서비스 검색

02 _ 왼쪽 메뉴 중 [지표] 메뉴를 클릭한다. 지표 화면에서 앞에서 추가한 [Exercise People] 사용자 지정 네임스페이스가 추가돼 있음을 확인할 수 있다. [Exercise People] 네임스페이스를 클릭한다.

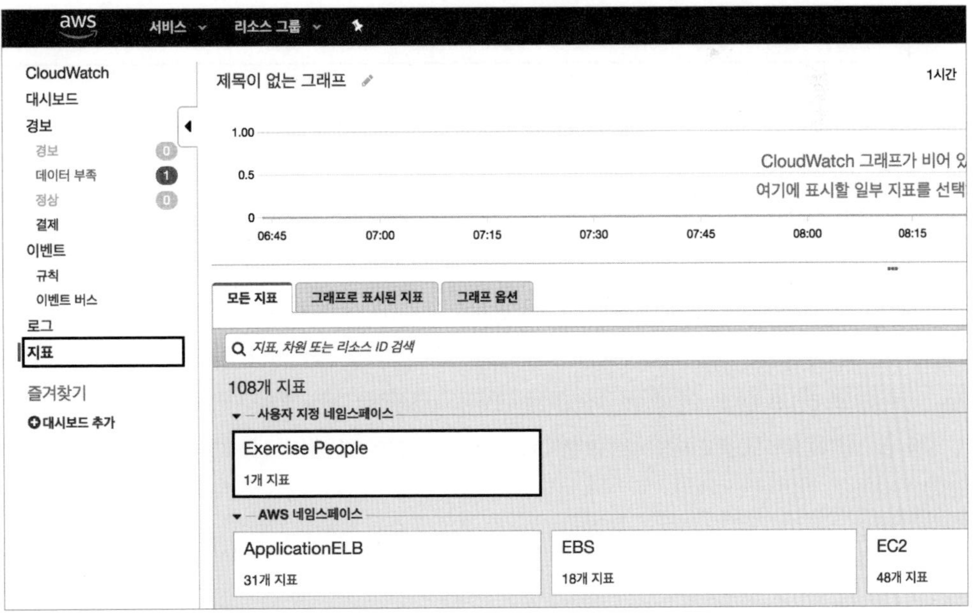

그림 8.6 CloudWatch 모든 지표

03 _ 우리가 지표를 등록할 때 지정했던 [Gender] 차원이 올바르게 적용돼 있는 것을 확인할 수 있다. [Gender] 차원을 클릭한다.

모든 지표 그래프로 표시된 지표 그래프 옵션
모두 > Exercise People 지표, 차원 또는 리소스 ID 검색
1개 지표
Gender
1개 지표

그림 8.7 CloudWatch Exercise People 지표의 차원

04 _ [People] 지표가 올바르게 나타나 있는 것을 확인할 수 있다. 지표의 체크박스를 클릭하면 상단에 우리가 쌓은 지표에 대한 그래프가 나타난다. 만약 최근 3시간만 보여주도록 설정돼 있어 그래프가 잘렸다면 상단의 [12시간], [3일] 등 시간 범위를 클릭해서 그래프로 보여주는 기간을 변경해보자. 값들이 잘 나오는 것을 알 수 있지만 x 축인 시간이 우리가 기록한 것과 다르게 나타난다는 것을 알 수 있을 것이다.

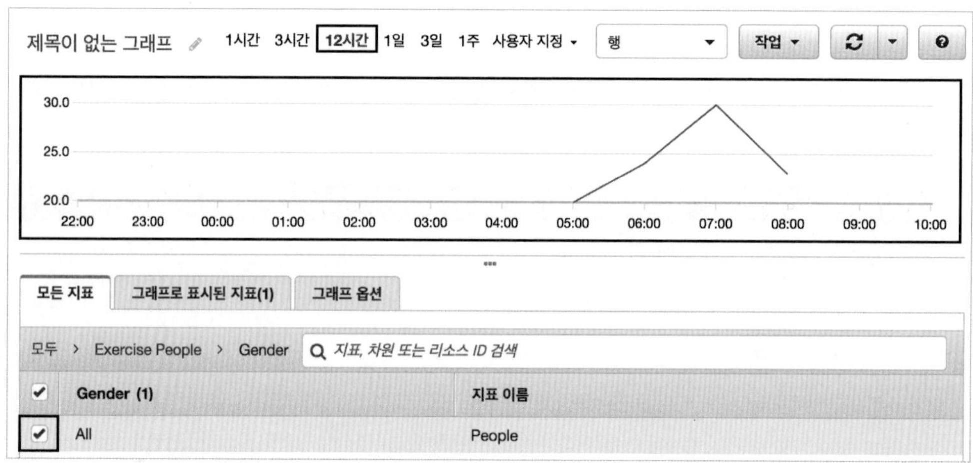

그림 8.8 CloudWatch Exercise People 지표 그래프로 확인

05 _ 시간이 다른 이유는 이 화면에서 타임존을 UTC로 시간을 표시해주고 있기 때문이다. 현재 시간대에 맞춰서 보기 위해서는 오른쪽 위의 [사용자 지정] 메뉴를 클릭하고 [UTC]로 설정돼 있는 항목을 [현지 시간대]로 변경하면 된다.

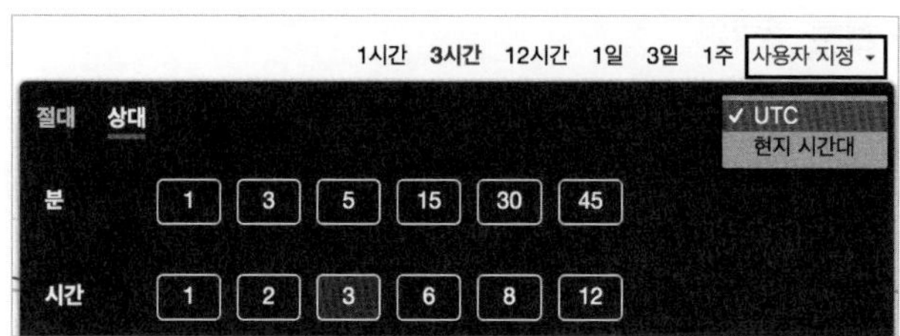

그림 8.9 CloudWatch 지표 사용자 지정

06 _ 이처럼 사용자 지정 지표를 저장하는 방법을 알아봤다. 이 실습에서는 수동으로 4개의 지표를 한꺼번에 기록했지만 실제 운영 환경에서는 일정 주기마다 지표로 사용할 값을 확인하고 CloudWatch에 전송하는 프로그램을 작성해야 할 것이다. 리눅스 환경을 사용한다면 Cron을 이용해 주기적으로 지표를 CloudWatch로 전송하는 스크립트를 실행하면 된다. Cron을 이용하는 방법은 다음 실습에서 다루겠다.

실습 환경 정리

01 _ 실습에서 사용한 디렉터리를 삭제한다.

```
$ cd /var/www
$ rm -rf cloudwatch-custom/
```

8.2.4 [실습] CloudWatch Agent로 메모리, 디스크 사용량 지표, 로그 기록

AWS에서는 별도의 설정을 하지 않아도 기본적으로 EC2 인스턴스에 대한 여러 지표를 기록해준다. CPU 사용량, 네트워크 in/out 트래픽, 디스크 읽기/쓰기 등의 지표들을 기본적으로 기록해주지만, 메모리, 디스크 사용량은 기본적으로 제공하지 않는다. 이 지표들은 OS 내에서만 확인 가능한데, AWS에서 지표를 위해 사용자들의 OS에 임의로 접근할 수 없기 때문이다. 기본적으로 제공하지는 않지만 이 지표들은 서버 모니터링에 굉장히 중요하기 때문에 AWS에서는 이 지표들을 [사용자 지정 지표]로 쉽게 저장할 수 있는 방법들을 제공한다. 예전에는 시스템 지표를 읽어와 CloudWatch 지표로 등록하는 스크립트를 배포했지만 최근에는 시스템 지표 기록과 CloudWatch 로그 모니터링까지 함께 관리할 수 있는 CloudWatch 에이전트를 만들어서 제공한다. 이 실습에서는 CloudWatch 에이전트를 설치해서 시스템 지표를 기록해 보겠다.

인스턴스에 IAM 역할 추가

CloudWatch 에이전트가 올바르게 실행되기 위해서는 에이전트가 실행되는 인스턴스에 [CloudWatchAgentServerPolicy] 정책이 허용돼 있어야 한다. 6장에서 다룬 것과 같이 EC2 서비스 역할을 만들어 인스턴스에 지정하겠다.

01 _ IAM 서비스를 검색해서 이동한다.

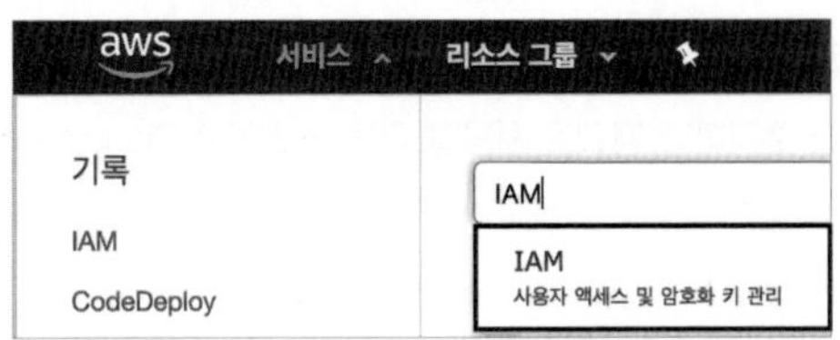

그림 8.10 IAM 서비스 검색

02 _ 왼쪽 메뉴에서 [역할]을 클릭하고 [역할 만들기] 버튼을 클릭한다.

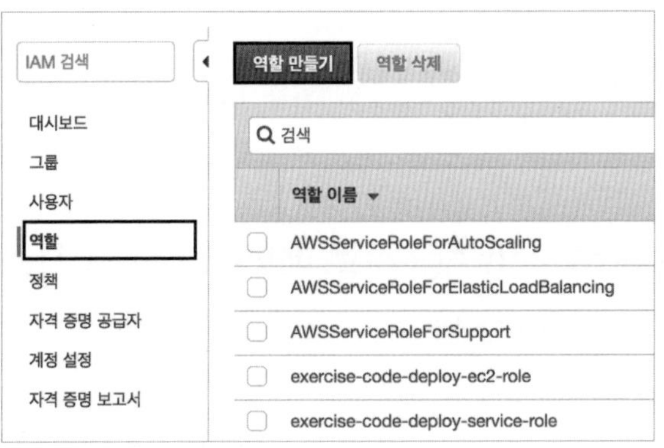

그림 8.11 IAM 역할 만들기

03 _ EC2에 서비스 역할을 지정할 것이기 때문에 [AWS 서비스]를 선택하고 [EC2]를 선택한다. 모두 선택됐으면 아래의 [다음: 권한] 버튼을 클릭한다.

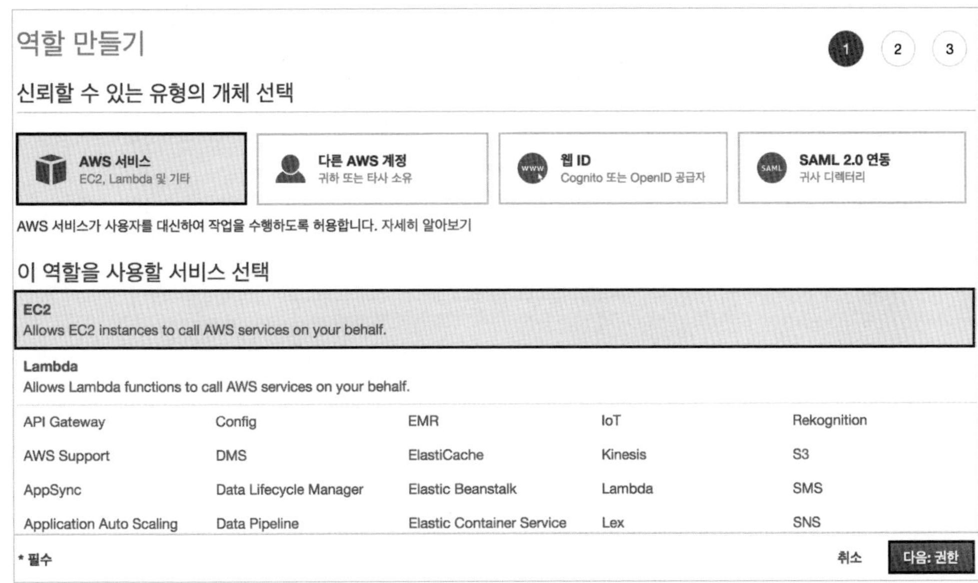

그림 8.12 EC2 서비스를 위한 역할 만들기

04 _ [CloudWatchAgentServerPolicy] 정책을 검색해서 선택한다. [다음: 태그] 버튼을 클릭한다. 태그는 따로 지정하지 않을 것이므로 [다음: 검토] 버튼을 클릭한다.

그림 8.13 역할 만들기 – 권한 정책 추가

05_ 검토 화면에서 역할 이름은 [exercise-cloudwatch-agent-service-role]로 입력한다. 정책이 올바르게 선택됐는지 확인하고 아래의 [역할 만들기] 버튼을 클릭한다.

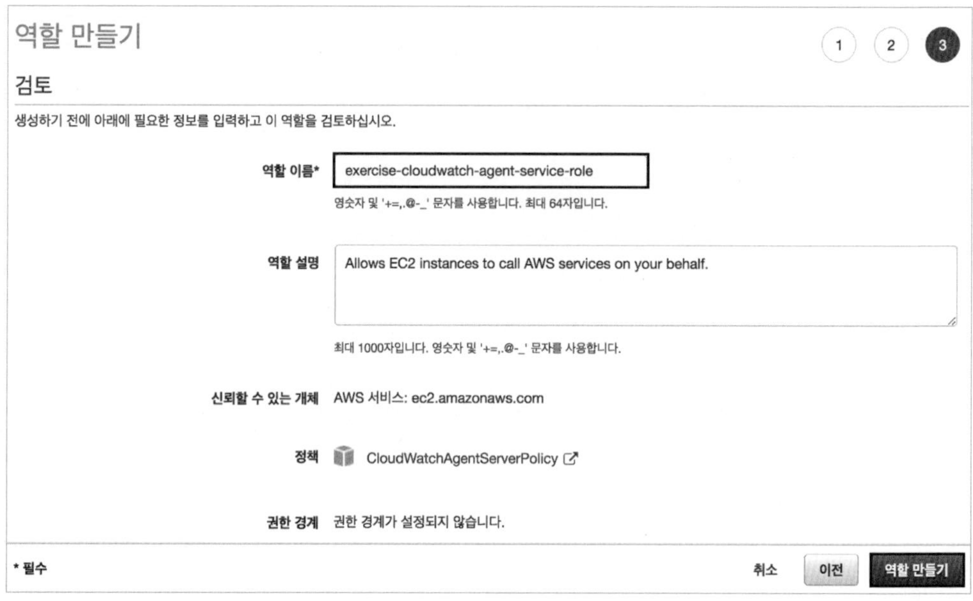

그림 8.14 역할 만들기 – 검토

06_ EC2 메뉴로 이동한다.

07_ 왼쪽의 [인스턴스] → [인스턴스] 메뉴를 클릭하고 AMI용 인스턴스로 사용하는 [exercise-instance]를 대상으로 마우스 오른쪽 버튼을 클릭한다. [인스턴스 설정] → [IAM 역할 연결/바꾸기] 메뉴를 클릭한다.

그림 8.15 exercise–instance 작업 메뉴

08 _ 앞에서 생성한 [exercise-cloudwatch-agent-service-role]을 선택하고 [적용] 버튼을 클릭해 EC2 인스턴스에 역할을 부여한다.

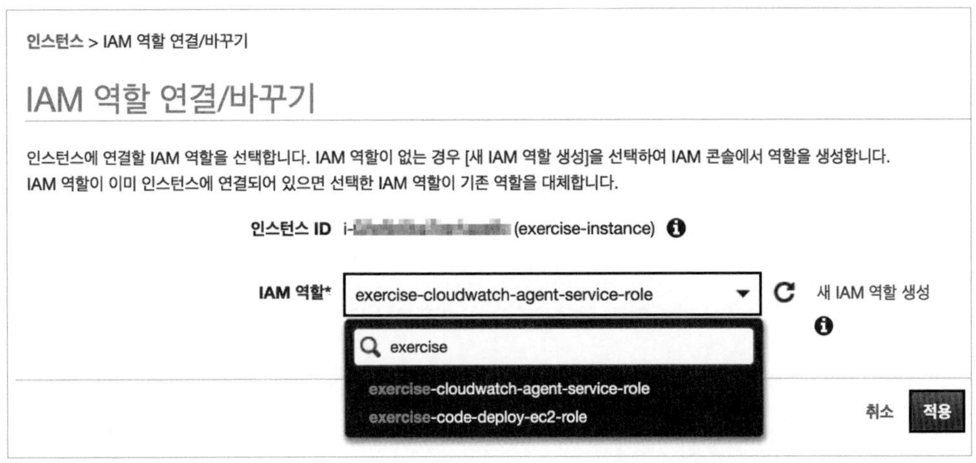

그림 8.16 IAM 역할 연결/바꾸기

주의

방금 IAM 역할 지정은 이 AMI용 인스턴스에 대해서만 진행한 것이다. 나중에 이 AMI용 인스턴스로 AMI와 시작 템플릿을 만들어서 새로운 인스턴스를 생성할 때도 [CloudWatchAgentServerPolicy] 정책을 갖고 있는 IAM 역할을 추가해야 한다.

EC2 인스턴스에 CloudWatch 에이전트 설치

이제 인스턴스에 CloudWatch 에이전트를 설치해야 한다.

01 _ SSH로 인스턴스에 접속한다.

02 _ 스크립트를 설치할 디렉터리로 이동해서 스크립트 파일 묶음을 내려받는다.

```
$ cd /var/www

# CloudWatch Agent 패키지를 설치한다.
$ sudo yum install amazon-cloudwatch-agent -y
```

03 _ CloudWatch 에이전트는 손쉽게 설치할 수 있도록 설치 마법사를 제공한다. 설치 마법사를 실행한다.

```
# CloudWatch Agent가 설치된 경로에 저장되어있는 설정 마법사 실행
$ sudo /opt/aws/amazon-cloudwatch-agent/bin/amazon-cloudwatch-agent-config-wizard

# 처음에 어떤 OS를 사용하는지 묻는다. 리눅스를 선택하기 위해 1을 입력하고 엔터를 누른다.
==============================================================
= Welcome to the AWS CloudWatch Agent Configuration Manager =
==============================================================
On which OS are you planning to use the agent?
1. linux
2. windows
3. darwin
default choice: [1]:

# EC2 인스턴스에 설치할지 자체 서버에 설치할지 묻는다. 1을 입력하고 엔터를 누른다.
Trying to fetch the default region based on ec2 metadata...
Are you using EC2 or On-Premises hosts?
1. EC2
2. On-Premises
default choice: [1]:

# agent를 실행할 user를 묻는다. 기본 값인 1을 입력하고 엔터를 누른다.
Which user are you planning to run the agent?
1. root
2. cwagent
3. others
default choice: [1]:

# StatsD 데몬을 실행할지 묻는다.
# StatsD는 애플리케이션에서 사용자 지정 지표를 쉽게 기록할 수 있게 하는 프로토콜이다.
# 실습에서는 사용하지 않을 것이기 때문에 2를 입력하고 엔터를 누른다.
# 이에 대한 더 자세한 설명은 AWS 공식 가이드에서 확인할 수 있다.
Do you want to turn on StatsD daemon?
1. yes
2. no
default choice: [1]:

# CollectD daemon을 실행할지 묻는다.
# CollectD도 StatsD와 마찬가지로 애플리케이션에서 사용자 지정 지표를 쉽게 기록할 수 있게 하는
# 프로토콜이다.
```

```
# 실습에서는 사용하지 않을 것이므로 2를 입력하고 엔터를 누른다.
# 이에 대한 더 자세한 설명은 AWS 공식 가이드에서 확인할 수 있다.
Do you want to monitor metrics from CollectD?
1. yes
2. no
default choice: [1]:

# CPU, 메모리와 같은 호스트의 지표도 기록하고 싶은지 묻는다. 1을 입력하고 엔터를 누른다.
Do you want to monitor any host metrics? e.g. CPU, memory, etc.
1. yes
2. no
default choice: [1]:

# CPU 코어별 기록을 하고 싶은지 묻는다. 지금은 필요 없으므로 2를 입력하고 엔터를 누른다.
Do you want to monitor cpu metrics per core? Additional CloudWatch charges may apply.
1. yes
2. no
default choice: [1]:

# 기록 시 가능한 모든 EC2 차원을 기록하고 싶은지 묻는다. 1을 입력하고 엔터를 누른다.
Do you want to add ec2 dimensions (ImageId, InstanceId, InstanceType, AutoScalingGroupName)
into all of your metrics if the info is available?
1. yes
2. no
default choice: [1]:

# 지표를 기록하는 주기를 정할 수 있도록 묻는다. 주기가 짧을수록 더 높은 해상도의 지표가
# 기록되지만 그만큼 더 큰 비용이 발생하게 된다. 연습을 위한 것이기 때문에 60초를 선택한다.
# 4를 입력하고 엔터를 누른다.
Would you like to collect your metrics at high resolution (sub-minute resolution)? This
enables sub-minute resolution for all metrics, but you can customize for specific metrics in
the output json file.
1. 1s
2. 10s
3. 30s
4. 60s
default choice: [4]:

# 어떠한 지표들을 기록할지 정할 수 있다.
# Basic/Standard/Advanced마다 기록하는 지표의 종류가 다르다. 자세한 설명은 뒤의 Tip을 확인하고
# 우선은 Standard를 선택하자. 2를 입력하고 엔터를 누른다. 항목별로 기록되는 내용은 뒤의 Tip을 확인하자.
```

```
Which default metrics config do you want?
1. Basic
2. Standard
3. Advanced
4. None
default choice: [1]:

# 방금 선택한 설정 값으로 구성된 JSON 설정 내용을 보여준다. 추후 설정을 변경하고 싶다
# 파일을 직접 수정해서 설정을 변경할 수 있다. 문제가 없다면 yes를 선택하기 위해 1을 입
# 엔터를 누른다.
Current config as follows:
{
..
}
Are you satisfied with the above config? Note: it can be manually customized after the wizard
completes to add additional items.
1. yes
2. no
default choice: [1]:

# 지금까지 지표에 대한 기록이었다면 이제 로그에 대한 기록을 설정할 수 있게 한다. 로그
# 9장에서 자세히 다룰 것이지만 여기서 한 번에 함께 설정하자.
# 기존에 설정된 CloudWatch Logs 설정 파일이 있는지 물어본다. 없으므로 2를 입력하고 누른다.
Do you have any existing CloudWatch Log Agent (http://docs.aws.amazon.com/AmazonCloudWatch/
latest/logs/AgentReference.html) configuration file to import for migration?
1. yes
2. no
default choice: [2]:

# 모니터링하고 싶은 로그 파일이 있는지 묻는다. 로그 모니터링은 9장에서 다룰 것이기 때
# 2를 입력하고 엔터를 누른다.
Do you want to monitor any log files?
1. yes
2. no
default choice: [1]:

# 방금 선택한 설정 값들로 구성된 JSON 설정이 올바르게 저장됐다고 알려준다. 추후 설정을
# 변경하고 싶다면 해당 경로의 파일을 직접 수정해서 설정을 변경할 수 있다.
Saved config file to /opt/aws/amazon-cloudwatch-agent/bin/config.json successfully.
```

```
Current config as follows:
{
..
}
Please check the above content of the config.
The config file is also located at /opt/aws/amazon-cloudwatch-agent/bin/config.json.
Edit it manually if needed.

# SSM parameter store의 설정도 하고 싶은지 묻는다. 지금은 필요 없으므로 2를 입력하고 엔터를 누른다.
Do you want to store the config in the SSM parameter store?
1. yes
2. no
default choice: [1]:

# 올바르게 종료된다.
Program exits now.
```

04 _ 설치된 CloudWatch 에이전트를 실행한다.

```
# file: 뒤의 경로는 방금 생성한 CloudWatch 에이전트 설정 파일의 경로를 나타낸다.
# -s 옵션은 fetch-config 작업이 완료된 뒤 에이전트를 재시작하는 옵션이다.
$ sudo amazon-cloudwatch-agent-ctl -a fetch-config -m
ec2 -c file:/opt/aws/amazon-cloudwatch-agent/bin/config.json -s
```

05 _ CloudWatch 에이전트가 올바르게 실행됐는지 확인한다. status가 running으로 나오면 성공적으로 실행된 것이다. CloudWatch 에이전트는 서비스로 자동으로 등록되어 종료되기 이전에 성공적으로 실행됐다면 시스템이 시작될 때 자동으로 실행된다.

```
$ sudo amazon-cloudwatch-agent-ctl -m ec2 -a status

{
  "status": "running",
  "starttime": "20xx-xx-xxT14:59:28+0000",
  "configstatus": "configured",
  "cwoc_status": "stopped",
  "cwoc_starttime": "",
  "cwoc_configstatus": "not configured",
  "version": "1.247347.4"
}
```

기록된 시스템 지표 확인

01 _ CloudWatch 서비스를 검색해서 이동한다.

그림 8.17 서비스 검색

02 _ CloudWatch 콘솔로 돌아와 좌측 [지표] 메뉴를 클릭해보면 [CWAgent]이라는 이름의 네임스페이스가 사용자 지정 네임스페이스에 추가돼 있음을 확인할 수 있다. 네임스페이스가 나타나기까지 몇 분의 시간이 걸릴 수 있다. [CWAgent] 지표를 클릭해보자.

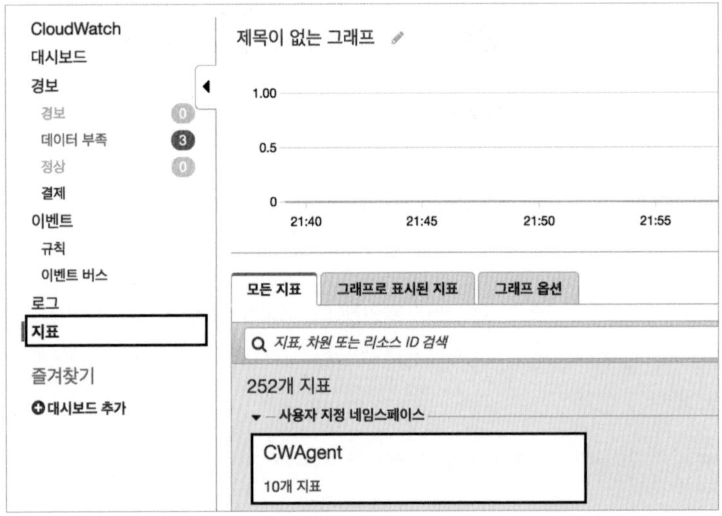

그림 8.18 CloudWatch 지표 목록

03 _ 여러 차원으로 지표가 나눠져 있는 것을 확인할 수 있다. [ImageId, InstanceId, InstanceType]을 클릭해보자.

모두 > CWAgent 지표, 차원 또는 리소스 ID 검색

10개 지표

ImageId, InstanceId, InstanceType, device, fstype, path 6개 지표

ImageId, InstanceId, InstanceType, name 2개 지표

ImageId, InstanceId, InstanceType 2개 지표

그림 8.19 CWAgent 네임스페이스 내 차원 목록

04 _ 앞서 CloudWatch 에이전트 설치 마법사에서 설정한 지표 종류 중 [Standard]에 포함된 메모리 지표가 올바르게 기록되고 있음을 확인할 수 있다.

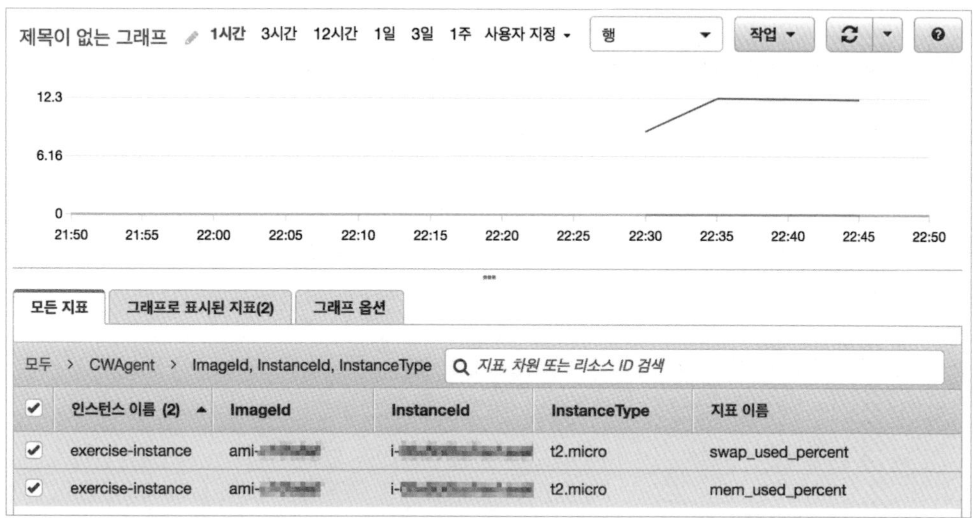

그림 8.20 CWAgent 네임스페이스의 메모리 사용량 지표

Tip 다음은 CloudWatch 에이전트의 미리 정의된 지표 목록이다. 더 자세한 내용은 AWS 공식 문서[37]에서 확인할 수 있다.

종류	내용
Basic	메모리 사용량(used_percent) Swap 사용량(used_percent)
Standard	Basic의 내용 CPU 사용량(usage_idle, usage_iowait, usage_user, usage_system) Disk 사용량(used_percent, inodes_free, io_time)
Advanced	Standard의 내용 Diskio(write_bytes, read_bytes, writes, reads) Netstat(tcp_established, tcp_time_wait)

표 8.2 CloudWatch 에이전트의 미리 정의된 지표 목록

37 https://docs.aws.amazon.com/AmazonCloudWatch/latest/monitoring/create-cloudwatch-agent-configuration-file-wizard.html

다음은 자주 사용하는 CloudWatch 에이전트 명령어와 주요 파일 위치다.

특정 설정 파일을 이용해 CloudWatch 에이전트 서비스를 시작하는 명령어

```
# fetch-config를 통해 config.json 파일의 내용으로 설정 파일을 업데이트하고 시작한다.
$ sudo amazon-cloudwatch-agent-ctl -a fetch-config -m ec2 -c file:/opt/aws/amazon-
cloudwatch-agent/bin/config.json -s
```

CloudWatch 에이전트 서비스를 시작하는 명령어

```
$ sudo amazon-cloudwatch-agent-ctl -m ec2 -a start
```

CloudWatch 에이전트 서비스를 중지하는 명령어

```
$ sudo amazon-cloudwatch-agent-ctl -m ec2 -a stop
```

CloudWatch 에이전트 서비스의 상태를 조회하는 명령어

```
$ sudo amazon-cloudwatch-agent-ctl -m ec2 -a status
```

CloudWatch 에이전트 설정 파일의 위치

```
# Wizard로 생성한 파일 위치
/opt/aws/amazon-cloudwatch-agent/bin/config.json

# 실제로 CloudWatch 에이전트가 사용하는 설정 파일 위치
/opt/aws/amazon-cloudwatch-agent/etc/amazon-cloudwatch-agent.json
```

CloudWatch 에이전트의 로그 파일 위치

```
/opt/aws/amazon-cloudwatch-agent/logs/amazon-cloudwatch-agent.log
```

8.2.5 CloudWatch 대시보드

서비스를 운영하다 보면 지표의 종류가 훨씬 많아지고 그중 중요하고 자주 보는 지표가 생기기 마련이다. CloudWatch에 기록된 지표들을 그래프로 시각화해서 보여주는 기능을 확인해봤지만 매번 지표들을 찾아서 그래프를 하나하나 확인하는 것이 매우 불편하다.

CloudWatch는 이런 지표들을 더 손쉽게, 한눈에 보여주기 위해 대시보드 기능을 제공한다. 대시보드를 사용하면 원하는 데이터들을 조합해서 한 화면에 보여주고 지표마다 레이아웃을 자유롭게 구성할 수 있다. 또한 일반 그래프, 누적 그래프, 숫자, 마크다운 등의 다양한 포맷도 제공한다. 업무 시간에 항상 띄워두고 모니터링하는 용도로 쓰기에 적합하다. 또한 여러 지표를 한꺼번에 보여주기 때문에 장애가 발생한 경우 각 서비스 간의 상관관계를 따져 장애의 원인을 파악하기가 매우 쉬워진다.

다음 그림은 대시보드 화면의 예를 보여준다. 각 그래프가 어떤 항목을 나타내는지는 지워져 있는 상태다. 하얀색 직사각형 네모는 각각 위젯이라고 부른다. 비슷한 지표들은 하나의 위젯에 추가해서 확인할 수 있다. 또한 장애가 발생한 경우 서비스의 어떤 부분이 원인인지 파악하기가 쉬운데, 예를 들어 다음 그림을 보면 A 영역의 주황색 그래프가 튀었다는 것을 알 수 있다. 이 주황색 그래프가 튀면 안 되는 중요한 지표를 나타낸다고 가정해보자. 마우스 포인터를 위젯 위에 올려두면 해당 시간이 점선으로 표시되고 모든 위젯의 같은 시간에 점선이 똑같이 표시된다. 따라서 지금과 같이 A 부분에 튄 그래프 부분에 마우스를 올리면 B 부분의 파란색 그래프가 A 직전에 튄 것을 알 수 있다. 높은 확률로 A 그래프가 튄 이유로 B 부분의 파란 그래프가 튀었기 때문으로 추측할 수 있기 때문에 B 그래프를 나타내는 자원에 어떤 문제가 있었는지 가장 먼저 파악해보면 된다.

이처럼 같은 시간대에 다른 항목들의 지표들은 어땠는지 확인할 수 있기 때문에 직접 각 자원 서버에 접속해서 로그를 보지 않고도 장애의 원인을 훨씬 빠르게 찾을 수 있다.

CloudWatch 대시보드의 요금은 공식 홈페이지[38]에서 확인할 수 있다. 이 글을 쓰는 시점에는 월별 최대 50개의 지표를 제공하는 대시보드 3개가 프리 티어로 제공된다. 프리 티어가 아닌 경우 월별 3 USD/대시보드의 요금이 부과된다.

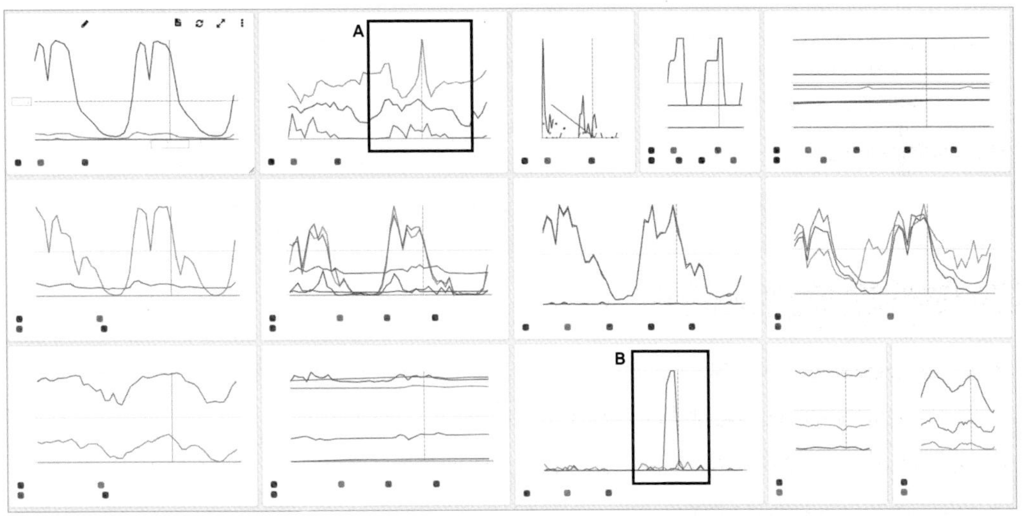

그림 8.21 CloudWatch 대시보드 예시

38 https://aws.amazon.com/ko/cloudwatch/pricing/?nc1=h_ls

8.2.6 [실습] CloudWatch 대시보드 생성

이 실습에서는 원하는 지표들을 모아 CloudWatch 대시보드를 만들어 보겠다.

01 _ CloudWatch 서비스에서 왼쪽 [대시보드] 메뉴를 클릭한 뒤 대시보드 화면에서 [대시보드 생성] 버튼을 클릭한다.

그림 8.22 CloudWatch 대시보드

02 _ 생성할 대시보드의 이름을 지정할 수 있는 화면에서 [exercise-dashboard]를 입력하고 [대시보드 생성] 버튼을 클릭한다.

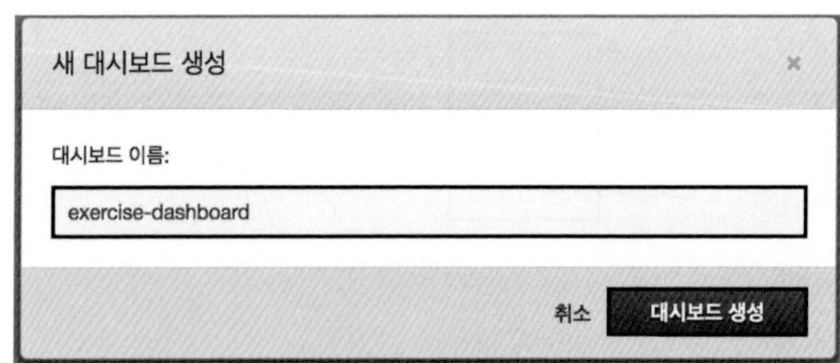

그림 8.23 CloudWatch 대시보드 이름 입력

03 _ 최초로 위젯을 등록할 수 있는 화면이 나타난다. 일반 그래프, 누적 면적, 숫자, 텍스트 등의 포맷을 지원한다. 일반 그래프를 나타낼 수 있는 [라인]을 선택하고 [구성] 버튼을 클릭한다.

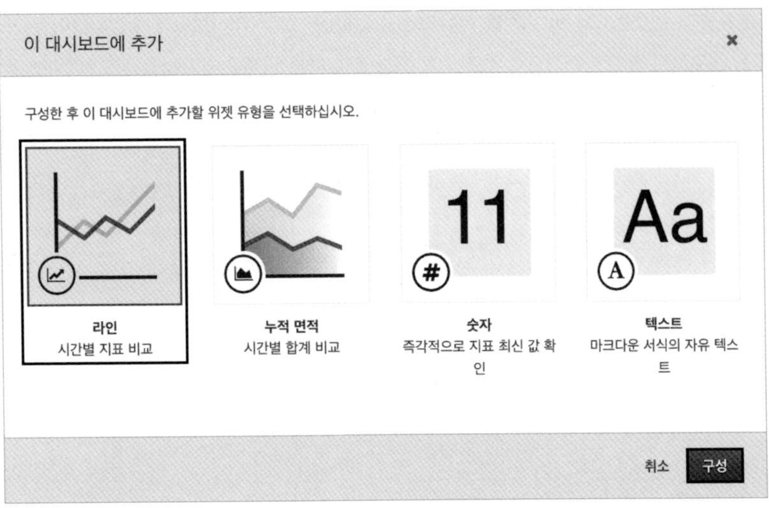

그림 8.24 대시보드에 위젯 추가

04 _ 기록되고 있는 모든 지표를 추가할 수 있다. 체크를 통해 여러 지표를 선택해 하나의 위젯에 추가할 수 있으나 이번에는 [CWAgent] 네임스페이스의 [ImageId, InstanceId, InstanceType] 차원을 선택해 [mem_used_percent] 값을 추가하자. 해당 지표를 선택한 후 [위젯 생성] 버튼을 클릭한다. 위젯에 추가하기 위해 선택된 지표들은 [그래프로 표시된 지표] 탭에서 확인할 수 있다.

지표 그래프 추가

제목이 없는 그래프 　 1시간 3시간 12시간 1일 3일 1주 사용자 지정 ▾ 　 라인

Percent: 14.0, 13.9, 13.7 / 20:15 20:20 20:25 20:30 20:35 20:40 20:45 20:50 20:55 21:00 21:05 21:10 21:15

모든 지표 | 그래프로 표시된 지표(1) | 그래프 옵션 | 소스

모두 › CWAgent › ImageId, InstanceId, InstanceType 　 지표, 차원 또는 리소스 ID 검색

	인스턴스 이름 (2)	ImageId	InstanceId	InstanceType	지표 이름
☐	exercise-instance	ami-	i-	t2.micro	swap_used_percent
☑	exercise-instance	ami-	i-	t2.micro	mem_used_percent

취소 　 위젯 생성

그림 8.25 위젯에 지표 그래프 추가

05 _ 위젯이 추가됐다. 위젯은 크기와 위치를 자유롭게 조절할 수 있다. 대시보드에 수정사항이 일어나도 [대시보드 저장] 버튼을 클릭하지 않으면 저장되지 않으니 꼭 저장하자. 다른 위젯을 추가하고 싶으면 [위젯 추가] 버튼을 클릭하면 된다.

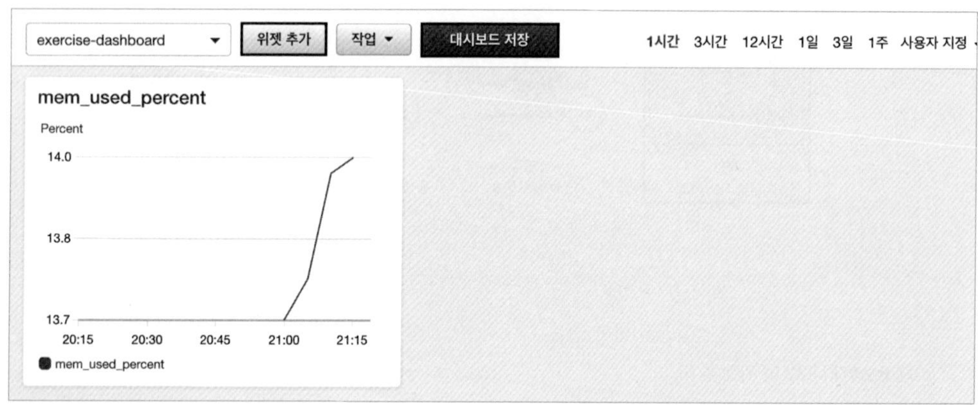

그림 8.26 대시보드에 추가된 위젯

06 _ 로드 밸런서의 지표도 추가할 수 있다. [ApplicationELB] 네임스페이스에서 [AppELB별 지표] 차원을 선택하면 [exercise-lb]의 지표들을 추가할 수 있다. 여기서는 이 로드 밸런서가 받은 총 요청 수인 [RequestCount]와 5XX 상태 코드 응답 수인 [HTTPCode_ELB_5XX_Count]를 선택했다.

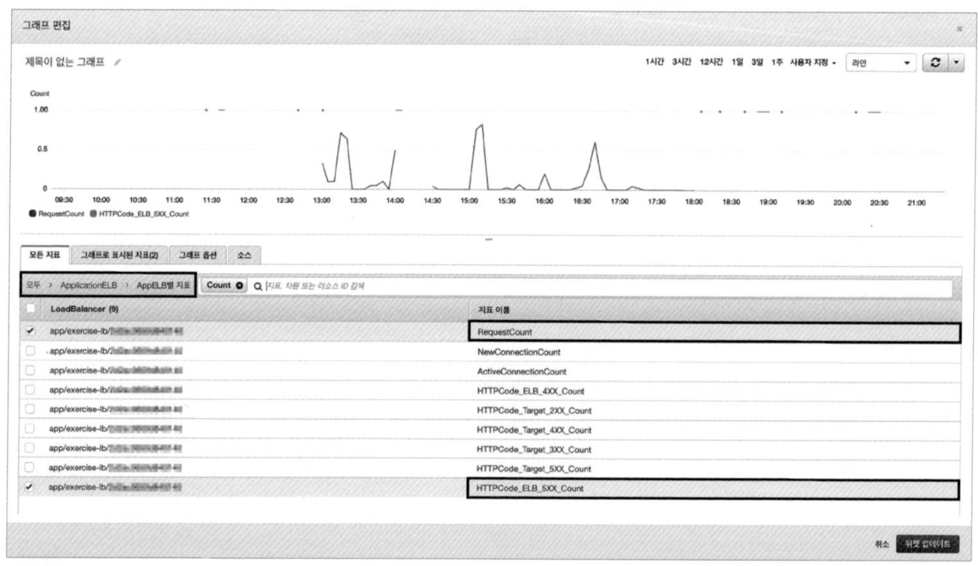

그림 8.27 로드 밸런서 지표 그래프 추가

07 _ 하지만 그래프에서 개수의 값이 이상하게 나오는 것을 확인했을 것이다. Y 축의 값이 이상하게 보이는 이유는 현재 시간당 평균값으로 계산하고 있기 때문이다. [그래프로 표시된 지표] 탭을 클릭해 [통계] 값을 평균을 나타내는 [보통[39]]에서 [합계]로 변경한다. 이렇게 되면 5분간 평균 값이 아닌 5분간 총 요청 수의 값을 보여주게 된다. 값 설정이 완료되면 [위젯 업데이트] 버튼을 클릭한다.

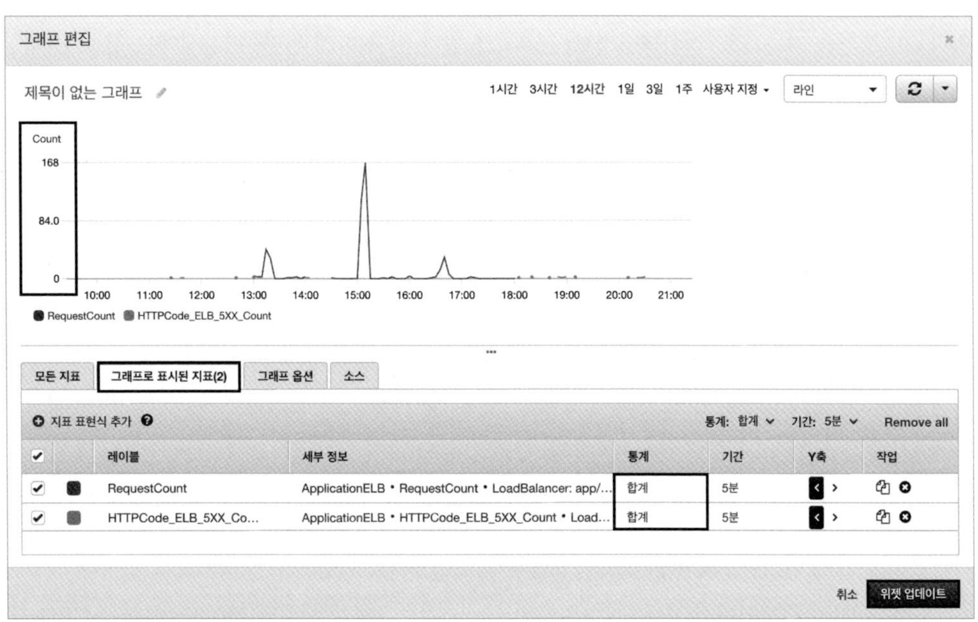

그림 8.28 로드 밸런서의 그래프로 표시된 지표

08 _ 그 밖에 텍스트 등 여러 지표를 추가해서 대시보드를 필요한 대로 구성할 수 있다. 또한 오른쪽 위의 기간 메뉴를 클릭해 원하는 기간 동안의 지표를 살펴볼 수 있다.

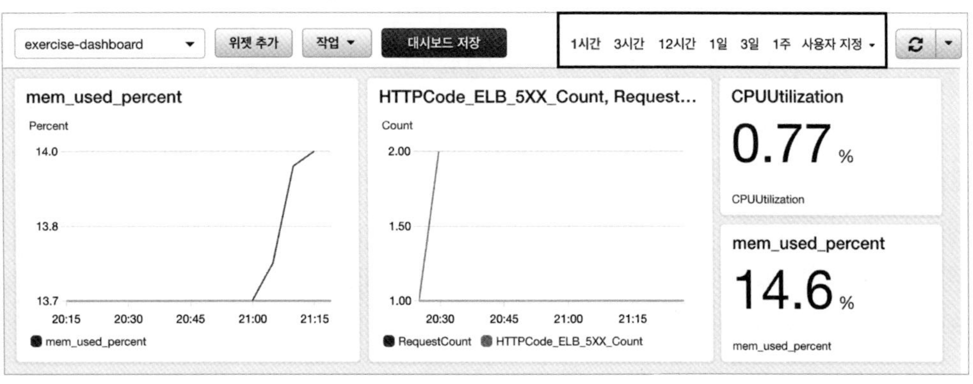

그림 8.29 CloudWatch 대시보드

39 영어로는 평균을 뜻하는 Average로 돼 있지만 번역은 '보통'으로 돼 있어 헷갈릴 수 있다.

8.2.7 CloudWatch 경보

지표를 쌓고 대시보드로 한눈에 모니터링을 할 수 있어도 사람이 24시간 모니터링하고 있을 수는 없는 노릇이다. AWS에서는 우리가 중요하게 생각하는 지표들에 대해 조건들을 미리 만들어두고 사람 대신 모니터링할 수 있는 경보 기능을 제공한다. 경보는 "기간"과 "값"을 이용해 조건을 걸어두어 생성할 수 있다. 이 조건을 기준으로 [정상]과 [경보] "상태"를 왔다 갔다 하게 된다. 평상시에는 경보가 [정상] 상태로 존재하다가 문제가 되는 조건을 넘는 경우 [경보] 상태로 변경된다. 또 시간이 지나 정상 조건을 만족하는 경우 다시 [정상] 상태로 돌아온다.

CloudWatch 경보는 단순히 상태만 변경되는 것이 아니라 상태 변경에 따른 작업들을 자동으로 진행할 수 있다. 예를 들어, 상태가 변경되는 경우 관리자들에게 이메일과 문자 알림을 보낼 수 있고 AWS 내 리소스들을 알아서 조작할 수도 있다. Auto Scaling 그룹의 auto scaling 기능도 이 CloudWatch의 경보를 이용해서 만들어진 것이다. Auto Scaling 그룹의 조정 정책을 만들 때 세워둔 기준들은 CloudWatch 경보로 등록된다. 경보의 상태가 [정상]에서 [경보]로 변경되면 Auto Scaling 그룹의 [목표 용량]의 값을 현재±1로 변경하는 작업을 수행한다.

3장에서 Auto Scaling 그룹을 생성할 때 [조정 정책]을 설정해둔 것을 기억할 것이다. 80%의 CPU 사용률을 기준으로 인스턴스의 수를 최소 1개에서 최대 2개까지 자동으로 조정되도록 설정해 뒀었다. 그 때 [조정 정책]이 생성되면서 자동으로 CloudWatch 경보 2개가 생성된 것이다. 하나는 CPU 사용률이 80%를 넘을 경우 [경보] 상태로 변경되어 인스턴스를 하나 늘리는 경보고, 다른 하나는 CPU 사용률이 75% 미만으로 내려가는 경우 인스턴스를 하나 줄이는 경보다.

CloudWatch 경보의 요금은 공식 홈페이지[40]에서 확인할 수 있다. 이 책을 쓰는 시점에는 일반(5분) 경보 10개가 프리 티어로 제공된다. 프리 티어가 아닌 경우 일반(5분) 경보일 경우 0.10 USD/경보의 요금이, 고해상도(10초) 경보일 경우 0.30 UDS/경보의 요금이 부과된다.

8.2.8 [실습] CloudWatch 경보 생성

이번에는 임의의 경보를 1개 생성해서 경보가 [경보] 상태로 변경되는 경우와 다시 [정상] 상태로 변경되는 경우에 이메일로 알림을 받아볼 수 있게 설정해 보겠다. 경보는 애플리케이션 로드 밸런서가 받은 요청 수를 기준으로 할 것이다.

40 https://aws.amazon.com/ko/cloudwatch/pricing/?nc1=h_ls

01 _ 요청을 받을 로드 밸런서에 연결된 인스턴스들을 실행하기 위해 Auto Scaling 그룹 내 인스턴스를 추가할 것이다. EC2 서비스로 이동한 후 왼쪽 메뉴의 [Auto Scaling Group]을 선택한다. [EXERCISE-GROUP]을 선택하고 [세부 정보] 탭의 [편집] 버튼을 클릭한다.

그림 8.30 [EXERCISE–GROUP] Auto Scaling 그룹의 세부 정보

02 _ 인스턴스를 1대 실행하기 위해 [목표 용량]과 [최소 용량]을 모두 1로 변경한다. 그리고 로드 밸런서에서 요청을 받기 위해 [대상 그룹]에 [exercise–target–group]이 잘 등록돼 있는지 확인한다. 모두 설정됐으면 [저장] 버튼을 클릭해 저장한다.

그림 8.31 [EXERCISE–GROUP] Auto Scaling 그룹의 세부 정보 편집

03 _ 인스턴스가 모두 실행되길 기다리면서 로드 밸런서의 DNS 주소를 확인하기 위해 왼쪽 메뉴에서 [로드 밸런싱] → [로드 밸런서] 메뉴를 선택한다. [exercise-lb] 로드 밸런서를 클릭하고 [DNS 이름] 값을 복사한다.

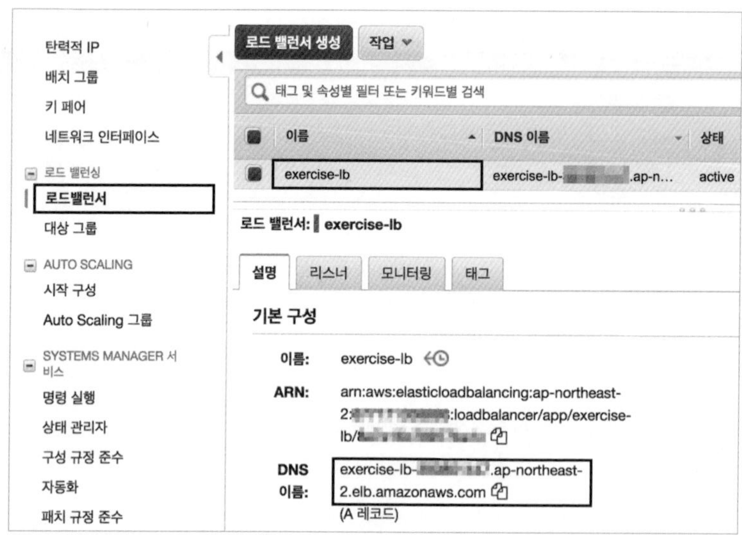

그림 8.32 [exercise-lb] 로드 밸런서 설명

04 _ 웹 브라우저에서 해당 주소로 접속을 시도한다. 새로고침을 여러 번 시도한다. 이때 응답 성공의 수를 지표로 확인하려는 것이 아니라 총 요청 수를 지표로 확인하려는 것이기 때문에 애플리케이션이 제대로 배포돼 있지 않아 에러가 발생해도 상관없다. 다만 요청을 받을 수 있는 인스턴스는 등록돼 있어야 한다.

05 _ CloudWatch 서비스를 검색해서 이동한다.

그림 8.33 서비스 검색

06 _ 왼쪽 메뉴 중 [경보] 메뉴를 클릭한다. Auto Scaling 그룹을 생성할 때 자동으로 추가된 경보 2개가 이미 존재하고 있음을 확인할 수 있다. 새로운 경보를 생성할 것이기 때문에 [경보 생성] 버튼을 클릭한다.

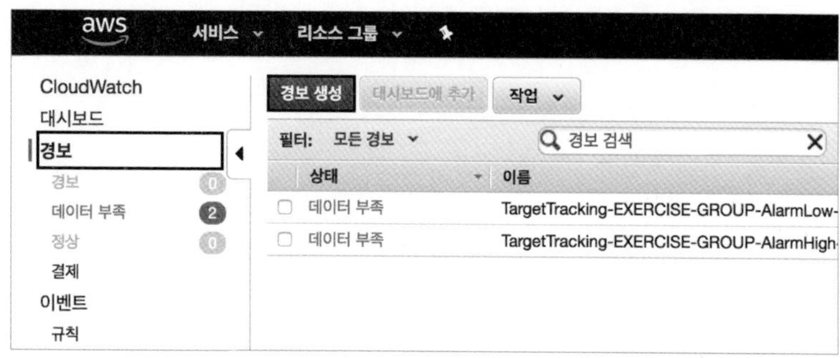

그림 8.34 CloudWatch 경보

07 _ [측정치]의 [지표 선택] 버튼을 클릭한다.

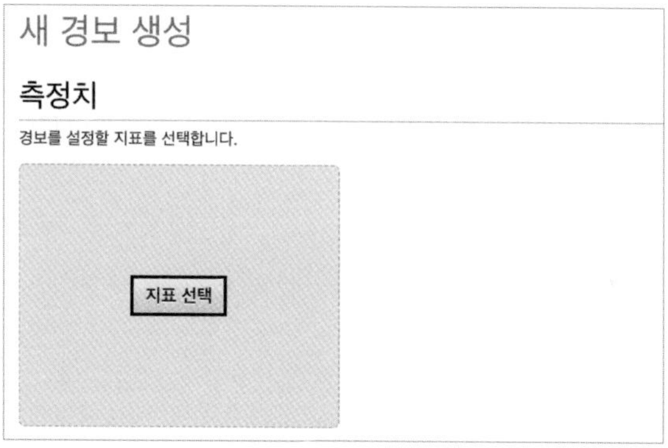

새 경보 생성
측정치
경보를 설정할 지표를 선택합니다.
지표 선택

그림 8.35 CloudWatch 경보 생성

08 _ CloudWatch에서 기록하고 있는 모든 지표를 보여주고 이 가운데 어떤 지표로 경보를 생성할 것인지 정할 수 있다. 여기서는 애플리케이션 로드 밸런서가 받은 총 요청량을 기준으로 할 것이기 때문에 [ApplicationELB] → [AppELB 별 지표]를 클릭한다. 그리고 [RequestCount] 지표를 찾아 체크한다. 그러면 상단에 그래프가 나타나는 것을 확인할 수 있다. 지표가 반영되기까지 시간이 몇 분 걸리기 때문에 그래프에 바로 나타나지 않을 수 있다.

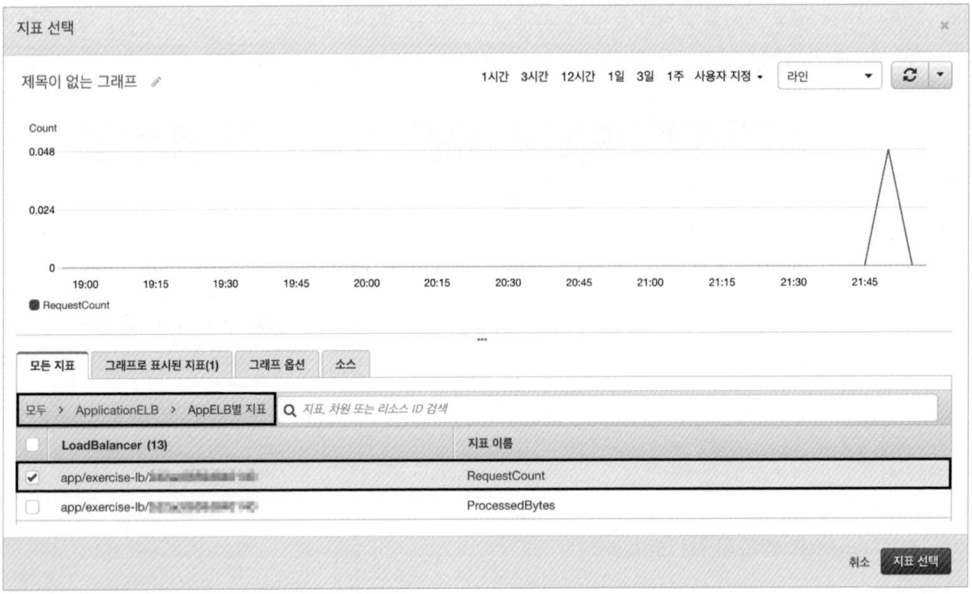

그림 8.36 CloudWatch 경보 생성 – 지표 선택

09 _ [그래프로 표시된 지표] 탭을 클릭한 다음 [통계] 부분을 [평균]에서 그림과 같이 [합계]로 변경한다. 그리고 오른쪽 아래에 있는 [지표 선택] 버튼을 클릭한다.

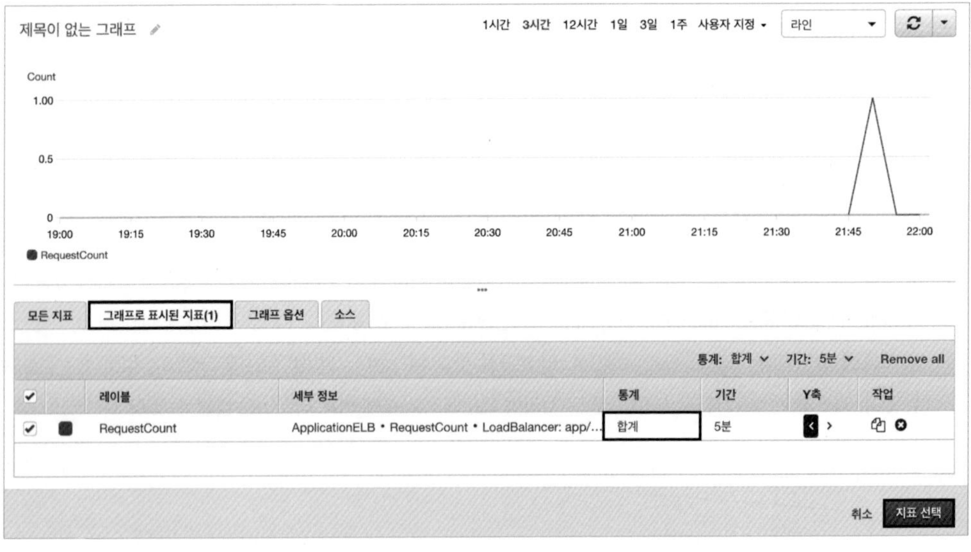

그림 8.37 CloudWatch 경보 생성 지표 선택

10 _ 선택한 지표에 대해 경보의 임곗값을 상세히 지정할 수 있는 화면이 나타난다.

우선 생성할 경보에 대한 이름과 설명은 그림에 보이는 값으로 지정한다. 그리고 경보의 기준이 되는 임곗값을 정할 수 있다. 지금은 요청량에 대한 경보를 생성하는 것이니 요청량의 특정 값을 임곗값으로 정할 수 있다. 그리고 단순히 임곗값을 한 번 넘었다고 상태가 바로 변경되는 것이 아니라 일정 기간을 두고 그 기간 동안 임곗값을 넘긴 경우에만 경보 상태로 변경되도록 설정할 수 있다.

아래 그림과 같은 값으로 임곗값과 기간을 지정하자. 요청량 10개를 임곗값으로 지정해 뒀고 5분이라는 기간마다 확인하며 2번 이상 임곗값을 넘긴 경우에만 상태를 변경하도록 설정한 것이다.

즉, 경보가 [정상] 상태에 있다가 5분 간격으로 2번 확인했는데 연속으로 요청량이 10개가 넘은 경우 [경보] 상태로 변경된다. 다시 5분 간격으로 2번 확인했는데 연속으로 요청량이 10개 미만이면 다시 [정상] 상태로 변경되는 것이다.

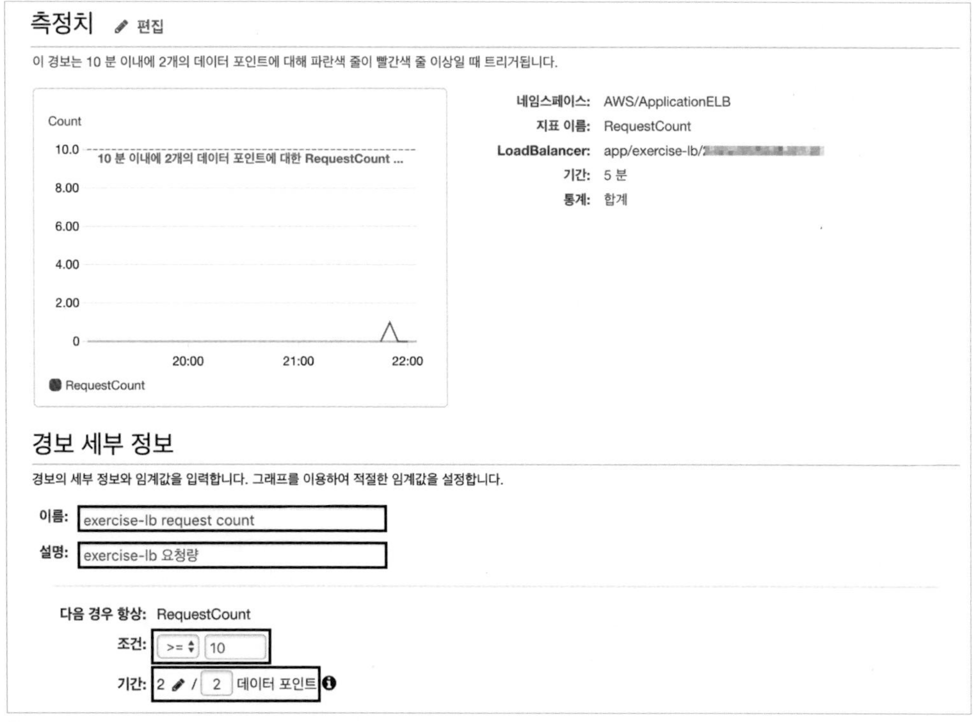

그림 8.38 CloudWatch 경보 생성

11 _ 경보의 상태가 바뀔 때마다 이메일로 알림을 받기 위해 아래쪽에 있는 [작업] 영역의 [알림 보내기] 항목에서 [새 목록] 버튼을 클릭한다.

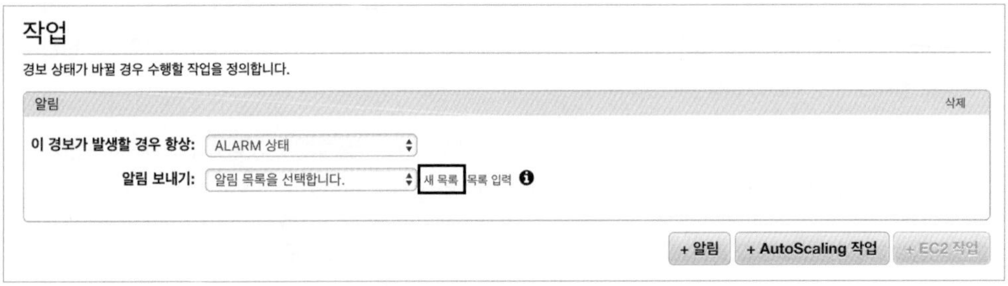

그림 8.39 경보 생성 – 알림 추가

12 _ 경보의 상태가 바뀔 때마다 이메일로 알림을 받기 위해 작업에 다음 그림과 같이 두 [알림]을 추가한다. [알림 보내기] 항목에 알림을 받을 이메일들의 목록을 나타내는 이름을 적고 [이메일 목록] 항목에는 이메일 주소들을 적는다.

[ALARM 상태]로 변경될 때 알림 하나와 [정상 상태]로 변경될 때 알림을 모두 받을 것이니 두 상태에 대한 알림을 추가한다. 새로운 알림을 추가하기 위해서는 [+알림] 버튼을 클릭하면 된다.

그림 8.40 경보에 알림 작업 추가

13 _ 모든 작업이 완료되면 오른쪽 아래에 있는 [경보 생성] 버튼을 클릭한다.

그림 8.41 경보 생성

14 _ 새롭게 이메일 주소를 등록한 것이기 때문에 이 이메일 주소의 소유자임을 확인하기 위한 화면이 나타난다. 메일함을 확인한다.

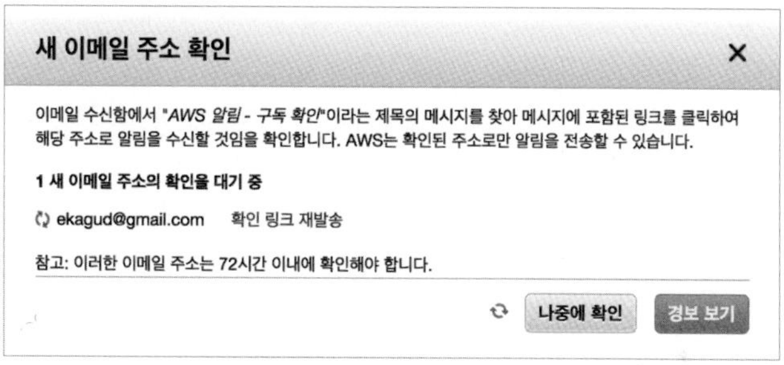

그림 8.42 이메일 주소 확인

15 _ 다음과 같은 메일을 받게 될 것이다. [Confirm subscription] 링크를 클릭해 메일 주소를 인증할 수 있다. 메일의 내용을 자세히 보면 SNS라는 단어가 많이 보이는데 상태가 변경될 때 메일을 발송하는 주체는 CloudWatch 경보가 아니라 AWS에서 제공하는 알림 서비스인 SNS(Simple Notification Service)이기 때문에 SNS에 등록하는 것이다. SNS에 대한 자세한 설명은 12.9절을 참고하자.

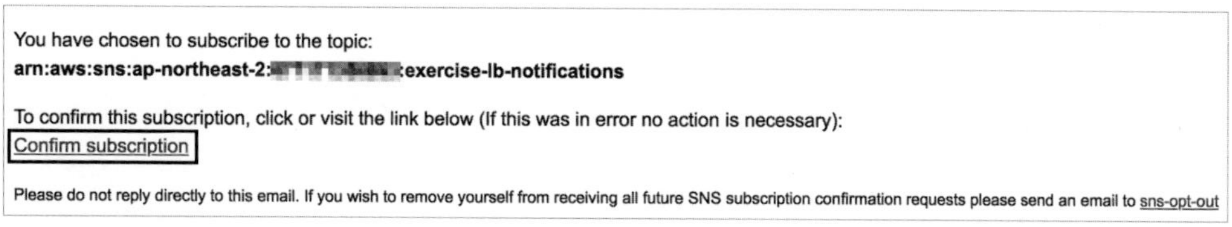

그림 8.43 이메일 인증

16 _ 이메일 주소 확인 창을 닫으면 다음과 같이 경보가 제대로 생성됐음을 확인할 수 있다. 왼쪽 위의 목록을 보면 현재 경보가 [정상] 상태임을 알 수 있다. 또한 오른쪽 아래를 보면 경보의 임곗값을 나타내는 선과 경보가 바라보는 지표를 보여준다.

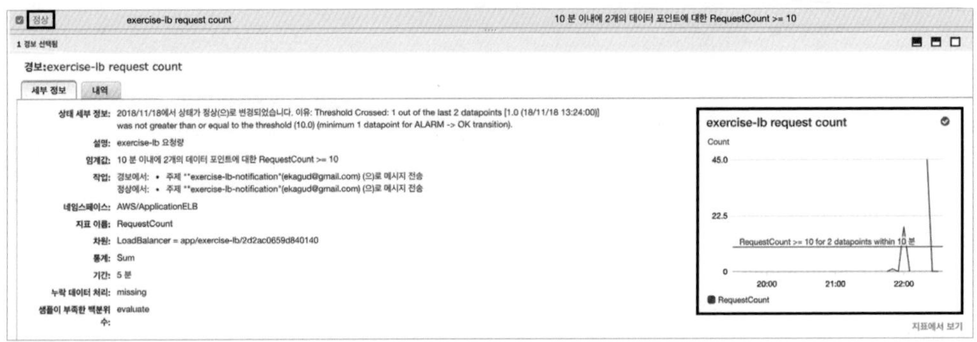

그림 8.44 경보 세부 정보

17 _ 현재는 [정상] 상태이기 때문에 [경보] 상태로 변경하기 위해 브라우저로 요청을 5분 간격으로 각각 10번 이상 보낸다. 올바르게 요청을 보냈다면 10분 뒤 다음과 같이 목록에서 상태가 [경보]로 변경된 것을 확인할 수 있을 것이다.

그림 8.45 [경보] 상태의 경보

18 _ [경보] 상태로 변경됐으니 앞서 지정해둔 작업대로 아까 인증받은 이메일 주소로 경보에 대한 정보를 담은 이메일이 도착할 것이다. 메일에는 어떠한 사유로 이런 이메일을 받았으며, 정확히 어떤 시간에 어떤 조건으로 임곗값을 넘어 경보의 상태가 변경됐는지 자세히 알려준다.

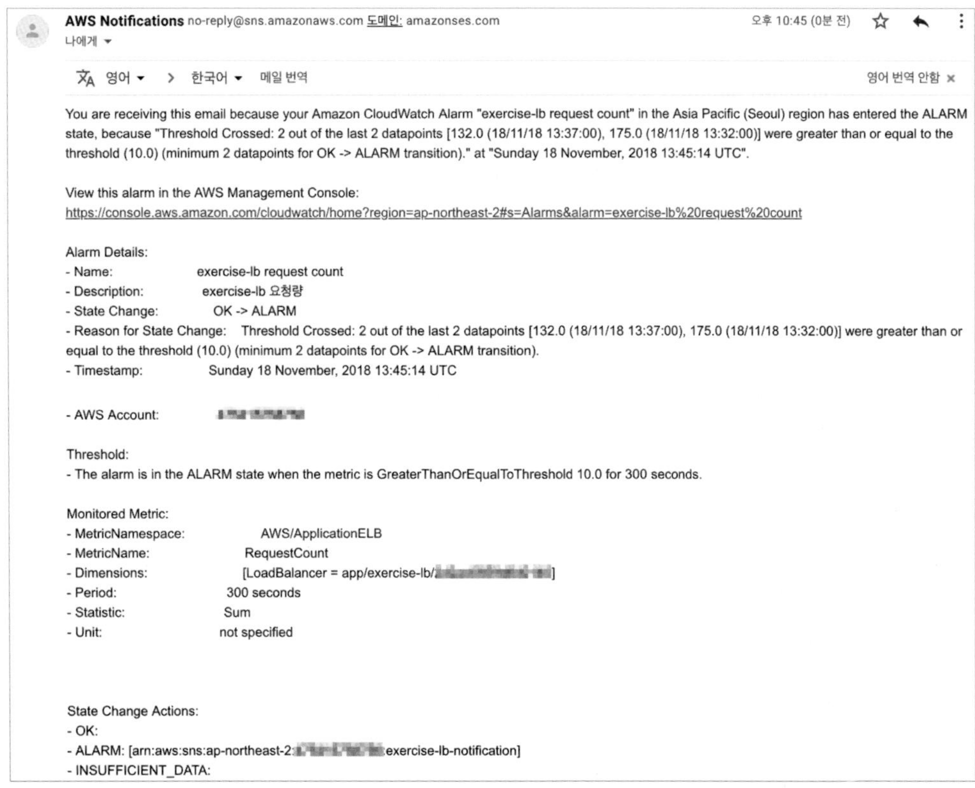
AWS Notifications no-reply@sns.amazonaws.com 도메인: amazonses.com 오후 10:45 (0분 전)
나에게

영어 > 한국어 메일 번역 영어 번역 안함

You are receiving this email because your Amazon CloudWatch Alarm "exercise-lb request count" in the Asia Pacific (Seoul) region has entered the ALARM state, because "Threshold Crossed: 2 out of the last 2 datapoints [132.0 (18/11/18 13:37:00), 175.0 (18/11/18 13:32:00)] were greater than or equal to the threshold (10.0) (minimum 2 datapoints for OK -> ALARM transition)." at "Sunday 18 November, 2018 13:45:14 UTC".

View this alarm in the AWS Management Console:
https://console.aws.amazon.com/cloudwatch/home?region=ap-northeast-2#s=Alarms&alarm=exercise-lb%20request%20count

Alarm Details:
- Name: exercise-lb request count
- Description: exercise-lb 요청량
- State Change: OK -> ALARM
- Reason for State Change: Threshold Crossed: 2 out of the last 2 datapoints [132.0 (18/11/18 13:37:00), 175.0 (18/11/18 13:32:00)] were greater than or equal to the threshold (10.0) (minimum 2 datapoints for OK -> ALARM transition).
- Timestamp: Sunday 18 November, 2018 13:45:14 UTC

- AWS Account: [illegible]

Threshold:
- The alarm is in the ALARM state when the metric is GreaterThanOrEqualToThreshold 10.0 for 300 seconds.

Monitored Metric:
- MetricNamespace: AWS/ApplicationELB
- MetricName: RequestCount
- Dimensions: [LoadBalancer = app/exercise-lb/[illegible]]
- Period: 300 seconds
- Statistic: Sum
- Unit: not specified

State Change Actions:
- OK:
- ALARM: [arn:aws:sns:ap-northeast-2:[illegible]:exercise-lb-notification]
- INSUFFICIENT_DATA:

그림 8.46 경보 상태 변경 메일

19 _ 10분 동안 요청을 더 보내지 않으면 다시 10개 미만이라는 조건을 만족하기 때문에 경보의 상태가 [경보]에서 [정상]으로 바뀐다. 그리고 마찬가지로 지정된 작업대로 [정상] 상태로 변경됐다는 이메일이 도착할 것이다.

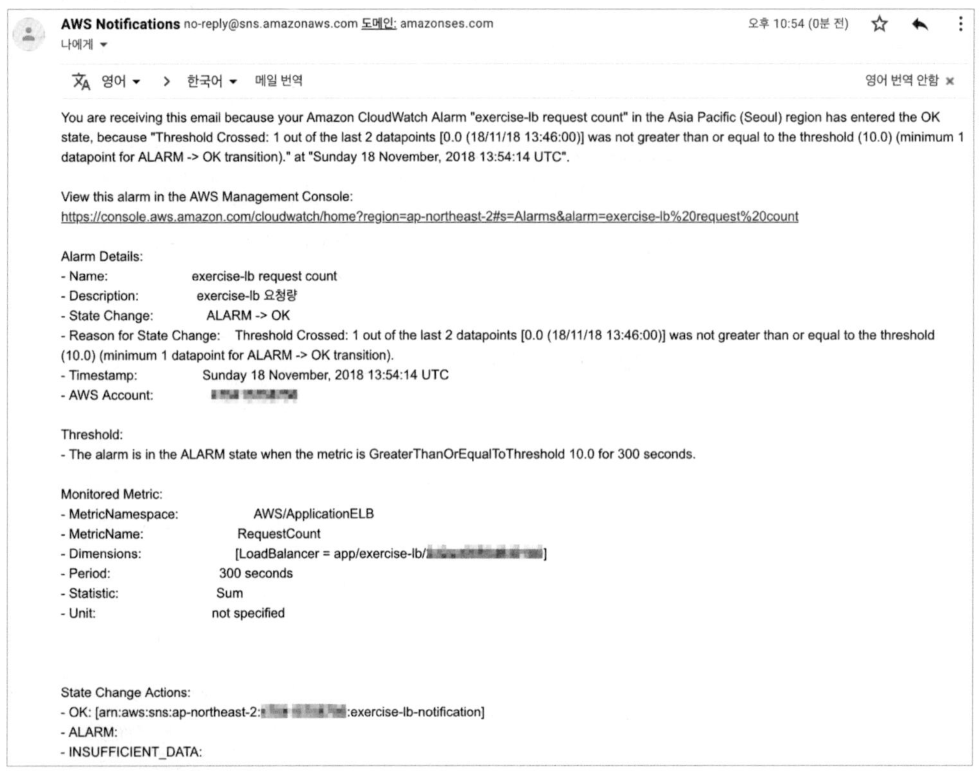

그림 8.47 정상 상태로 변경됐다는 내용의 메일

8.3 애플리케이션 성능 관리 툴

앞에서 다뤘던 CloudWatch는 주로 AWS에서 제공하는 자원이나 사용자가 지정한 특정 지표와 같이 단순한 데이터를 모니터링하는 데 특화된 툴이다. 이런 지표들도 중요하지만 때론 애플리케이션에 대한 더 깊은 모니터링도 필요하다. 이를 위해서는 애플리케이션 성능 관리(Application Performance Management, 이하 APM) 툴이 필요하다. APM 툴이 있으면 장애와 버그를 더 빨리 해결할 수 있기 때문에 서비스의 품질이나 인력 측면에서도 훨씬 효율적으로 운영할 수 있다.

8.3.1 APM 툴 설명

APM 툴은 애플리케이션의 성능을 측정하기 위한 툴로 애플리케이션을 더 깊게 분석해서 애플리케이션 내에서 발생하는 문제의 원인을 최대한 빨리 찾을 수 있게 도와주는 툴이다. 많이 들어봤을 만한 국내 업체인 제니퍼소프트의 제품인 제니퍼가 대표적인 APM 툴이다. APM 툴은 코드 레벨에서 모니터링을 진행하기 때문에 코드가 어떻게 실행되고 있는지 분석해서 자세한 정보를 보여준다. 코드 레벨에서 진행되기 때문에 APM 툴마다 지원하는 언어와 프레임워크가 다르다. 따라서 현재 서비스에서 사용하고 있는 언어와 프레임워크를 지원하는 APM 툴을 찾아서 사용해야 한다. 대부분 유료 제품이긴 하나 오픈소스로 제공되는 툴도 많이 있다. 하지만 오픈소스로 제공되면 수집된 데이터를 보여줄 웹 서버를 직접 구성하고 관리해야 한다는 단점이 있다. SaaS 형태로 클라우드로 관리되는 제품들은 라이브러리만 설치하고 간단한 설정만 해주면 되기 때문에 훨씬 편하다.

APM 툴들이 굉장히 많기 때문에 시장은 포화 상태이고 어떤 제품을 고를지 찾는 것만 해도 굉장히 큰 일이다. 각 제품이 제공하는 기능이나 범위가 조금씩 다르기 때문에 정말로 필요한 기능들이 모두 제공되는지 꼼꼼히 따져보고 비교한 뒤에 결정해야 한다.

APM 툴마다 제공하는 기능들이 다르지만 대부분의 APM 툴들은 다음과 같은 기능을 제공한다.

- **요청과 트랜잭션에 대한 성능 측정**: 요청량부터 요청별로 얼마만큼의 시간이 걸렸고 시간이 소요된 부분이 어디인지 측정해준다. 요청을 처리하는 데 어떤 데이터베이스 쿼리에서 시간이 오래 걸렸고, 어떤 함수에서 시간이 오래 걸렸는지도 측정해준다. 전체 요청 처리 시간 중 DB에서 소요된 시간, 캐시에서 소요된 시간, 애플리케이션에서 소요된 시간 등을 분석해준다.
- **애플리케이션 Memory, GC**: 애플리케이션이 실행되고 있는 프로세스의 메모리를 분석해준다. 언어의 VM 내에서 GC가 얼마나 돌고 있는지, VM의 object allocation 등 메모리 사용량에 대한 상세한 정보도 분석해준다.
- **에러**: 에러가 난 경우 비슷한 에러들을 모아두고 에러의 빈도, 에러가 발생했을 때 파라미터와 에러가 발생했을 때의 호출 스택(call stack), 에러 로그 등의 데이터를 보여준다.
- **알림**: 에러, 성능 등 기준을 정해놓으면 CloudWatch의 경보처럼 기준을 만족했을 때 알림을 보내준다.
- **사용자 지정 지표**: 시스템상으로 에러가 발생하지 않았더라도 개발자가 생각하기에는 측정해야 하는 에러나 지표들은 따로 관리할 수 있다.

8.3.2 NewRelic APM

시장에 나와 있는 많은 APM 툴 가운데 이 책에서는 NewRelic APM이라는 툴을 예시로 위에서 설명한 기능들이 어떻게 제공되는지 보여주겠다. NewRelic APM이 제공하는 기능들은 엄청 많지만 여기서는 대부분의 APM 툴이 제공하는 기능에 대해 간단히 설명하겠다. 여기서 사용한 이미지는 모두 NewRelic에서 제공하는 샘플 이미지이기 때문에 다른 프로젝트, 언어, 프레임워크인 경우가 있다. 따라서 기능이 어떻게 제공되는지 맛보는 용도로 확인하면 된다. NewRelic에 대한 자세한 정보는 공식 홈페이지[41]에서 확인할 수 있다.

그림 8.48 NewRelic 로고

요청과 트랜잭션에 대한 성능 측정

서버 애플리케이션에 대한 모든 요청을 기록하고 각 요청이 처리되는 데 필요한 작업을 나눠서 분석할 수 있다. 예를 들어, 다음 그림의 경우 시간별로 들어온 모든 요청에 대해 요청이 처리될 때까지 필요한 작업에 대한 시간을 따로 구분해서 그 비중을 표시한 것이다.

일반 애플리케이션 코드 실행을 나타내는 하늘색 부분에서 가장 많은 시간을 소요하고 갈색으로 표시되는 Memcached라는 캐시 서비스에서 get을 하는 부분이 두 번째로 많은 시간을 소요하고 있음을 알 수 있다. 따라서 전체 응답 속도를 줄이기 위해서는 어느 부분을 개선해야 하는지 바로 알 수 있다.

또한 갑자기 응답시간이 느려지고 특정 색이 평상시보다 높아진다면 DB, 캐시, 애플리케이션 등 하나의 요청을 처리하는 데 필요한 많은 작업 중 어디가 문제인지 바로 파악할 수 있다.

41 https://newrelic.com/

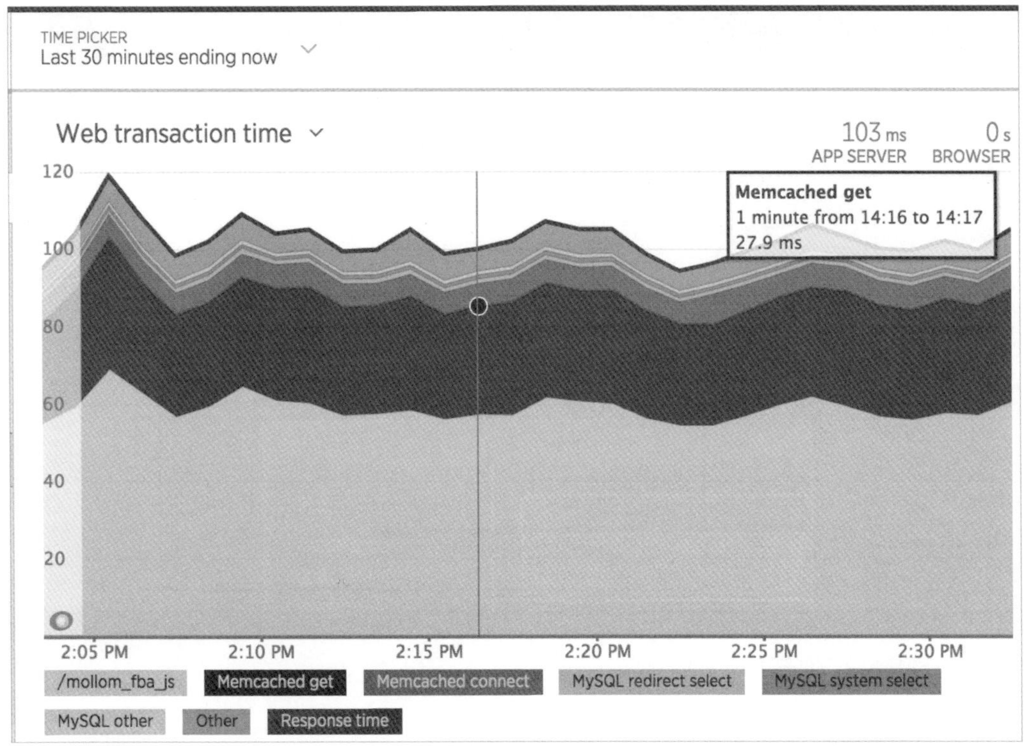

그림 8.49 NewRelic APM의 전체 트랜잭션 누적 그래프

전체적인 처리량뿐만 아니라 하나의 요청에 대한 처리 시간을 더 자세히 분석할 수도 있다. 애플리케이션에서 요청을 처음 받는 부분부터 처리가 완료될 때까지 호출되는 코드 스택을 모두 파악하고 항목별로 어느 정도의 시간이 소요됐는지 분석해준다. 따라서 어떤 함수를 호출할 때 시간을 가장 많이 사용했는지도 쉽게 파악할 수 있다.

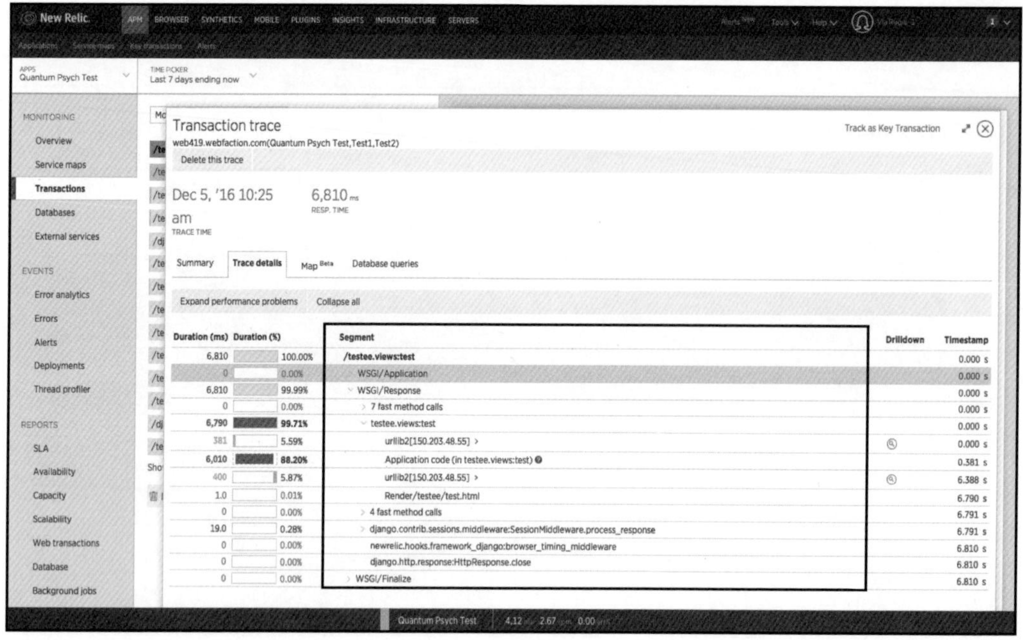

그림 8.50 NewRelic APM의 특정 트랜잭션 트레이스

애플리케이션 Memory, GC

애플리케이션 성능 관리 툴인만큼 애플리케이션에 중요한 메모리 사용량에 대해서도 분석할 수 있다. 다음 그림은 VM을 사용하는 언어인 자바스크립트에 대한 VM 분석 페이지를 보여준다. GC(가비지 콜렉션)가 얼마나 자주 일어났는지, GC가 일어나는 동안 얼마만큼 정지됐는지도 세세하게 보여주고 메모리 힙의 상태나 이벤트 루프(Event Loop)에 대한 모니터링도 쉽게 할 수 있다.

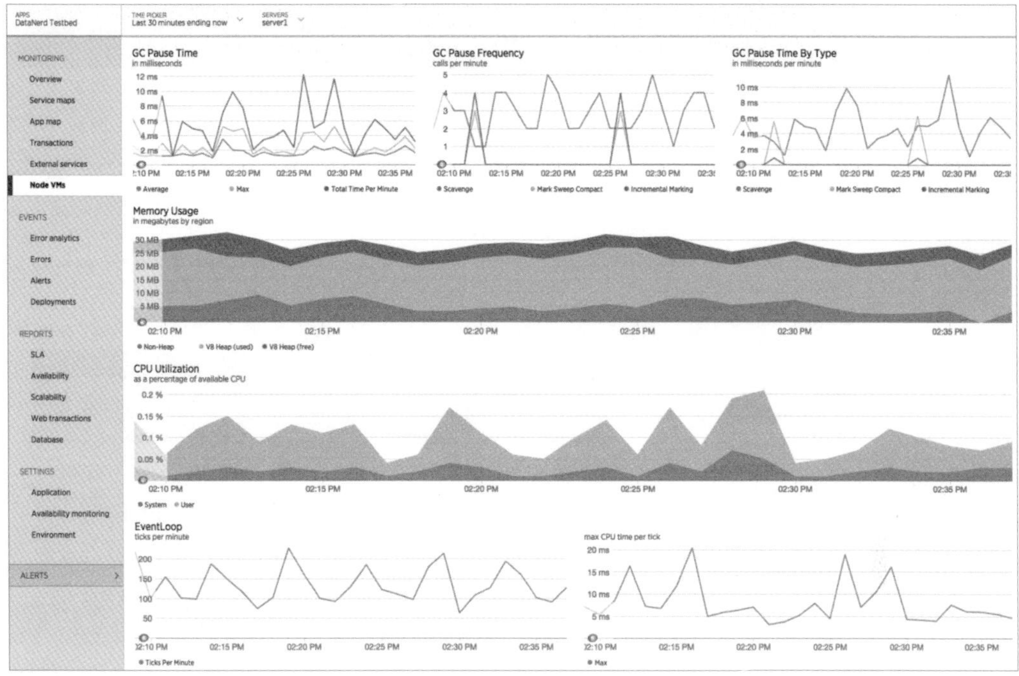

그림 8.51 NewRelic APM의 VM 분석

에러

에러가 발생하는 경우 같은 종류의 에러를 모아 종류별로 얼마만큼의 에러가 발생하고 있는지 보여준다. 에러가 어떤 빈도로 발생하고 있는지도 확인할 수 있기 때문에 애플리케이션에 문제가 있다면 바로 파악할 수 있다. 예를 들어, 다음 화면에서는 시간대별로 에러가 얼마나 발생했으며, 가장 많이 발생하는 에러로는 어떤 것이 있는지 보여준다. 또한 특정 종류의 에러가 언제 처음 발견됐으며 마지막으로 발견된 시간까지 보여주기 때문에 원인 분석을 훨씬 쉽게 할 수 있게 도와준다.

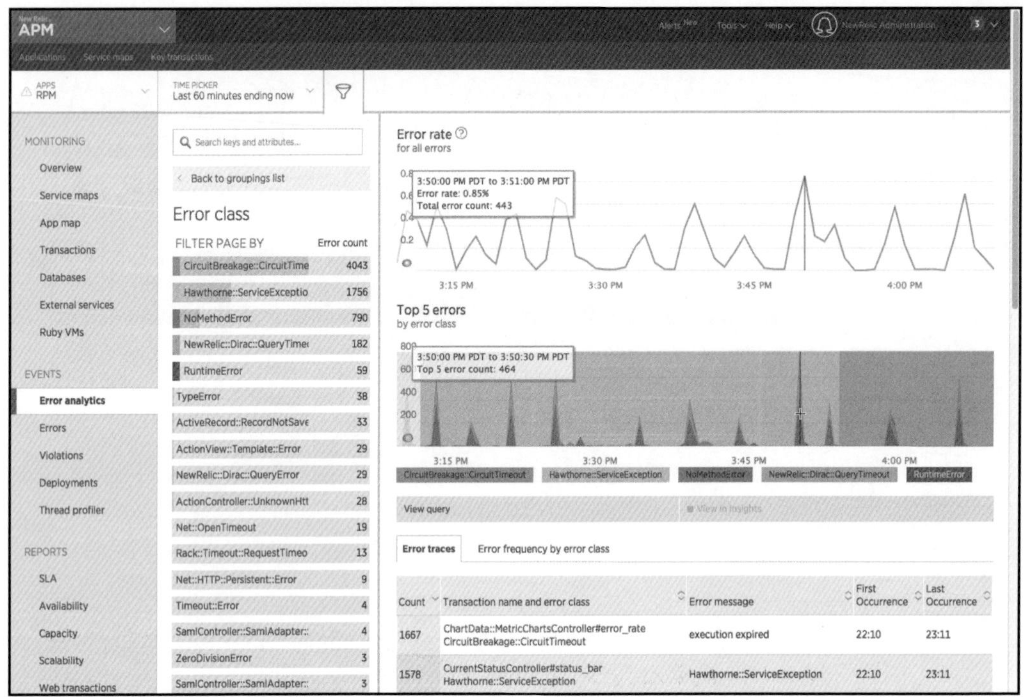

그림 8.52 NewRelic APM의 에러 분석

특정 에러에 대해서도 자세히 확인할 수 있다. 웹 요청에 대한 파라미터와 응답 값을 자동으로 기록하고 에러가 날 당시의 호출 스택과 메시지를 함께 보여주기 때문에 어떤 파라미터로 들어와서 어디에 어떤 에러가 발생했는지 바로 파악할 수 있다.

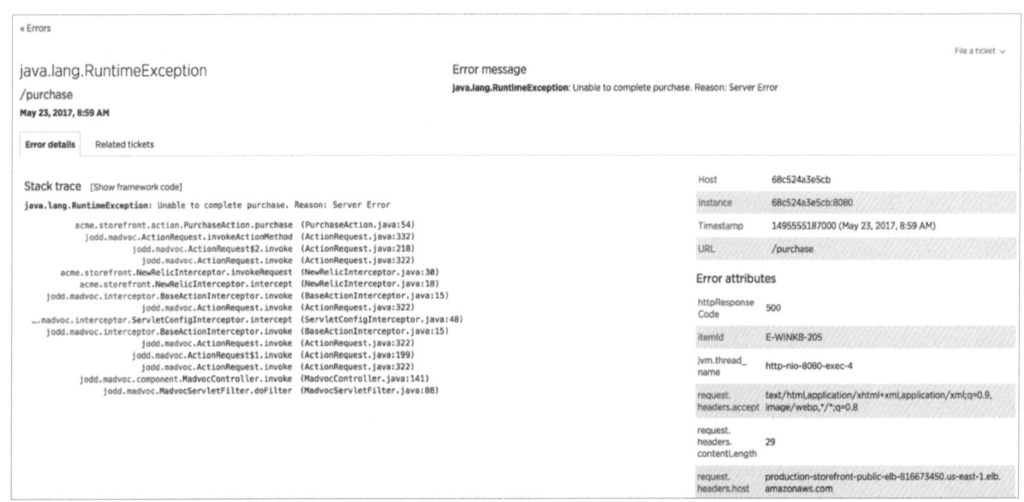

그림 8.53 NewRelic APM의 Errors 페이지

8.4 정리

이번 장에서는 운영 중인 서버에 대한 다양한 지표들을 CloudWatch로 저장하고 조회하는 방법을 알아봤다. 또한 사람이 온종일 지표를 모니터링하지 않아도 문제 상황이 발생하는 경우 시스템이 자동으로 알림을 발송하고 자원을 조정할 수 있게 하는 방법도 알아봤다. 마지막으로 애플리케이션을 코드 레벨에서 더욱 심층적으로 모니터링할 수 있게 도와주는 APM에 대해서도 알아봤다. 서버에서 예외 상황은 365일 24시간 어느 때나 발생할 수 있으며 큰 장애는 발생하기 전에 장애의 징조가 나타나는 경우가 많다. 따라서 안정적인 서비스를 운영하기 위해서는 주요 지표에 대해 경보를 생성해두고 다양한 데이터를 대상으로 꾸준히 모니터링하는 것이 중요하다.

09

로그 분석

8장에서 지표를 통한 모니터링에 대해 배웠다면 이번 장에서는 로그를 통한 모니터링을 배워 보겠다. 운영 서버를 관리하게 되면 가장 많이 하는 일 중 하나가 로그를 읽는 작업이다. 로그는 그 당시 어떤 일이 일어났는지 확인할 수 있게 해주는 중요한 단서로서 문제 해결을 할 수 있는 유일한 단서가 되는 경우가 많다. 그렇기 때문에 이런 로그들은 반드시 기록하고 있어야 하며 일정 기간 동안 유실되지 않도록 잘 관리해야 한다. 서비스가 커질수록 로그의 양은 기하급수적으로 늘어나기 때문에 필요한 정보만 기록해야 한다. 그리고 이렇게 많은 로그에서 손쉽게 필요한 정보를 찾을 수 있도록 관리할 방법이 필요하다.

로그의 양의 많아져서 생기는 문제뿐만 아니라 유실의 문제도 있다. Auto Scaling을 이용하면 인스턴스가 자동으로 하루에도 수없이 많이 실행되고 종료된다. 인스턴스가 종료되면 내부에 있는 데이터는 모두 유실되기 때문에 인스턴스가 종료되기 이전에 내부에 있는 중요한 정보들은 따로 관리해야 한다. 앞에서도 얘기했지만, 다중 서버 환경에서 EC2 인스턴스는 연산만 처리하는 컴퓨팅 유닛으로 생각해야 하므로 보존해야 하는 파일과 같은 데이터는 EC2 인스턴스 외부에 저장해둬야 한다.

이번 장에서는 AWS에서 자체적으로 제공하는 CloudWatch Logs와 많이 쓰이는 Elastic Stack(구 ELK 스택)으로 로그를 관리하고 분석하는 방법을 배우겠다.

9.1 AWS CloudWatch Logs

9.1.1 CloudWatch Logs 소개

CloudWatch Logs는 8장에서 배운 CloudWatch의 기능 중 로그를 관리하는 기능이다. 8장에서 설치한 CloudWatch 에이전트가 로그도 모니터링해서 CloudWatch Logs로 전송하는 역할도 한다.

과거에는 CloudWatch Logs 에이전트가 별도로 존재했지만 AWS에서 최근에는 시스템 지표 기록과 로그 모니터링을 동시에 처리할 수 있는 CloudWatch 에이전트를 따로 만들어서 제공한다. EC2 내에서 발생한 로그, Lambda, Route 53에 대한 DNS 쿼리 등 다양한 로그를 저장할 수 있다.

로그는 영구적으로 보존할 수도 있으며 만료 시간을 지정해서 자동으로 삭제되게 처리할 수도 있다. 용량 단위로 요금이 책정되기 때문에 적당한 만료 시간을 두는 것이 좋다. CloudWatch Logs에 대한 자세한 설명은 공식 문서[42]에서 확인할 수 있다. CloudWatch Logs의 요금은 요금 페이지[43]에서 확인할 수 있다.

이 글을 쓰는 시점에는 데이터 5GB가 프리 티어로 제공된다. 그리고 프리 티어가 아닌 경우 수집된 로그는 0.76 USD/GB, 저장된 로그는 0.0314 USD/GB의 요금이 부과된다.

CloudWatch Logs는 크게 세 항목으로 구성돼 있다.

- **로그 이벤트**: 로그를 기록하는 애플리케이션이나 자원에서 로그를 기록한 줄의 모음. 독립적인 이벤트로 볼 수 있는 로그 줄의 묶음이기 때문에 로그 파일에서 한 줄이 될 수도 있고 여러 줄이 될 수도 있다. 예를 들어, 애플리케이션 서버 로그에서 클라이언트 요청의 시작부터 응답을 줄 때까지 쌓인 여러 줄의 로그를 하나의 이벤트로 볼 수도 있다.
- **로그 스트림**: 동일한 소스에서 기록된 로그 이벤트들을 시간순으로 모아둔 스트림. 예를 들어 특정 인스턴스에서 발생한 서버 호출 로그들이 하나의 스트림이 된다.
- **로그 그룹**: 여러 로그 스트림을 하나로 모아둔 곳. 예를 들어 여러 인스턴스에서 발생한 서버 호출 로그들을 모아둔 그룹이 존재하게 된다.

CloudWatch 에이전트 설정 파일을 이용해 인스턴스 내 어떤 파일을 가져올지 지정할 수 있다.

42 https://docs.aws.amazon.com/ko_kr/AmazonCloudWatch/latest/logs/WhatIsCloudWatchLogs.html
43 https://aws.amazon.com/ko/cloudwatch/pricing/

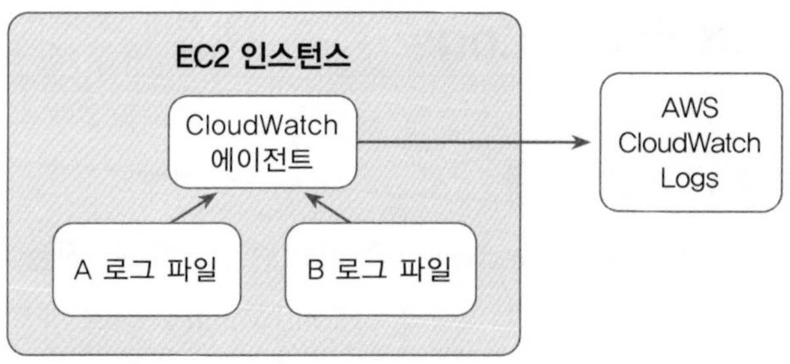

그림 9.1 CloudWatch Logs 구성도

그림 9.2 CloudWatch Logs 예시 화면

9.1.2 [실습] CloudWatch Log에 로그 적재

이번 실습에서는 CloudWatch 에이전트를 이용해 인스턴스 내 쌓이고 있는 nginx의 액세스 로그를 CloudWatch Logs로 전송하겠다.

주의

이 실습을 진행하기 위해서는 8.2.4절의 [CloudWatch Agent로 메모리, 디스크 사용량 지표, 로그 기록] 실습을 진행한 상태여야 한다.

CloudWatch Logs 그룹 추가

01 _ CloudWatch 서비스를 검색해서 이동한다.

그림 9.3 서비스 검색

02 _ 왼쪽 메뉴에서 [로그] 메뉴를 클릭하고 새로운 로그 그룹을 생성하기 위해 [로그 그룹 생성] 버튼을 클릭한다.

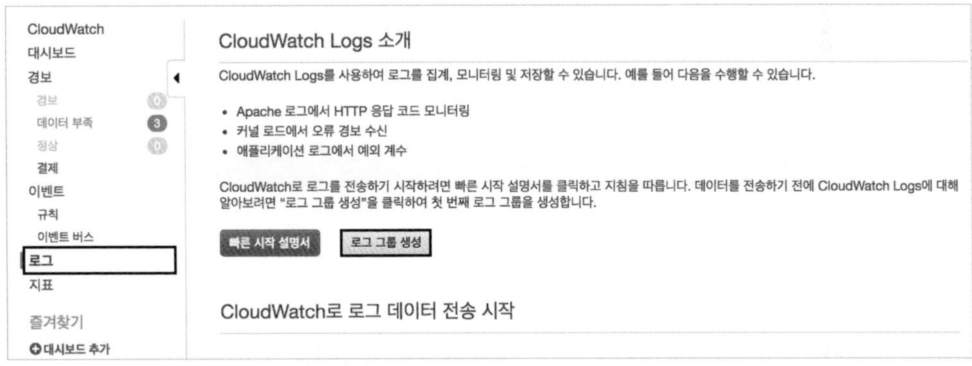

그림 9.4 CloudWatch Logs 로그 그룹 생성

03 _ 생성할 로그 그룹의 이름을 [exercise-nginx-access-logs]로 지정하고 [로그 그룹 생성] 버튼을 클릭한다.

로그 그룹 생성
로그 그룹 이름: exercise-nginx-access-logs
취소 로그 그룹 생성

그림 9.5 로그 그룹 이름 지정

04 _ 다음과 같이 새로운 로그 그룹이 생성된 것을 확인할 수 있다.

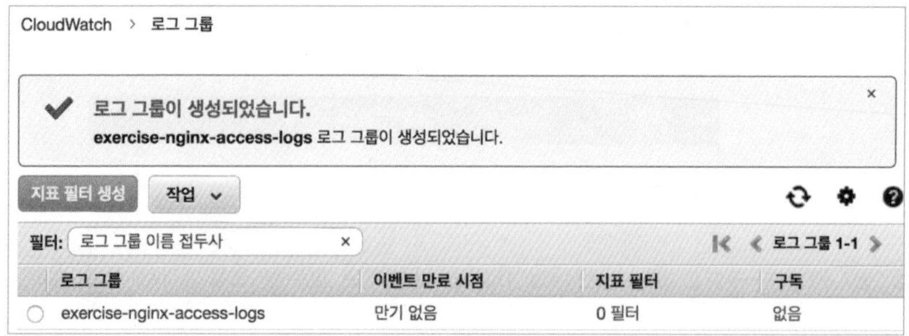

그림 9.6 로그 그룹 생성

CloudWatch Logs Agent 설치

01 _ EC2 서비스에서 좌측 [인스턴스]의 [인스턴스] 메뉴를 클릭한 뒤 AMI용 인스턴스로 만들어둔 [exercise-instance]를 대상으로 마우스 오른쪽 버튼을 클릭한 뒤 [인스턴스 상태] → [시작] 메뉴를 클릭한다.

그림 9.7 EC2 서비스의 인스턴스 목록

02 _ [예, 시작] 버튼을 클릭해 인스턴스를 실행한다.

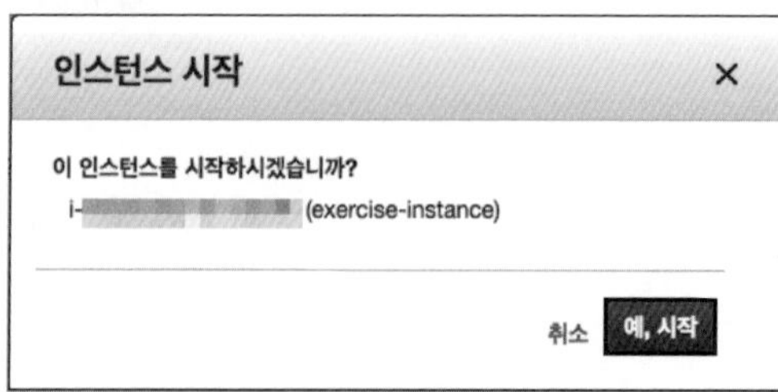

그림 9.8 EC2 인스턴스 시작 확인

03 _ 인스턴스의 상태가 [running]으로 변경되면 SSH를 이용해 인스턴스에 접속한다.

Name	인스턴스 ID	인스턴스 유형	가용 영역	인스턴스 상태
exercise-instance	i-	t2.micro	ap-northeast-2c	running

그림 9.9 Running 상태의 EC2 인스턴스

04 _ CloudWatch 에이전트가 로그 파일도 모니터링해서 CloudWatch Logs로 보낼 수 있게 설정 파일을 편집한다.

```
sudo vi /opt/aws/amazon-cloudwatch-agent/bin/config.json
```

05 _ 다음과 같이 metrics와 같은 단계에 logs를 추가하고 저장한다. 어떤 위치에 있는 파일을 읽어와 로그로 기록할지, 그리고 어떤 로그 그룹 이름과 로그 스트림 이름을 지정해서 기록할지 설정하는 것이다. 각 필드에 대한 더 자세한 설명은 공식 문서[44]를 확인하자.

입력이 완료되면 파일을 저장한다.

```
{
  "logs": {
    "logs_collected": {
      "files": {
        "collect_list": [
          {
            "file_path": "/opt/nginx/logs/access.log",
            "log_group_name": "exercise-nginx-access-logs",
            "log_stream_name": "{instance_id}"
          }
        ]
      }
    }
  },
  "metrics": {
    ..
  }
}
```

44 https://docs.aws.amazon.com/ko_kr/AmazonCloudWatch/latest/monitoring/CloudWatch-Agent-Configuration-File-Details.html

06 _ CloudWatch 에이전트를 재시작한다.

```
# 수정한 config.json 파일을 이용해 설정 파일을 다시 읽어오고 에이전트를 재 시작한다.
$ sudo amazon-cloudwatch-agent-ctl -a fetch-config -m ec2 -c file:/opt/aws/amazon-cloudwatch-agent/bin/config.json -s
```

07 _ 인스턴스의 IP 주소로 접속을 시도해본다. 애플리케이션이 없어서 서버 에러가 발생해도 nginx 로그만 쌓이면 되기 때문에 상관없다.

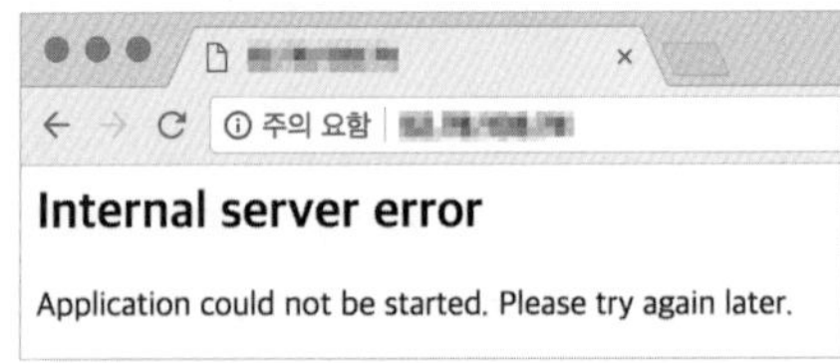

그림 9.10 EC2 인스턴스 접속

08 _ 아까 생성했던 CloudWatch Logs의 [exercise–nginx–access–logs] 그룹을 클릭한다.

CloudWatch > 로그 그룹

지표 필터 생성 | 작업

필터: 로그 그룹 이름 접두사

로그 그룹	이벤트 만료 시점
exercise-nginx-access-logs	만기 없음

그림 9.11 CloudWatch 로그 그룹

09 _ EC2 인스턴스의 아이디로 새로운 로그 스트림이 생성된 것을 확인할 수 있다. 로그 스트림을 클릭한다.

CloudWatch > 로그 그룹 > exercise-nginx-access-logs에 대한 스트림

로그 그룹 검색 | 로그 스트림 생성 | 로그 스트림 삭제

필터: 로그 스트림 이름 접두사 로그 스트림 1-1

로그 스트림	마지막 이벤트 시간
i-	2018-08-30 23:25 UTC+9

그림 9.12 exercise–nginx–access–logs 스트림 목록

10 _ 다음과 같이 서버에 있는 nginx의 access.log 내용이 올바르게 CloudWatch로 전송된 것을 확인할 수 있다. 서버에 로그가 쌓일 때마다 스트림은 주기적으로 업데이트된다.

그림 9.13 exercise-nginx-access-logs 로그 스트림

11 _ 다음과 같이 필터 구문을 입력해서 원하는 로그만 검색할 수도 있다. 다음 그림에서는 "500"이라는 문자열을 포함하고 "favicon.ico" 문자열을 제외한 로그만 검색한 것이다. 더 자세한 검색 구문은 공식 문서[45]를 확인하자.

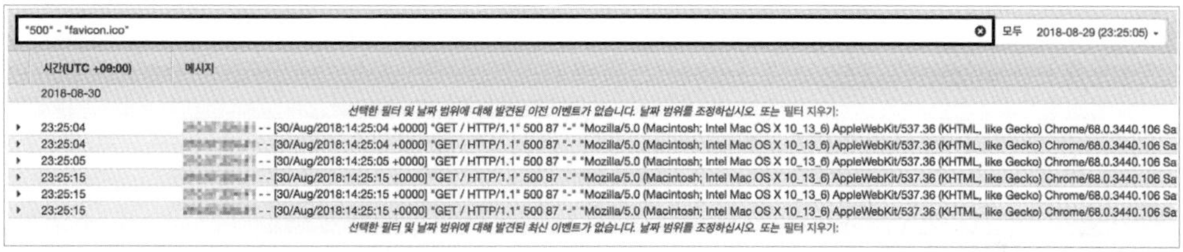

그림 9.14 필터 구문으로 특정 로그만 필터링

12 _ 지금과 같이 하나의 인스턴스가 아니라 다중 인스턴스 구조라 여러 스트림이 존재하는 경우에도 한 번에 모든 스트림에 대해 검색할 수 있다. 로그 스트림 목록으로 다시 돌아와 [로그 그룹 검색] 버튼을 클릭한다.

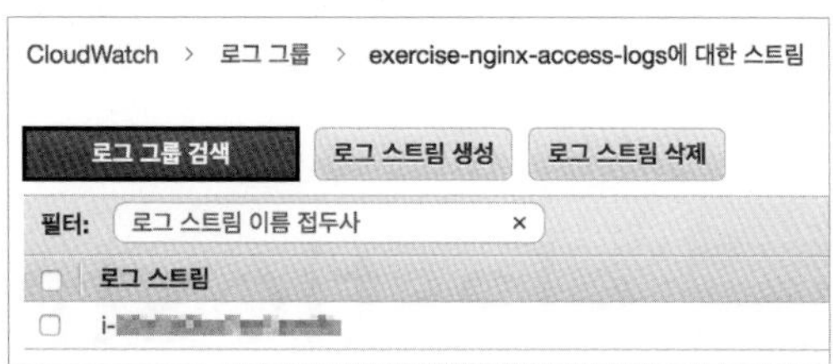

그림 9.15 로그 그룹 내 로그 스트림 목록

45 https://docs.aws.amazon.com/ko_kr/AmazonCloudWatch/latest/logs/MonitoringLogData.html

13 _ 특정 스트림이 아닌 그룹 내 모든 스트림에 대해 검색을 진행할 수 있다. 또한 필요한 경우 해당 로그가 발생한 스트림으로도 바로 넘어가서 확인할 수 있다.

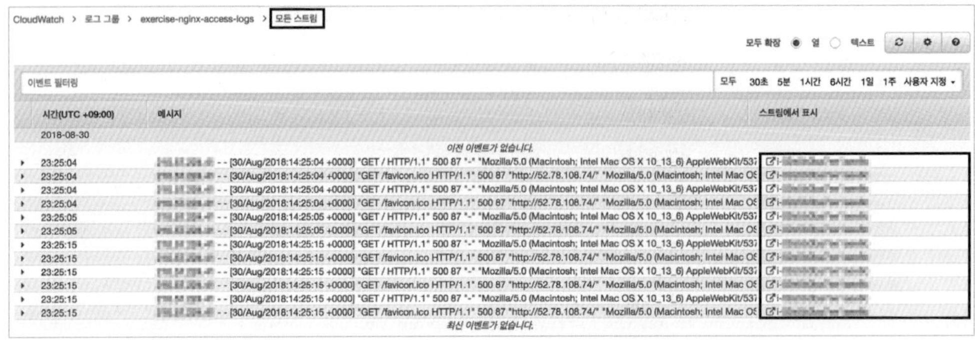

그림 9.16 모든 스트림에 대한 검색

실습 환경 정리

01 _ 시스템을 종료한다.

```
$ sudo shutdown -h now
```

9.2 Elastic Stack

9.2.1 Elastic Stack 설명

Elastic Stack은 Elastic 사에서 제공하는 오픈소스 제품들의 모음으로서 과거 이름이었던 ELK Stack이라는 이름으로 더 유명하다. 현재 Elastic Stack은 가장 많이 사용되고 있는 로그 관리 도구 중 하나다.

그림 9.17 Elastic Stack 로고

Elastic Stack은 네 개의 제품으로 구성돼 있다. 즉, 각 서버에서 로그 파일을 읽어서 내용을 중앙 서버로 전송해주는 Beats, 전송받은 로그를 가공해서 검색엔진으로 보내주는 Logstash, 모든 로그 데이터를 저장하고 검색하기 쉽게 보관하는 NoSQL 검색엔진인 Elasticsearch, 검색엔진에 저장된 데이터를 사용자가 쉽게 시각화할 수 있게 도와주는 웹 사이트는 Kibana로 구성돼 있다. 원래는 Elasticsearch, Logstash, Kibana의 세 가지의 제품으로만 구성돼 있어서 ELK Stack이라는 이름으로 불렸으나 나중에 파일 관리를 하는 Beats가 추가되어 Elastic Stack이라는 이름으로 바뀌었다.

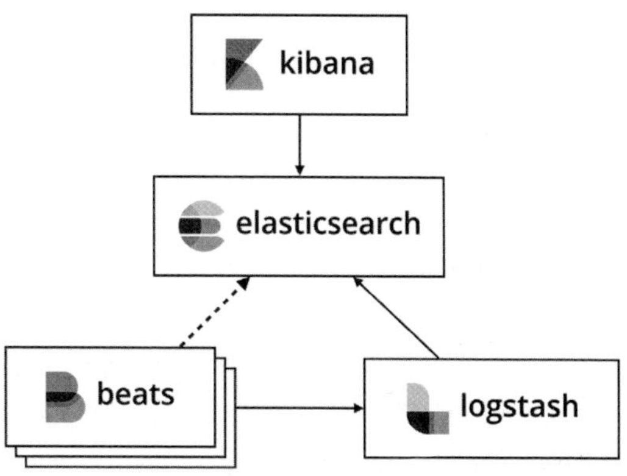

그림 9.18 Elastic Stack 구성도

Beats는 다양한 종류의 데이터를 Logstash와 Elasticsearch로 안전하고 효율적으로 보낼 수 있게 해주는 데이터 수집기다. Beats는 하나의 제품이 아니라 수집하고자 하는 데이터에 따라 여러 종류로 나뉜다. 예를 들어, 시스템 지표를 수집하는 Metricbeat, 로그 파일을 수집하는 Filebeat, 네트워크 데이터를 수집하는 Packetbeat 등이 있다. 과거에 ELK Stack일 때는 이처럼 데이터 종류별로 세분화된 데이터 수집기가 존재하지 않았고 Logstash Forwarder라는 제품 하나가 Filebeat의 역할을 했었다.

Logstash는 데이터 처리 파이프라인으로 Beats에서 전송한 데이터를 Elasticsearch로 전송하기 전에 가공하는 역할을 한다. Elasticsearch에서 데이터를 저장하는 형식에 맞게 데이터를 변환하거나 수집된 데이터에서 개인정보와 같이 민감한 데이터를 지워서 전달할 수도 있다. 또한 Beats에서 받은 IP 주소 정보만으로 지역 정보 등을 추가하는 등 더 풍부한 데이터를 만들 수도 있다.

Elasticsearch는 Apache Lucene 검색 엔진을 기반으로 만들어진 및 분석 엔진이다. Logstash나 Beats에게 받은 데이터를 저장하고 인덱싱해서 쿼리로 정형 및 비정형 데이터, 위치 정보, 메트릭 등의 다양한 유형의 데이터를 검색할 수 있게 해주며, RESTful API를 이용해 외부에서 쿼리를 날릴 수 있도록 제공한다.

Kibana는 Elasticsearch에 저장돼 있는 사람의 입장에서 데이터를 쉽게 조회해서 화면에 시각화하는 역할을 한다. 웹 페이지를 통해 로그와 같은 단순한 텍스트 데이터를 행별로 보여줄 수도 있고, 기록된 데이터를 이용해 지도에 표시하거나 그래프 등 매우 다양한 시각화 방법을 제공한다.

로그 데이터를 분석하는 용도로만 Elastic Stack을 소개했지만 Elastic Stack은 다양한 형태의 빅데이터를 다루는 데 매우 유용하기 때문에 로그 관리뿐만 아니라 서버 지표 모니터링, 빅데이터 분석, 그로스 해킹 등에 다양하게 사용된다. 또한 Elastic Stack은 이 제품들을 사용하는 하나의 방법이고 각각 독립적인 제품이기 때문에 다른 기술 스택과 결합해서 사용하는 것도 가능하다. 예를 들어, Logstash가 Elasticsearch가 아닌 Redis, S3, Slack과 같은 외부 서비스로 데이터를 보내는 것도 가능하다.

Elastic Stack에 대한 자세한 설명은 Elastic의 공식 홈페이지[46]에서 확인할 수 있다.

9.2.2 [실습] Elastic Stack 구축

Elastic Stack에 사용되는 제품들은 모두 오픈소스로 제공되기 때문에 무료로 직접 서버에 구축해서 사용할 수도 있고 Elastic에서 공식적으로 제공하는 SaaS 서비스인 Elastic Cloud를 이용해 구축할 수도 있다. SaaS 서비스를 이용하면 이용료는 별도로 제공해야 하지만 직접 구축을 해도 서버 비용과 구축 및 관리 비용이 들기 때문에 비용을 비교해보고 상황에 맞는 방법을 선택하면 된다.

이번 실습에서는 Elastic Cloud를 이용해 간단하게 Elastic Stack을 구축해 보겠다. Elastic 사에서는 최초 2주간의 체험 기간을 주기 때문에 무료로 체험해볼 수 있다.

서버 구축

01 _ Elastic Cloud 홈페이지[47]에 접속한다.

02 _ 페이지 중간의 Elasticsearch Service 무료 체험을 신청하기 위해 그림과 같은 부분에서 이메일 주소를 입력하고 [Start Trial] 버튼을 클릭한다.

46 https://www.elastic.co/kr/
47 https://www.elastic.co/kr/cloud

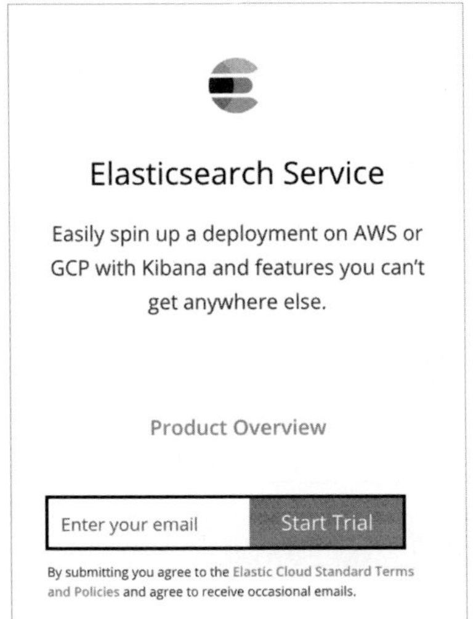

그림 9.19 Elasticsearch Service 무료 체험 신청

03 _ 신청이 완료되면 다음과 같은 이메일이 온다. [Verify Email and Accept TOS] 버튼을 클릭한다.

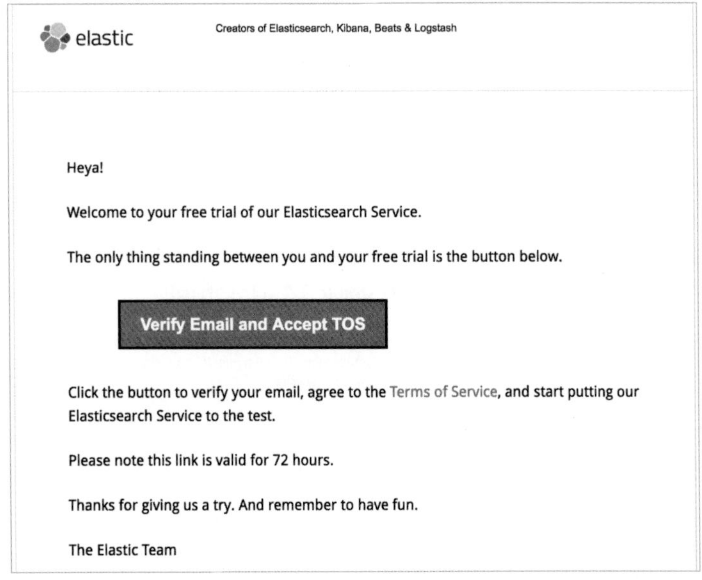

그림 9.20 Elastic Cloud 신청 이메일

04 _ 생성할 계정의 비밀번호를 설정할 수 있는 페이지가 나타난다. 비밀번호를 입력하고 [Set password] 버튼을 클릭한다. 이 비밀번호는 체험 신청 시 사용한 이메일 주소와 결합해서 사용되며 Elastic Cloud 콘솔에 로그인할 때 사용된다.

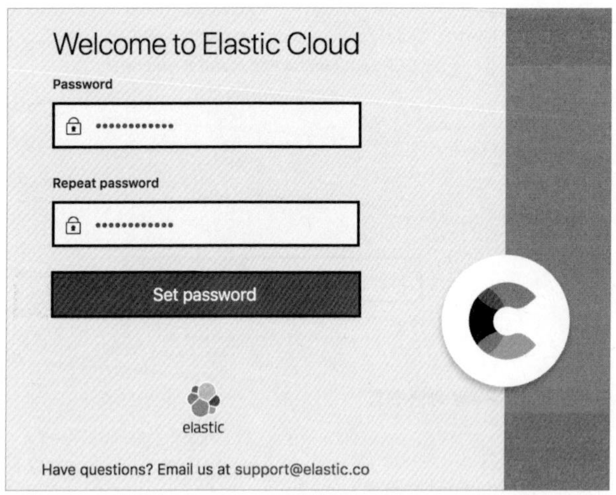

그림 9.21 Elastic Cloud 비밀번호 지정

05 _ 입력이 완료되면 Elastic Cloud의 콘솔 화면으로 이동한다. 아직 생성돼 있는 서버가 없기 때문에 서버를 구축하기 위해 [Create deployment] 버튼을 클릭한다.

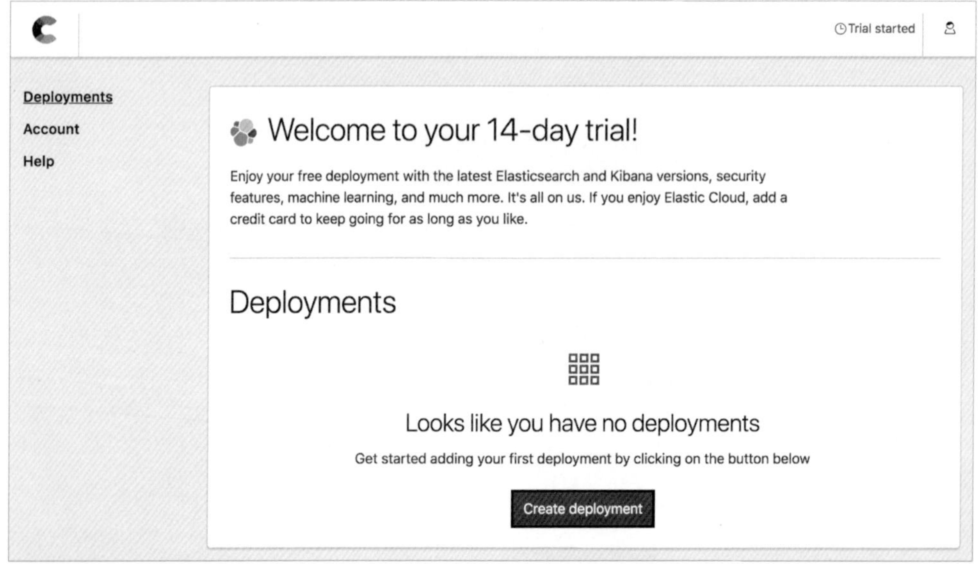

그림 9.22 Elastic Cloud 콘솔

06 _ 구축할 서버에 대한 설정값을 지정할 수 있다. 1번은 이름을 지정하는 부분이다. [exercise-elastic-stack]을 입력한다. 2번은 배포할 서버 플랫폼을 지정하는 부분이다. Elastic Cloud에서는 AWS와 GCP(Google Cloud Platform)를 지원한다. Elastic Cloud도 직접 클라우드 인프라를 구축하는 것이 아니라 AWS와 같은 클라우드 인프라 서비스를 이용해 SaaS 서비스를 운영하는 것이다. 이 항목에서는 AWS를 선택한다. 3번은 AWS의 어떤 리전에 배포할지 정하는 것이다. 서울 리전은 따로 지원하지 않으니 가장 가까운 Tokyo 리전을 선택하자.

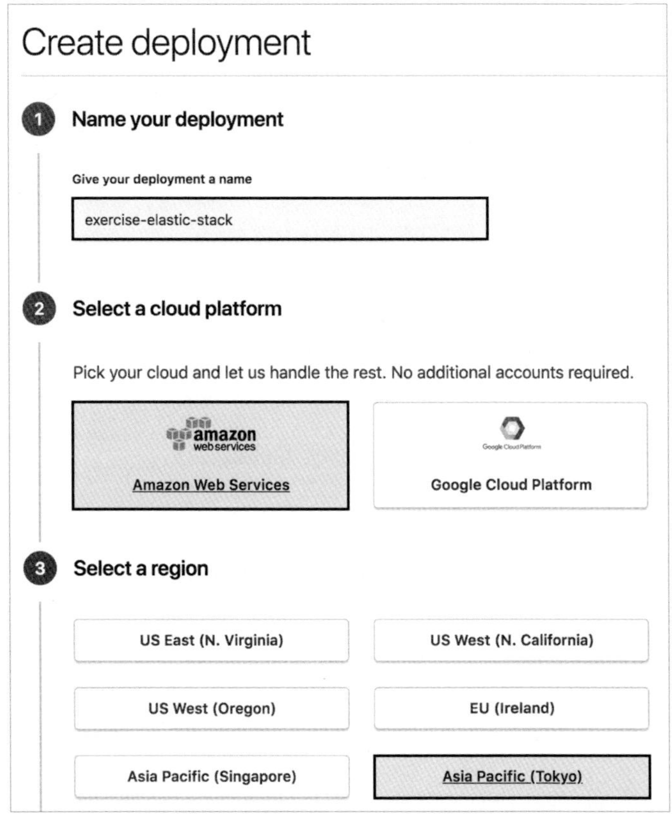

그림 9.23 Elastic Cloud 배포 생성 1~3단계

07 _ 4번 항목은 어떤 버전의 Elastic Stack을 사용할지 지정하는 단계다. 예제 데이터의 호환성을 위해 [6.4.3] 버전을 선택한다. 5번 항목은 어떤 성능의 서버를 사용할지 지정하는 것이다. 기본으로 선택돼 있고 추천하는 [I/O Optimized]를 선택한다.

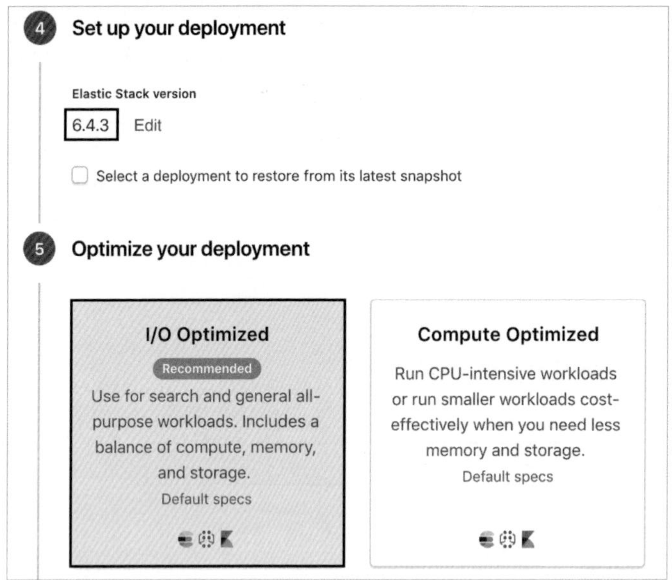

그림 9.24 Elastic Cloud 배포 생성 4~5단계

08 _ 모든 값이 설정되면 하단의 [Create deployment] 버튼을 클릭한다.

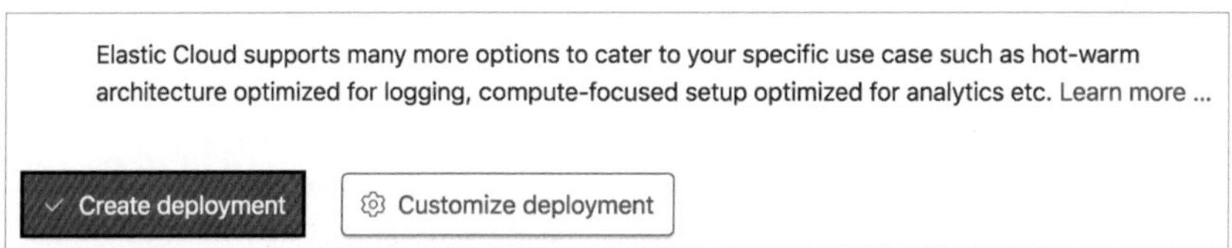

그림 9.25 Elastic Cloud 배포 생성의 마지막 단계

09 _ Cloud 서버가 구축되면 다음과 같이 Elasticsearch와 Kibana에 접속할 수 있는 계정을 하나 생성해준다. 사용자 이름, 비밀번호, Cloud ID를 저장해두자. 비밀번호는 다시 보여주지 않고 잊어버리면 비밀번호를 재발급해야 한다.

Generated user

You can use the credentials below to login to Elasticsearch or Kibana. Make sure to save the password somewhere as this is the only time we can show it to you.

Username	elastic
Password	[illegible]
Cloud ID	exercise-elastic-[illegible]

Get started with Beats and Logstash quickly. The Cloud ID simplifies sending data to your cluster on Elastic Cloud. Learn more ...

그림 9.26 elastic 사용자 정보

10 _ 좌측 메뉴에서 [exercise–elastic–stack]을 클릭하면 콘솔의 메인 페이지로 이동한다. 콘솔의 메뉴들을 클릭해보면 구축된 서버들에 대한 지표, 상태와 Elasticsearch, Kibana 등에 대한 정보를 확인할 수 있다.

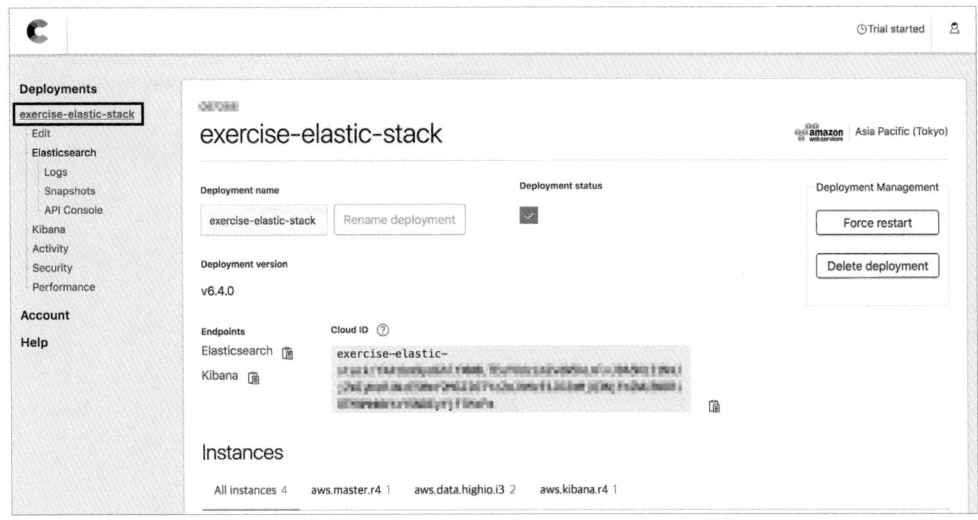

그림 9.27 Elastic Cloud deployment 콘솔

테스트 데이터 적재

Elastic Stack으로 데이터를 조회하고 분석할 수 있도록 이번에는 데이터를 적재해 보겠다. Elastic에서는 제품을 잘 사용해볼 수 있게 다양한 예제 데이터를 제공한다. 이 실습에서는 예제로 제공되는 nginx의 로그 데이터를 이용해 보겠다. 제공되는 예제 데이터는 예제 깃허브 저장소[48]에서 확인할 수 있다.

EC2 인스턴스에 예제 로그 데이터를 내려받은 뒤 Filebeat를 설치하고 Elasticsearch로 바로 데이터를 적재해 보겠다.

01 _ EC2 서비스에서 좌측 [인스턴스]의 [인스턴스] 메뉴를 선택한 뒤 AMI용 인스턴스로 만들어둔 [exercise–instance]를 대상으로 마우스 오른쪽 버튼을 클릭한 뒤 [인스턴스 상태] → [시작] 메뉴를 클릭한다.

48 https://github.com/elastic/examples

그림 9.28 EC2 서비스의 인스턴스 목록

02 _ [예, 시작] 버튼을 클릭해 인스턴스를 실행한다.

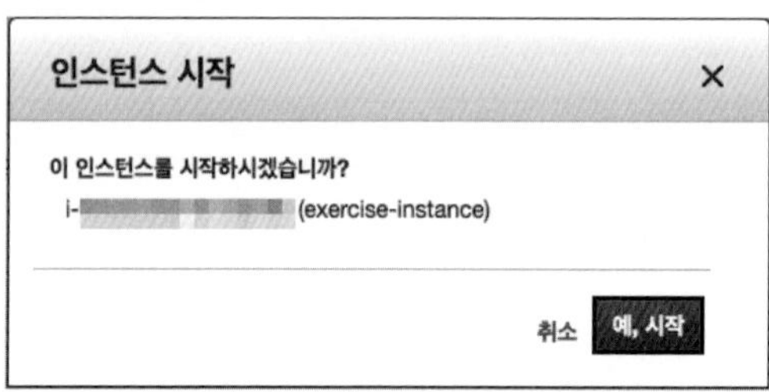

그림 9.29 EC2 인스턴스 시작 확인

03 _ 인스턴스의 상태가 [running]으로 바뀌면 SSH를 이용해 인스턴스에 접속한다.

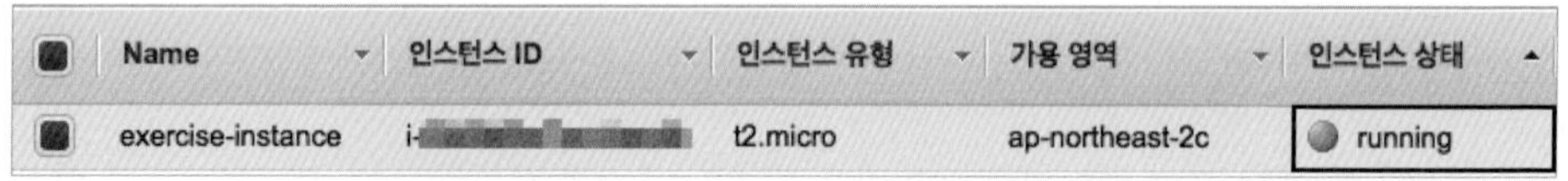

그림 9.30 Running 상태의 EC2 인스턴스

04 _ Filebeat를 설치한다.

```
$ cd /var/www/

# Filebeat 6.4.3 버전을 내려받는다.
$ curl -L -O https://artifacts.elastic.co/downloads/beats/filebeat/filebeat-6.4.3-x86_64.rpm

# Filebeat를 설치한다.
$ sudo rpm -vi filebeat-6.4.3-x86_64.rpm
```

05 _ Filebeat에서 nginx 로그 형식의 데이터를 읽어올 수 있도록 모듈을 설정해야 한다. Filebeat에서는 Nginx, Apache 로그와 같이 자주 사용되는 데이터 형식에 대해서는 Logstasher를 사용하거나 Kibana 대시보드를 설정하지 않아도 데이터를 파싱하고 시각화하는 모듈이 내장돼 있다.

```
# nginx 모듈을 사용하도록 설정한다.
$ sudo filebeat modules enable nginx
Enabled nginx

# 사용하도록 설정된 모듈에 어떤 것이 있는지 확인해서 nginx 모듈이 제대로 설정됐는지 확인한다.
$ sudo filebeat modules list
Enabled:
nginx

Disabled:
apache2
auditd
..
```

06 _ 예제로 제공되는 nginx 로그 파일을 내려받는다.

```
# nginx 예제 데이터를 넣을 폴더를 생성하고 이동한다.
$ mkdir elastic-example-nginx
$ cd elastic-example-nginx

# 깃허브에 올라가 있는 예제 로그 파일을 내려받는다.
$ wget https://raw.githubusercontent.com/elastic/examples/master/Common%20Data%20Formats/
nginx_logs/nginx_logs

(5.93 MB/s) - 'nginx_logs' saved [6991577/6991577]

# nginx_logs 파일의 마지막 5줄을 읽어본다.
$ tail -n 5 nginx_logs

# nginx의 access 로그가 기록된 것을 확인할 수 있다.
173.255.199.22 - - [04/Jun/2015:07:06:04 +0000] "GET /downloads/product_2 HTTP/1.1" 404 339
"-" "Debian APT-HTTP/1.3 (0.8.10.3)"
54.186.10.255 - - [04/Jun/2015:07:06:05 +0000] "GET /downloads/product_2 HTTP/1.1" 200 2582
"-" "urlgrabber/3.9.1 yum/3.4.3"
```

```
80.91.33.133 - - [04/Jun/2015:07:06:16 +0000] "GET /downloads/product_1 HTTP/1.1" 304 0 "-"
"Debian APT-HTTP/1.3 (0.8.16~exp12ubuntu10.16)"
144.76.151.58 - - [04/Jun/2015:07:06:05 +0000] "GET /downloads/product_2 HTTP/1.1" 304 0 "-"
"Debian APT-HTTP/1.3 (0.9.7.9)"
79.136.114.202 - - [04/Jun/2015:07:06:35 +0000] "GET /downloads/product_1 HTTP/1.1" 404 334
"-" "Debian APT-HTTP/1.3 (0.8.16~exp12ubuntu10.22)"
```

07 _ Filebeat가 예제 데이터를 Elastic Cloud에 구축해놓은 Elasticsearch로 전송할 수 있게 Filebeat 설정 파일을 수정한다.

```
$ sudo vi /etc/filebeat/filebeat.yml
```

08 _ Filebeat가 읽어올 파일을 지정하는 [Filebeat inputs] 부분에서 inputs를 사용할지 말지 결정하는 [enabled] 부분을 기본값인 [false]로 놔둔다. 일반적인 경우에는 이 inputs 부분을 수정해서 filebeat가 읽어 들일 파일을 지정하지만 여기서는 nginx 모듈을 이용해 파일을 읽을 것이기 때문에 이 inputs 부분이 아닌 nginx 설정 파일을 수정할 것이다.

```
#========================== Filebeat inputs =============================
filebeat.inputs:
- type: log
  # Change to true to enable this input configuration.
  enabled: false
  # Paths that should be crawled and fetched. Glob based paths.
  paths:
    - /var/log/*.log
```

09 _ Filebeat가 읽은 로그 파일을 Elastic Cloud로 전송할 것이기 때문에 Elastic Cloud 부분을 다음과 같이 수정한다. [cloud.id] 부분에는 앞서 저장해둔 Cloud ID를 입력한다. [cloud.auth] 부분에는 앞서 발급받은 사용자 계정과 비밀번호를 입력한다. [elastic:password]와 같은 형식으로 입력하고 파일을 저장한다.

```
#============================= Elastic Cloud ==================================

# These settings simplify using filebeat with the Elastic Cloud (https://cloud.elastic.co/).

# The cloud.id setting overwrites the `output.elasticsearch.hosts` and
# `setup.kibana.host` options.
# You can find the `cloud.id` in the Elastic Cloud web UI.
```

```
# cloud.id 앞의 #을 지워서 주석을 해제하고 앞서 발급받은 Cloud ID를 입력한다.
cloud.id: "exercise-elastic-stack:.."

# The cloud.auth setting overwrites the `output.elasticsearch.username` and
# `output.elasticsearch.password` settings. The format is `<user>:<pass>`.
# cloud.id 앞에 #을 지워서 주석을 해제하고 앞서 발급받은 비밀번호를
# <사용자>:<비밀번호>형식에 맞게 입력한다.
cloud.auth: "elastic:비밀번호"
```

10 _ nginx 모듈의 설정 파일에서 Filebeat가 input으로 사용할 파일 등을 지정할 차례다. Filebeat의 모듈들에 대한 설정 파일은 [/etc/filebeat/modules.d/] 경로에 저장돼 있다.

nginx 모듈의 설정 파일인 [nginx.yml] 파일을 수정한다.

```
$ sudo vi /etc/filebeat/modules.d/nginx.yml
```

11 _ nginx의 access.log와 error.log라는 두 형식을 모두 파싱할 수 있게 제공한다. 여기서는 액세스 로그만 기록할 것이기 때문에 [access] 항목에 대해서만 [enabled]를 true로 설정하고 [error] 항목에 대해서는 [enabled]를 false로 설정한다. 그리고 [var.paths] 부분에는 예제 데이터의 경로를 지정해둔다.

설정이 모두 완료되면 파일을 저장한다.

```
- module: nginx
  # Access logs
  access:
    enabled: true
    var.paths: ["/var/www/elastic-example-nginx/nginx_logs"]

  # Error logs
  error:
    enabled: false
    #var.paths:
```

12_ 그다음은 Filebeat가 지정된 설정과 모듈에 따라 기본적인 인덱스 템플릿과 대시보드를 생성할 수 있게 setup 과정을 진행한다.

```
$ sudo filebeat setup -e

..
Loaded index template
..
Loading dashboards
..
Loaded dashboards
..
Loaded machine learning job configurations
```

13_ 모두 설정되면 이제 로그 파일을 올릴 준비를 한다. 그 전에 데이터가 올바르게 업로드되는지 확인할 수 있는 준비를 하자. Elastic Cloud 콘솔에서 아래 링크를 클릭하면 Elasticsearch와 Kibana의 주소를 얻을 수 있다. 여기서 Elasticsearch 링크를 대상으로 마우스 오른쪽 버튼을 클릭한 후 링크 주소를 복사한다.

그림 9.31 Elastic Cloud 콘솔

14 _ 브라우저에서 Elasticsearch의 주소 뒤에 [/filebeat-*/_count]를 붙여서 접속한다. 이 주소는 Elasticsearch에 [filebeat-*]라는 이름의 인덱스 패턴으로 등록돼 있는 항목의 수를 나타내는 JSON을 응답한다. 인증을 요구하는 창에서 사용자 계정으로 elastic을 입력하고 비밀번호를 입력해서 인증을 완료한다. 현재 [count]가 0으로 돼 있음을 확인한다.

```
https://...ap-northeast-1.aws.found.io:9243/filebeat-*/_count
{"count":0,"_shards":{"total":3,"successful":3,"skipped":0,"failed":0}}
```

그림 9.32 Elasticsearch에 [filebeat-*] 인덱스로 등록된 로그 수

15 _ Filebeat를 실행한다.

```
$ sudo service filebeat start
```

16 _ [/filebeat-*/_count]로 접속한 웹 페이지를 새로고침해 보면 추가된 로그의 수가 늘어나고 있음을 확인할 수 있다. 51,462건이 등록되면 모두 등록이 완료된 것이다.

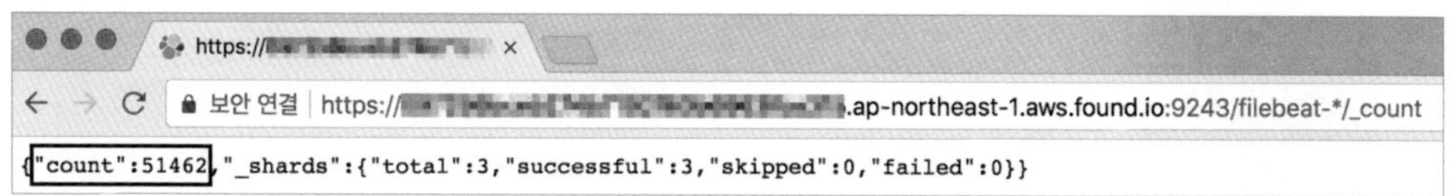

그림 9.33 Elasticsearch에 [filebeat-*] 인덱스로 등록된 로그 수

Tip 만약 데이터가 제대로 올라가지 않아서 다시 처음부터 시작해야 하는 경우 클라우드 구축을 새로 할 필요 없이 업로드된 인덱스만 삭제하면 된다. 인덱스를 삭제할 때는 Elasticsearch에 실제로 저장된 데이터를 삭제하는 단계와 Filebeat가 캐시하고 있는 기록 데이터를 삭제하는 단계의 두 단계로 나뉜다.

01 _ 실제로 Elasticsearch에 저장된 데이터를 삭제하기 위해 Elastic Cloud 콘솔의 좌측 메뉴에서 [Elasticsearch] → [API Console]을 클릭한 뒤 Elasticsearch에서 제공하는 RESTful API로 다음과 같이 인덱스 삭제 요청을 보낸다.

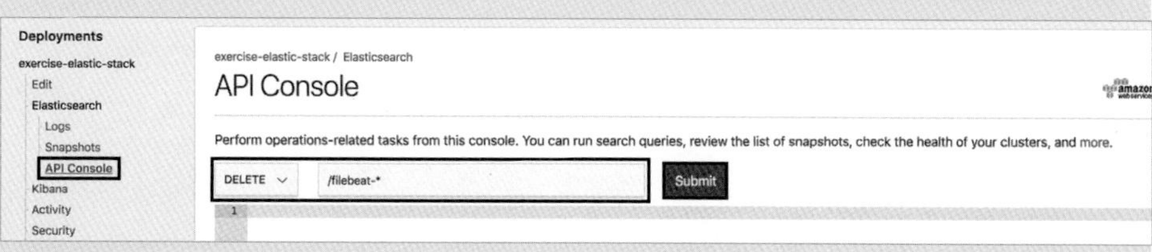

그림 9.34 Elastic Console의 Elasticsearch API Console

02 _ 로컬 인스턴스에서 Filebeat가 캐시하고 있는 마지막 로그 기록 등을 저장하고 있는 레지스트리를 삭제하기 위해 Filebeat를 중지한 뒤, 레지스트리 값을 삭제해야 한다.

```
$ sudo service filebeat stop
$ sudo rm /var/lib/filebeat/registry
```

Kibana 사용해보기

이제 데이터 등록은 완료됐으니 Kibana에서 로그를 조회할 차례다.

01 _ Kibana에 접속해 좌측의 [Discover] 메뉴를 클릭한다.

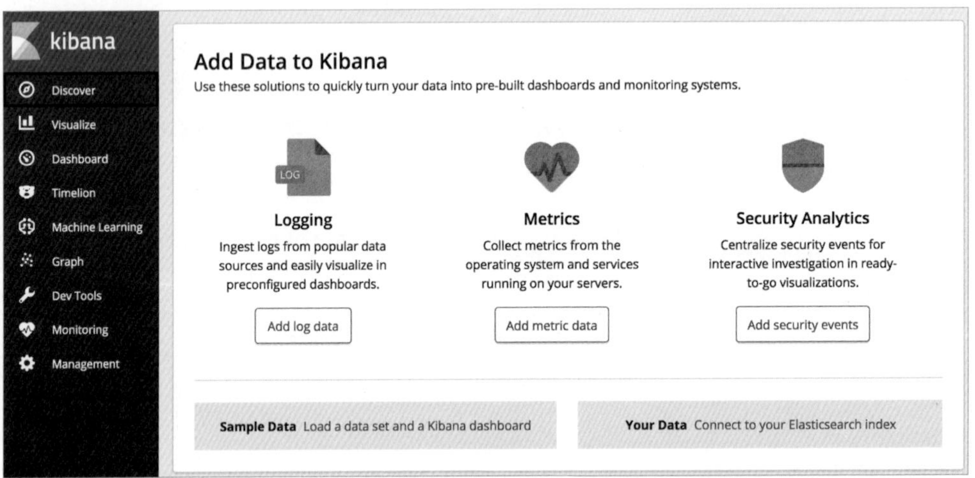

그림 9.35 Kibana 메인 페이지

02 _ 화면과 같이 아무런 결과가 없다는 메시지가 나타날 것이다. 로그 데이터는 지금 업로드했지만 로그를 보면 로그의 발생일이 2015년 5월 17일부터 2015년 6월 4일까지이기 때문이다. 따라서 조회 기간을 해당 기간으로 변경해야 한다. 오른쪽 위에 있는 [Last 15 minutes] 부분을 클릭한다.

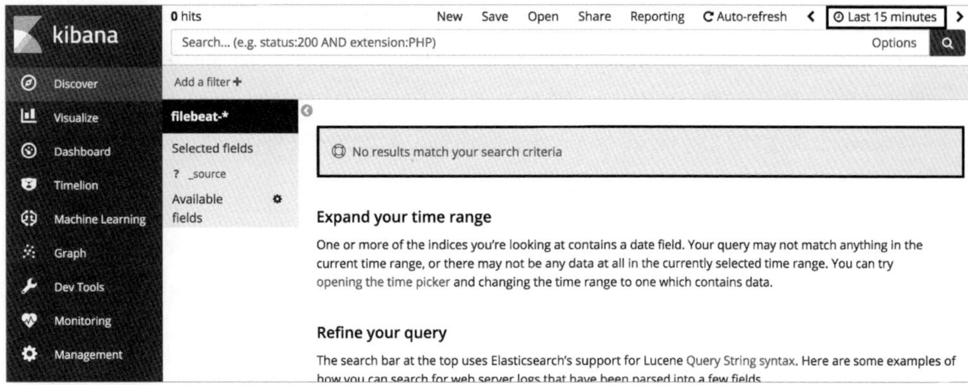

그림 9.36 Kibana Discover 메뉴

03 _ 절대적인 기간을 지정하기 위해 [Absolute]를 클릭하고 [From]은 2015년 5월 17일, [To]는 2015년 6월 4일로 지정한다. 모두 완료되면 오른쪽 아래의 [Go] 버튼을 클릭한다.

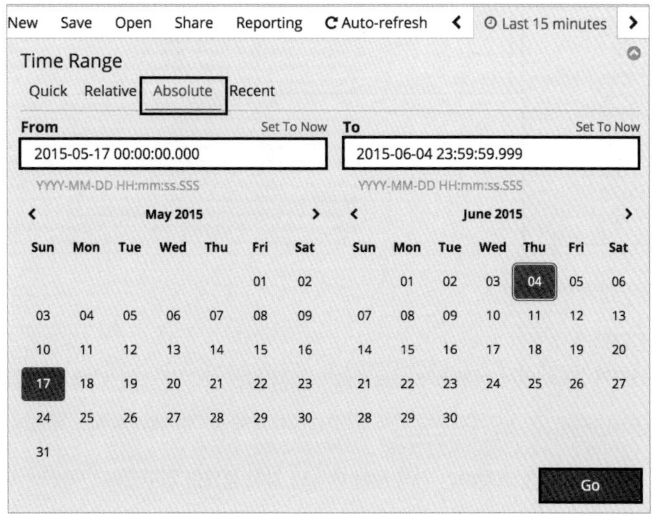

그림 9.37 Kibana Time Range 지정 창

04 _ 그러면 다음과 같이 로그가 올바르게 나타나는 것을 확인할 수 있다. 크게 세 영역으로 나뉘는데 위쪽의 A로 표시된 영역은 로그를 검색할 수 있는 쿼리와 기간을 지정할 수 있는 영역이다. 방금 한 것과 같이 기간을 지정할 수도 있고 Lucene 문법[49]으로 쿼리문을 작성해서 조회할 수도 있다.

49 https://www.elastic.co/guide/en/kibana/current/lucene-query.html

왼쪽의 B로 표시된 영역은 각 로그에서 제공하는 필드들을 나타낸다. 특정 필드들만 선택하면 오른쪽 로그 영역에서 전체 필드들이 아닌 일부 필드들만 조회할 수도 있다. 여기서 주의깊게 봐야 하는 것은 이전에 내려받은 로그보다 훨씬 더 많은 필드가 존재한다는 것이다. 예를 들면, 도시, 좌표, 사용자 기기 정보 등등의 필드가 포함돼 있다. 이는 Elasticsearch에 설치돼 있는 geoip, user agent 플러그인이 로그의 IP 주소와 User Agent 값을 이용해 더 풍부한 데이터를 만들었기 때문이다.

C로 표시된 영역의 그래프는 시간 단위별로 몇 건의 로그가 있는지 나타내는 그래프다. Y축이 로그의 수를 나타내는 [Count]고 X축이 시간을 나타낸다. 마지막으로 D 영역은 검색 조건에 맞게 조회된 로그들이 나타난다. 한 행을 클릭해보면 모든 필드들에 대한 값을 확인할 수 있다.

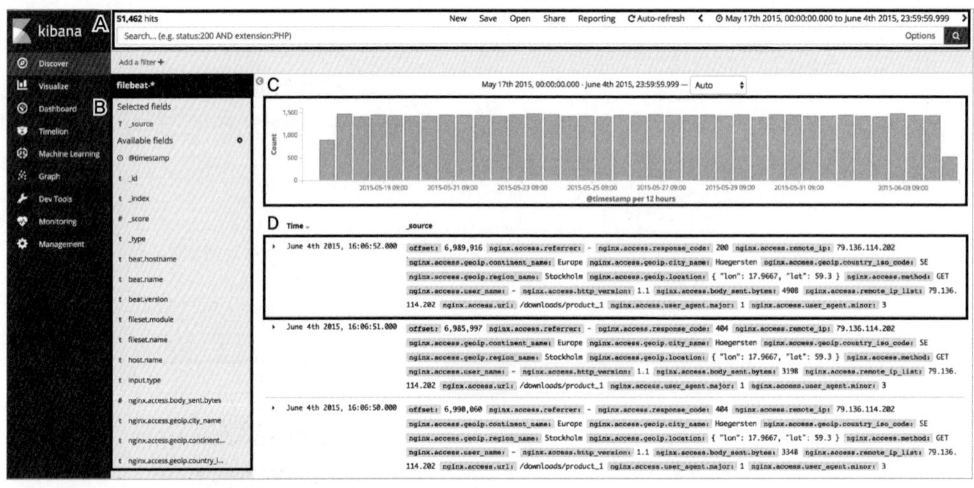

그림 9.38 Kibana Discovery 메뉴

05 _ nginx의 응답 코드가 200이면서 상하이에서 요청을 날리지 않은 로그만 조회해보자. 다음과 같이 쿼리를 입력한다.

[nginx.access.response_code: 200 AND NOT nginx.access.geoip.city_name: Shanghai]

그리고 결과를 조금 더 편하게 조회하기 위해 왼쪽 메뉴와 같이 중요한 일부 필드만 선택한다.

그러면 결과 목록 창에 조회 조건과 일치하는 로그와 필드만 나타나는 것을 확인할 수 있다.

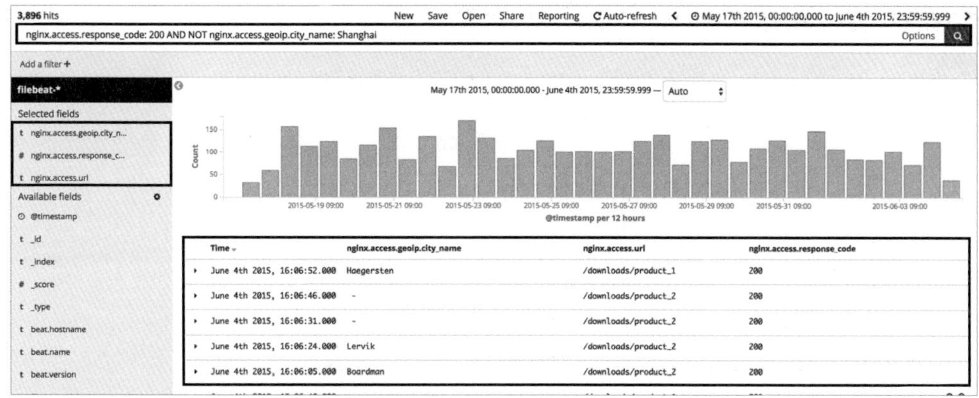

그림 9.39 Kibana Discovery의 쿼리 검색 결과

06 _ 그다음으로 Kibana에서 제공하는 시각화 기능을 사용해보겠다. 왼쪽 메뉴 중 [Dashboard] 메뉴를 선택한다. 앞에서 Filebeat를 설정하는 과정을 통해 미리 많은 대시보드가 생성돼 있는 것을 확인할 수 있다. 여러 대시보드 중에서 nginx를 검색해 [[Filebeat Nginx] Overview]를 클릭한다.

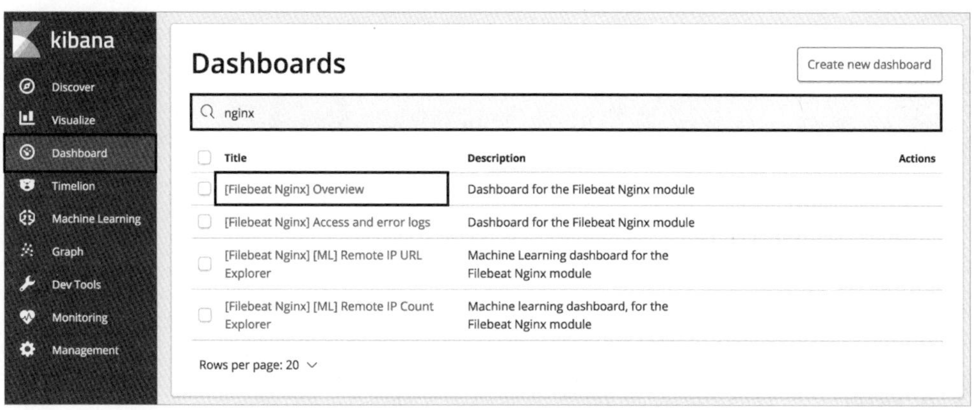

그림 9.40 Kibana Dashboard 목록

07 _ 다음과 같이 IP와 User Agent를 분석해서 추출한 좌표, OS 등의 정보를 다양한 형태로 시각화한 대시보드를 확인할 수 있다. 일반적인 이벤트 추적을 위한 로그 분석 시에는 대시보드 기능을 많이 사용하지 않을 수도 있지만 쌓이는 로그로 인사이트를 얻고 싶은 경우에는 굉장히 유용하게 사용할 수 있다.

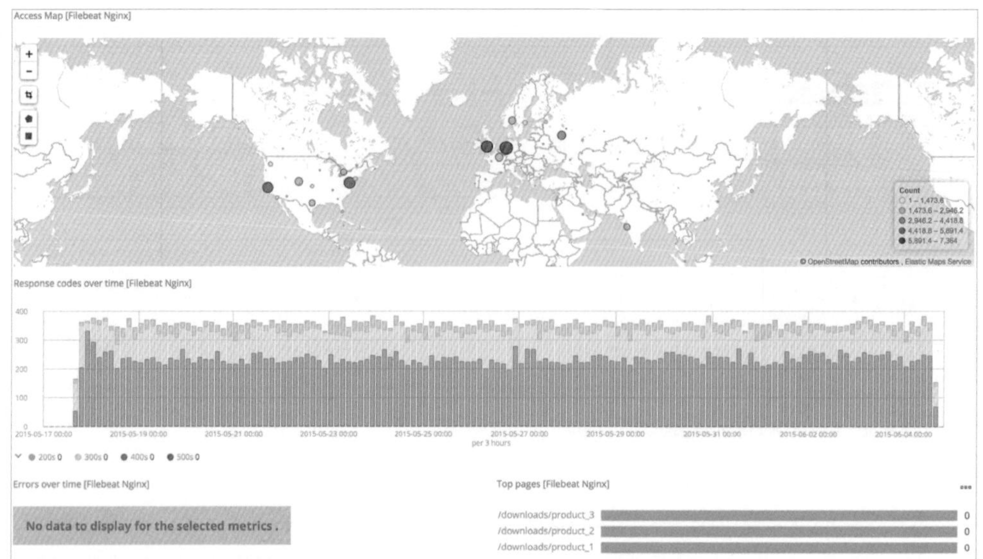

그림 9.41 Kibana Dashboard 예시 – 1

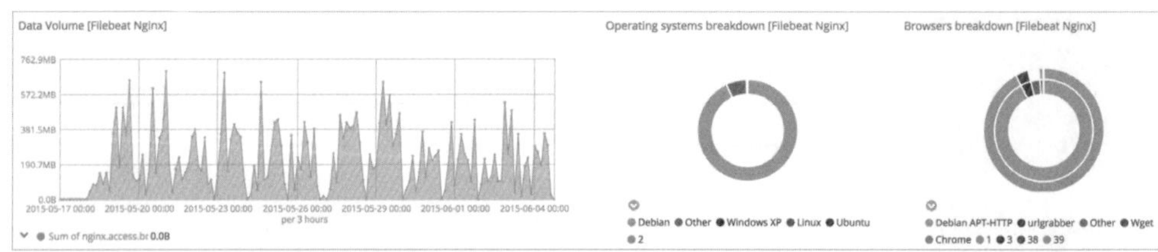

그림 9.42 Kibana Dashboard 예시 – 2

9.3 정리

이번 장에서는 로그를 쉽게 관리하고 분석할 수 있게 도와주는 CloudWatch Logs와 Elastic Stack에 대해 알아봤다. 로그는 과거에 발생한 서비스의 문제를 추적할 수 있는 거의 유일한 방법이다. 실제로 서비스를 운영하다 보면 업무의 많은 시간을 과거 서비스가 실행된 이력을 살펴보는 데 사용하게 된다. 서비스가 커지면 커질수록 찾아봐야 하는 로그의 양과 범위가 늘어나기 때문에 이번 장에서 다룬 서비스들을 필요에 맞게 사용할 줄 아는 것이 매우 중요하다.

PART2

고도화된 운영 서버 관리

10

자동화된 서버 관리

10.1 AWS Elastic Beanstalk

10.1.1 Elastic Beanstalk 소개

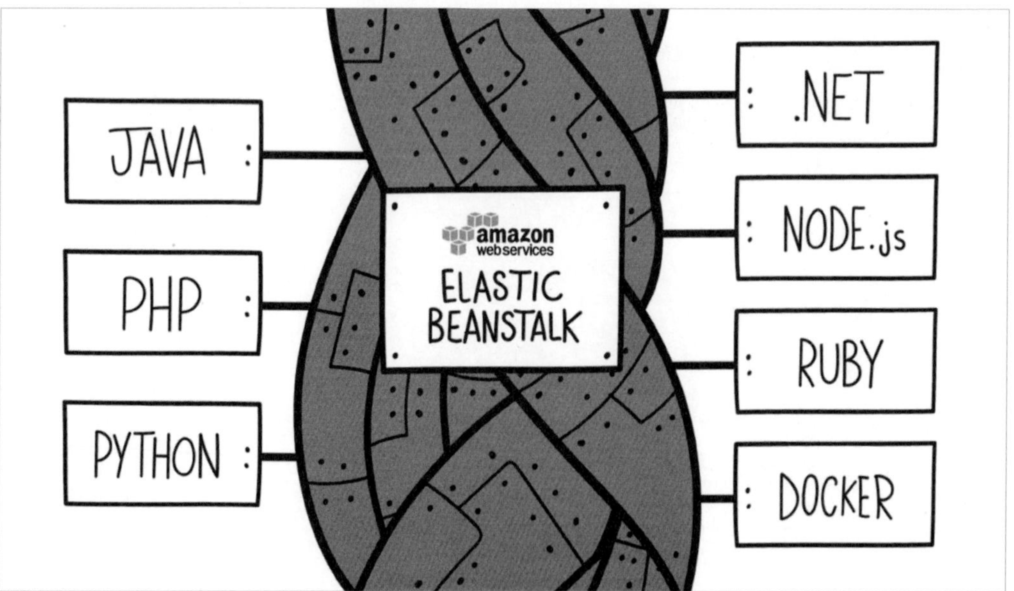

그림 10.1 Elastic Beanstalk

1부에서는 서버 관리에 필요한 3단계를 원리부터 실습까지 깊이 있게 배웠다. 해당 내용들은 입맛에 맞는 운영 서버 환경을 구성하고 안정적으로 관리하기 위해서는 꼭 알아야 한다. 하지만 구성해야 하는 서버 구조가 매우 일반적인 경우에는 앞의 내용을 모두 숙지하지 않았더라도 서버 구성이 가능하다. AWS에서는 개발자들이 최대한 빨리 애플리케이션을 시작할 수 있는 환경을 구성하고 개발에 더욱 집중할 수 있게 Elastic Beanstalk라는 서비스를 제공한다.

Elastic Beanstalk는 IaaS(Infrastructure as a Service)인 EC2와 다르게 PaaS(Platform as a service)로서 서버 구성, Auto Scaling, 배포 자동화, 모니터링 등 서버 운영에 필요한 대부분의 작업을 최대한 자동화해서 제공하는 서비스다. 자동화한다는 것은 결국 사람이 할 일을 대신해준다는 뜻으로 Elastic Beanstalk는 앞에서 배우지 않은 새로운 기술들을 사용하는 것은 아니고 1부에서 배운 EC2, Auto Scaling 그룹, CloudWatch 등의 같은 기술을 사용하되 사람을 대신해서 작업을 진행해준다는 뜻이다.

Elastic Beanstalk를 사용하면 애플리케이션 코드 작성을 완료한 뒤 실제 서버에 올리기 위해 서버 구성에 시간을 쏟을 필요 없이 현재 애플리케이션의 언어에 맞는 환경만 선택하고 작성한 애플리케이션 소스코드를 압축해서 업로드하면 Elastic Beanstalk가 웹 서버, 언어 등 환경 구성이 완료된 서버를 생성하고 해당 서버에 애플리케이션 배포까지 자동으로 진행한다. 그리고 CPU 등 정해둔 지표에 따라 Auto Scaling도 자동으로 진행한다. Elastic Beanstalk는 가장 짧은 시간 내에 개발자가 애플리케이션을 실행할 수 있는 서버 환경을 만드는 방법의 하나다. PHP, 자바, 파이썬, 루비(Ruby), Node.js, .NET, Go의 언어와 그 환경을 지원하고 Docker로 만든 임의의 환경도 지원한다.

Elastic Beanstalk는 애플리케이션과 환경을 생성할 수 있게 해준다. 하나의 애플리케이션이라도 보통 테스트, 운영 환경과 같이 최소 두 가지 환경을 갖고 있게 된다. Elastic Beanstalk는 이런 상황을 지원하기 위해 하나의 애플리케이션 내 여러 가지의 환경을 생성할 수 있게 한다. 또한 하나의 환경에서 사용한 구성을 저장해둘 수도 있고 그 환경의 설정값을 그대로 복제해서 다른 환경도 쉽게 생성할 수 있게 해준다.

Beanstalk는 콩나무라는 뜻으로 "잭과 콩나무"라는 유명한 민화에 나오는 마법 콩나무가 혼자서 무럭무럭 자라난 것처럼 Elastic Beanstalk도 자동으로 서버 환경을 구성하면서 커진다는 것을 의미하려고 지어진 이름으로 추측된다.

10.1.2 Elastic Beanstalk의 장단점

Elastic Beanstalk는 1부에서 배운 대부분의 내용을 자동으로 해주기 때문에 굳이 EC2로 직접 구축할 필요가 있는지 의구심이 들 것이다. Elastic Beanstalk가 매우 매력적이고 유용한 서비스임은 틀림없지만 몇 가지 단점도 있다. 어떤 장단점이 있는지 알아보고 어떤 상황에서 Elastic Beanstalk를 사용하는 것이 좋은지 알아보자.

장점

- 빠르게 서버 환경을 구축할 수 있다.
- 서버 운영에 대한 지식이 거의 없더라도 다중 서버, 보안 그룹이 구성돼 있는 서버 환경을 구축할 수 있다. 제대로 된 지식 없이 서버를 직접 구축하는 것보다 시간도 훨씬 덜 들뿐더러 완성도도 훨씬 높아진다.
- 개발자는 인프라에 신경을 훨씬 덜 써도 되기 때문에 개발에 더욱 집중할 수 있다.
- Elastic Beanstalk를 사용하더라도 추가 요금을 내지는 않는다. EC2, ELB 등 기본 AWS 자원에 대한 비용만 지급하면 된다.
- 기본적으로 제공되는 환경이 아니더라도 Docker, 사용자 지정 플랫폼, 사용자 지정 이미지 등의 기능을 활용해 나만의 환경을 구축하는 것도 가능하다.

단점

- Elastic Beanstalk에서 제공하는 틀이 있기 때문에 이 틀을 벗어난 세부 설정에 대한 유연성이 떨어진다. 일반적인 웹 애플리케이션 서버 구성이 아니라 조금씩 특이한 부분이 생기면 원하는 것들을 구현하기 어려워진다.
- Elastic Beanstalk에서 제공하는 [.ebextensions], [사용자 지정 플랫폼], [사용자 지정 이미지] 등의 기능을 활용해 환경을 수정할 수 있긴 하지만 수정하기가 비교적 어려운 편이다. 그리고 많이 수정하게 되면 환경 자동화에 대한 장점이 퇴색된다.
- AWS에 애플리케이션을 처음 배포하는 것이 아니라 이미 EC2를 이용해 배포 자동화와 모니터링 등의 환경을 구축해둔 상태라면 Elastic Beanstalk 환경에 맞추는 게 더 힘들 수 있다.
- 자동화가 많이 돼 있다는 것은 신경 쓸 것이 적다는 뜻일 수도 있지만, 버그가 발생하는 경우 그 문제를 찾기가 더 어렵다는 뜻이기도 하다.
- Elastic Beanstalk에서 제공하는 환경 구성의 업데이트가 자주 일어나는데 정확히 어떤 항목이 변경됐는지 명확하게 알 수 없다.
- 애플리케이션과 환경을 생성할 때 자동으로 보안 그룹, ELB 등 자원들을 생성하는데 이때 이름이 자동으로 생성된다. 기존에 생성해둔 자원들의 이름 규칙과 안 맞을 수도 있다.

특이한 서버 구성이 아닌 일반적인 웹 애플리케이션 환경인 경우에는 Elastic Beanstalk를 이용하는 편이 좋다. 그리고 서버 환경 구성에 대한 지식이 부족할 때도 Elastic Beanstalk를 이용해 환경을 구축한 뒤 구축된 서버 구성 및 환경을 공부해보는 것도 좋다. 만약 이미 EC2, Auto Scaling, 배포 자동화 등으로 서버 구성이 돼 있는 상태라면 굳이 Elastic Beanstalk를 쓸 이유도 크지 않을뿐더러 오히려 더 어려운 작업이 될 수 있다.

10.1.3 웹 애플리케이션 환경, 작업자 환경

Elastic Beanstalk는 일반적인 웹 애플리케이션 환경 외에도 작업자 환경을 제공한다. 애플리케이션에서 오래 걸리는 작업은 웹 요청을 받고 응답을 줄 때까지 동기적으로 처리하지 않고 비동기로 처리를 진행해야 한다. 예를 들면, 회원 탈퇴 시 회원이 남긴 모든 정보를 삭제하는 작업, 회원 가입 시 환영 이메일을 보내는 작업, 파일을 압축하는 작업은 몇 초에서 몇 시간까지 걸릴 수 있기 때문에 이런 작업을 웹 요청의 응답으로 주기 위해 동기적으로 처리할 경우 타임아웃이 발생할 수도 있고 그 시간 동안 애플리케이션에서는 다른 요청들을 처리할 수 없는 문제가 발생한다. Elastic Beanstalk의 작업자 환경은 바로 이런 비동기 작업 방식을 구현할 수 있게 해주는 환경이다.

작업자 환경을 구성하기 위해서는 Elastic Beanstalk와 더불어 AWS SQS(Simple Queue Service)도 함께 사용해야 한다. SQS는 메시지 대기열 서비스로 한 서비스에서 다른 서비스로 메시지를 넘길 때 자주 사용된다. 비슷하게 알림을 전달하는 SNS와 다르게 메시지 대기열이 있기 때문에 메시지를 받아서 처리하는 곳에서는 처리할 수 있는 만큼만 처리하고 아직 처리하지 못한 메시지들은 대기열에서 대기 상태로 남아있게 된다.

다음과 같은 순서로 작업이 전달되어 실행된다.

01 _ 앞서 설명한 예시들과 같이 오래 걸리는 작업을 실행시키기 위한 요청 정보를 Elastic Beanstalk와 연동된 SQS 큐에 추가한다.

02 _ Elastic Beanstalk의 작업자 환경으로 실행된 EC2 내 설치돼 있는 SQS 데몬 (sqsd)이 SQS 큐에서 메시지를 하나씩 빼 온다.

03 _ 같은 인스턴스에 실행되고 있는 사용자의 Elastic Beanstalk 애플리케이션에 HTTP 요청을 이용해 메시지를 전달한다.

Elastic Beanstalk의 웹 애플리케이션 환경처럼 Auto Scaling도 지원해서 인스턴스의 CPU 사용률에 따라 Auto Scaling을 통해 인스턴스의 수를 조정할 수 있다.

작업자 환경을 이용하면 정기적인 작업을 추가하는 것도 가능하다. 클라이언트의 요청이 없더라도 cron을 이용해 "매주 수요일 오전 아홉 시"와 같이 특정 시간이나 주기마다 특정 작업을 작업자 환경에서 처리하게 할 수도 있다.

SQS에 대한 더 자세한 설명은 공식 문서[50]를 확인하면 된다.

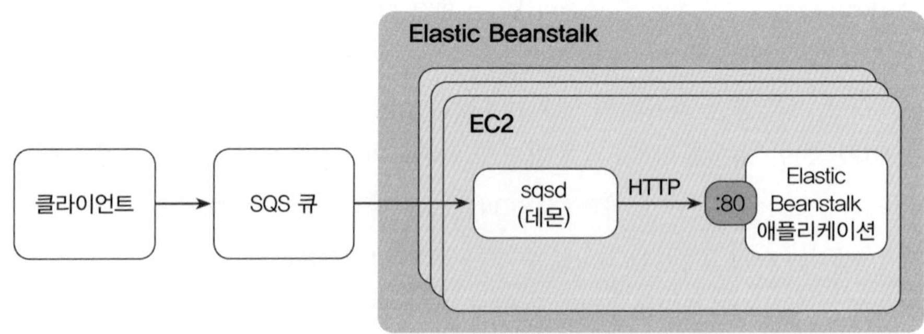

그림 10.2 Elastic Beanstalk 작업자 환경 구성

10.1.4 [실습] Elastic Beanstalk으로 배포하기

01 _ Elastic Beanstalk에 애플리케이션을 업로드하려면 우선 Elastic Beanstalk에 맞게 수정된 코드가 필요하다. https://github.com/deopard/aws-exercise-a에 접속한다. Elastic Beanstalk에 대응된 코드는 [elastic-beanstalk] 브랜치에 적용돼 있기 때문에 다음과 같이 브랜치를 [elastic-beanstalk]로 변경한다.

50 https://aws.amazon.com/ko/sqs/

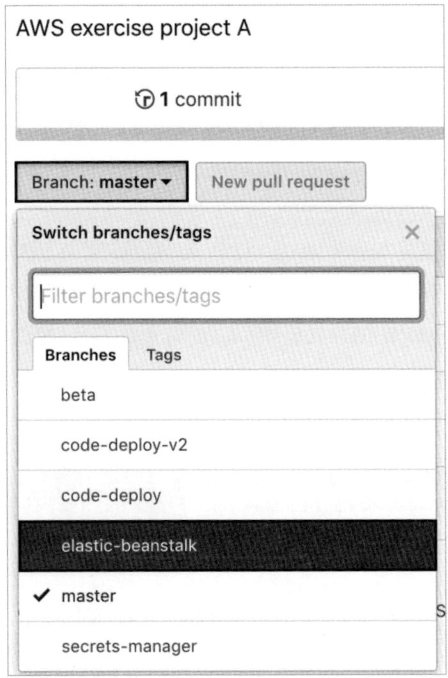

그림 10.3 [aws-exercise-a] 프로젝트의 브랜치

02 _ 그다음 [elastic-beanstalk] 브랜치의 최신 리비전의 코드를 모두 내려받기 위해 오른쪽의 [Clone or download] 버튼을 클릭한 뒤 [Download ZIP] 버튼을 클릭한다.

그림 10.4 [elastic-beanstalk] 브랜치 다운로드

03 _ 그럼 다음과 같은 파일을 내려받을 수 있을 것이다.

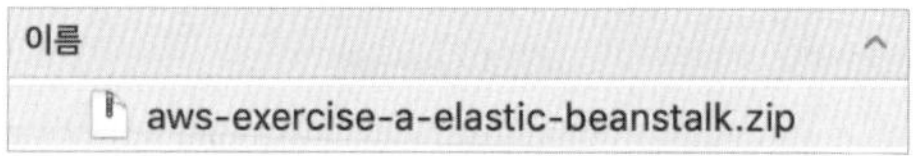

그림 10.5 aws-exercise-a 프로젝트의 elastic-beanstalk 브랜치 코드

04 _ Elastic Beanstalk에 zip 파일을 이용해 새로운 버전의 코드를 배포할 수 있지만 이 zip 파일을 바로 사용할 수는 없다. 깃허브에서 이렇게 내려받은 압축 파일은 최상단 레벨이 디렉터리에 담겨져 있기 때문이다. 따라서 압축 파일을 해제한 뒤 다시 파일들을 최상단에 두고 압축을 진행해야 한다. 다음 그림과 같이 압축을 풀고 나온 3개의 파일을 [aws-exercise-a-v1.zip]이라는 이름의 파일로 압축한다.

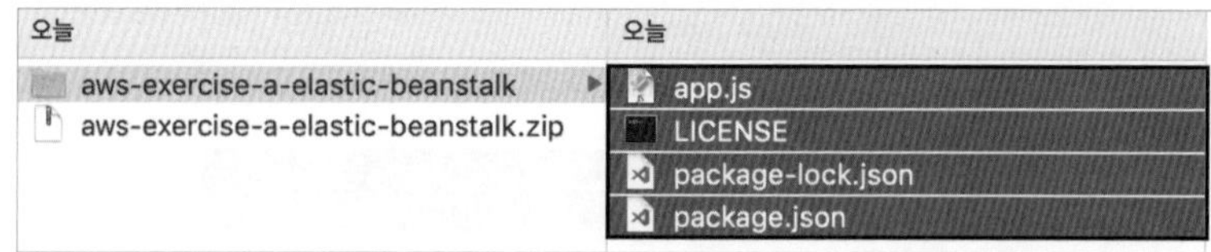

그림 10.6 aws-exercise-a-elastic-beanstalk.zip 파일을 압축 해제한 결과

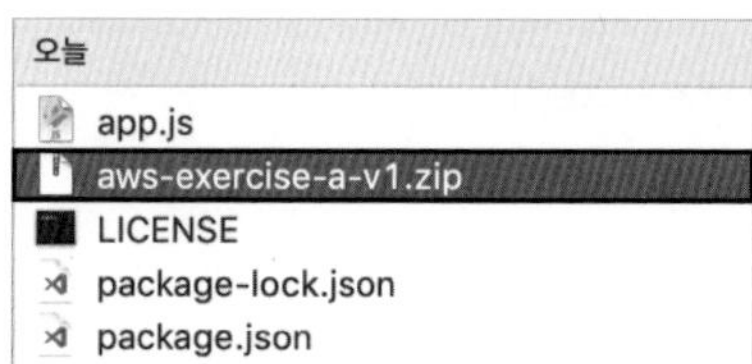

그림 10.7 aws-exericse-a-v1.zip 압축 파일

05 _ 변경된 코드의 내용은 다음과 같다. 고정적으로 3000번 포트를 리스닝하게 돼 있던 코드가 [process.env.PORT] 변수에 할당된 값을 포트로 사용하고 리스닝하도록 바뀌었다. Elastic Beanstalk에서 애플리케이션이 사용할 포트를 [PORT]라는 이름의 환경변수에 설정하는데, process.env.PORT는 해당 환경변수 값을 읽어오는 것이다.

```
7 ■■■■■ app.js                                                        View
@@ -1,12 +1,13 @@
 const express = require('express');
 const app = express();
+const port = process.env.PORT || 3000;

 app.get('/', (req, res) => {
-  res.send('AWS exercise의 A project입니다.');
+  res.send('Elastic Beanstalk으로 배포된 AWS exercise의 A project입니다.');
 });

-app.listen(3000, () => {
-  console.log('Example app listening on port 3000!');
+app.listen(port, () => {
+  console.log(`Example app listening on port ${port}!`);
 });
```

그림 10.8 app.js 파일의 변경 사항

06 _ 그리고 package.json 파일에도 start 명령어에 대한 처리가 추가됐다.

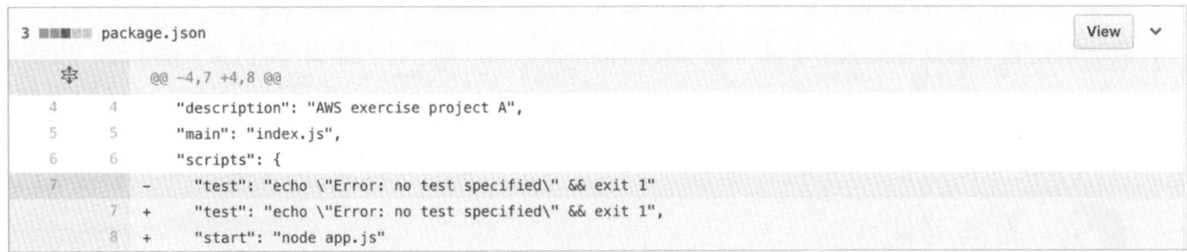

```
3 package.json                                                    View
@@ -4,7 +4,8 @@
4   4     "description": "AWS exercise project A",
5   5     "main": "index.js",
6   6     "scripts": {
7      -    "test": "echo \"Error: no test specified\" && exit 1"
    7  +    "test": "echo \"Error: no test specified\" && exit 1",
    8  +    "start": "node app.js"
```

그림 10.9 package.json 변경 사항

07 _ Elastic Beanstalk 서비스를 검색해서 이동한다.

그림 10.10 서비스 검색

08 _ Elastic Beanstalk 소개 페이지에서 [시작하기] 버튼을 클릭한다.

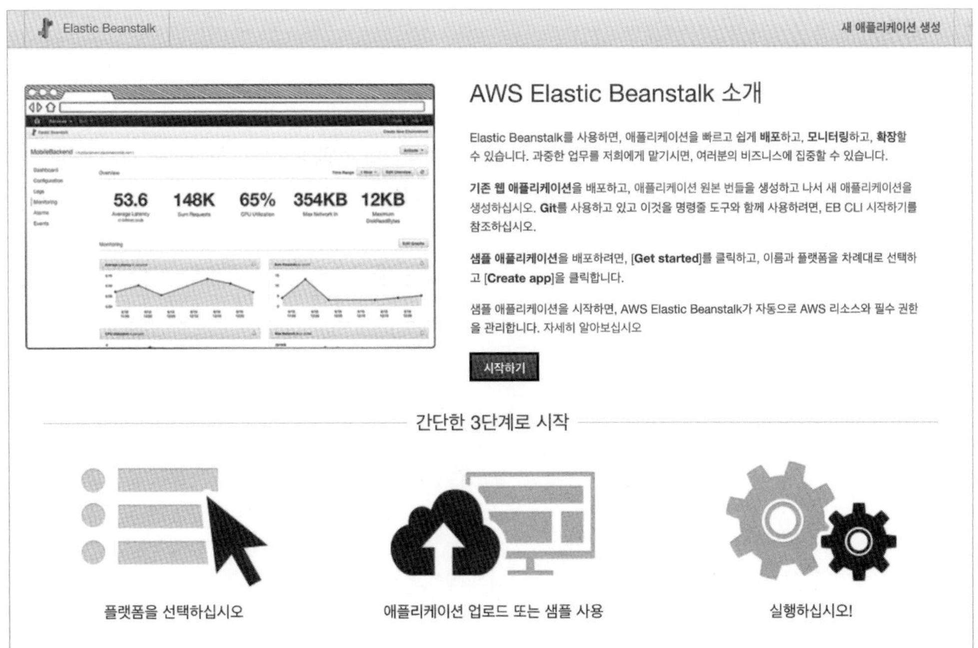

그림 10.11 Elastic Beanstalk 소개

09 _ [애플리케이션 이름]은 [exercise-elastic-beanstalk]로 입력한다. 업로드하려는 코드는 Node.js 프로젝트이기 때문에 [플랫폼]은 [Node.js]를 선택한다. 배포할 애플리케이션은 Elastic Beanstalk에서 기본적으로 제공하는 샘플 애플리케이션을 사용할 수도 있으나 여기서는 직접 업로드할 것이기 때문에 [애플리케이션 코드]는 [코드 업로드]를 선택한다. 그리고 [업로드] 버튼을 클릭한다.

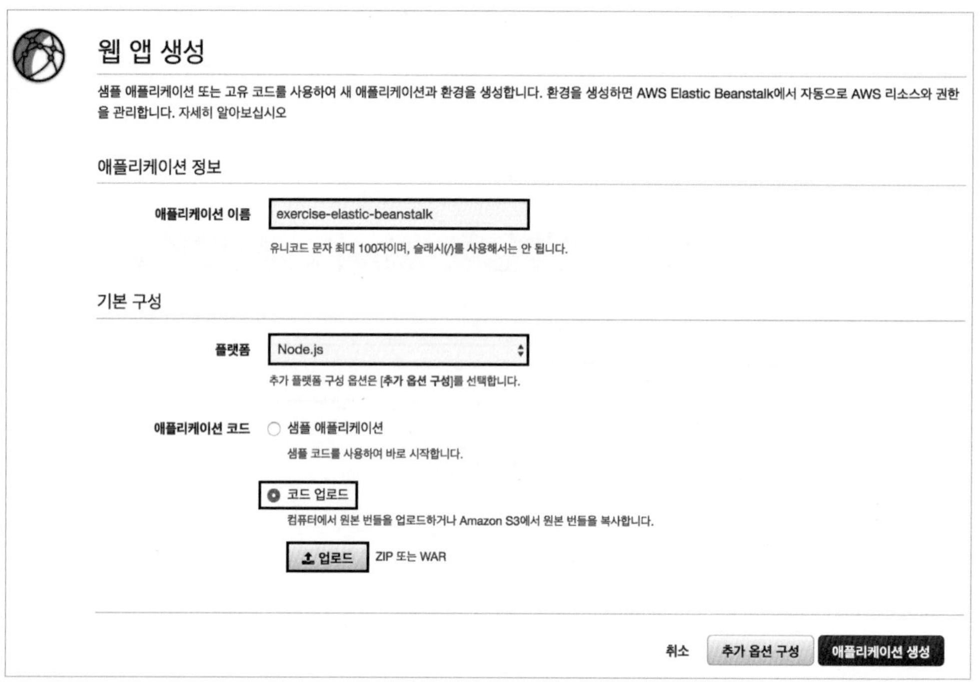

그림 10.12 Elastic Beanstalk 웹 앱 생성

10 _ 코드 업로드를 진행하는 창에서 [소스 코드 오리진]은 [로컬 파일]을 선택하고 아까 내려받은 zip 파일을 선택한다. [버전 레이블]은 해당 소스코드의 버전을 나타내는 값으로서 나중에 배포된 버전 이력을 관리할 때 사용된다. [v1]이라는 값을 입력하고 [업로드] 버튼을 클릭한다.

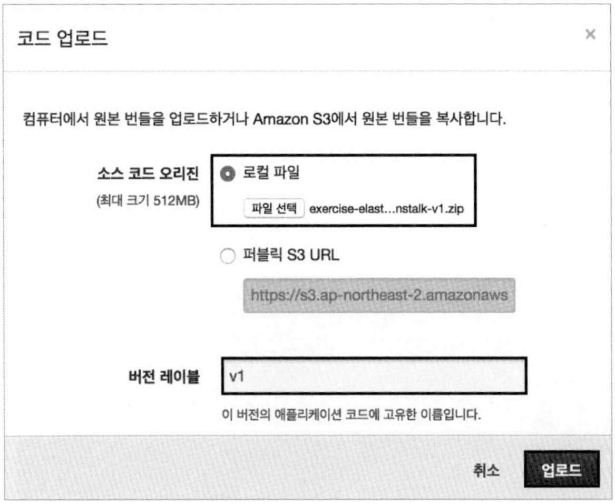

그림 10.13 코드 업로드

11 _ 모든 값이 설정되면 [애플리케이션 생성] 버튼을 클릭해 애플리케이션을 생성한다.

그림 10.14 Elastic Beanstalk 애플리케이션 기본 구성

12 _ 다음과 같이 EC2 생성, 보안 그룹 생성 등 우리가 직접 서버를 구성할 때 설정해야 하는 항목들을 Elastic Beanstalk에서 대신해서 작업을 진행해주는 것을 알 수 있다. 애플리케이션 이름은 앞에서 설정한 것처럼 [exercise-elastic-beanstalk]를 사용하고, 환경 이름은 [ExerciseElasticBeanstalk-env]라는 값이 기본으로 지정돼 있다.

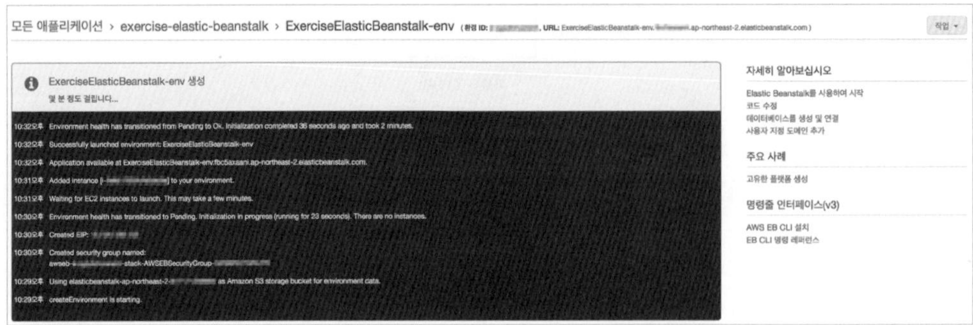

그림 10.15 ExerciseElasticBeanstalk–env 환경 생성

13 _ 모든 환경이 생성되고 나면 다음과 같이 Elastic Beanstalk 대시보드로 화면을 확인할 수 있다. 여기서 해당 애플리케이션 환경에 대한 주요 정보를 한눈에 확인할 수 있다. 위에 있는 URL을 보면 이 애플리케이션에 대한 기본 URL을 제공하는 것을 알 수 있다.

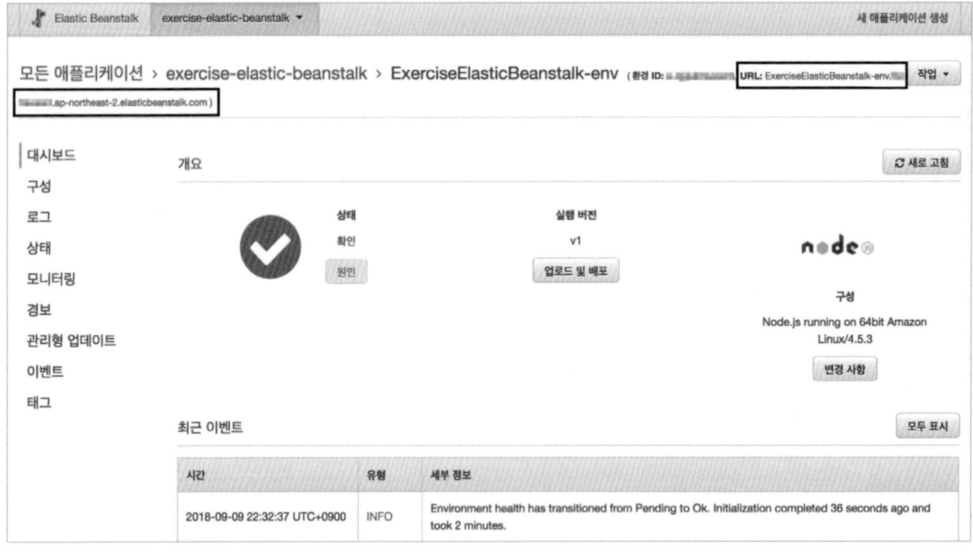

그림 10.16 Elastic Beanstalk 대시보드

14 _ 웹 브라우저를 이용해 해당 주소로 접속해보면 배포한 애플리케이션이 올바르게 실행된 것을 확인할 수 있다.

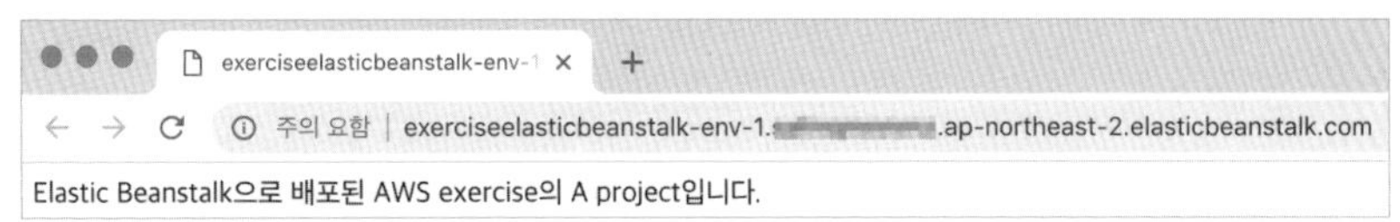

그림 10.17 Elastic Beanstalk로 실행 중인 애플리케이션에 접속한 결과

실습 환경 정리

01 _ Elastic Beanstalk 서비스로 이동한다.

02 _ 모든 애플리케이션을 보여주는 화면에서 [exercise–elastic–beanstalk]의 [작업] 메뉴 버튼을 클릭하고 [애플리케이션 삭제] 메뉴를 클릭한다.

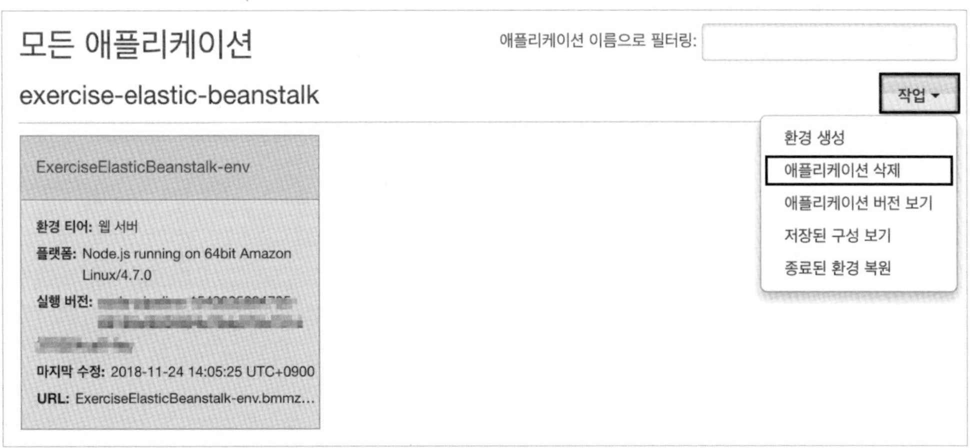

그림 10.18 [exercise–elastic–beanstalk] 애플리케이션 작업 메뉴

03 _ 삭제를 진행하겠냐고 묻는 창에서 [삭제] 버튼을 클릭해 [exercise–elastic–beanstalk] 애플리케이션에서 생성한 리소스를 모두 삭제한다.

그림 10.19 [exercise–elastic–beanstalk] 애플리케이션 삭제 확인

10.1.5 Elastic Beanstalk를 이용한 서비스 관리

이번에는 앞의 실습에서 생성한 Elastic Beanstalk 환경을 이용해 Elastic Beanstalk가 제공하는 메뉴에 대해 알아보겠다.

대시보드

[대시보드]는 이 애플리케이션 환경의 가장 중요한 정보들을 한번에 보여주는 화면이다. 애플리케이션의 상태, 배포된 버전, 구성 그리고 최근 발생한 이벤트 이력을 보여준다. [상태]는 현재 애플리케이션의 실행 상태를 나타낸다. 에러 등 문제가 발생하면 초록색이 아닌 빨간색으로 표시되고 원인을 바로 찾아볼 수 있게 한다. [실행 버전]은 현재 배포된 버전을 나타낸다. [업로드 및 배포] 버튼을 클릭해 이전 버전을 다시 배포할 수도 있고 새로운 버전을 업로드해서 배포할 수도 있다. [구성]은 현재 서버 환경을 나타낸다. Elastic Beanstalk에서 기본적으로 제공하는 환경 스택이 있는데, 새로운 버전이 나타나면 [변경 사항] 버튼을 클릭해 최신 버전의 환경을 사용하는 것도 가능하다.

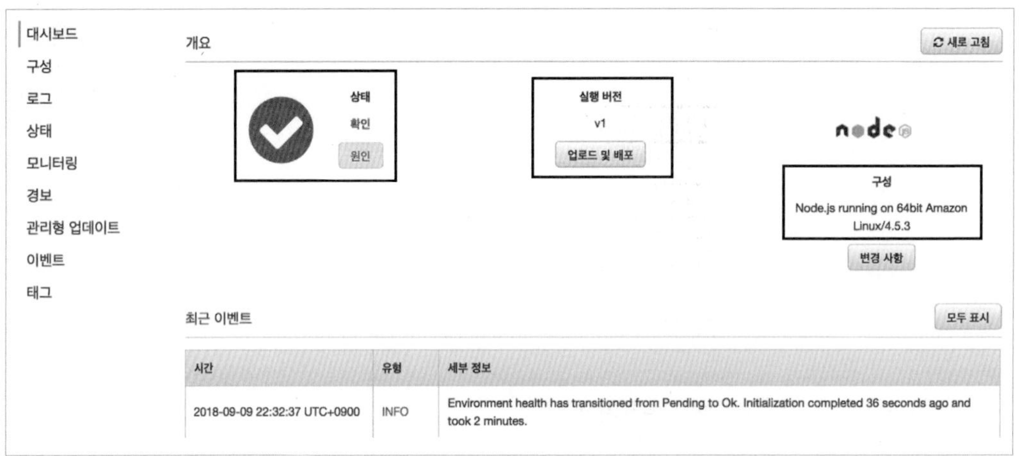

그림 10.20 Elastic Beanstalk 대시보드

구성

[구성] 메뉴에서는 Elastic Beanstalk의 서버 환경을 수정할 수 있는 기능을 제공한다. 직접 구축하는 경우 로드 밸런서, Auto Scaling 그룹, CloudWatch, SNS, 네트워크 등 다양한 메뉴에서 각각 설정해야 했지만 Elastic Beanstalk를 이용하면 모두 [구성] 메뉴 내부에서 설정할 수 있다.

그림 10.21 Elastic Beanstalk 구성

로그

[로그] 메뉴는 CloudWatch Logs처럼 인스턴스에 접속하지 않고도 웹 콘솔에서 주요 로그를 확인할 수 있는 기능을 제공한다. [로그 요청] 버튼을 클릭해 로그를 요청하면 현재 Elastic Beanstalk 환경에 실행 중인 모든 인스턴스에 로그를 요청한다. 각 인스턴스가 전달한 로그는 바로 내려받아 확인할 수 있다. [마지막 100줄] 혹은 [전체 로그]를 받아볼 수 있다.

대시보드
구성
로그
상태
모니터링

로그 | 로그 요청 ▾ | 새로 고침

로그 요청을 클릭하여 각 EC2 인스턴스에서 마지막 로그 100줄 또는 전체 로그 집합을 검색합니다. 자세히 알아보

마지막 100줄
전체 로그

로그 파일	시간	EC2 인스턴스	유형
다운로드	2018-10-09 12:45:17 UTC+0900	i-	마지막 100줄

그림 10.22 Elastic Beanstalk 로그

그림 10.23은 [마지막 100줄]을 요청해서 받은 파일의 내용을 보여준다. [/var/log/nodejs/nodejs.log], [/var/log/nginx/error.log] 등 주요 항목들에 대한 로그를 가져온 것을 확인할 수 있다. 또한 [/var/log/nodejs/nodejs.log]를 확인해보면 우리가 배포한 코드의 app.js 파일에서 console.log 함수를 이용해 출력한 내용과 사용된 포트 번호가 출력돼 있는 것을 확인할 수 있다.

```
-------------------------------------
/var/log/nodejs/nodejs.log
-------------------------------------
Example app listening on port 8081!



-------------------------------------
/var/log/nginx/error.log
-------------------------------------




-------------------------------------
/var/log/eb-activity.log
-------------------------------------
  status: Unknown job: nginx
  status: Unknown job: httpd
  status: Unknown job: httpd
  Did not find to find status of init job. Assuming stopped.
  Did not find to find status of init job. Assuming stopped.
  Did not find to find status of init job. Assuming stopped.
  Did not find to find status of init job. Assuming stopped.
  Did not find to find status of init job. Assuming stopped.
  Did not find to find status of init job. Assuming stopped.
[2018-10-09T03:02:32.923Z] INFO  [3150]  - [Application deployment v1@1/StartupStage1/AppDeployEnactHook/20clean.sh] : Starting activity...
[2018-10-09T03:02:33.019Z] INFO  [3150]  - [Application deployment v1@1/StartupStage1/AppDeployEnactHook/20clean.sh] : Completed activity. Result:
  ++ /opt/elasticbeanstalk/bin/get-config container -k app_base_dir
  + EB_APP_BASE_DIR=/var/app
  + rm -rf /var/app
```

그림 10.23 Elastic Beanstalk의 마지막 100줄 로그

상태

[상태] 메뉴는 대시보드에서 보여주는 애플리케이션 환경의 상태보다 훨씬 더 상세한 상태 정보를 보여준다. 현재 환경 내에 있는 모든 인스턴스에 대해 인스턴스별로 주요 지표 값들이 어떤 상태인지, 어떤 인스턴스에 문제가 있는지를 한눈에 확인할 수 있게 도와준다. 필요한 경우 [인스턴스 작업] 버튼을 통해 문제가 되는 인스턴스를 재부팅하거나 종료할 수도 있다.

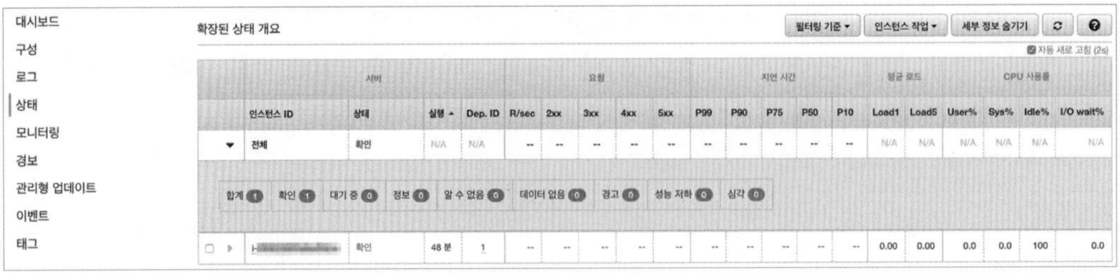

대시보드
구성
로그
상태
모니터링
경보
관리형 업데이트
이벤트
태그

확장된 상태 개요

필터링 기준 ▾ | 인스턴스 작업 ▾ | 세부 정보 숨기기

자동 새로 고침 (2s)

	서버				요청					지연 시간					평균 로드		CPU 사용률			
	인스턴스 ID	상태	실행 ▴	Dep. ID	R/sec	2xx	3xx	4xx	5xx	P99	P90	P75	P50	P10	Load1	Load5	User%	Sys%	Idle%	I/O wait%
▾	전체	확인	N/A	N/A	--	--	--	--	--	--	--	--	--	--	N/A	N/A	N/A	N/A	N/A	N/A
	합계 1 확인 1 대기 중 0 정보 0 알 수 없음 0 데이터 없음 0 경고 0 성능 저하 0 심각 0																			
▸	i-[illegible]	확인	48 분	1	--	--	--	--	--	--	--	--	--	--	0.00	0.00	0.0	0.0	100	0.0

그림 10.24 Elastic Beanstalk 상태

모니터링

[모니터링] 메뉴는 CloudWatch 대시보드와 같이 주요 지표들을 그래프, 숫자 형태로 볼 수 있는 기능을 제공한다. Elastic Beanstalk에서 기본적으로 제공하는 지표 외에 추가로 지표를 추가해둘 수도 있다.

그림 10.25 Elastic Beanstalk 모니터링

경보

[경보] 메뉴는 CloudWatch 경보와 같이 지표들에 특정 기준을 지정하고 해당 기준을 넘는 경우 경보를 울려 상태 변경 알림을 SNS로 보낼 수 있는 기능을 제공한다. 경보는 [모니터링] 메뉴에서 경보를 추가하고 싶은 그래프 오른쪽 위에 있는 종 아이콘을 클릭해 추가할 수 있다.

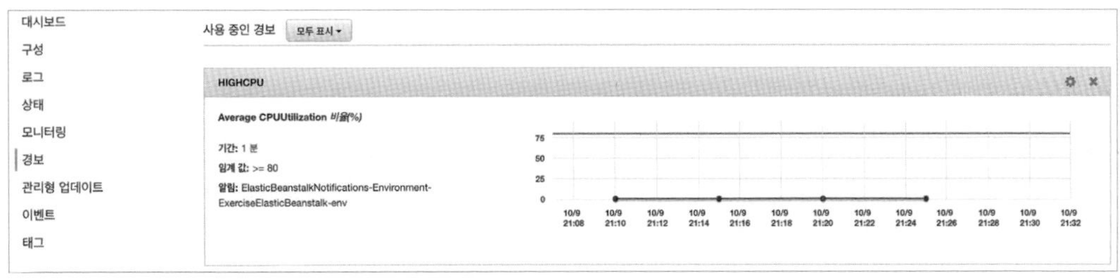

그림 10.26 Elastic Beanstalk 경보

관리형 업데이트

[구성] 메뉴의 [관리형 업데이트]에서 [관리형 플랫폼 업데이트]를 활성화할 수 있다. 이 기능을 활성화하면 [Node.js running on 64bit Amazon Linux/4.5.4]와 같이 Elastic Beanstalk 환경을 생성할 때 설정한 환경에 새로운 버전이 나올 때마다 Elastic Beanstalk에서 자동으로 업데이트를 진행해서 항상 최신 버전의 환경을 유지할 수 있게 해준다.

해당 기능을 활성화해뒀다면 [관리형 업데이트] 메뉴에서는 이러한 자동 업데이트의 예약 내용, 업데이트 기록 등을 보여준다.

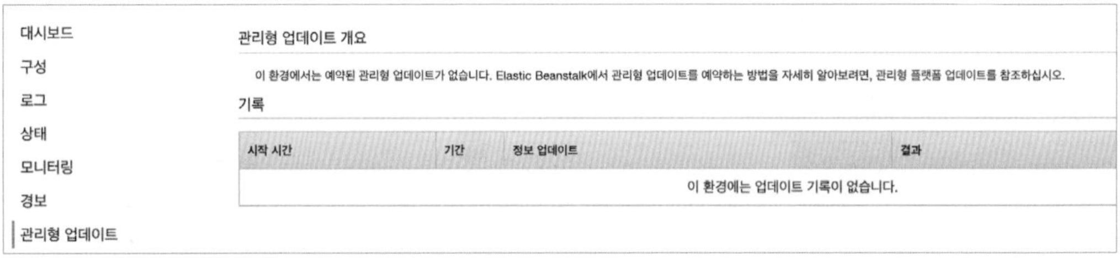

그림 10.27 Elastic Beanstalk 관리형 업데이트

이벤트

[이벤트] 메뉴에서는 Elastic Beanstalk 환경에 발생한 모든 이벤트에 대한 기록을 보여준다. 이벤트의 유형과 발생 시간에 따라 필터링해서 볼 수도 있다. Elastic Beanstalk는 자동으로 이뤄지는 일이 많기 때문에 이 이벤트 메뉴를 통해 뒤에서는 정확히 어떤 이벤트들이 발생한 것인지 확인할 수 있다.

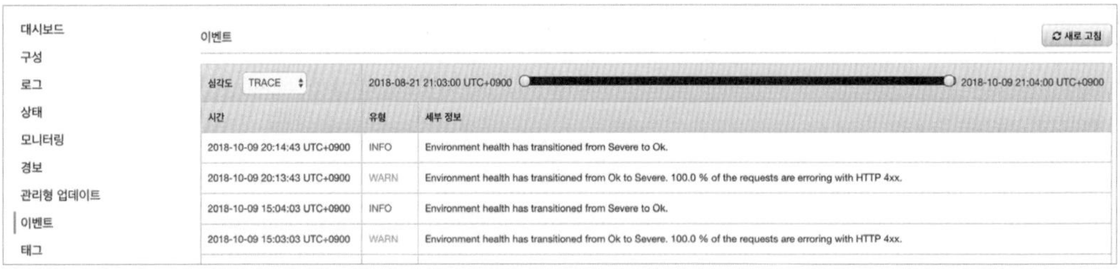

그림 10.28 Elastic Beanstalk 이벤트

태그

[태그] 메뉴에서는 Easltic Beanstalk를 통해 생성된 EC2 인스턴스들에 태그를 추가할 수 있게 하는 기능을 제공한다. Elastic Beanstalk를 통해 생성된 EC2 인스턴스는 [elasticbeanstalk:environment-name], [elasticbeanstalk:environment-id], [Name]이라는 세 가지의 태그가 기본적으로 지정돼 있으며 이 태그들은 수정하거나 삭제할 수 없다. 추가로 지정이 필요한 태그들이 있다면 이 메뉴를 통해 지정할 수 있다.

그림 10.29 Elastic Beanstalk 태그

10.2 정리

이번 장에서는 1부에서 배운 내용들을 Elastic Beanstalk를 통해 자동화해서 관리하는 방법을 알아봤다. Elastic Beanstalk는 분명 좋은 서비스지만 이번 장에서 다룬 것처럼 장단점이 있기 때문에 모든 경우에 적합한 방법은 아니다. Elastic Beanstalk의 장점을 잘 활용할 수 있는 경우에는 적극 사용해서 관리에 따르는 부담을 줄여보자.

11

데브옵스

이번 장에서는 데브옵스(DevOps)의 개념과 AWS에서 제공하는 데브옵스를 위한 서비스인 CodeBuild, CodePipeline에 대해 배우겠다. 그리고 실습에서는 CodePipeline과 AWS SNS, AWS Lambda 등의 서비스를 이용해 자동 배포와 알림을 처리하는 파이프라인을 구축해 보겠다.

11.1 데브옵스란?

데브옵스라는 단어는 누구나 한 번쯤은 들어봤을 단어인 만큼 굉장히 많이 사용되는 단어지만 명확한 정의를 아는 사람은 많지 않다. 우선 데브옵스가 어떤 것인지 알기 위해 데브옵스가 생긴 이유부터 알아보자.

소프트웨어는 개발부터 고객에게 배포될 때까지 개발, 테스트, 인프라 등 다양한 과정을 거치게 된다. 다양한 과정을 거치는 만큼 회사가 조금만 커져도 자연스럽게 각 단계를 진행하는 데 반복적이고 불필요한 작업과 오버헤드가 생기기 마련이다. 결과적으로 배포 주기가 길어지고 배포되는 변경 사항이 커져 배포의 위험이 증가하고 고객에게 새로운 소프트웨어가 전달되기까지 오랜 시간이 걸리게 된다.

이러한 문제를 해결하기 위해 나온 개념이 데브옵스다. 데브옵스는 개발(Development)과 운영(Operation)의 합성어로, 개발과 운영을 하나로 합쳐서 일하는 철학, 도구, 환경, 문화 등의 조합을 나타낸다. 개발부터 배포까지 모든 단계에 자동화와 모니터링을 도입해서 더 짧은 개발 주기, 더 많은 배포 빈도, 안정적인 소프트웨어를 배포하자는 목표를 갖고 있다.

데브옵스는 서버 구성, 배포, 테스트 등의 반복적이고 단순한 작업을 최대한 자동화해서 배포에 들어가는 비용을 최대한으로 줄이는 것부터 시작된다. 배포가 쉬워지면 작은 단위로도 배포를 여러 번 할 수 있게 되고, 이는 결국 큰 장애가 발생하기 전에 문제를 바로 발견해서 해결할 수 있고 서비스를 민첩하게 운영할 수 있는 결과를 가져온다. 다만 이를 달성하기 위해서는 시작점인 유닛 테스트나 E2E 테스트 등의 테스트 코드를 포함한 자동화 환경이 잘 갖춰져 있어야 한다. 데브옵스를 실천하는 방식에는 여러 가지가 있다. 지속적 통합(CI), 지속적 전달/배포(CD), 마이크로 서비스, 커뮤니케이션 및 협업 등이 그것이다.

데브옵스는 꼭 여러 부서로 나뉘어진 큰 회사에서만 필요한 것이 아니다. 인원이 몇 없는 작은 회사라도 개발부터 배포까지 불필요하고 반복적인 과정이 존재해서 개발부터 배포까지 불필요한 시간이 소모된다고 느껴지면 데브옵스가 필요하다. CI, CD 등 여러 가지의 과정과 방법 중 몇 개를 도입할지의 차이지 대부분의 소프트웨어 개발 회사에서는 이런 과정이 필요하다.

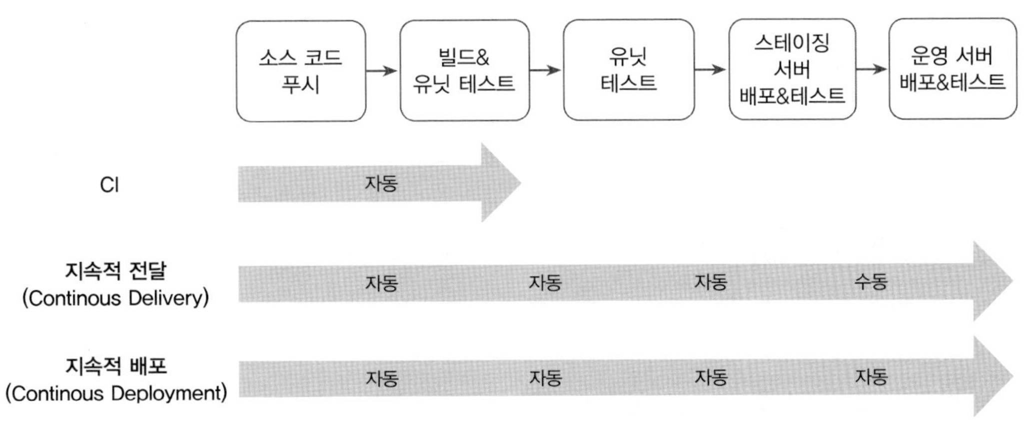

그림 11.1 CI/CD/CD 개념

11.1.1 지속적 통합(CI) 소개

CI라는 단어로 많이 사용되는 지속적 통합(Continuous Integration)은 데브옵스의 소프트웨어 개발 방식 중 하나로, 개발자들이 코드를 메인 브랜치에 병합하는 시간을 최대한 앞당겨 버그를 빨리 찾을 수 있게 하는 것이다.

하나의 프로젝트를 여러 명의 개발자와 동시에 진행해본 사람이라면 코드를 메인 브랜치에 커밋할 때 병합 시 발생하는 코드 충돌로 곤혹을 치른 경험이 있을 것이다. 보통 이런 문제가 생기는 이유는 개발자들이 로컬 혹은 다른 브랜치에서 오랜 시간 동안 많은 양의 코드를 작성하고 배포를 위해 마지막에 메인 브랜치에 병합하기 때문이다. 너무 많은 코드를 한 번에 병합하다 보니 병합 시간도 오래 걸릴뿐더러 버그의 위험성도 매우 높아진다. 그리고 일찍 개발된 작은 기능들이 있어도 큰 기능들과 함께 기다렸다가 병합되기 때문에 개선점이 배포되는 시기도 자연스럽게 늦어진다. 이러한 문제는 최신 버전의 서비스를 고객들에게 최대한 빨리 제공하자는 데브옵스의 목표와 맞지 않는다. 이런 문제를 해결하고자 하는 것이 지속적 통합이다.

지속적 통합이 도입될 경우 개발자들이 메인 브랜치에 코드를 커밋할 때마다 자동으로 전체 유닛 테스트를 실행하게 된다. 그리고 테스트가 실패한 경우에는 알림을 보내 해당 내용을 커밋한 개발자가 문제를 해결하게 한다. 개발자들이 코드를 푸시하기 이전에 자신이 작성한 그리고 영향이 미쳤을 것이라고 예상하는 부분에 대해서는 유닛 테스트를 돌려볼 것이지만 전체 유닛 테스트는 돌리는 데 시간도 오래 걸리고, 비효율적이다. 따라서 개발자는 우선 메인 브랜치에 커밋을 하고 예상하지 못한 영향으로 인해 테스트 케이스가 실패한 경우에만 문제를 처리하면 된다.

매번 전체 테스트를 실행하게 되니 개발자들은 자신이 작성한 코드가 다른 곳에 영향을 미치는 것에 대한 걱정을 덜 하고 자주 커밋할 수 있게 된다. 그리고 작은 단위로 메인 브랜치에 커밋이 일어나다 보니 병합 시 발생하는 코드 충돌 문제에서 상당수 해방될 수 있다. 또한 전체 테스트가 굉장히 빈번하게 돌아가기 때문에 버그도 굉장히 빨리 발견되고 처리된다.

다만 지속적 통합을 도입하기 위해서는 제품의 품질을 보장할 수 있다고 믿을 수 있는 자동화 테스트가 잘 작성돼 있어야 한다.

11.1.2 지속적 전달, 지속적 배포(CD) 소개

CD라는 단어로 많이 알려진 지속적 전달(Continuous Delivery)과 지속적 배포(Continuous Deployment)는 지속적 통합과 마찬가지로 데브옵스의 소프트웨어 개발 방식이다. 지속적 통합에 이어 영역을 더 확장해서 유닛 테스트까지 완료된 코드를 운영 서버에 배포하기 전 단계인 스테이지 서버에 배포하고, 해당 서버에서 UI 테스트, 연동 테스트 등 다양한 테스트를 자동으로 진행한다. 해당 테스트도 모두 통과했다면 이제 운영 서버에 배포하기 위한 준비를 하는데, 이때 수동으로 사람이 운영 서버 배포를 승인하는 것이 지속적 전달이고 운영 서버까지 자동으로 배포되는 것이 지속적 배포다.

지속적 전달과 배포는 지속적 통합과 비슷하게 개발자의 생산성을 향상하고 버그를 더 빨리 발견할 수 있다는 이점을 가져온다. 그리고 더 나아가 작은 기능 하나하나도 커밋만 일어나면 운영 서버에 자동으로 배포 혹은 준비 단계까지 가기 때문에 고객에게 최신 버전의 서비스를 최대한 빠르게 전달할 수 있다는 장점이 있다.

하지만 지속적 통합과 마찬가지로 자동화 테스트가 의미 있는 수준으로 잘 작성돼 있어야 한다는 전제가 있다.

11.1.3 AWS와 데브옵스

AWS에서는 데브옵스가 운영 서버를 관리하는 데 있어 굉장히 중요하다는 것을 알기 때문에 데브옵스에 대한 여러 서비스를 제공한다. 예를 들면, 프로젝트 코드를 빌드하고 유닛 테스트를 실행할 수 있게 해주는 CodeBuild, 그리고 앞에서 배운 배포를 자동으로 수행하는 CodeDeploy, 소스코드의 커밋부터 배포까지 각자 상황에 맞는 파이프라인을 구성할 수 있게 해주는 CodePipeline 등이 있다.

CodeBuild는 지속적 통합에서 소스코드를 빌드하고 유닛 테스트를 실행하는 임무를 수행한다. 소스코드를 입력으로 받고 해당 코드를 빌드, 컴파일하는 단계를 대신해서 수행하고 필요한 자동화 테스트를 함께 수행한다. 더 자세한 내용은 AWS CodeBuild 공식 페이지[51]에서 확인할 수 있다.

11.2 AWS CodePipeline

11.2.1 AWS CodePipeline 설명

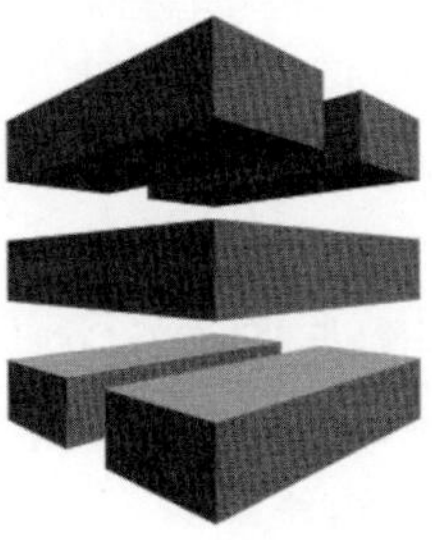

그림 11.2 AWS CodePipeline 로고

51 https://aws.amazon.com/ko/codebuild/

AWS CodePipeline은 지속적 통합 및 지속적 전달을 가능하게 하는 서비스다. 소스코드 불러오기, 빌드, 배포, 승인 등 다양한 작업을 조합해서 필요에 맞는 파이프라인을 구성할 수 있게 해준다. AWS 내의 서비스뿐만 아니라 깃허브, 젠킨스 등 외부의 유명한 서비스와의 연동을 직접 지원한다. 예를 들어, 소스코드가 깃허브에 커밋되면 해당 코드를 읽어와 CodeBuild에서 유닛 테스트를 실행한 뒤 문제가 없다면 CodeDeploy를 이용해 배포를 자동으로 진행할 수 있다.

CodePipeline에는 단계라는 개념이 있어서 단계별로 어떤 작업을 할지 지정할 수 있다. 예를 들어, 스테이지 단계, 운영 단계 등으로 나눠서 사용할 수 있다. 그리고 각 단계는 1개 이상의 작업으로 이뤄진다. 코드 빌드, 배포, 알림 등이 작업이 된다. 작업은 직렬로 실행될 수도 있고 병렬로 동시에 실행될 수도 있다. 파이프라인의 특성상 직렬로 작업이 있을 때 앞의 작업이 성공적으로 끝나야만 다음 작업으로 넘어갈 수 있다.

각 작업이 끝날 때마다 뒤의 작업에 데이터를 넘겨주기 위한 아티팩트(artifact)라는 개념이 있다. 아티팩트는 함수에서 파라미터와 리턴값과 같은 개념으로 작업이 시작할 때 입력 아티팩트라는 이름으로 파라미터처럼 넘겨줄 수도 있고 작업이 끝날 때 출력 아티팩트라는 이름으로 뒤의 작업에게 넘겨줄 수도 있다.

예를 들어, 소스코드를 VCS 저장소에서 읽어오는 소스 작업이 끝나면 소스코드를 아티팩트로 삼아 빌드 단계로 넘겨준다. 빌드 단계에서는 해당 소스코드를 빌드한 다음, 빌드된 결과물을 아티팩트로 삼아 다음 배포 단계로 넘겨줄 수 있다.

다음은 CodePipeline에서 제공되는 작업의 종류와 설명이다.

종류	설명
승인	파이프라인의 다음 단계로 넘어가기 위해 사용자의 승인을 기다린다. 사용자가 승인하면 파이프라인의 다음 단계로 넘어가고, 거절한다면 파이프라인은 여기서 끝나게 된다.
소스	소스코드를 가져온다. 모든 파이프라인은 소스 작업으로 시작해야 한다. AWS S3, AWS CodeCommit, 깃허브 등의 제공자와 연동할 수 있다.
빌드	뒤의 작업에서 사용할 수 있도록 코드를 빌드한다. AWS CodeBuild, 젠킨스 등의 서비스와 연동할 수 있다.
테스트	미리 정의된 유닛 테스트 등의 자동화 테스트 코드로 테스트를 진행한다. AWS CodeBuild, 젠킨스, 고스트 인스펙터(Ghost Inspector) 등의 서비스와 연동할 수 있다.
배포	코드를 서버에 배포한다. AWS CodeDeploy, AWS Elastic Beanstalk, ECS, CloudFormation 등의 서비스와 연동할 수 있다.

종류	설명
호출	현재는 AWS Lambda만 제공한다. AWS Lambda를 호출해서 임의의 코드를 실행할 수 있다. 코드를 실행할 수 있기 때문에 이 작업에서 사실상 필요한 모든 작업을 진행할 수 있다. 예를 들어, 외부 서비스에 알림, 깃허브 API를 호출해서 버전을 기록하는 등의 작업을 할 수 있다.

표 11.1 CodePipeline에서 제공하는 작업 목록

CodePipeline은 각자 상황에 맞게 구성할 수 있기 때문에 굉장히 다양한 방식으로 응용해서 사용할 수 있다. 다음은 많이 사용하는 CodePipeline의 응용 방법 두 가지를 설명한 것이다.

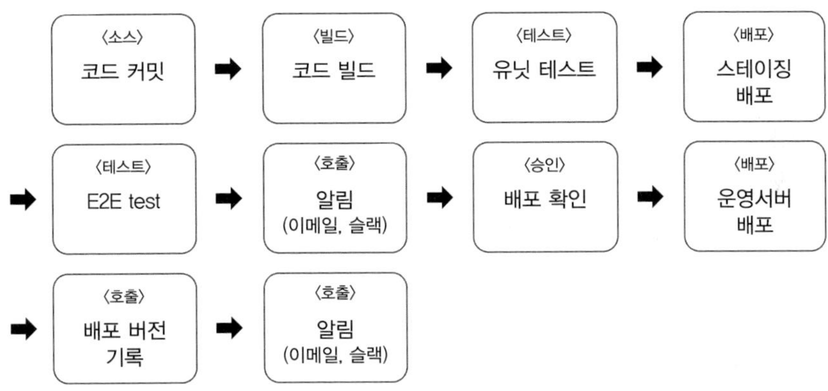

그림 11.3 지속적 전달을 구현한 CodePipeline

우선 기본적인 지속적 통합, 지속적 전달을 구현한 CodePipeline이다. 코드가 메인 브랜치에 커밋되면 코드를 가져와 빌드 및 테스트를 진행한다. 문제가 없으면 사용자의 승인을 받아 운영 서버에 배포를 진행한다. 중간마다 사용자에게 상황 업데이트를 보내주기 위해 Lambda 함수를 호출해서 이메일 및 슬랙과 같은 메신저로 알림을 보낸다. 또한 운영 서버에 배포가 완료된 후 현재의 버전을 버전 관리 시스템에 기록한다.

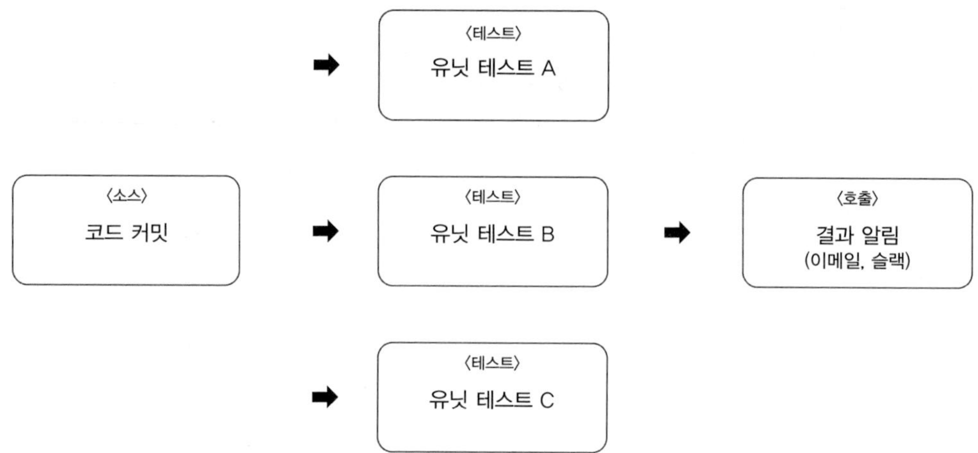

그림 11.4 병렬적으로 처리하는 CodePipeline

앞서 말했듯이 작업은 동시에 실행될 수 있기 때문에 꼭 직렬로 구성할 필요가 없다. 테스트 코드를 많이 작성하는 경우 전체 테스트를 실행시키는 데 몇 시간이 걸릴 수도 있다. 이런 상황에서 테스트를 직렬 혹은 하나의 작업으로 구성하면 파이프라인의 전체 실행 시간이 너무 길어지므로 단위를 나눠서 다음과 같이 병렬로 실행할 수 있다. 테스트 결과는 Lambda 호출을 이용해 알림을 보낼 수 있다.

데브옵스의 목표는 서비스를 더 빠르게 고객에게 전달하는 것이기 때문에 배포, 알림, 버전 기록 등 사람이 하지 않아도 되는 단순 반복적인 작업은 최대한 CodePipeline에 추가해서 불필요한 시간을 줄이는 것이 좋다.

CodePipeline에 대한 더 자세한 설명은 공식 문서[52]에서 확인할 수 있다. CodePipeline의 요금은 요금 페이지[53]에서 확인할 수 있다.

이 책을 쓰는 시점에는 매월 무료 활성 파이프라인 1개가 프리 티어로 제공된다. 그리고 프리 티어가 아닌 경우 월별 활성 파이프라인당 1 USD의 요금이 부과된다.

52 https://aws.amazon.com/ko/codepipeline/

53 https://aws.amazon.com/ko/codepipeline/pricing/

11.2.2 [실습] AWS CodePipeline 구성

이번 실습에서는 CodePipeline을 실제로 구성해 보겠다. 먼저 깃허브에 저장된 코드를 가져온다. 그 다음, 승인 작업을 추가해서 승인이 될 때까지 기다린다. 승인이 될 경우 Elastic Beanstalk를 이용해 코드를 배포하고 AWS Lambda 함수를 호출해서 SNS로 배포 완료 알림을 발송한다.

주의

이 실습을 진행하려면 10.1.4장에서 다루는 [Elastic Beanstalk으로 배포하기] 과정을 통해 Elastic Beanstalk 환경이 구성된 상태여야 한다.

파이프라인 생성

01 _ AWS 서비스에서 CodePipeline 서비스를 검색해서 클릭한다.

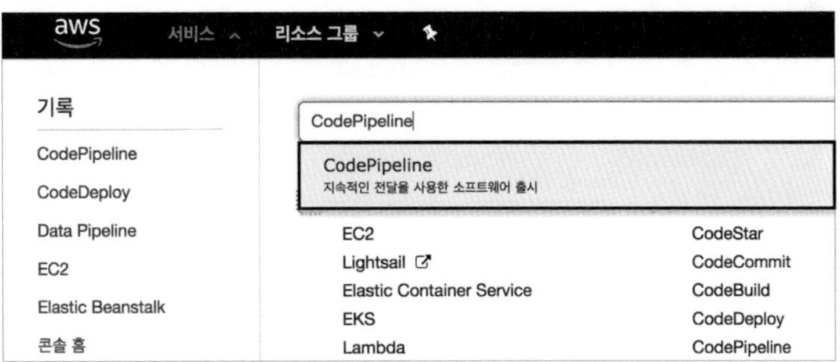

그림 11.5 CodePipeline 서비스 검색

02 _ 오른쪽에 있는 [파이프라인 생성] 버튼을 클릭한다.

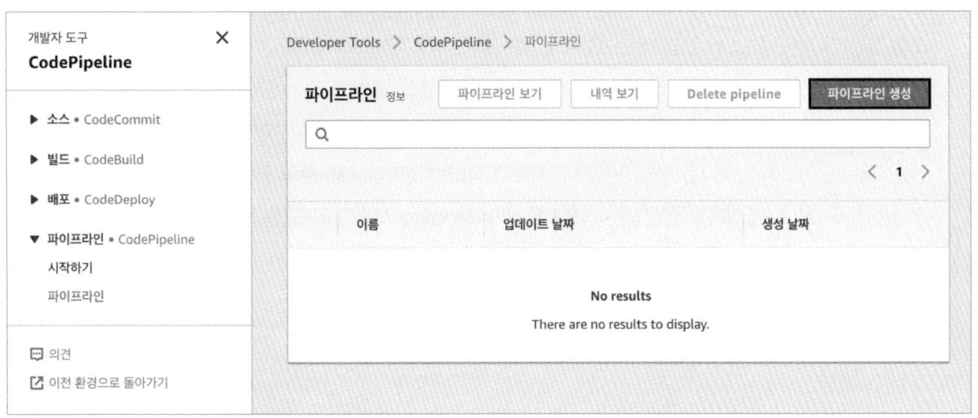

그림 11.6 CodePipeline 시작 페이지

03 _ 파이프라인 이름은 [exercise–pipeline]으로 입력한다. [서비스 역할]은 CodePipeline을 위해 새로 생성할 것이기 때문에 [신규 서비스 역할]을 선택한다. [아티팩트 스토어]는 파이프라인의 작업의 결과물로 다른 작업에 넘겨줄 수 있는 아티팩트를 저장할 공간을 나타낸다. [기본 위치]를 선택한다. 모두 설정하고 나면 오른쪽 아래에 있는 [다음] 버튼을 클릭한다.

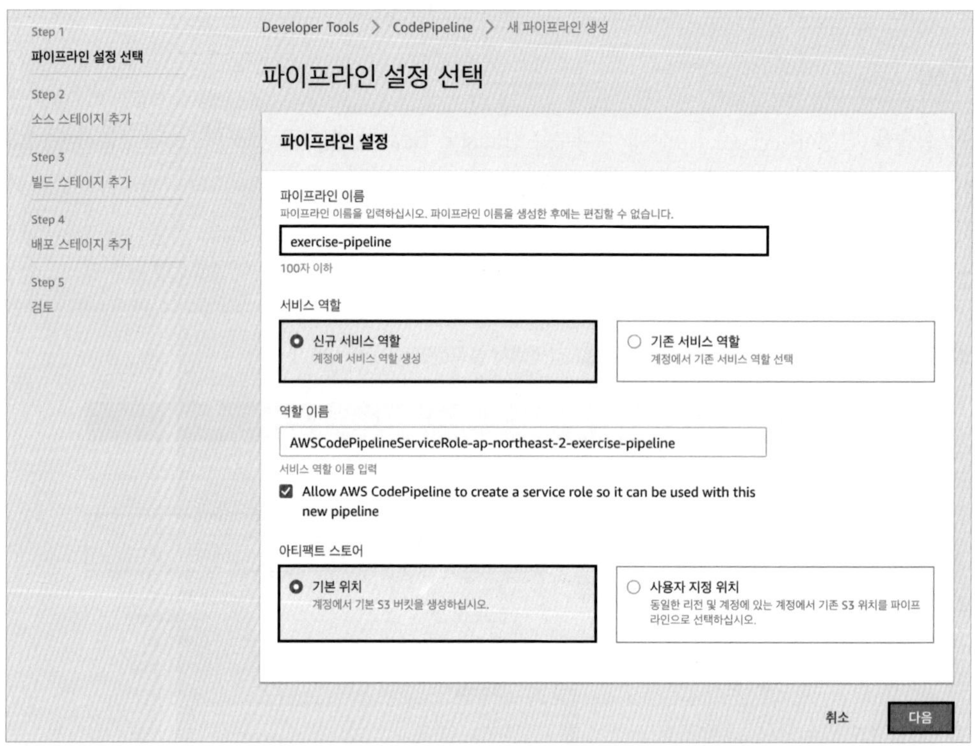

그림 11.7 CodePipeline 파이프라인 생성 1단계 – 파이프라인 설정 선택

04 _ [소스 스테이지]는 파이프라인을 시작할 소스코드를 읽어오는 단계다. 여기서는 깃허브에 있는 샘플 프로젝트를 배포할 것이기 때문에 [소스 공급자]는 [GitHub]를 선택한다. 깃허브에서 사용자의 계정으로 접근할 수 있는 리포지토리에서 코드를 불러올 수 있도록 [GitHub에 연결] 버튼을 클릭해 CodePipeline에 깃허브 계정과 연동한다. CodePipeline은 코드 저장소에 새로운 커밋이 발생하는 경우 자동으로 파이프라인을 실행할 수 있다. [변경 탐지 옵션]은 새로운 커밋이 일어나는 것을 어떻게 탐지할지 정하는 것이다. 대부분의 경우에는 [GitHub Webhook] 옵션으로 설정해두지만 지금 예제로 접근하는 리포지토리가 deopard 계정의 리포지토리이기 때문에 쓰기 권한이 없는 외부 사용자들은 Webhook을 추가할 수 없다. 따라서 이번 실습에서는 Codepipeline이 정기적으로 깃허브 리포지토리를 확인해서 변경 사항을 감지하는 [AWS CodePipeline] 옵션을 선택한다.

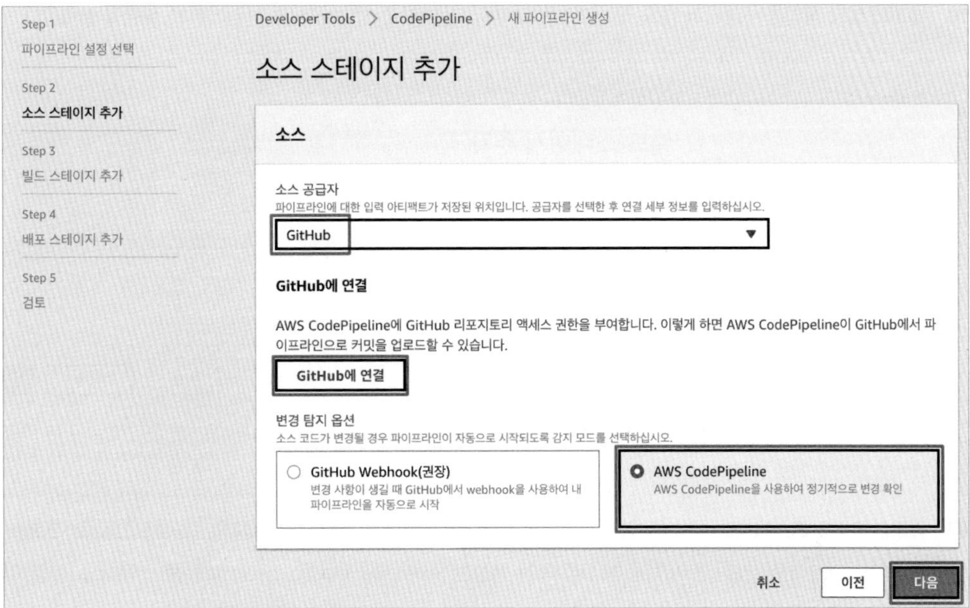

그림 11.8 CodePipeline 파이프라인 생성 2단계 – 소스 스테이지 추가

05_ 깃허브 계정을 연동한 뒤에 [리포지토리]의 값은 [deopard/aws-exercise-a]로 입력하고 [브랜치]는 Elastic Beanstalk에 배포할 수 있는 코드가 준비돼 있는 [elastic-beanstalk]를 선택한다. 모든 값의 입력이 완료되면 그림 11.8에 있는 [다음] 버튼을 클릭한다.

GitHub에 연결

AWS CodePipeline에 GitHub 리포지토리 액세스 권한을 부여합니다. 이렇게 하면 AWS CodePipeline이 GitHub에서 파이프라인으로 커밋을 업로드할 수 있습니다.

Connected

공급자를 통한 작업을 성공적으로 구성하였습니다.

리포지토리

deopard/aws-exercise-a

브랜치

elastic-beanstalk

그림 11.9 CodePipeline 파이프라인 생성 2단계 – 소스 스테이지의 리포지토리 지정

06 _ 별도의 빌드 작업을 수행하지 않을 것이므로 [빌드 공급자]를 따로 선택하지 않고 [건너뛰기] 버튼을 클릭한다.

Step 1
파이프라인 설정 선택
Step 2
소스 스테이지 추가
Step 3
빌드 스테이지 추가
Step 4
배포 스테이지 추가
Step 5
검토

Developer Tools > CodePipeline > 새 파이프라인 생성

빌드 스테이지 추가

빌드

빌드 공급자
빌드 프로젝트 도구입니다. 운영 체제, 빌드 사양 파일, 출력 파일 이름 등 빌드 아티팩트에 대한 세부 정보를 입력합니다.

취소 이전 건너뛰기 다음

그림 11.10 CodePipeline 파이프라인 생성 3단계 – 빌드 스테이지 추가

07 _ 배포는 AWS Elastic Beanstalk 애플리케이션에 할 것이기 때문에 [배포 공급자]는 [AWS Elastic Beanstalk]를 선택한다. [애플리케이션 이름]은 10.1.4절에서 생성한 [exercise–elastic–beanstalk]를 선택하고 [환경 이름]은 [ExerciseElasticBeanstalk–env]를 선택한다. 모두 선택하고 나면 [다음] 버튼을 클릭한다.

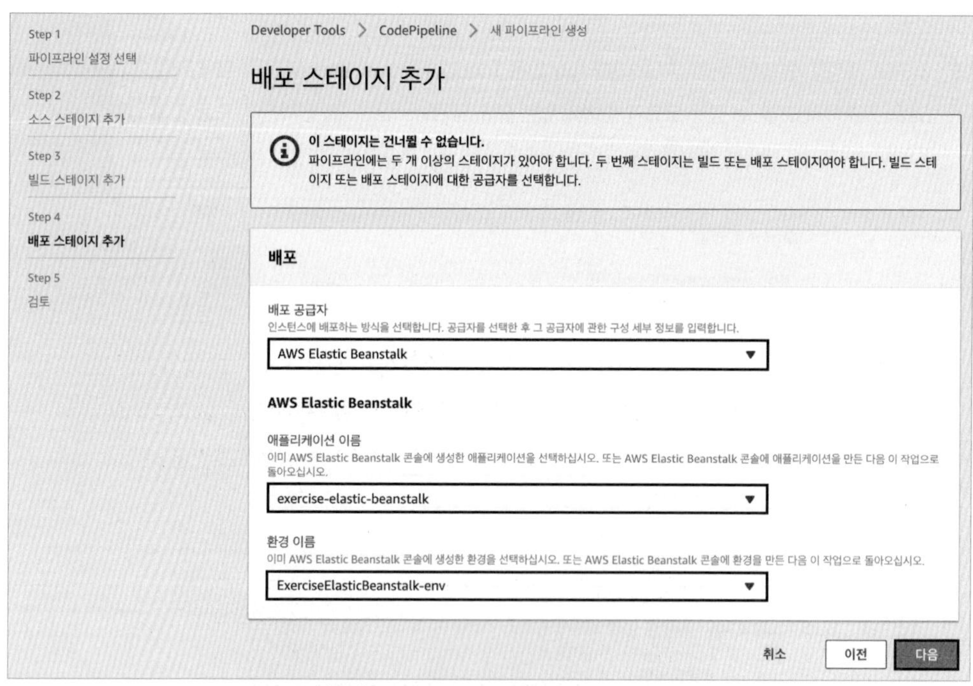

그림 11.11 CodePipeline 파이프라인 생성 4단계 – 배포 스테이지 추가

08 _ 마지막으로 검토 화면에서 지정한 값들이 모두 올바르게 지정됐는지 확인하고 [파이프라인 생성] 버튼을 클릭해 파이프라인을 생성한다.

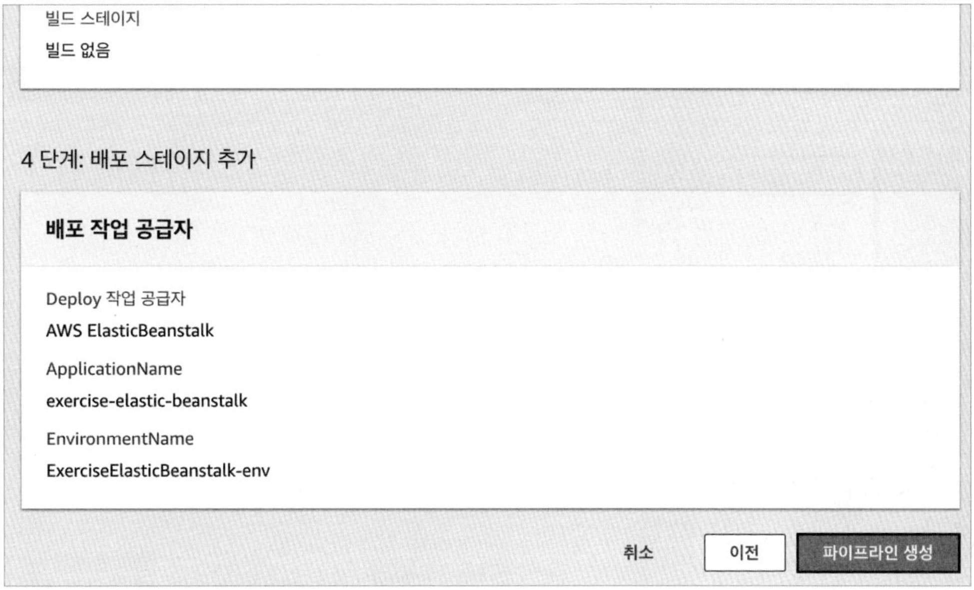

빌드 스테이지
빌드 없음

4 단계: 배포 스테이지 추가

배포 작업 공급자

Deploy 작업 공급자
AWS ElasticBeanstalk

ApplicationName
exercise-elastic-beanstalk

EnvironmentName
ExerciseElasticBeanstalk-env

취소 이전 파이프라인 생성

그림 11.12 CodePipeline 파이프라인 생성 5단계 – 검토

09 _ 다음과 같이 파이프라인 생성이 완료됐다는 메시지와 함께 파이프라인 화면으로 이동한다. 보면 파이프라인의 시작 작업인 소스를 가져오는 [Source] 작업이 파란색으로 표시된 것을 알 수 있을 것이다. 이는 파이프라인이 자동으로 깃허브에서 지정된 브랜치에 있는 최신 버전의 코드를 가져오고 있다는 것이다. 다음 그림을 보면 [68186ef8]이라고 써 있는 부분이 있는데 이는 현재 코드파이프라인이 깃허브에서 읽어온 커밋 ID를 나타낸다.

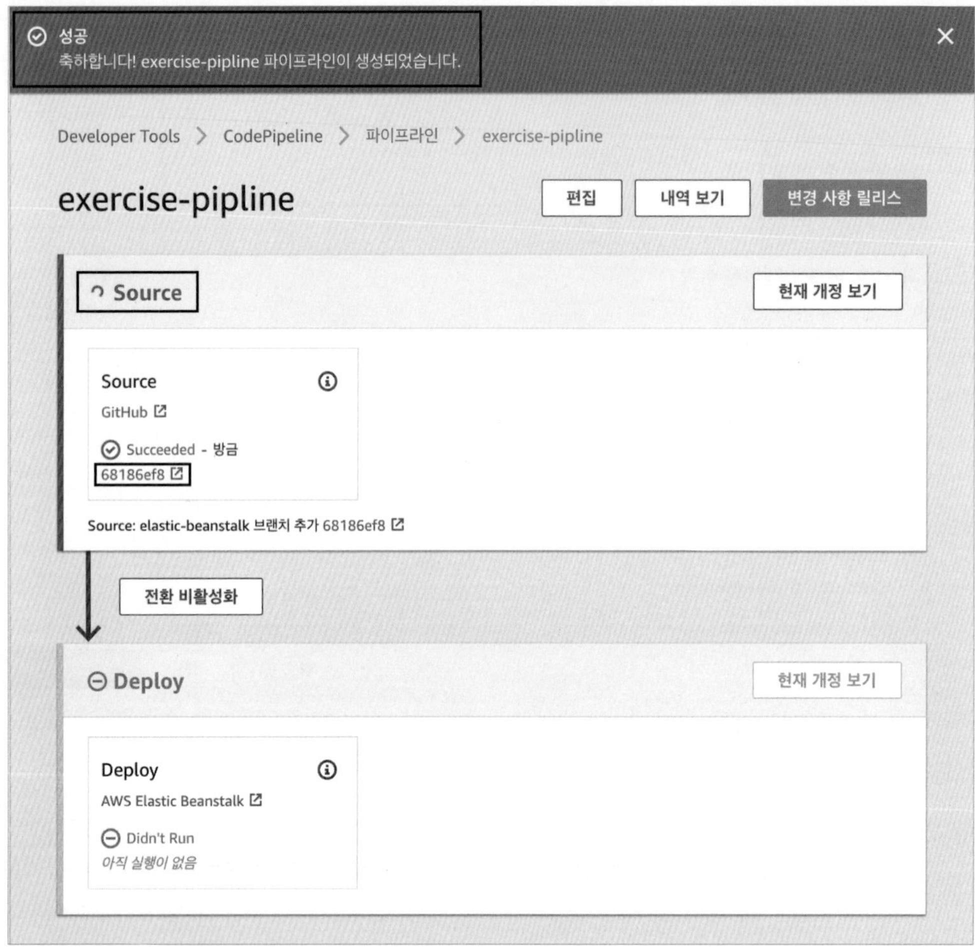

그림 11.13 CodePipeline 생성 완료

10 _ 그리고 조금만 기다리면 코드파이프라인이 깃허브에서 읽어온 소스코드를 Elastic Beanstalk에 넘겨줘서 앞서 생성한 Elastic Beanstalk 애플리케이션에 배포되는 것을 확인할 수 있다.

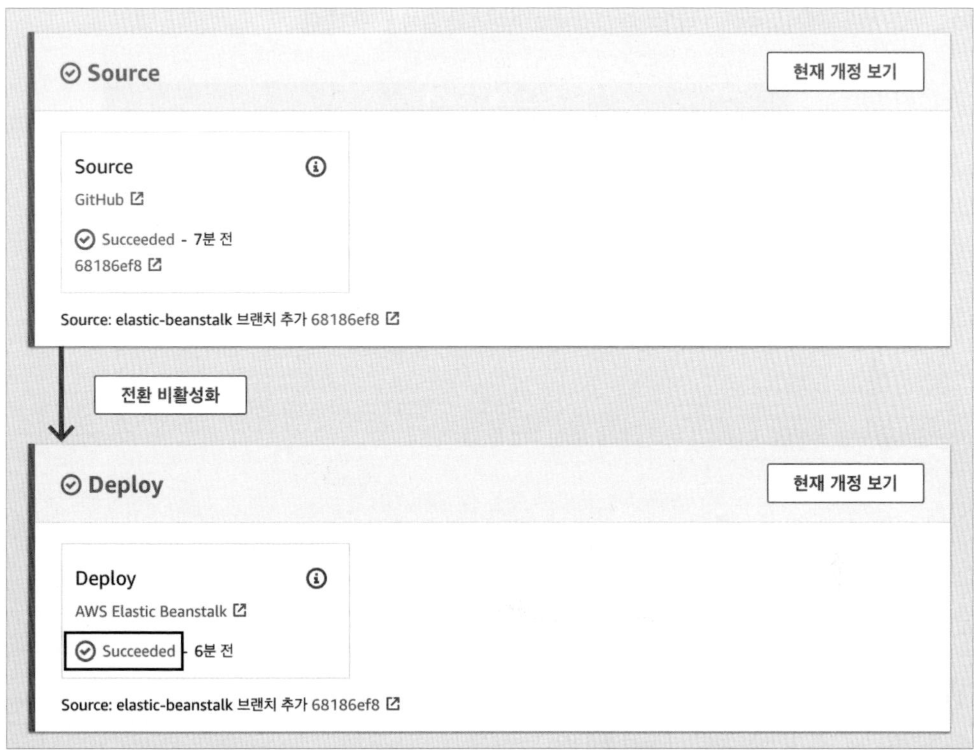

그림 11.14 CodePipeline 실행 완료

11 _ 실제 Elastic Beanstalk 애플리케이션 주소로 접속을 시도해보면 배포가 정상적으로 이뤄진 것을 확인할 수 있다.

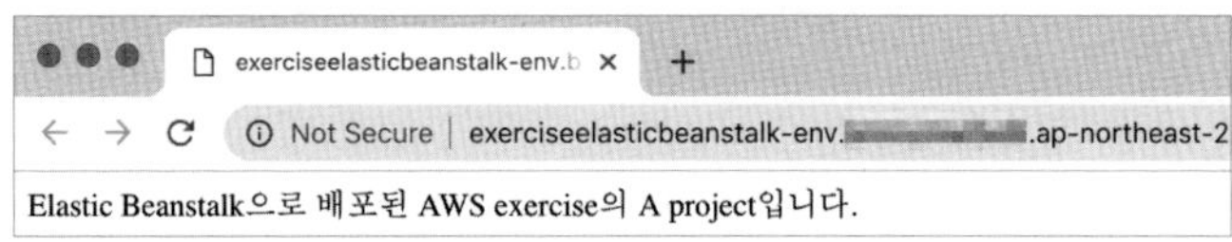

그림 11.15 Elastic Beanstalk 애플리케이션 주소로 접속한 결과

배포 시 AWS SNS와 AWS Lambda를 이용해 알림받기

조금 더 발전된 파이프라인을 만들기 위해 이번에는 배포가 이뤄질 때마다 알림을 받아볼 수 있게 알림 작업을 추가해 보겠다. 알림 작업은 AWS의 서버리스 컴퓨팅 서비스인 Lambda와 AWS의 알림 서비스인 SNS(Simple Notification Service)를 이용해 수행할 것이다.

01 _ AWS 서비스에서 [Simple Notification Service] 서비스를 검색해 클릭한다.

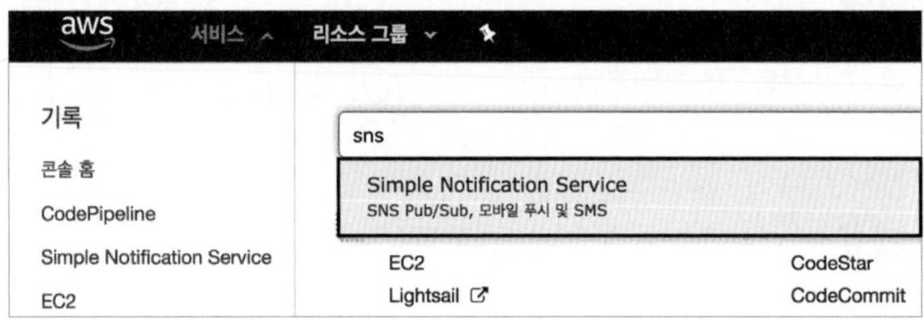

그림 11.18 Simple Notification Service 서비스 검색

02 _ 알림을 받을 주제를 생성하기 위해 [주제 생성] 메뉴를 클릭한다.

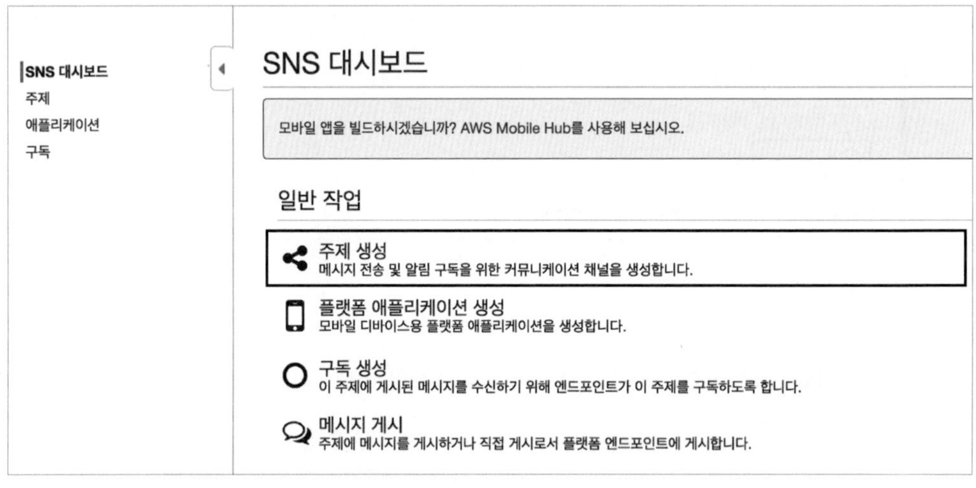

그림 11.19 SNS 메인

03 _ [주제 이름]은 다음과 같이 [code-pipeline-notification]으로 설정한다. [표시 이름]은 SMS로 보내는 알림이 아닌 경우에는 선택값이기 때문에 빈 칸으로 둔다. 입력이 완료되면 [주제 생성] 버튼을 클릭한다.

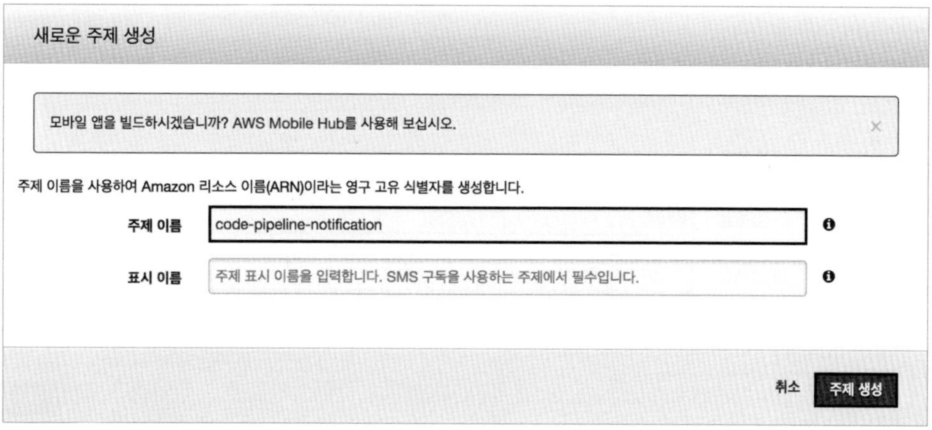

그림 11.20 SNS 주제 생성

04 _ [code-pipeline-notification] 주제가 생성됐으니 이제 이 주제가 게시될 때 알림을 받을 구독을 등록할 차례다. 현재는 아무런 구독도 추가돼 있지 않으니 구독을 생성하기 위해 [구독 생성] 버튼을 클릭한다.

그림 11.21 code-pipeline-notification 주제의 세부 정보

05 _ 이메일로 알림을 받기 위해 [프로토콜]은 [Email]을 선택하고 [엔드포인트]에는 알림을 받을 이메일 주소를 입력한다. [주제 ARN]은 이 주제에 대한 고유 주솟값이다. [주제 ARN] 값은 따로 복사해두자. 모두 입력했으면 [구독 생성] 버튼을 클릭해 구독을 생성한다.

구독 생성

주제 ARN	arn:aws:sns:ap-northeast-2:[illegible]:code-pipeline-notification
프로토콜	**Email**
엔드포인트	ekagud@gmail.com

취소 | 구독 생성

그림 11.22 SNS 주제에 이메일 구독 생성

06 _ 위에 입력한 메일 주소로 구독 추가 확인 이메일이 발송됐을 것이다. 메일함에서 해당 메일을 열어 [Confirm subscription] 링크를 클릭한다.

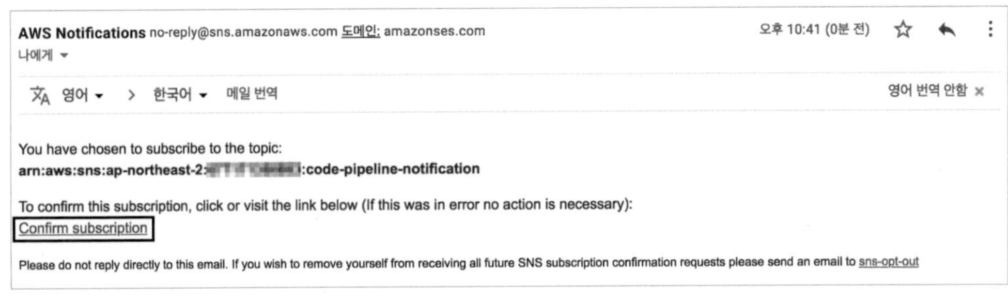

그림 11.23 구독 추가 확인 이메일

07 _ 확인 작업이 완료되면 다음과 같이 구독에 이메일이 추가된다. 이제 이 주제에 대해 알림을 발송하면 해당 이메일로 알림 메일이 나가게 된다.

구독

구독 생성 | 확인 요청 | 구독 확인 | 기타 구독 작업

필터

가입 ID	프로토콜	엔드포인트	구독자
arn:aws:sns:ap-northeast-2:[illegible]:code-pipeline-notification:[illegible]...	email	ekagud@gmail.com	[illegible]

그림 11.24 추가 확인이 완료된 구독

08 _ 그다음은 이 주제로 알림을 보낼 수 있는 람다 함수를 생성할 차례다. AWS 서비스에서 [Lambda]를 검색해 클릭한다.

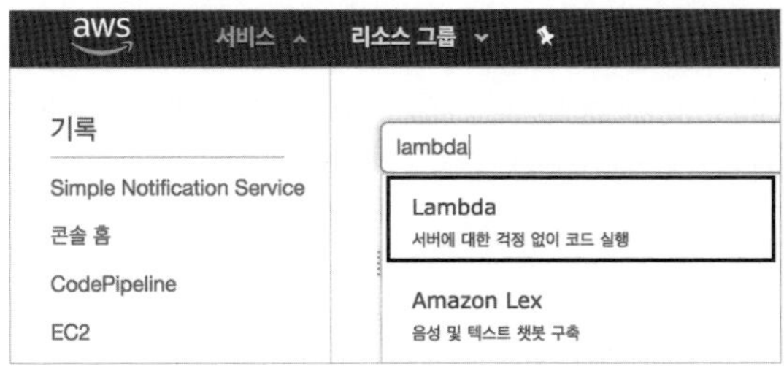

그림 11.25 Lambda 서비스 검색

09 _ 새로운 Lambda 함수를 생성하기 위해 [함수 생성] 버튼을 클릭한다.

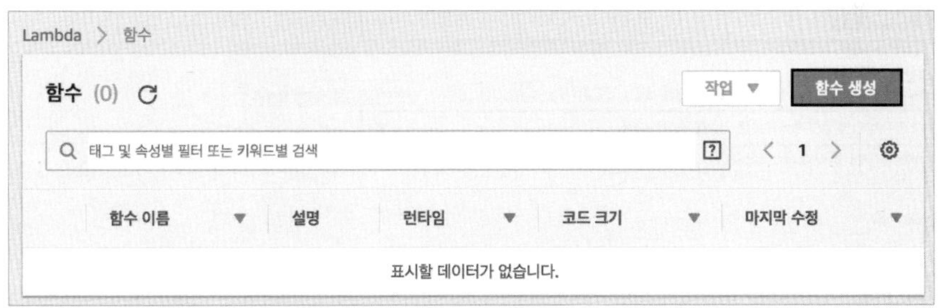

그림 11.26 Lambda 함수 목록

10 _ 어떻게 Lambda 함수를 생성할지 선택하는 화면에서는 [새로 작성]을 선택한다.

그림 11.27 Lambda를 생성할 방법 선택

11 _ 생성할 Lambda 함수의 설정 값들을 지정한다. [이름]은 [exercise-code-pipeline-notification]으로 지정한다. 어떤 언어로 함수를 만들 것인지 지정하는 [런타임]은 [Node.js 8.10]으로 설정한다. [역할]은 정의돼 있는 템플릿에서 생성하기 위해 [1개 이상의 템플릿에서 새로운 역할을 생성합니다.]를 선택하고 [역할 이름]은 [exercise-lambda-role]로 설정한다. 그리고 이 Lambda 함수가 SNS에 게시하기 위해 [정책 템플릿]에 [Amazon SNS 게시 정책]을 추가한다. Lambda 함수에서 CodePipeline을 수정할 수 있는 권한도 필요하나 기본적으로 제공되는 템플릿에는 없기 때문에 나중에 IAM에서 직접 추가해야 한다.

모두 설정되면 왼쪽 아래의 [함수 생성] 버튼을 클릭한다.

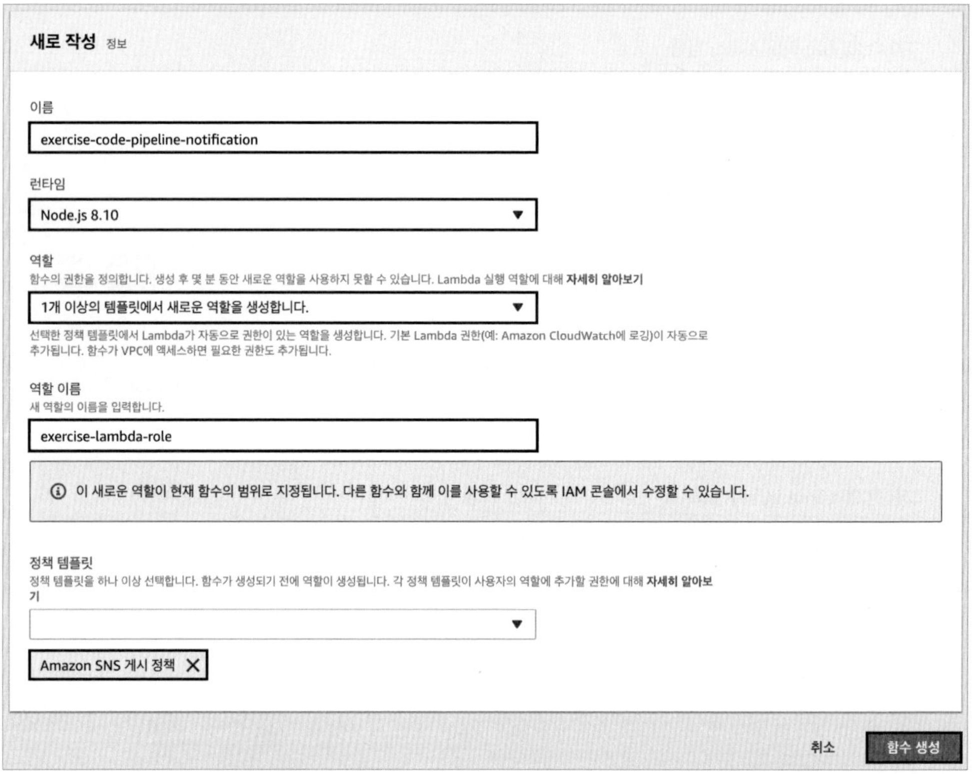

그림 11.28 생성할 Lambda 함수의 설정 값 지정

12 _ Lambda 함수 실행이 완료되면 다음과 같은 Node.js 코드를 입력한다. 이 코드는 깃허브 gist[54]에서도 확인할 수 있다.

---

54 https://git.io/JeMFh

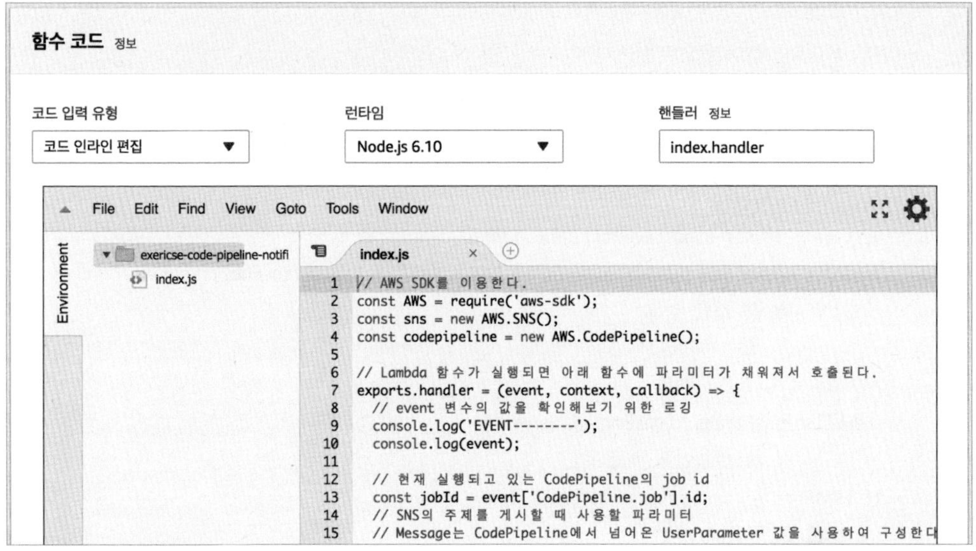

그림 11.29 Lambda 편집기

19번째 줄에 있는 snsParams 변수의 TopicArn 값은 앞에서 생성한 SNS [code-pipeline-notification] 주제의 ARN 값을 입력하면 된다. 이 코드는 CodePipeline에 의해 호출되며 AWS SDK를 이용해 SNS에 주제를 게시한 후, CodePipeline에 해당 작업이 완료됐음을 알리는 역할을 한다.

handler 함수에 포함돼 있는 event 변수에 현재 실행되는 이벤트에 대한 다양한 정보들이 담기게 된다. 현재 실행되고 있는 CodePipeline의 job id도 담기고 CodePipeline에서 넘긴 아티팩트나 사용자 파라미터들도 담겨 있다. 파라미터의 구조 등 자세한 사항은 공식 문서[55]에서 확인해 볼 수 있다.

```
// AWS SDK를 이용한다.
const AWS = require('aws-sdk');
const sns = new AWS.SNS();
const codepipeline = new AWS.CodePipeline();

// Lambda 함수가 실행되면 아래 함수에 파라미터가 채워져서 호출된다.
exports.handler = (event, context, callback) => {
 // event 변수의 값을 확인해보기 위한 로깅
 console.log('EVENT--------');
 console.log(event);
```

55 https://docs.aws.amazon.com/ko_kr/codepipeline/latest/userguide/actions-invoke-lambda-function.html

```
// 현재 실행되고 있는 CodePipeline의 job id
const jobId = event['CodePipeline.job'].id;
// SNS의 주제를 게시할 때 사용할 파라미터
// Message는 CodePipeline에서 넘어온 사용자 파라미터 값을 사용해 구성한다.
// 주제 ARN은 SNS에서 생성한 주제의 ARN 값을 입력한다.
const snsParams = {
  Message: `${userParams(event)} 배포 완료!`,
  TopicArn: 'arn:aws:sns:ap-northeast-2:XXXXXXXXXX:code-pipeline-notification'
  // 실제 ARN 값 입력 필요!
};
 // SNS의 주제에 게시한다.
sns.publish(snsParams, (snsErr, data) => {
  // SNS 주제 게시에 실패한 경우
  if (snsErr) {
    console.log(snsErr);
    const pipelineParams = {
      jobId: jobId,
      failureDetails: {
        message: JSON.stringify(snsErr),
        type: 'JobFailed',
        externalExecutionId: context.invokeid
      }
    };

    return codepipeline.putJobFailureResult(pipelineParams, (pipelineErr, data) => {
      if (pipelineErr) {
        console.log(pipelineErr);
        callback(pipelineErr, 'SNS: fail. CodePipeline: fail');
      } else {
        callback(snsErr);
      }
    });
  } else {
    const pipelineParams = {
      jobId: jobId
    };

    return codepipeline.putJobSuccessResult(pipelineParams, (pipelineErr, data) => {
      if (pipelineErr) {
```

```
        console.log(pipelineErr);
        callback(pipelineErr, 'SNS: success, CodePipeline: fail');
      } else {
        callback(null, data);
      }
    });
  }
});

// CodePipeline에서 넘어온 user parameter 값을 추출한다.
function userParams(event) {
  let value;
  try {
    value = event['CodePipeline.job'].data.actionConfiguration.configuration.UserParameters;
  } catch (error) {
    value = '';
  }
  return value;
}
};
```

13 _ 코드 입력이 완료되면 위 오른쪽의 [저장] 버튼을 눌러 Lambda 함수를 저장한다.

그림 11.30 [exercise–code–pipeline–notification] Lambda 편집 화면

14 _ 앞에서 작성한 Lambda 함수의 36, 49번째 줄을 보면 보면 [codepipeline.putJobSuccessResult]나 [codepipeline.putJobFailureResult] 함수를 이용해 CodePipeline에 실행 결과를 알려주는 것을 알 수 있다. 이 작업을 수행하기 위해서도 권한이 필요하기 때문에 이 Lambda에 부여된 역할에 CodePipeline 권한을 추가해야 한다.

AWS 서비스에서 [IAM] 서비스를 검색해 클릭한다.

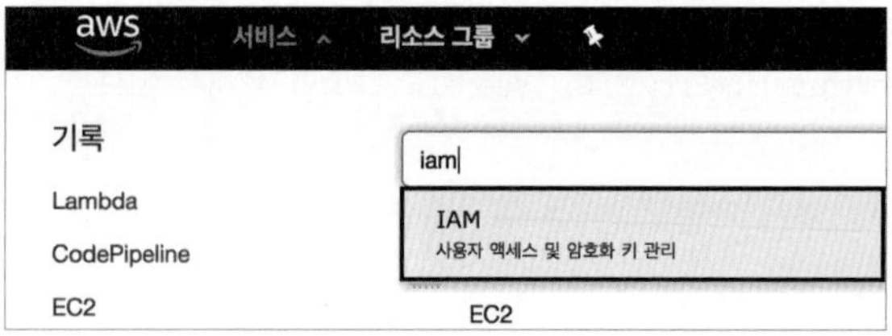

그림 11.31 IAM 서비스 검색

15 _ 왼쪽 메뉴에서 [역할]을 클릭하고 Lambda를 만들 때 생성한 [exercise-lambda-role] 역할을 검색해 클릭한다.

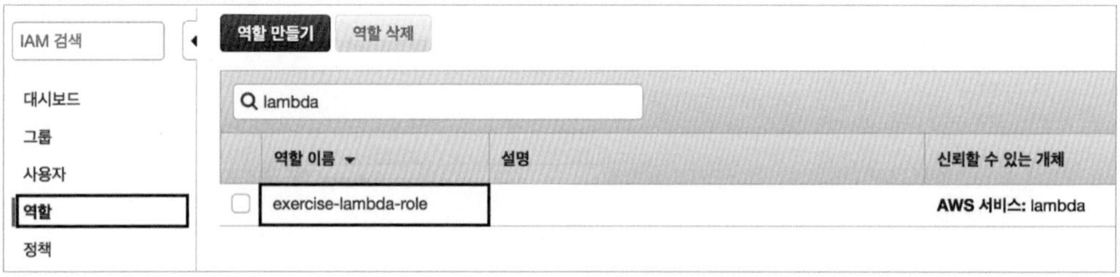

그림 11.32 IAM 역할 목록

16 _ SNS 게시와 Lambda 기본 실행 정책만 연결돼 있는 것을 확인할 수 있다. CodePipeline 정책도 추가하기 위해 [정책 연결] 버튼을 클릭한다.

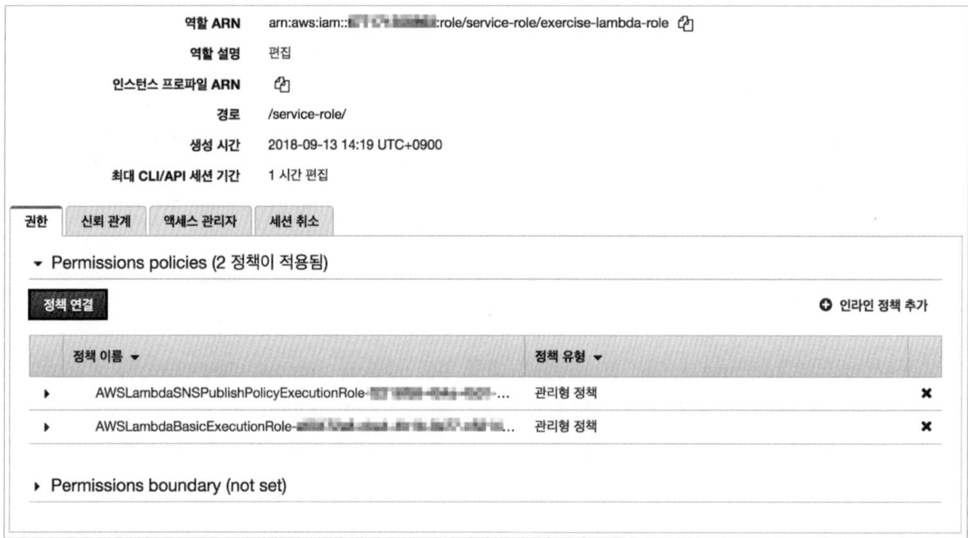

그림 11.33 IAM 역할 상세

17 _ CodePipeline의 [PutJobSuccessResult]와 [PutJobFailureResult] 권한을 포함하고 있는 [AWSCodePipelineCustomActionAccess] 정책을 검색해 체크한다. 오른쪽 아래의 [정책 연결] 버튼을 클릭해 정책을 역할에 추가한다.

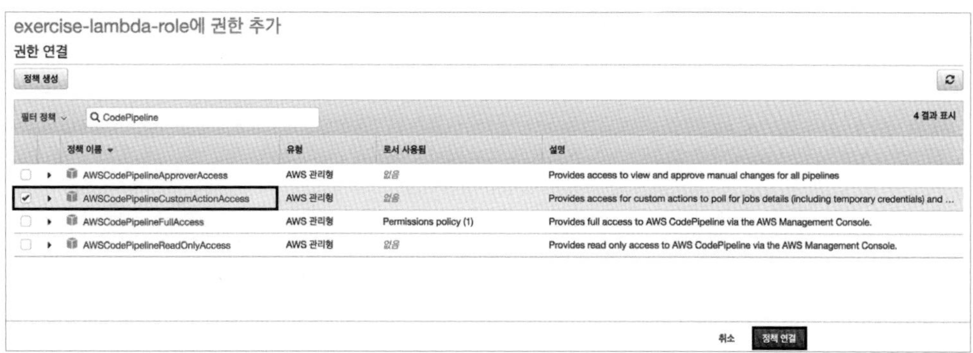

그림 11.34 CodePipeline 정책 검색

18 _ 정책까지 추가됐으면 이제 Lambda 함수를 CodePipeline에서 호출하도록 처리하는 작업이 남았다. 다시 CodePipeline으로 돌아와서 [편집] 버튼을 클릭한다.

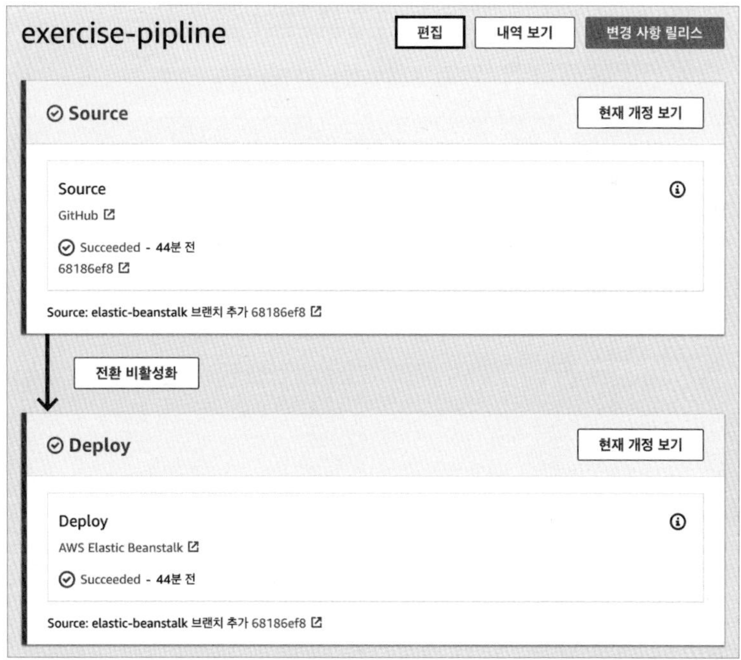

그림 11.35 [exercise-pipeline] CodePipeline 상세 화면

19 _ [Deploy] 단계의 [스테이지 편집] 버튼을 클릭한 후 배포 후 작업을 추가하기 위해 Deploy 작업인 AWS Elastic Beanstalk 아래에 있는 [+ 작업 추가] 버튼을 클릭한다.

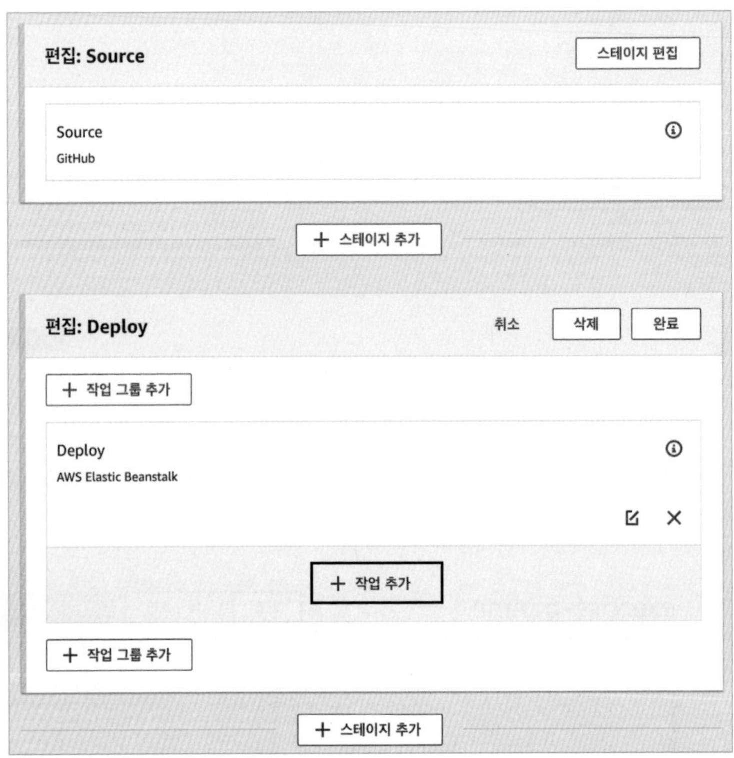

그림 11.36 [exercise–pipeline] CodePipeline 편집

20 _ Lambda 함수를 호출하는 것이기 때문에 [작업 공급자]는 [호출]의 [AWS Lambda]를 선택한다. [작업 이름]은 이 작업을 구분할 수 있는 이름으로 [notify-deploy-success]라는 값을 지정한다. [함수 이름]은 방금 생성한 Lambda 함수인 [exercise-code-pipeline-notification]을 선택한다. [사용자 파라미터]는 Lambda 함수의 event 파라미터에 담기게 될 값이다. 여기서는 [코드 파이프라인 알림]이라는 값의 문자열로 지정한다. 입력 아티팩트는 파이프라인의 앞 작업들에서 만들어낸 출력 아티팩트들을 사용할 수 있다. 지금은 별도의 아티팩트 값을 사용하는 것이 없기 때문에 따로 지정하지 않고 [저장] 버튼을 클릭한다.

작업 편집 ×

작업 이름
작업 이름을 선택하십시오.
notify-deploy-success
100자 이하

작업 공급자
AWS Lambda ▼

AWS Lambda

함수 이름
이미 AWS Lambda 콘솔에 생성한 함수를 선택하십시오. 또는 Amazon ECS 콘솔에 함수를 생성한 후 이 작업으로 반환하십시오.
exercise-code-pipeline-notification ▼

사용자 파라미터 - *선택 사항*
이 문자열은 데이터 파라미터가 AWS Lambda의 핸들러로 전달된 경우에 사용됩니다.
코드 파이프라인 알림

입력 아티팩트
이 작업에 대해 입력 아티팩트를 선택하십시오. **자세히 알아보기**
▼ 제거
100자 이하
추가

출력 아티팩트
이 작업의 출력에 사용할 이름을 선택합니다.
제거
100자 이하
추가

취소 저장

그림 11.37 Lambda 호출 작업 추가

21 _ 오른쪽 위에 있는 [저장] 버튼을 클릭해 변경 사항을 저장한다.

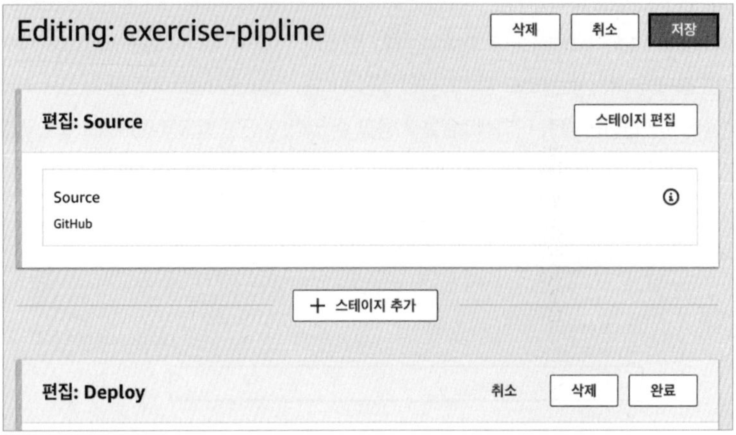

그림 11.38 [exercise–pipeline] CodePipeline 편집

22 _ 변경 사항을 저장할지 묻는 확인 창에서 [저장] 버튼을 클릭해 변경 사항을 저장한다.

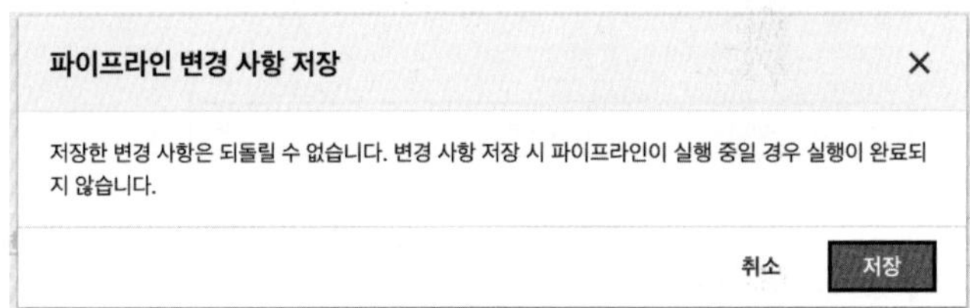

그림 11.39 [exercise–pipeline] CodePipeline 변경 사항에 대한 저장 확인

승인 작업 추가

이번에는 깃허브에 새로운 커밋이 발생할 때마다 코드를 바로 Elastic Beanstalk에 배포하지 않고 사용자의 승인을 받아야만 배포되도록 [승인] 작업을 추가하겠다.

01 _ 파이프라인을 수정하기 위해 [편집] 버튼을 클릭한다.

그림 11.40 [exercise–pipeline] 상세 화면

02 _ [Deploy] 단계에서 배포가 이뤄지기 직전에 [승인] 작업을 추가하기 위해 [스테이지 편집] 버튼을 클릭하고 배포 이전에 작업을 추가하기 위해 Deploy 작업인 AWS Elastic Beanstalk 위에 있는 [+ 작업 그룹 추가] 버튼을 클릭한다.

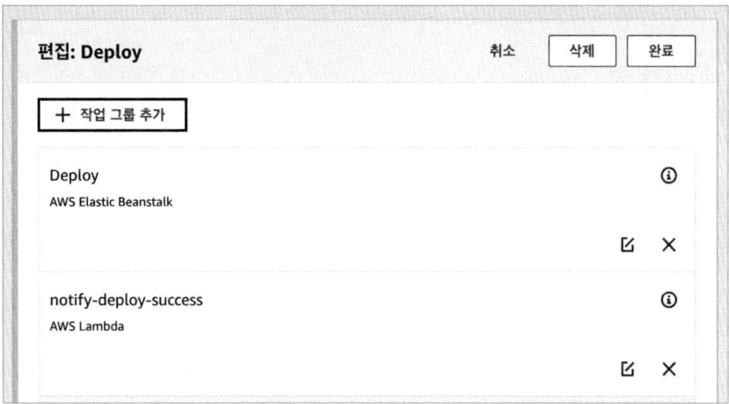

그림 11.41 [exercise–pipeline] 편집

03 _ 승인 작업을 추가하는 것이기 때문에 [작업 공급자]는 [승인]의 [수동 승인]을 선택한다. [작업 이름]은 이 작업을 구분할 수 있는 이름으로 [confirm–deploy]라는 값을 지정한다. 승인을 해야 하는 경우가 생기는 경우 승인 요청 알림을 받아볼 SNS 주제를 지정할 수 있다. [SNS 주제 ARN]에는 아까 앞에서 생성한 [code–pipeline–notification] 주제의 ARN 값을 입력한다. 나머지 값은 모두 빈 값으로 놔두고 아래에 있는 [저장] 버튼을 클릭한다.

작업 편집

작업 이름
작업 이름을 선택하십시오.
confirm-deploy
100자 이하

작업 공급자
수동 승인

수동 승인 구성

승인 요청을 구성합니다.

SNS 주제 ARN - *선택 사항*
arn:aws:sns:ap-northeast-2:
code-pipelin...

검토 URL - *선택 사항*
검토자에게 승인 요청의 일부로 제공할 URL을 입력합니다. URL은 'http://' 또는 'https://'로 시작해야 합니다.

설명 - *선택 사항*
여기에 입력하는 설명은 검토자를 위해 이메일 알림 또는 콘솔에 표시됩니다.

취소 저장

그림 11.42 [exercise–pipeline]에 승인 작업 추가

04 _ 작업이 올바르게 추가되면 오른쪽에 있는 [저장] 버튼을 클릭해 파이프라인 변경 사항을 저장한다.

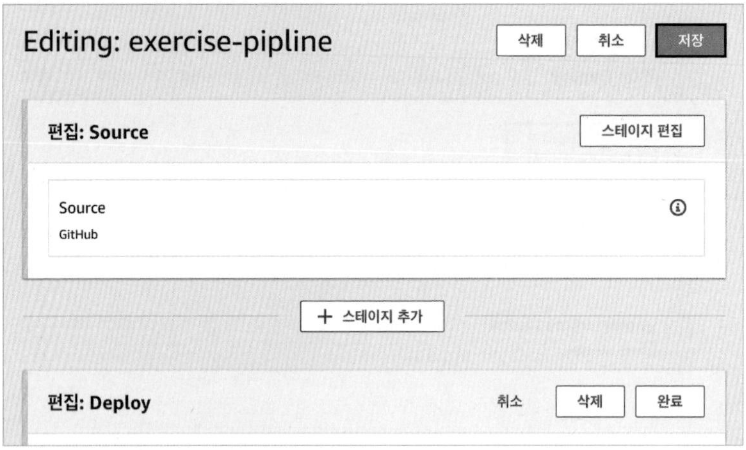

Editing: exercise-pipline
삭제
취소
저장
편집: Source
스테이지 편집
Source
GitHub
+ 스테이지 추가
편집: Deploy
취소
삭제
완료

그림 11.43 [exercise-pipeline] 파이프라인 편집

05 _ 변경 사항을 저장할지 묻는 확인 창에서 [저장] 버튼을 클릭해 변경 사항을 저장한다.

파이프라인 변경 사항 저장
저장한 변경 사항은 되돌릴 수 없습니다. 변경 사항 저장 시 파이프라인이 실행 중일 경우 실행이 완료되지 않습니다.
취소
저장

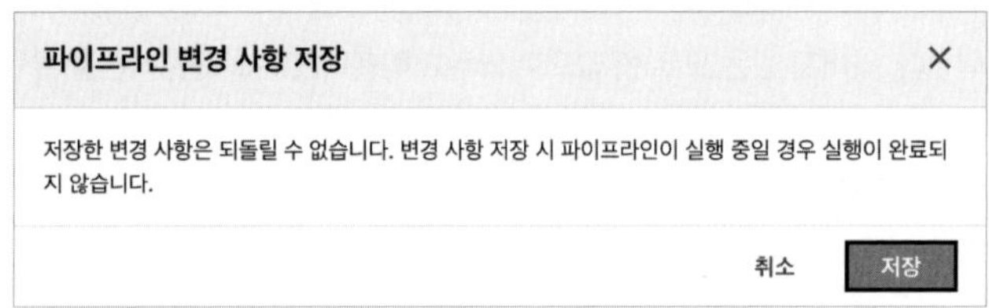

그림 11.44 [exercise-pipeline] CodePipeline 변경 사항에 대한 저장 확인

파이프라인 실행

01 _ 이제 모든 파이프라인 구성이 완료됐으니 실제로 처음부터 실행해볼 차례다. 위쪽의 [변경 사항 릴리스] 버튼을 클릭해 파이프라인을 실행한다.

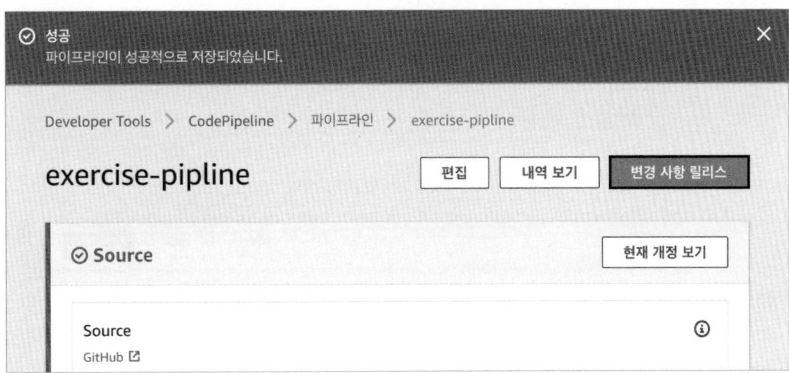

그림 11.45 [exercise–pipeline] 상세 화면

02 _ 잠시 후 깃허브에서 소스코드를 올바르게 읽어오고 파이프라인의 두 번째 작업인 [승인]에서 대기 중인 상태로 멈추는 것을 알 수 있다. SNS 주제에 등록된 이메일 주소의 메일함을 확인해보면 승인을 요청하는 메일이 온 것도 확인할 수 있다. [검토] 버튼을 클릭한다.

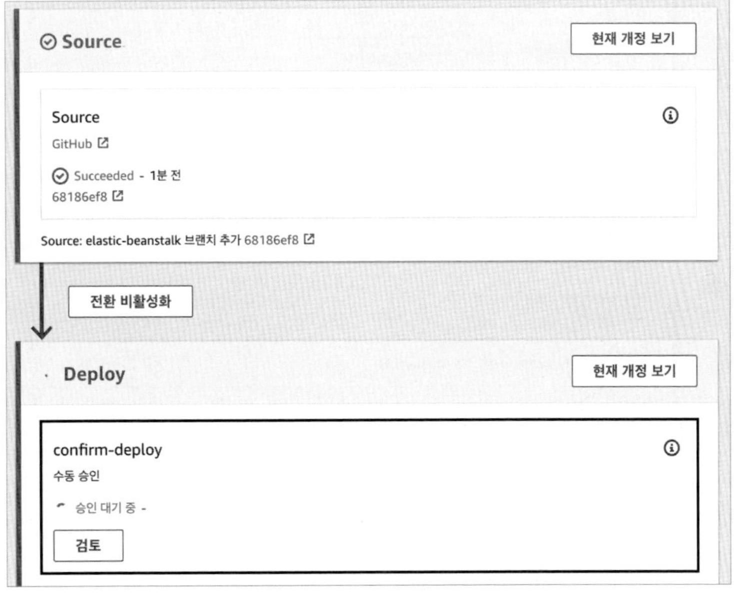

그림 11.46 승인 작업에서 대기 중인 [exercise–pipeline]

03 _ [승인] 또는 [거부]를 할 수 있는 창이 나타난다. 여기서 [승인]을 하면 파이프라인의 다음 작업으로 넘어가면서 파이프라인이 계속 실행된다. [거부]를 할 경우 파이프라인은 여기서 멈추게 된다. 어떤 선택을 하든 간단하게 설명을 적어야 한다. 이 설명은 결정을 내린 근거를 기록하는 데 사용된다. 간단한 설명을 입력하고 [승인] 버튼을 클릭하자.

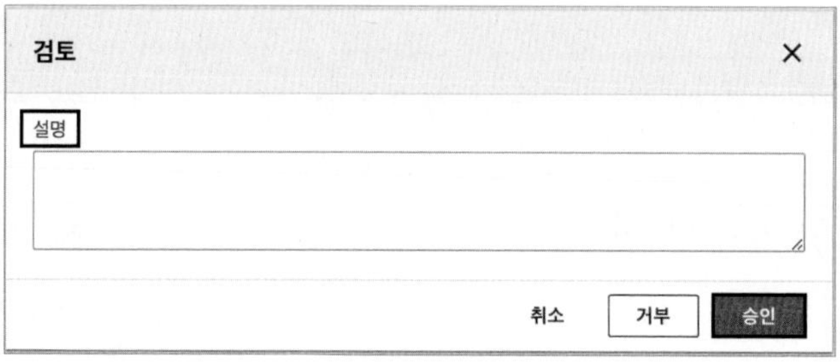

검토
설명
취소
거부
승인

그림 11.47 개정 승인 혹은 거부 창

04 _ 그다음 작업인 배포와 알림 작업이 모두 성공적으로 실행되는 것을 확인할 수 있다.

Deploy
현재 개정 보기
confirm-deploy
수동 승인
승인됨 - 1분 전
세부 정보
Deploy
AWS Elastic Beanstalk
Succeeded - 방금
notify-deploy-success
AWS Lambda
Succeeded - 방금
세부 정보
Source: elastic-beanstalk 브랜치 추가 68186ef8

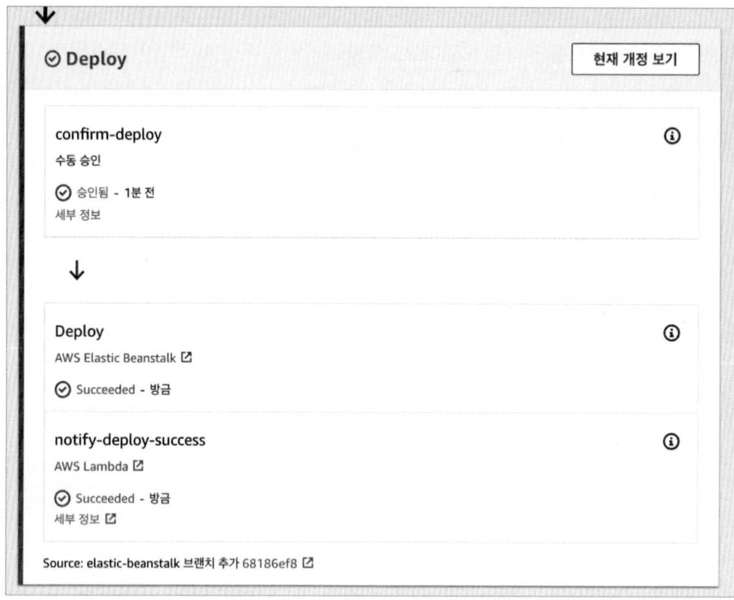

그림 11.48 파이프라인 실행 완료

05 _ 메일함에 들어가보면 다음과 같이 배포 결과에 대한 알림 메일이 Lambda를 통해 올바르게 발송되어 도착한 것을 확인할 수 있다.

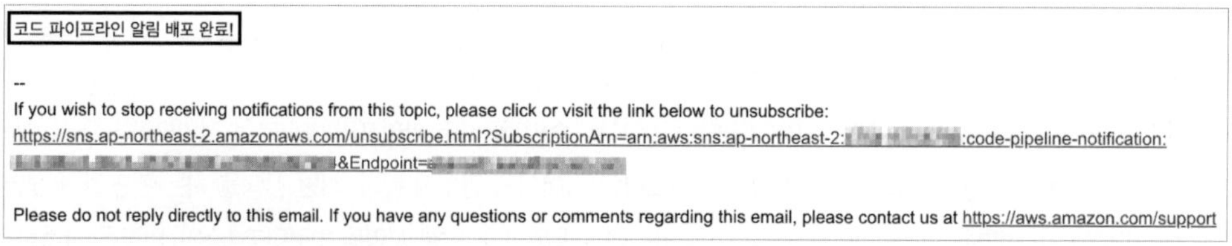

코드 파이프라인 알림 배포 완료!
--
If you wish to stop receiving notifications from this topic, please click or visit the link below to unsubscribe:
https://sns.ap-northeast-2.amazonaws.com/unsubscribe.html?SubscriptionArn=arn:aws:sns:ap-northeast-2: :code-pipeline-notification:
&Endpoint=
Please do not reply directly to this email. If you have any questions or comments regarding this email, please contact us at https://aws.amazon.com/support

그림 11.49 Lambda를 통해 발송된 알림 메일

실습 환경 정리

01 _ CodePipeline 서비스에서 전체 파이프 라인 목록을 확인한다. 목록에서 [exercise-pipeline] 왼쪽의 라디오 버튼을 클릭하고 [Delete pipeline] 버튼을 클릭한다.

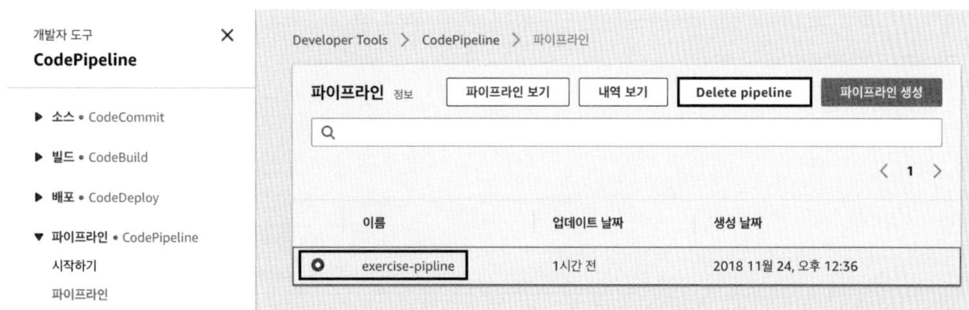

그림 11.50 CodePipeline 서비스

02 _ 삭제를 확인하는 창에서 실수로 지우는 것을 방지하기 위해 [delete]라는 단어를 입력하라고 나타난다. [delete]를 입력하고 [삭제] 버튼을 클릭한다.

삭제 exercise-pipline?
To confirm deletion, type *delete* in the field.
delete
취소 삭제

그림 11.51 [exercise-pipeline] 삭제 확인 창

11.3 정리

이번 장에서는 개발과 운영을 하나로 합쳐서 일하는 철학, 도구, 환경, 문화 등의 조합을 나타내는 데브옵스에 대해 알아봤다. 데브옵스는 명확한 범위가 없기 때문에 막연해 보이거나 필요 이상으로 너무 과한 노력을 들여 도입하게 될 수도 있다. 자동화를 통해 더 짧은 개발 및 배포 주기와 안정적인 소프트웨어 배포라는 목표를 잊지 말고 현재 상황을 개선할 수 있는 것들을 한 단계씩 도입해보자.

12

AWS를 더 잘 사용하기 위한 서비스

앞에서 AWS에서 운영 서버를 관리하는 데 필요한 대부분 서비스에 대해 배웠다. 하지만 AWS에는 이 책에서 다룬 서비스와 기능보다 훨씬 많은 서비스와 기능을 제공한다. 이번 장에서는 앞에서 다루지 않은 서비스 중 AWS를 더 잘 사용하는 데 꼭 필요한 기능에 대해 알아보겠다. 이 책에서 각 서비스를 제대로 설명하기에는 너무 분량이 많기 때문에 자주 사용되는 서비스와 그 개념에 대해 간단히 짚고 넘어가겠다.

12.1 프로그램으로 AWS의 기능 사용하기

앞서 진행했던 대부분의 실습은 AWS 웹 콘솔을 이용해 AWS의 서비스와 기능을 조작했었다. AWS는 웹 브라우저로 콘솔에 접속해서 기능을 조작할 수도 있지만 콘솔에서 할 수 있는 모든 기능에 대해 API를 제공하고 있고 해당 API는 HTTP 프로토콜로 직접 호출하거나 AWS에서 만들고 제공하는 CLI와 SDK로 사용할 수 있다. CLI나 SDK를 제공한다는 것은 AWS의 서비스와 기능들을 사람이 아닌 프로그램으로 조작해서 많은 일을 자동화할 수 있다는 큰 강점을 가져다준다.

12.1.1 AWS CLI

AWS CLI(Command Line Interface)는 명령줄에서 AWS의 서비스를 조작할 수 있게 해주는 도구다. 자주 쓰는 기능들을 매번 AWS 콘솔에 접속할 필요 없이 로컬 머신에서 조작할 수도 있고 스크립트를 작성해서 AWS에서 제공하지 않는 자동화 기능들을 내 입맛에 맞게 만들어 사용할 수도 있다. CLI에서는 AWS 콘솔에서 우리가 할 수 있는 모든 기능들을 지원한다. 자세한 내용은 AWS CLI 공식 사이트[56]에서 확인할 수 있다.

EC2 인스턴스를 생성할 때 Amazon Linux AMI를 이용해 생성했다면 AWS CLI는 기본적으로 설치돼 있다.

12.1.2 AWS SDK

AWS SDK(Software Development Kit)는 사용자들이 사용하는 프로그래밍 언어에서 쉽게 AWS의 기능들을 조작할 수 있게 만들어둔 라이브러리다. 자바, 파이썬, 자바스크립트, 루비 등 많이 사용되는 대부분의 언어에 대해 제공되고 있으므로 S3에 파일을 업로드하거나 다운로드 등 AWS의 서비스를 사용해야 하는 모든 경우에 대해 SDK를 사용하면 된다. 자세한 사항은 AWS 도구 페이지[57]에서 확인할 수 있다.

12.1.3 [실습] AWS CLI 사용해보기

AWS CLI를 위한 사용자 생성

01 _ IAM 서비스를 검색해서 이동한다.

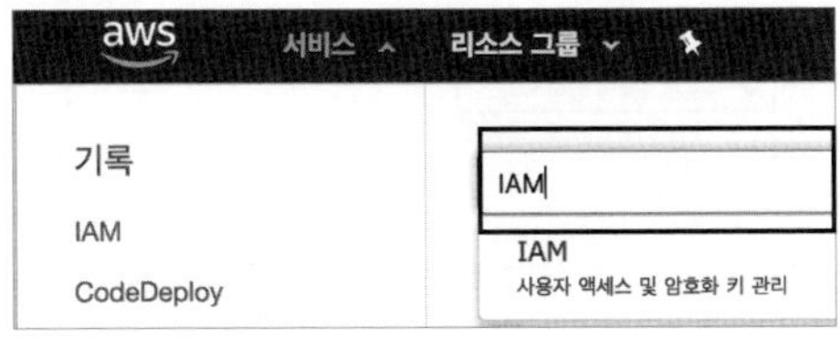

그림 12.1 IAM 서비스 검색

56 https://aws.amazon.com/cli
57 https://aws.amazon.com/ko/tools/

02 _ 좌측의 [사용자] 메뉴를 클릭하고 [사용자 추가] 버튼을 클릭한다.

그림 12.2 IAM 메뉴

03 _ 사용자 이름을 입력한다. 어떤 이름을 입력하든 상관 없지만 이 계정은 CLI를 위한 사용자라는 것을 표시하는 것이 좋다. 이번 실습에서는 [exercise-user.cli]라는 값을 입력하자. [AWS 액세스 유형]은 [프로그래밍 방식 액세스]만 체크한다. 이는 AWS API, CLI, SDK 등 프로그램으로 호출하는 방식으로 AWS에 접근하는 아이디임을 나타낸다. [AWS Management Console 액세스]를 선택하면 AWS 콘솔에 로그인해서 사용할 수 있는 아이디가 된다.

모든 값이 제대로 설정됐으면 [다음: 권한] 버튼을 클릭한다.

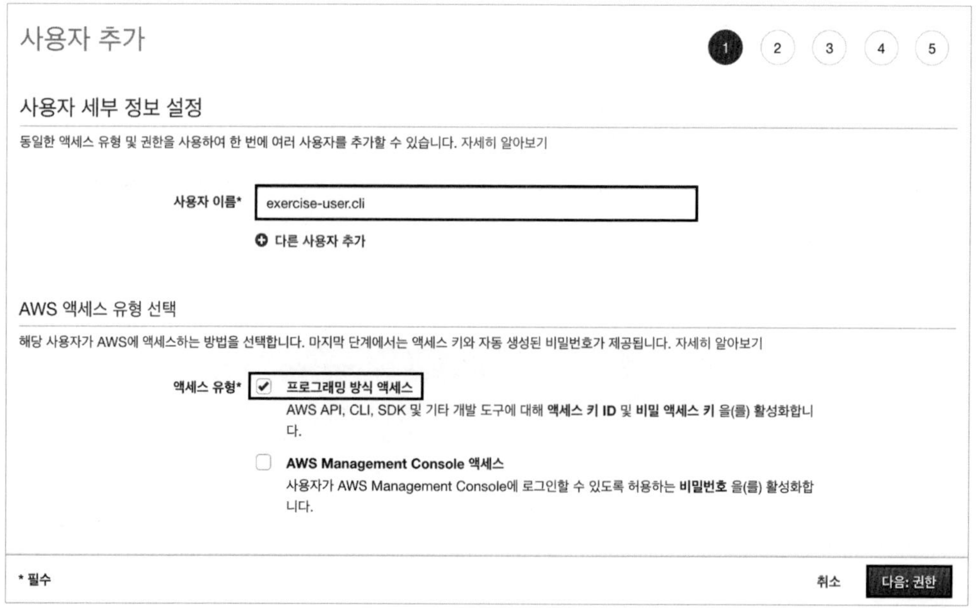

그림 12.3 IAM 사용자 추가

04 _ 이 계정은 현재 아무런 권한이 없기 때문에 필요한 권한을 부여하기 위해 정책에 연결한다. 새로운 정책을 만들어서 할당해도 되고 기존에 AWS에서 제공하는 정책들을 지정해도 된다. 이 계정으로 사용할 서비스들에 대해서만 권한을 부여하는 것이 보안상 안전하다.

지금은 [AmazonEC2FullAccess], [SecretsManagerReadWrite], [AWSKeyManagementServicePowerUser] 권한을 검색해서 선택하자. 나중에 필요한 정책이 있다면 IAM 서비스의 [사용자] 메뉴에서 정책을 언제든지 추가할 수 있다.

모두 선택을 완료하면 [다음: 태그] 버튼을 클릭한다.

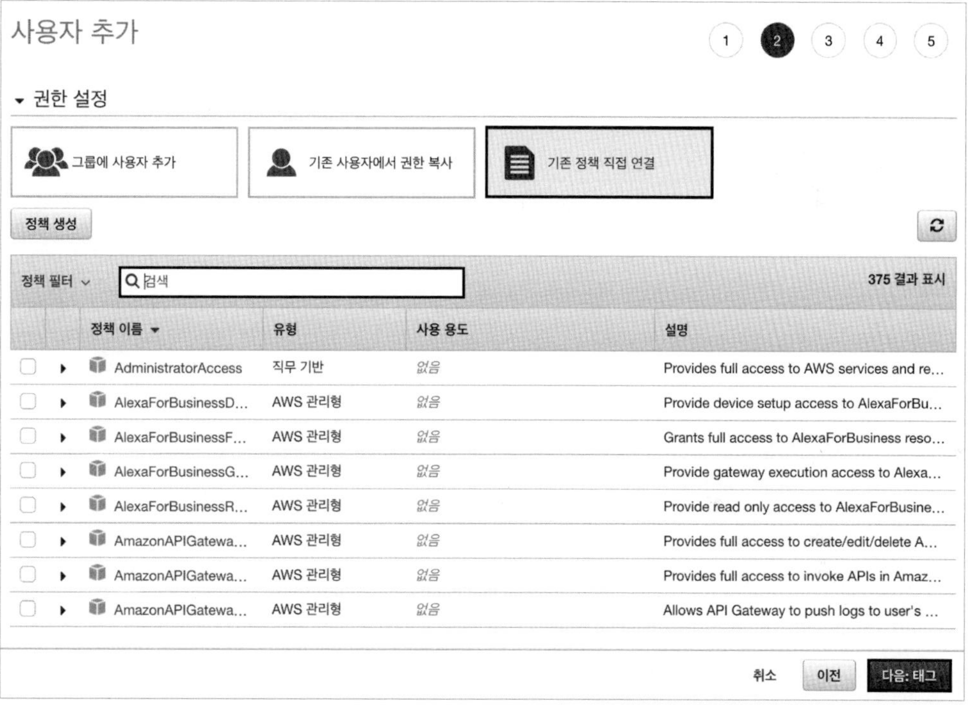

그림 12.4 IAM 사용자 권한 설정

05 _ 태그 추가 화면에서 별도의 태그는 지정하지 않고 [다음: 검토] 버튼을 클릭한다.

사용자 추가

1 2 3 4 5

태그 추가(선택 사항)

IAM tags are key-value pairs you can add to your 사용자. Tags can include user information, such as an email address, or can be descriptive, such as a job title. You can use the tags to organize, track, or control access for this 사용자. 자세히 알아보기

키	값(선택 사항)	제거
새 키 추가		

50 태그를 더 추가할 수 있습니다.

취소 이전 다음: 검토

그림 12.5 IAM 사용자 태그 설정

06 _ 앞에서 설정한 값들에 문제가 없는지 확인하고 [사용자 만들기] 버튼을 클릭한다.

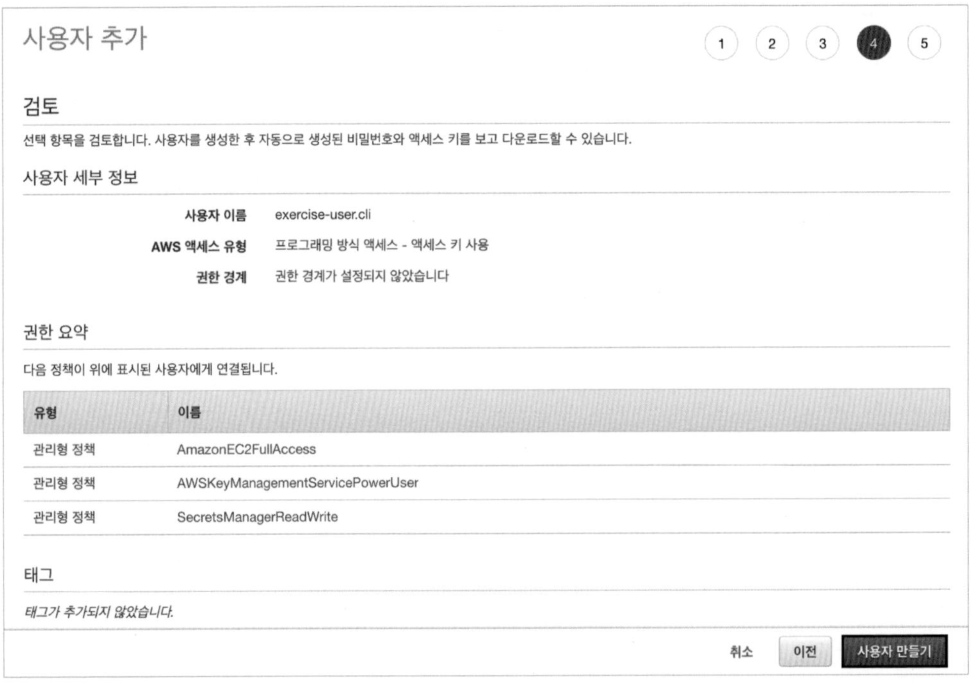

그림 12.6 IAM 사용자 만들기 검토

07 _ 생성이 완료되면 다음과 같은 화면이 나타난다. 이때 새로 만든 사용자가 프로그래밍 액세스 방식으로 AWS에 접근할 사용자이기 때문에 [액세스 키 ID]와 [비밀 액세스 키]를 제공한다. 이 둘은 ID와 비밀번호와 같은 개념으로 둘 다 저장해둬야 하며 절대 잊어버리거나 유출되지 않게 안전히 보관해야 한다.

비밀 액세스 키는 [표시] 버튼을 눌러 확인하거나 왼쪽의 [.csv 다운로드] 버튼을 통해 저장해둘 수 있다. 값을 안전하게 저장해두고 [닫기] 버튼을 클릭한다.

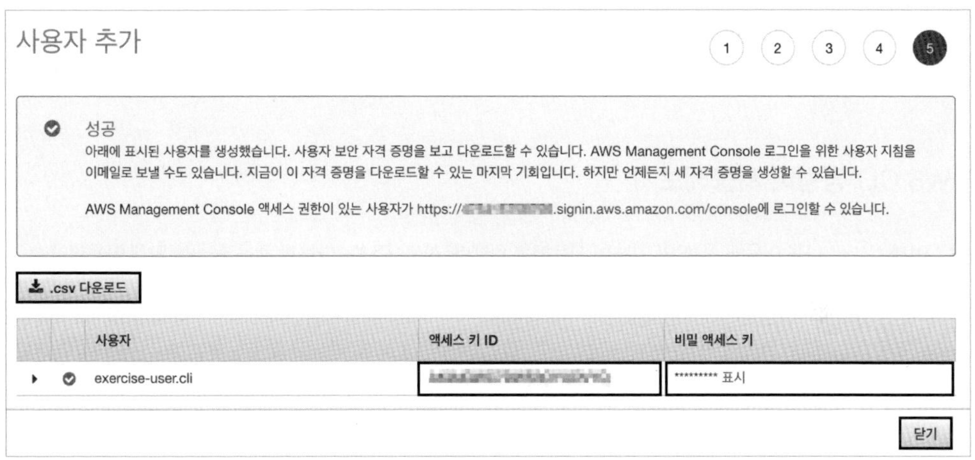

그림 12.7 IAM 사용자 생성 완료

AWS CLI에 사용자 정보 설정

01 _ 윈도우 사용자인 경우 공식 홈페이지에서 제공하는 설치 파일을 내려받아 설치한다.

macOS나 리눅스 사용자인 경우에는 파이썬 2.6.5 이상의 버전을 설치하고 pip[58]를 이용해 다음과 같은 명령어로 설치한다.

```
pip install awscli
```

02 _ AWS CLI의 설치가 완료되면 명령줄에서 다음과 같이 버전 확인 명령어를 입력해서 올바르게 설치된 것을 확인할 수 있다. AWS CLI의 설치가 완료되면 명령줄에서 다음과 같이 입력해서 올바르게 설치된 것을 확인할 수 있다.

```
$ aws --version
aws-cli/1.15.71 Python/3.7.0 Darwin/17.7.0 botocore/1.10.70
```

58 패키지 관리자로 파이썬 2.7.9와 3.4 버전 이후에는 파이썬과 기본적으로 함께 설치된다.

03 _ AWS CLI는 AWS 콘솔에 접속하는 대신 AWS API를 호출하는 것이기 때문에 어떤 사용자로 로그인해서 사용하는지 명시해둬야 한다. 그러기 위해서는 사용자 정보를 로컬 머신에 저장해둬야 한다. 다음 명령어를 입력해서 AWS CLI에서 사용할 기본 설정값을 설정한다. 지정하고 싶지 않다면 해당 항목에서 엔터를 눌러 건너뛰어도 된다.

```
$ aws configure
AWS Access Key ID [None]: <앞에서 생성한 IAM 사용자 액세스 키 ID>
AWS Secret Access Key [None]: <앞에서 생성한 IAM 사용자 비밀 액세스 키>
Default region name [None]: ap-northeast-2 # 서울 리전 이름
Default output format [None]: json # AWS CLI에서 응답으로 보여줄 데이터 포맷
```

AWS CLI 명령어 사용해보기

01 _ 이제 AWS CLI를 이용해 AWS의 기능을 사용해볼 차례다. AWS CLI는 다음과 같은 형식에 맞춰 사용한다.

```
aws [옵션] <커맨드> <서브커맨드> [<서브커맨드> ...] [파라미터]
```

02 _ 현재 보유하고 있는 모든 인스턴스의 목록을 가져오기 위해 다음 명령어를 실행해본다.

```
# EC2의 서비스에서 제공되는 서브커맨드인 describe-instances를 입력해서 인스턴스들을 설명한다.
$ aws ec2 describe-instances
{
  "Reservations": [
    {
      "Groups": [],
      "Instances": [
        {
          "AmiLaunchIndex": 0,
          "ImageId": "ami-********",
          "InstanceId": "i-**********",
          "InstanceType": "t2.micro",
          "KeyName": "exercise-key",
          # .. 중략 ..
        }
      ]
    }
  ]
}
```

이와 같이 AWS CLI를 통해 AWS 서비스에 있는 기능들을 사용해볼 수 있다. 또한 여러 명령어들을 조합해서 AWS를 더 편하게 사용할 수 있게 해주는 스크립트를 생성할 수 있다.

12.2 파일 스토리지

AWS에서는 파일을 저장할 수 있는 네 가지 방법을 제공한다. 방법마다 특성이 있으며 사용되는 목적이 다르다.

12.2.1 EC2 인스턴스 스토어

EC2 인스턴스를 생성할 때마다 생성한 스토리지다. 인스턴스에 물리적으로 연결된 디스크의 스토리지로 인스턴스의 수명 기간 동안에만 유지되기 때문에 인스턴스가 종료되면 함께 삭제되는 임시 스토리지다. 인스턴스가 종료되면 완전히 삭제된다는 특성이 있기 때문에 임시 데이터가 아닌 영구적으로 보존해야 하는 데이터는 다른 스토리지에 저장해둬야 한다.

12.2.2 EBS(Elastic Block Store)

실행 중인 인스턴스에 연결할 수 있는 스토리지로 데이터에 빠르게 액세스하고 장기적으로 데이터를 보존해야 하는 경우 사용하면 좋은 방법이다. 보통 인스턴스에서 데이터베이스 엔진을 직접 실행할 때 사용한다. 인스턴스의 수명 기간과 별도로 관리되며 한 인스턴스에서 여러 EBS를 연결할 수도 있고, 한 인스턴스에서 EBS와의 연결을 끊으면 다른 인스턴스에 이 EBS를 연결해서 사용하는 것도 가능하다. Amazon EBS Encryption이라는 EBS 볼륨 자체를 암호화는 기능도 제공한다.

12.2.3 EFS(Amazon Elastic File System)

EC2에서 사용할 수 있는 확장 가능한 파일 스토리지를 제공한다. EBS와 마찬가지로 인스턴스의 수명 기간과 별도로 존재한다. EBS와 다르게 하나의 EFS 파일 시스템을 생성한 후 여러 인스턴스에 마운트해서 공통 데이터 소스로도 사용할 수 있다.

12.2.4 S3(Simple Storage Service)

S3는 EC2뿐만 아니라 웹, 다른 AWS 서비스에서도 바로 파일에 접근할 수 있도록 만들어진 서비스다. 보통 웹 서비스를 운영할 때 가장 많이 사용하는 서비스로서 애플리케이션에 필요한 이미지와 같은 정

적 데이터부터 서버에서 생성된 로그 파일이나 EBS 스냅샷 등 다양한 목적의 파일들을 보관하는 데 적합하다.

S3는 파일 관리에 다양한 강점이 있다. 우선 내구성, 가용성 및 확장성에 대해 훌륭한 장점을 제공한다. 99.999999999%의 내구성을 제공하도록 설계돼 있으며 일반 디스크와 다르게 용량에 대해 걱정할 필요가 없다. 파일의 수와 저장 용량에 제한 없이[59] S3에 업로드하기만 하면 S3에서 알아서 파일들을 관리해준다. 또한 다양한 종류의 스토리지를 제공해서 파일 접근 빈도, 파일의 복제본 수 등에 따라 비용을 아끼는 것도 가능하다.

파일 보안에 대해서도 여러 암호화 방식을 제공하고 파일에 대한 접근 권한도 유연하게 제어할 수 있다. 그리고 여러 보안 표준 및 규정 준수 인증을 지원함으로써 대부분의 규제 기관의 규정 준수 요구사항을 충족하고 있다.

웹 콘솔을 제공하기 때문에 꼭 EC2를 통해서만 접근할 필요가 없다는 장점도 있다. 또한 AWS의 다른 서비스와 연동할 수 있기 때문에 S3에 큰 데이터 파일을 업로드하고 관리하면서 동시에 AWS의 다른 서비스들을 이용해 해당 파일들을 쿼리하고 분석하는 것도 가능하다.

버킷과 객체라는 개념이 존재하는데, 한 리전 내에 버킷을 생성하고 그 버킷 내부에 여러 객체를 업로드해서 관리할 수 있다. 디렉터리라는 별도의 개념이 존재하지는 않지만 객체의 이름에 '/' 특수문자를 포함해서 디렉터리를 조회하는 것처럼 이용할 수도 있다.

파일 호스팅 역할로서의 S3에 대한 자세한 내용은 12.4.1절에서 다루겠다.

12.3 EC2 인스턴스 비용 절감하기

사용하는 서버가 늘어나면 비용도 그만큼 늘어나기 때문에 비용 절감에 대한 부분도 신경 쓰지 않을 수 없다. AWS에서는 가장 많이 사용하는 서비스인 EC2의 비용을 획기적으로 절감할 방법들을 제공한다.

12.3.1 스팟 인스턴스

AWS에 새로운 서버를 생성할 때는 실제 물리적인 서버를 보지 않기 때문에 그 수가 무제한으로 가능한 것처럼 보이지만 실제로 AWS에서는 리전에 데이터센터를 구축하고 리전의 사용량에 따라 물리적

59 저장하는 총 용량은 제한이 없으나 한 파일의 최대 용량은 5TB다.

인 서버를 갖춰둔다. 요청량이 갑자기 늘어나는 것에 대비해서 여유분의 서버를 대기시켜놓기 때문에 많은 서버가 유휴 상태로 존재하게 된다. AWS에서는 서버 사용율을 어느 수준 이상으로 유지하기 위해 사용자들이 임시로 서버를 빌려서 사용할 수 있게 스팟 인스턴스라는 기능을 제공한다. 사용자에게 스팟 인스턴스는 EC2를 사용하는 데 드는 비용을 획기적으로 줄일 수 있는 방법이다. 일반적인 온디맨드 인스턴스 요금과 비교해서 최대 90%의 요금 할인 혜택을 얻을 수 있다.

스팟 인스턴스의 동작 원리는 간단하다. 사용자가 이용하고 싶은 인스턴스 사양과 그 수를 설정해두고 경매를 통해 해당 인스턴스들을 빌린다. 만약 나보다 더 높은 가격을 지급하고자 하는 사용자가 나타나면 내가 사용하고 있는 인스턴스는 해당 사용자에게 빼앗기게 된다.

물론 다른 사용자가 나타났다고 해서 서버가 갑자기 종료되거나 내가 사용하던 데이터를 다음 사용자가 조회할 수 있는 것은 아니다. 다른 사용자에게 넘어가게 되면 스팟 인스턴스에는 서버가 곧 다른 사용자에게 넘어갈 것이라는 신호가 전송되고 2분이라는 시간이 주어진다. 2분 뒤에는 서버가 넘어가게 되므로 그 전에 작업 중이던 내용을 정리해야 한다. 컴퓨팅 단위로서의 서버만 다른 사람에게 넘어가고 인스턴스 스토어는 넘어가지 않기 때문에 다음 사용자가 내가 사용하던 데이터를 조회할 수는 없다. 그리고 경매라고 가격도 한없이 비싸지지는 않는다. 최대 가격은 같은 사양의 온디맨드 인스턴스의 가격이며 그 이하의 가격을 내가 원하는 상한선으로 지정해둘 수 있다.

스팟 인스턴스를 사용할 때는 타의로 인스턴스가 종료될 수 있기 때문에 영구적으로 보관돼야 하는 값들은 S3와 같은 외부 스토리지에 저장해두고 인스턴스는 컴퓨팅 유닛으로만 사용해야 한다. 그리고 너무 오래 걸리는 작업을 수행하기보다는 2분 내로 끝낼 수 있는 작은 작업을 수행하는 것이 좋다.

스팟 인스턴스는 싼 가격으로 많은 서버를 임시로 구할 수 있는 장점과 서버들이 임의로 종료될 수 있는 특성 때문에 대량의 연산과 같은 병렬로 처리할 수 있는 비동기 작업을 처리하는 데 매우 적합하다. 많은 연산이나 간단한 작업을 수없이 많이 수행하기 위해 서버를 많이 띄워야 하는 상황이라면 온디맨드로 서버를 여러 대 갖추기보다는 스팟 인스턴스를 이용해 구성하는 방식으로 엄청난 비용을 절약할 수 있다.

다음은 스팟 인스턴스를 요청하는 화면의 일부다. 그림 12.7은 어떤 유형의 인스턴스를 요청할지 지정하는 화면을 보여준다. 그림 12.8에서는 인스턴스를 사용하는 데 내가 최대한 지급할 수 있는 비용을 지정하는 기능을 보여준다. 같은 사양의 서버를 온디맨드로 요청할 때의 가격을 최대 가격으로 해서 인스턴스를 요청할 수도 있고 그것보다 낮은 임의로 지정한 가격으로도 요청할 수 있는 것도 확인할 수 있다.

스팟 인스턴스는 다른 AWS 사용자들과 경쟁해서 얻어오는 것이기 때문에 그 수와 비용을 보장받을 수는 없다. 같은 시간에 스팟 인스턴스를 사용하고자 하는 사용자들이 많은 경우에는 평소보다 더 비싼 비용을 내고 서버를 구하거나 다른 사용자들이 줄어들 때까지 대기해야 하는 경우가 생기기도 한다.

스팟 인스턴스에 대한 더 자세한 내용은 스팟 인스턴스 공식 설명 페이지[60]와 스팟 인스턴스 시작하기 설명 페이지[61]에서 확인할 수 있다.

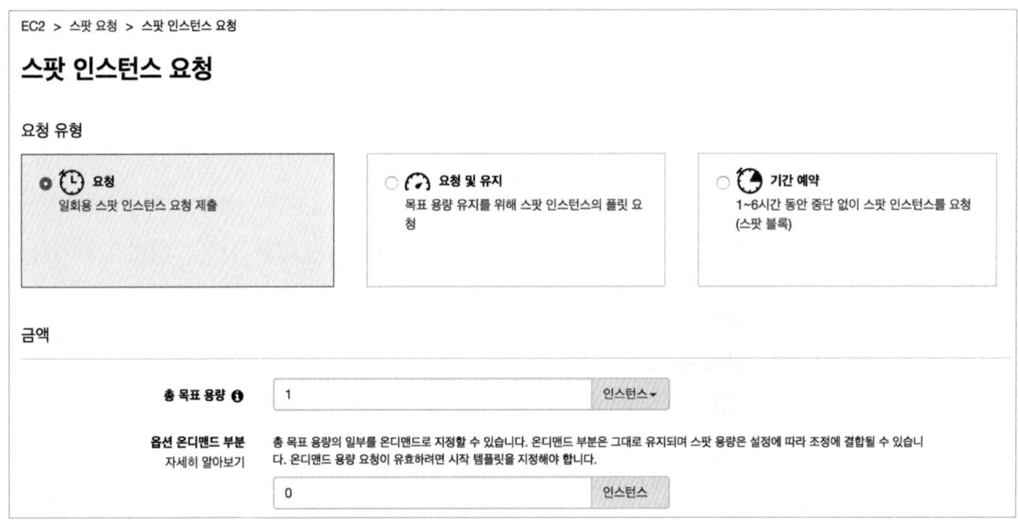

그림 12.8 스팟 인스턴스 구입 – 요청 유형 및 금액

그림 12.9 스팟 인스턴스 구입 – 스팟 요청 이행

60 https://aws.amazon.com/ko/ec2/spot/
61 https://aws.amazon.com/ko/ec2/spot/getting-started/

12.3.2 예약 인스턴스

예약 인스턴스는 보통 RI(Reserved Instance)라고 불리는데 일반적인 온디맨드 인스턴스 요금과 비교해서 최대 75%의 요금 할인 혜택을 얻을 수 있다. RI는 인스턴스에 대한 약정을 걸어서 1년이나 3년 단위로 미리 인스턴스들을 할인된 가격으로 구입해서 사용하는 개념이다.

온디맨드는 스팟 인스턴스와 다르게 정가의 비용을 지급해서 내가 원하는 기간 동안은 서버에 대한 사용권을 보장받는 방법인 반면 RI는 내가 해당 사양의 인스턴스를 1년 이상 계속 사용할 것 같다면 그에 대한 할인을 받는 방법이다. AWS에 제대로 정착해서 사용하게 된다면 많이 사용하는 사양의 인스턴스들은 꼭 RI를 걸어두는 것이 좋다. EC2 인스턴스뿐만 아니라 데이터베이스인 RDS도 RI를 걸어둘 수 있으니 참고하자.

RI는 표준 RI와 컨버터블 RI로 나뉜다. 표준 RI는 상품 클래스(특정 사양의 인스턴스. 예를 들면 t2.medium)를 고르고 해당 클래스를 1년 혹은 3년 동안 약정을 걸 수 있다. 컨버터블 RI는 표준 RI와 다르게 RI의 속성을 변경할 수 있다. 예를 들어, OS, 인스턴스 패밀리(t2, r4 등)를 변경할 수 있다.

표준 RI와 컨버터블 RI는 모두 한 인스턴스 패밀리 내에서 다른 사양으로 변경할 수 있다. 예를 들어, t2.medium 사양에 대해 RI를 구매한 경우 인스턴스의 수를 줄여서 더 높은 t2.large로 변경할 수도 있고 인스턴스의 수를 늘려서 더 낮은 t2.small과 같은 사양으로 변경할 수 있다.

표준 RI가 컨버터블 RI에 비해 더 높은 할인율을 제공한다.

인스턴스 사용 후 청구서를 발행할 때 RI로 구매한 인스턴스 사용 이력이 있다면 온디맨드 요금이 아닌 RI의 용량 예약이 자동으로 사용된다. 더 자세한 내용은 예약 인스턴스 공식 설명 페이지[62]에서 확인할 수 있다.

62 https://aws.amazon.com/ko/ec2/pricing/reserved-instances/

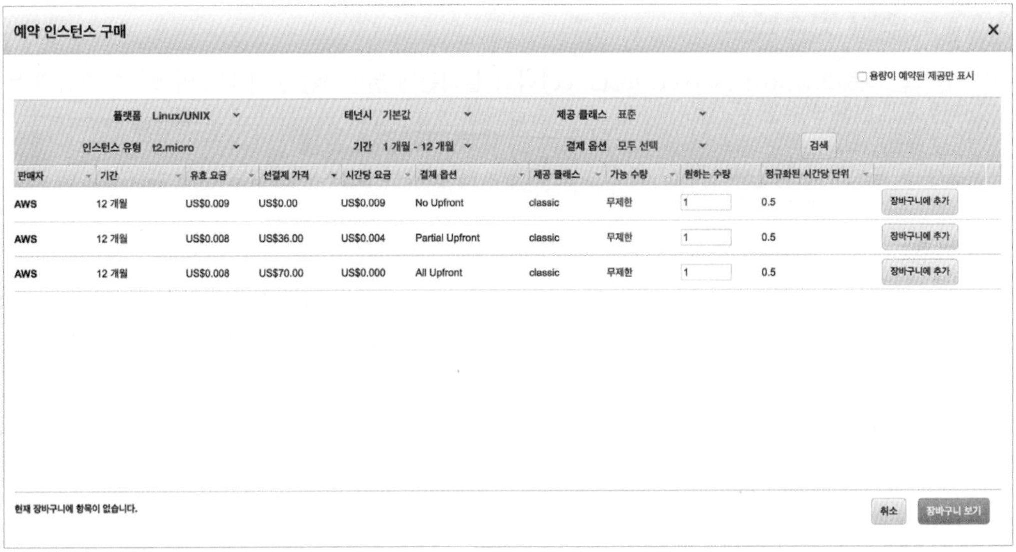

예약 인스턴스 구매

☐ 용량이 예약된 제공만 표시

플랫폼 Linux/UNIX　테넌시 기본값　제공 클래스 표준

인스턴스 유형 t2.micro　기간 1 개월 - 12 개월　결제 옵션 모두 선택　검색

판매자	기간	유효 요금	선결제 가격	시간당 요금	결제 옵션	제공 클래스	가능 수량	원하는 수량	정규화된 시간당 단위	
AWS	12 개월	US$0.009	US$0.00	US$0.009	No Upfront	classic	무제한	1	0.5	장바구니에 추가
AWS	12 개월	US$0.008	US$36.00	US$0.004	Partial Upfront	classic	무제한	1	0.5	장바구니에 추가
AWS	12 개월	US$0.008	US$70.00	US$0.000	All Upfront	classic	무제한	1	0.5	장바구니에 추가

현재 장바구니에 항목이 없습니다.　취소　장바구니 보기

그림 12.10 예약 인스턴스 구매

12.4 파일 제공

대부분의 웹 서비스는 이미지 등 다양한 형식의 파일을 클라이언트에게 제공해야 한다. 파일 제공은 여러 가지 방법으로 구현할 수 있다. 인스턴스 스토어나 EFS 같은 스토리지에 파일을 저장한 후 EC2 인스턴스에서 nginx 같은 웹 서버나 애플리케이션 서버를 통해 파일을 읽어 들여 파일을 제공할 수도 있다. 하지만 이러한 경우 파일이 많아지면 관리하기가 매우 힘들어진다. 디스크 용량의 관리, 파일 백업, 성능 등의 다양한 측면에서 관리하기가 매우 힘들어진다. AWS에서는 파일을 더욱 쉽고 효과적으로 제공할 수 있는 서비스를 제공한다.

12.4.1 S3

12.2절에서 파일 스토리지로서의 S3에 대해 알아봤지만 S3는 훌륭한 파일 제공 기능도 지원한다. 클라이언트에게 제공돼야 하는 파일 중 코드와 같이 서버에 함께 배포되지 않은 파일들은 모두 S3와 같은 곳에 저장하고 관리하는 것이 좋다. 사용자의 이미지 등 파일들을 S3에 올린 뒤 업로드된 객체의 경로만 데이터베이스에 저장해두면 다음부터는 클라이언트에서 직접 파일을 요청해서 내려받을 수 있다. 용량 확장, 파일 유실, 성능, 트래픽 등 운영에 필요한 내용은 S3에서 관리하고 처리하기 때문에 그 무엇도 걱정할 필요가 없어진다.

이뿐만 아니라 S3는 정적 웹 사이트 호스팅 기능도 지원한다. 예전에는 HTML, 이미지, JS, CSS 파일로만 이뤄진 웹 사이트라도 서버에 웹 서버를 설치해서 호스팅했어야 했지만 S3를 이용하면 해당 파일들을 S3에 올리고 웹 사이트 호스팅 기능을 설정하는 것만으로도 바로 정적 웹 사이트 호스팅도 가능하다. 서버 환경을 구축하고 트래픽 때문에 걱정할 필요가 없어진다. 또한 AWS 웹 콘솔에서 몇 번의 클릭으로 새로운 버전의 파일을 올릴 수 있기 때문에 서버 관리가 익숙하지 않은 사람이라도 배포를 진행할 수 있다.

S3에 대한 더 자세한 설명은 공식 홈페이지[63]에서 확인할 수 있다.

12.4.2 CloudFront

CloudFront는 AWS에서 제공하는 CDN(콘텐츠 전송 네트워크) 서비스다. CDN이란 여러 지역에 있는 사용자들에게 더 빠르게 콘텐츠를 전달할 수 있는 방식이다. 클라이언트가 콘텐츠를 요청할 때 원본 데이터를 가진 오리진 서버가 응답을 주는 대신 클라이언트와 더욱 가까운 곳에 존재하는 CDN 서버가 대신 응답을 주어 훨씬 빠른 속도로 콘텐츠를 전달할 수 있게 된다.

CDN을 이용하면 오리진 서버에 갈 요청을 CDN 서버들이 분산해서 처리하기 때문에 오리진 서버에 대한 트래픽이나 부하도 줄일 수 있다는 장점이 있다. CDN이 효율적으로 작동하기 위해서는 어느 위치에서도 클라이언트에게 빠르게 응답을 줄 수 있도록 CDN 서버가 여러 지역에 존재해야 한다.

AWS에서는 CloudFront라는 CDN 서비스를 제공한다. CloudFront는 29개국 62개 도시에 136개의 PoP(엣지 로케이션 125개, 리전별 엣지 캐시 11개)를 보유하고 있다.

63 https://aws.amazon.com/ko/s3/

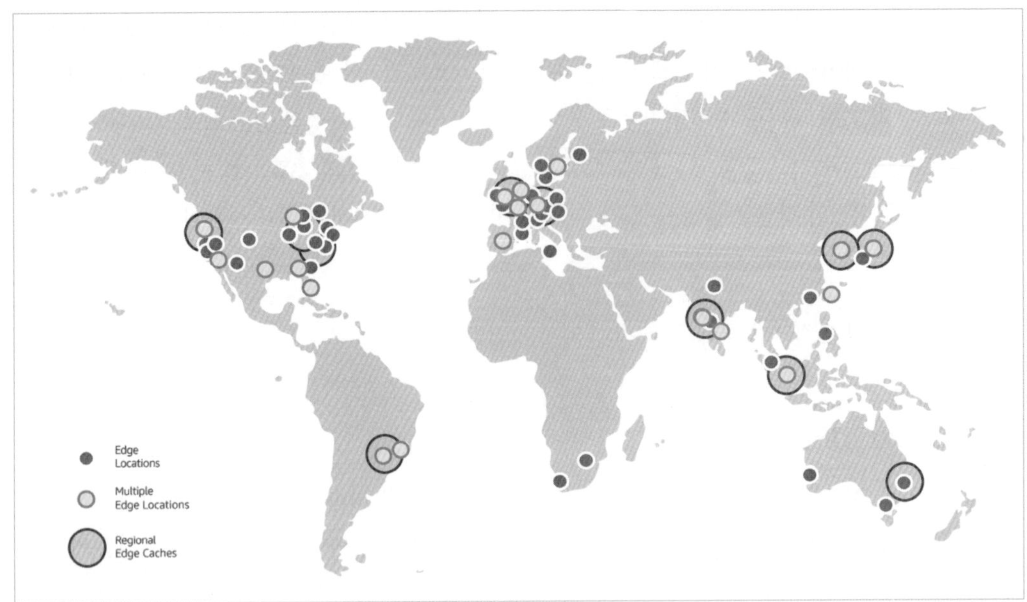

그림 12.11 AWS CloudFront 엣지 로케이션의 위치

CloudFront는 S3를 오리진 서버로 둬서 이미지, JS와 같은 정적 파일부터 동영상 스트리밍과 같은 콘텐츠도 전달할 수 있다. 예를 들어, 데이터를 가진 S3 서버가 서울에 있고 미국 시애틀에 있는 클라이언트에서 해당 데이터를 요청하는 경우 다음과 같은 과정으로 동작하게 된다.

클라이언트가 CloudFront에게 특정 데이터를 달라고 요청한다. CloudFront는 시애틀에 있는 클라이언트에게 가장 빠르게 응답을 줄 수 있는 시애틀의 엣지 로케이션 서버에게 요청을 전달한다. 시애틀의 엣지 로케이션 서버가 해당 데이터를 갖고 있다면 바로 응답을 주고, 데이터를 갖고 있지 않다면 오리진 서버인 서울의 S3 서버에게 데이터를 가져와 임시로 보관해둔 뒤 클라이언트에게 응답한다. 그리고 다음부터 시애틀에서 같은 콘텐츠를 요청하는 클라이언트가 있는 경우 저장된 데이터를 이용해 빠르게 응답해 준다.

S3에 있는 원본 데이터가 수정되거나 삭제되는 경우 복사본을 가진 모든 CDN 서버의 데이터를 업데이트하거나 삭제할 수도 있다.

S3와 CloudFront 모두 같은 AWS 서비스이기 때문에 굉장히 간단하게 연동할 수 있다. S3의 파일을 CloudFront에 추가하는 작업도 다른 CDN 서비스에 추가하는 것보다 간단하고, S3의 파일이 업데이트되는 경우 CloudFront의 파일까지 쉽게 업데이트할 수 있다.

CloudFront는 API 가속화의 역할도 할 수 있다. 클라이언트가 TLS 연결을 멀리 있는 오리진 서버와 직접 연결하지 않고 엣지 로케이션에서 연결은 종료하고 그 뒤에는 AWS 백본 네트워크 경로를 통해 API 서버에 빠르고 안전하게 도달할 수 있다.

CloudFront에 대한 자세한 설명은 공식 홈페이지[64]에서 확인할 수 있다.

12.5 데이터 저장

서비스를 운영하게 되면 거의 모든 서비스들은 데이터를 영구적 혹은 임시로 저장하기 위해 데이터베이스나 캐시 서버를 사용하게 된다. AWS에서는 관계형 데이터베이스 서비스인 RDS와 인 메모리 스토어 서비스인 ElastiCache를 제공한다.

12.5.1 RDS

AWS RDS(Relational Database Service)는 AWS에서 제공하는 관계형 데이터베이스 서비스다. 기존에 데이터베이스를 구축하기 위해서는 서버에 데이터베이스 엔진을 직접 설치한 뒤 튜닝, 확장, 백업 등 수많은 관리 작업을 직접 해야 했지만 RDS는 이 모든 것을 몇 번의 마우스 클릭만으로 가능하게 한다. RDS는 MySQL, Oracle, MSSQL 등 가장 많이 되는 데이터베이스 엔진부터 Amazon Aurora라는, MySQL을 기반으로 AWS에서 확장한 데이터베이스 엔진도 제공한다.

EC2를 생성할 때와 마찬가지로 원하는 데이터베이스 엔진과 서버 인스턴스 사양을 선택하면 바로 사용할 수 있는 서버를 생성할 수 있다. 간편한 생성 외에도 몇 번의 클릭과 최소한의 중단 시간으로 데이터베이스 자원을 확장할 수 있고 데이터베이스 복제본을 만들어 Master-Slave 구조도 만들어 읽기 처리량을 높이거나 장애 극복를 구현하는 것도 쉽게 할 수 있다. 그 밖에도 여러 가용 영역에 예비 인스턴스를 만들어 한 지역의 서버에 문제가 생겨도 예비 서버가 대신해서 일을 처리함으로써 뛰어난 가용성을 구현할 수도 있으며, 자동화 백업, 스냅샷 등 운영 환경에서 데이터베이스의 안정성을 높이는 데 필요한 많은 기능을 제공한다.

RDS는 이전에는 DBA들이 수동으로 처리했어야 하는 많은 작업을 꼭 DB 전문가가 아닌 일반 시스템 관리자들도 어느 정도 수준까지는 처리할 수 있게 해준다.

RDS에 대한 더 자세한 설명은 공식 홈페이지[65]에서 확인할 수 있다.

64 https://aws.amazon.com/ko/cloudfront/
65 https://aws.amazon.com/ko/rds/

12.5.2 ElastiCache

데이터베이스와 마찬가지로 많은 웹 서비스에서 사용하게 되는 것이 Redis, Memcached 같은 인 메모리 스토어다. 웹 서비스를 운영하다 보면 성능을 개선하기 위해 자주 접근하는 데이터를 캐시해야 하거나 세션과 같이 일정 시간이 지나면 만료되는 데이터를 관리해야 하는 경우가 생긴다. 이런 경우 보통 일반 데이터베이스보다 훨씬 빠르고 자동으로 데이터 만료를 관리해주는 Redis나 Memcached 같은 인 메모리 데이터 스토어를 사용한다.

이런 인 메모리 데이터 스토어를 이용하기 위해 직접 EC2에 설치한 뒤 관리하는 것도 방법이지만 RDS와 마찬가지로 AWS에서 자체적으로 제공하는 ElastiCache 서비스를 이용하면 몇 번의 클릭만으로 해당 서비스가 설치돼 있는 환경을 구성할 수 있다. ElastiCache는 가장 많이 사용되는 인 메모리 스토어인 Redis와 Memcached 중 하나를 이용해 메모리 데이터 스토어를 구성할 수 있게 해준다.

ElastiCache는 다른 AWS 서비스와 마찬가지로 완전관리형으로 환경 구성, 모니터링, 장애 복구, 백업과 같은 관리 작업도 최대한 자동으로 해주기 때문에 별도의 관리 비용을 줄여 애플리케이션 개발에 더 집중할 수 있게 해준다.

ElastiCache에 대한 자세한 설명은 공식 홈페이지[66]에서 확인할 수 있다.

12.6 알림

12.6.1 SNS

웹 서비스를 개발하다 보면 사용자들에게 모바일 푸시 알림, 문자와 같은 알림을 보내야 하는 경우가 있다. 사용자뿐만 아니라 앞의 실습들에서 다룬 것처럼 개발자나 서버 관리자들에게도 알림을 보내야 하는 경우도 있다. 그런 역할을 해주는 서비스가 AWS SNS(Simple Notification Service)다.

SNS는 구독하고 있는 엔드포인트들에게 다양한 포맷의 메시지를 전달하는 역할을 한다. 회원들이나 관리자 등 알림을 받을 사람들의 푸시 ID, 이메일 주소, 휴대폰 번호들을 등록해두면 그다음부터는 SNS를 이용해 해당 사용자에게 원하는 방법으로 메시지를 발송할 수 있다.

66 https://aws.amazon.com/ko/elasticache/

모바일 알림, 문자, 이메일뿐만 아니라 AWS 내 다른 서비스나 HTTP 엔드포인트에도 메시지를 보내는 것도 가능하다. SNS는 AWS 내 서비스부터 외부 서비스나 사람들에게 알림을 주고받을 수 있는 서비스로 이해하면 된다.

SNS에는 주제, 구독, 게시라는 세 가지 개념이 존재한다.

주제는 메시지를 발송하는 게시자가 게시할 메시지의 주제를 나타낸다. 예를 들어, 전체 회원들을 대상으로 하는 주제, 마케팅 수신 동의를 한 회원들을 대상으로 하는 알림을 주제로 만들 수 있다. 혹은 시스템 경고 알림을 주제로 만들 수도 있다.

구독은 특정 주제에 대해 구독하는 것을 뜻한다. 특정 주제에 대해 메시지를 발송할 때 받아보고 싶은 경우 구독을 생성하면 된다. 구독을 생성할 때는 어떤 주제에 대해 구독할 것인지, 그리고 메시지를 받을 방식(HTTP, 이메일, 애플리케이션) 등을 선택하면 된다. 예를 들어, 시스템 경고 알림 주제에 대해 메시지를 이메일과 문자로 받아보고 싶은 경우 이메일 방식으로 구독을 추가하고 문자 방식으로도 구독을 추가하면 된다.

마지막으로 게시는 메시지를 발송한다는 것이다. 게시자가 특정 주제에 대해 알림을 전달하면서 메시지를 게시하면 그 주제를 구독하고 있는 구독자들에게 구독한 방식으로 알림이 발송된다. 게시는 사용자가 AWS 관리 콘솔에서 발송할 수도 있고 만들어 놓은 프로그램이나 다른 AWS 서비스에서도 발송할 수 있다.

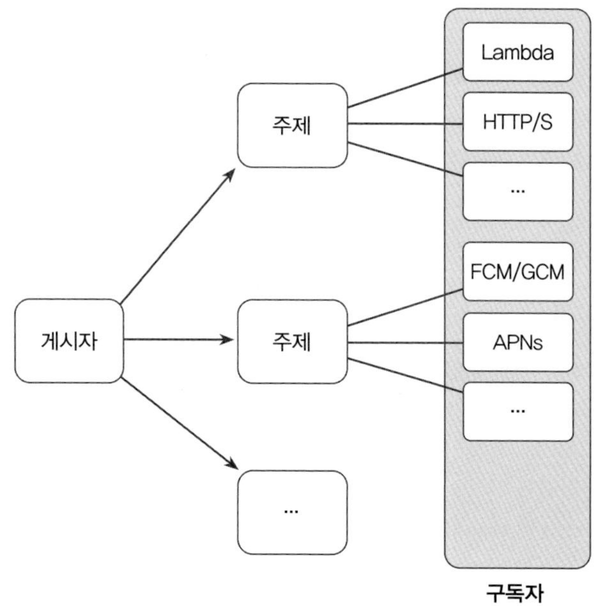

그림 12.12 SNS 구성도

SNS는 앞에서 얘기한 것처럼 모바일 푸시 알림도 발송할 수 있다. 모바일 기기에 푸시 알림을 발송하기 위해서는 각 기기의 푸시 ID를 받아온 다음 구글, 애플과 같은 모바일 기기 프로바이더의 서버에 푸시를 보내달라고 요청해야 한다. 구글의 경우 FCM(과거 GCM), 애플은 APNs이라는 이름으로 모바일 푸시 서비스를 제공한다. 푸시를 발송하기 위한 모든 푸시 서비스들에 맞춰서 따로 개발할 필요 없이 SNS에 등록한 뒤 다른 알림과 마찬가지로 주제에 게시하면 된다. SNS를 이용해 푸시 알림을 발송하면 몇 백만 명의 사용자에게 쉽게 푸시 알림을 발송할 수 있다.

SNS에 대한 자세한 설명은 공식 홈페이지[67]에서 확인할 수 있다.

12.7 정리

이번 장에서는 책에서 깊게 다루지 않았지만 일반적인 웹 서비스를 운영할 때 가장 많이 사용되는 AWS 서비스에 대해 아주 간단하게 알아봤다. 문제에 직면했을 때 도움될 수 있는 서비스를 쉽게 찾을 수 있도록 서비스별로 깊게 다루지 않고 간단한 개념과 자주 사용되는 경우를 설명했다. 지금까지 다룬 내용을 통해 AWS에 대해 많이 익숙해지고 이해도가 높아졌을 것이기 때문에 필요한 서비스가 있다면 어렵지 않게 도입할 수 있을 것이다.

67 https://aws.amazon.com/ko/sns/

부록 A

윈도우에서 PuTTY 설치, SSH 접속키 설정, 접속하기

이 책에서는 서버 인스턴스에 접속하는 데 대부분 SSH 통신을 사용한다. 다음은 윈도우 운영체제에서 AWS EC2 인스턴스 키 페어와 SSH 클라이언트인 PuTTY를 이용해 SSH 접속을 하는 방법이다.

주의

이 과정을 진행하기 전에 2.2.3절 'AWS AWS EC2 인스턴스 생성하기' 실습을 통해 EC2 인스턴스와 키 페어 파일을 생성해야 한다.

01 _ PuTTY 다운로드 페이지[68]에 접속해서 사용 중인 운영체에제 해당하는 설치 파일(putty-x.xx-installer.msi)을 내려받아 설치한다.

Package files

You probably want one of these. They include all the PuTTY utilities.

(Not sure whether you want the 32-bit or the 64-bit version? Read the FAQ entry.)

MSI ('Windows Installer')			
32-bit:	putty-0.70-installer.msi	(or by FTP)	(signature)
64-bit:	putty-64bit-0.70-installer.msi	(or by FTP)	(signature)
Unix source archive			
.tar.gz:	putty-0.70.tar.gz	(or by FTP)	(signature)

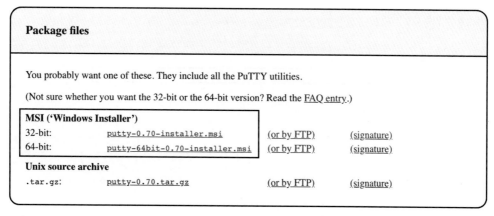

그림 A.1 PuTTY 다운로드 페이지

68 https://www.chiark.greenend.org.uk/~sgtatham/putty/latest.html

02 _ PuTTY에서는 AWS에서 내려받은 키 페어 파일을 바로 사용할 수 없다. 별도의 키 변환 과정이 필요한데 이를 수행하는 프로그램이 [PuTTY Key Generator]다. 이 프로그램은 PuTTY를 설치할 때 함께 설치된다. 프로그램을 실행하기 위해 PuTTY가 설치된 경로에서 [puttygen.exe] 파일을 실행한다. 그리고 AWS에서 내려받은 키 페어 파일을 선택하기 위해 오른쪽 아래의 [Load] 버튼을 클릭한다.

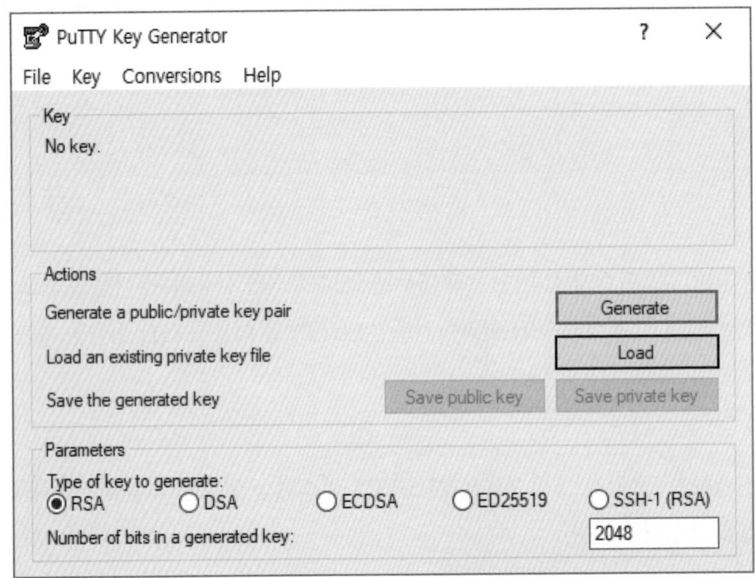

그림 A.2 PuTTY Key Generator

03 _ 파일 선택 창에서 조회할 파일 종류를 [All files(*.*)]로 변경한 뒤 AWS에서 내려받은 pem 파일을 선택한다. 그리고 [열기] 버튼을 클릭한다.

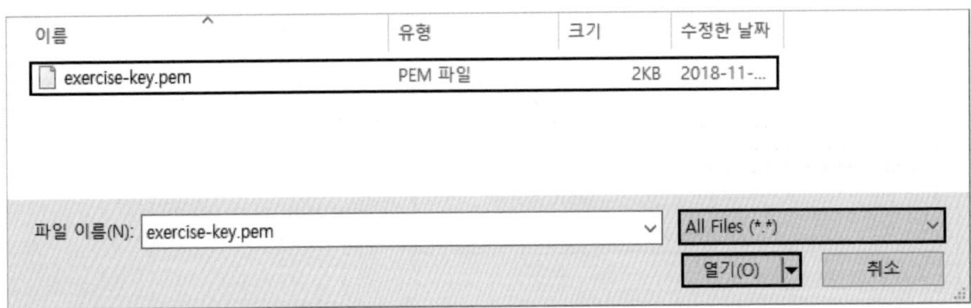

그림 A.3 exercise-key.pem 선택 창

04 _ 로드에 성공하는 경우 다음과 같은 메시지가 나타난다. [확인] 버튼을 클릭한다.

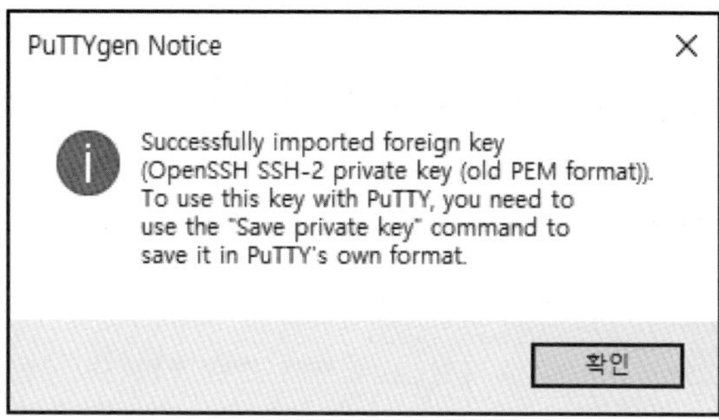

그림 A.4 PuTTYgen의 로드 성공 알림 창

05 _ [Key passphrase]와 [Confirm passphrase]는 키를 사용할 때 입력할 비밀번호다. 이 값은 선택 값으로서 꼭 입력하지 않아도 되지만 키가 혹시나 유출된 경우 비밀번호로 한 번 더 보호할 수 있는 기능을 한다. [Parameters]에서 생성할 키의 종류는 [RSA]로 선택한다. 설정이 완료되면 [Save private key] 버튼을 클릭한다.

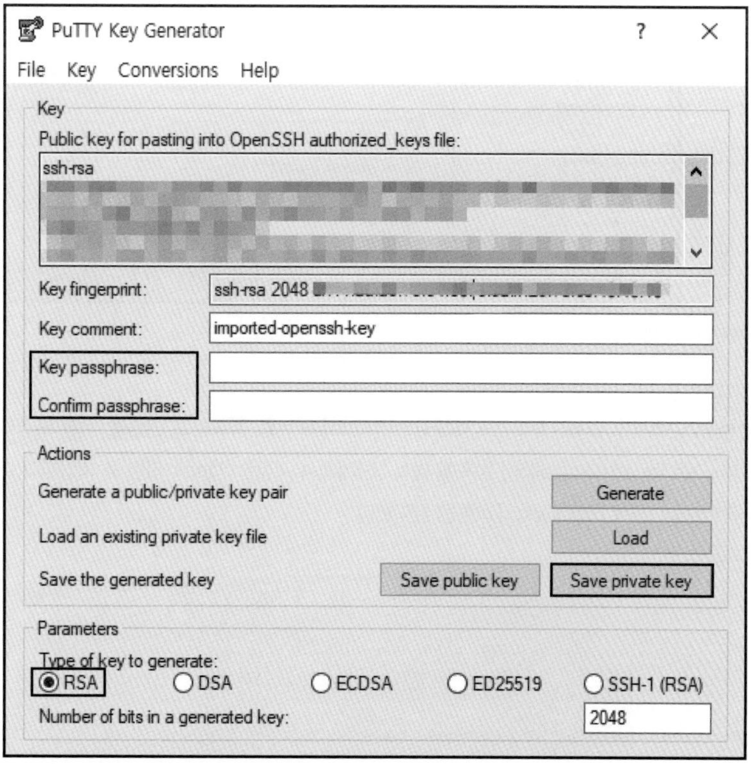

그림 A.5 pem 파일의 로드가 완료된 PuTTY Key Generator

06 _ PuTTY가 설치된 경로에서 [putty.exe]를 실행한다.

07 _ 왼쪽의 [Category] 중 [Session]을 클릭한다. 접속할 서버 주소를 나타내는 [Host Name]에 [ec2-user@<EC2 인스턴스의 퍼블릭 도메인이나 퍼블릭 IP 주소>]를 입력한다. [Connection type]은 [SSH]를 선택하고 [Port]는 SSH 포트인 22를 입력한다.

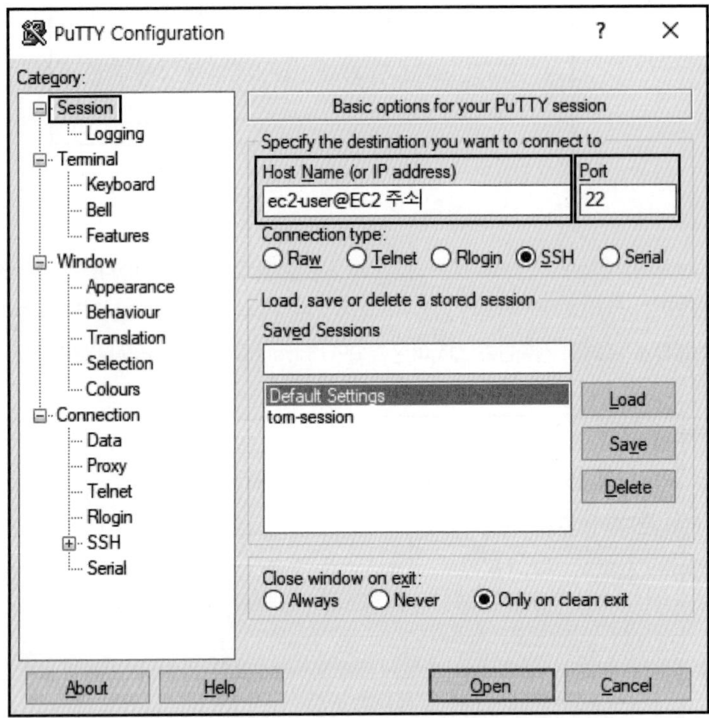

그림 A.6 PuTTY의 세션 설정

08 _ 왼쪽 [Category]에서 [Connection] → [SSH] → [Auth] 메뉴를 클릭하고 인증을 위한 프라이빗 키를 지정하는 [Private key file for authentication] 항목에 앞서 5단계에서 저장한 키(ppk 파일)를 지정한다. 그리고 서버에 접속을 시도하기 위해 오른쪽 아래 [Open] 버튼을 클릭한다.

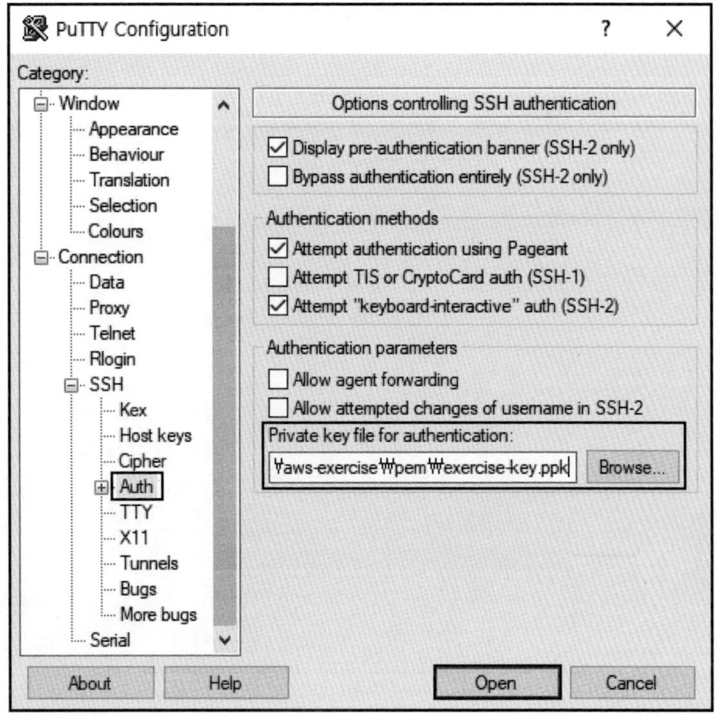

그림 A.7 PuTTY의 인증 설정

09 _ 다음과 같이 보안을 위해 접속하려는 서버의 fingerprint 값을 레지스트리에 키로 등록하겠냐는 창이 나오면 [예]를 클릭해 저장하고 서버 접속을 진행한다.

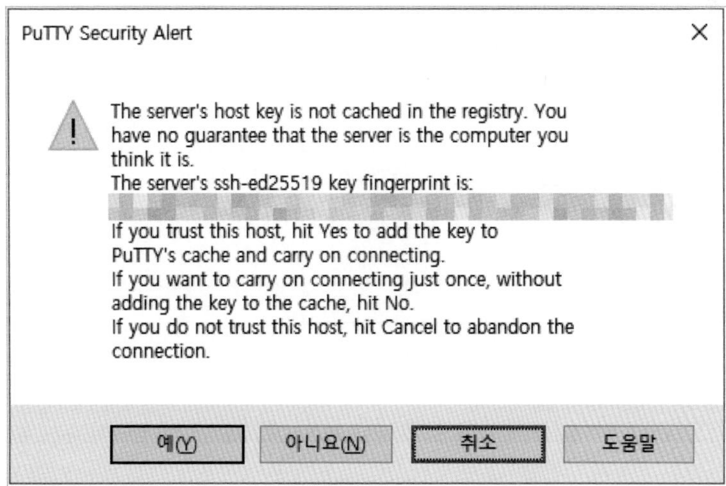

그림 A.8 서버 접속 시 fingerprint 저장 확인

10 _ 다음과 같은 화면이 나타나면 접속에 성공한 것이다.

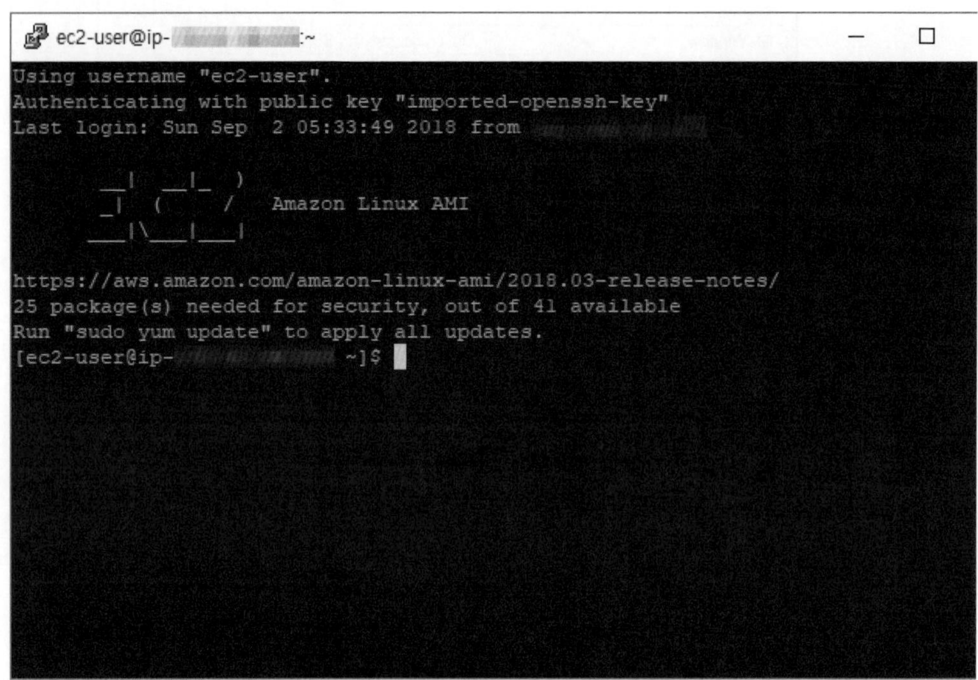

그림 A.9 SSH를 이용한 EC2 서버 접속 결과

Tip 설정 값을 모두 지정한 뒤 [Session] 메뉴에서 다음과 같이 [Saved Sessions] 아래에 이름을 입력한 뒤 [Save] 버튼을 클릭하면 설정이 저장된다. 다음부터는 해당 세션을 더블클릭해 빠르게 접속할 수 있다.

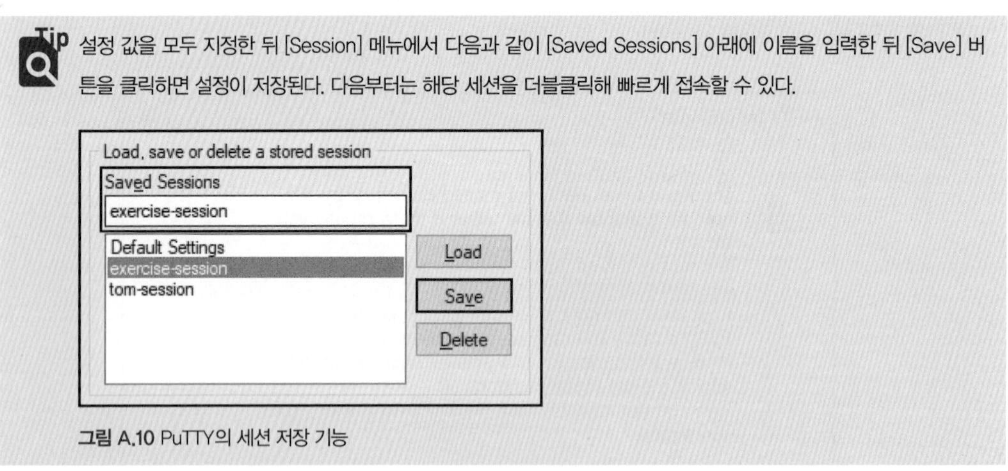

그림 A.10 PuTTY의 세션 저장 기능

부록 B

macOS, 리눅스에서 SSH 접속하기

이 책에서는 서버 인스턴스에 접속하는 데 대부분 SSH 통신을 사용한다. 다음은 macOS, 리눅스 같은 유닉스 기반 운영체제에서 AWS EC2 인스턴스 키 페어를 이용해 인스턴스에 접속하는 방법이다.

주의

이 과정을 진행하기 전에 2.2.3절 'AWS AWS EC2 인스턴스 생성하기' 실습을 통해 EC2 인스턴스와 키 페어 파일을 생성해야 한다.

01 _ 운영체제에 설치돼 있는 터미널을 실행한다. 다운로드받은 키 페어 파일의 권한을 변경한다.

```
chmod 400 /path/to/인증서.pem
```

02 _ SSH로 서버에 접속하기 위해 다음과 같은 형식으로 명령어를 실행한다.

```
ssh -i /path/to/인증서.pem ec2-user@<서버 IP 또는 도메인 주소>
```

```
tom@Tomui-MacBook-Pro    ssh -i "~/certificate/aws/exercise-key.pem" ec2-user@
```

그림 B.1 명령어 입력 예시

03 _ 다음과 같이 보안을 위해 접속하려는 서버의 fingerprint 값을 보여주면서 접속을 계속 진행하겠느냐라는 메시지가 나타나면 'yes'를 입력한다.

```
The authenticity of host 'xx.xx.xxx.xxx (xx.xx.xxx.xxx)' can't be established.
ECDSA key fingerprint is SHA256:xxxxxxxxxxxxxxxxxxxxxxxxxx.
Are you sure you want to continue connecting (yes/no)?
```

04 _ 다음과 같은 화면이 나타나면 접속에 성공한 것이다.

```
Last login: Tue Nov 20 13:56:55 2018 from xxx.xx.xxx.xx

       __|  __|_  )
       _|  (     /   Amazon Linux AMI
      ___|\___|___|

https://aws.amazon.com/amazon-linux-ami/2018.03-release-notes/
12 package(s) needed for security, out of 26 available
Run "sudo yum update" to apply all updates.
[ec2-user@ip-xxx-xx-xx-xxx ~]$
```

Tip 사용하는 셸의 설정 파일(예: .bash_rc나 .zshrc)에 다음과 같은 명령어를 등록해두면 더 편리하게 사용할 수 있다.

```
# 설정 파일
gossh() {
  ssh -i /path/to/인증서.pem ec2-user@"$1"
}

# 사용법
gossh <서버 IP 또는 도메인 주소>
```

A

B – C

D – E

F – G

H – I

J – L

M

N

O – R

S – Y